水谷 英夫

セクシュアル・ハラスメントの実態と法理

タブーから権利へ

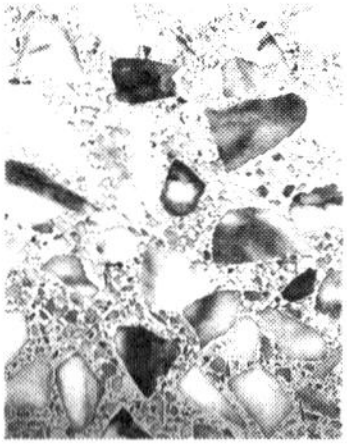

信山社

はじめに

しばしば一つの言葉が、それまで我々の社会の多くの人々あるいは一部の人々が共通に経験したり、人々の意識の底や社会の中に澱(おり)のように沈殿していたものを一つに結びつけて、一挙に社会問題として顕在化させることがある。「セクシュアル・ハラスメント」という言葉は正にこのようなものとして我々の社会に登場した。我々は、「セクシュアル・ハラスメント」(=相手方の意に反する不快な性的言動)という言葉を得ることによって、それまで職場や教育現場等で、我々の多くが共有してきた「不快な性的言動や経験」(例えば、コンパ等の席上で上司や教官から身体を触られたり、採用面接の際に「君は処女かね」等と言われたりする)であるにもかかわらず、その原因や社会的・法的意味が明らかにされないまま、単なる「個人の趣向や性向の問題」にされて(「触ったって減るもんじゃないだろう!」、「そんなことでいちいち文句を言うもんじゃないよ!」等々)、黙認、黙殺されてきた事柄が、実は、社会的にみると構造的な性格をもった問題であり、法的にみると違法不当なものとして問題とされるべきものであるとの認識を共有するに至った。

「セクシュアル・ハラスメント」という言葉は、歴史的には一九七〇年代のアメリカにおいて公民権運動とともに力を得てきたフェミニズム運動の中で生まれた造語であるが、わが国でも一九八九年にある女性雑誌が「セクシュアル・ハラスメント」に関する特集を組んだことを契機に、またたくまにセクシュアル・ハラスメントという言葉が社会に広がるようになり、九〇年代に入ると行政等の相談機関へのセクシュアル・ハラスメントに関する相談件数が激増するようになり、これに伴って裁判例も増加し、このような状況を反映して行政当局もセクシュアル・ハラスメント防止対策に乗り出すようになり、昨年(一九九九年)四月には改正均等法、人事院規則が相次いで施行され、民間、公務職場、教育、研究の場におけるセクシュアル・ハラスメント防止対策が本格化す

るようになってきた。このようにセクシュアル・ハラスメントがわが国で議論されるようになって約十年の月日が経過し、様々な社会的・法的検討が加えられる中で、いくつかの理論上・実務上の論点が提起され、あるものは解決され、あるものは解決を迫られる課題となっている。

本書は何よりも職場や教育現場、行政や弁護士会等で、日夜セクシュアル・ハラスメントの相談や被害解決にあたっている人々の日常的な相談や解決、裁判での取り組み等に資することを目指して書かれた実践の書である。本書ではこのような観点から、セクシュアル・ハラスメントの実態と法理について論ずることとし、まず第一部でセクシュアル・ハラスメントの実態、即ち、今日何故セクシュアル・ハラスメントが法的・社会的に問題とされるに至ったのか？　その実態・背景と問題点を明らかにし（第一、二章）、次に第二部で、セクシュアル・ハラスメントの法理、即ち、セクシュアル・ハラスメントとは何か？　法的問題点は何か？　を均等法、人事院規則、今日までのわが国の裁判例の分析等を通して明らかにしようとするものである（第三〜六章）。本書がセクシュアル・ハラスメント問題の解決にいささかでも資することがあれば望外の幸せである。

二〇〇〇年晩秋

水谷　英夫

目　次

わが国におけるセクシュアル・ハラスメントの裁判例一覧

〈わが国におけるセクシュアル・ハラスメントの裁判例一覧（二〇〇〇年七月末日現在）〉

番号	事件名	裁判所名	判決（決定）年月日（平成）	判決結果（万円）カッコ内は弁護士費用	出典	事例番号	本文頁
1	ニューフジヤホテル事件	静岡地沼津支判	二・一二・二〇	B→110（10）	労判五八〇号一七頁 判タ七四五号二三八頁		
2	福岡セクハラ事件	福岡地判	四・四・一六	A1→165（15）	労判六〇七号六頁 判時一四二六号四九頁	39・48・52	110 155 227 230 252 264 269 271 335 385 396 427 434 448 468
3	セントラル靴事件	東京地判	六・四・一一	×（名誉毀損→30）	労判六五五号四四頁		102 149 150 274 295 463
4	金沢セクハラ事件（→12・52）	金沢地輪島支判	六・五・二六	A1→80	労判六五〇号八頁		154 264 265 266 269
5	横浜セクハラ事件（→24）	横浜地判	七・三・二四	×	判時一五三九号一一一頁	9	102 149 152 154 265 273 279 288 293 328
6	大阪セクハラ事件（運送会社）	大阪地判	七・八・二九	B→50	判タ八九三号二〇三頁		264 265 269 387
7	奈良セクハラ事件	奈良地判	七・九・六	B→110（10）	判タ九〇三号一六三頁		148 154 273 451
8	八王子市立小学校事件＊	東京地八王子支判	八・四・一五	B→50（和解→75）	判時一五七七号一〇〇頁	5	148 154 248 273 282
9	大阪セクハラ事件（葬儀会社）	大阪地判	八・四・二六	A1→88（8）	判時一五八九号九二頁	21・33・46	154 155 264 266 311 327 383
10	札幌セクハラ事件	札幌地判	八・五・一六	A1→70	判タ九三三号一七二頁	22	312
11	徳島セクハラ事件（仮処分→35）	徳島地決	八・一〇・一五	解雇無効	労判七〇七号九一頁		229
12	金沢セクハラ事件（→52）	名古屋高金沢支判	八・一〇・三〇	A1→138（18）	判タ九五〇号一九三頁	27・28・45	319 322 381 427 452 469
13	東京セクハラ事件（広告代理店）	東京地判	八・一二・二五	A1→148.5（13）	労判七〇七号二〇頁	4・36・47	269 427 441
14	秋田県立農業短大事件（→40）＊	秋田地判	九・一・二八	×（名誉毀損→60）	判時一六二九号一二一頁	10	102 152 154 250 262 265 274 291 294

番号	事件名	裁判所名	判決(決定)年月日(平成)	判決結果(万円)カッコ内は弁護士費用	出典	事例番号	本文頁
15	東京セクハラ事件(派遣社員)	東京地判	九・一・二二	B→158(過失相殺)	労判七一六号一〇五頁		469
16	東京セクハラ事件(チラシ広告会社)	東京地判	九・二・二八	A1→100	判タ九四七号二二八頁		230 269 280 331 384 449
17	旭川セクハラ事件	旭川地判	九・三・一八	A1→200	労判七一七号四二頁	24・32・37	265 315 325 332 449
18	京都大学セクハラ事件(名誉毀損)＊	京都地判	九・三・二七	名誉毀損→×	判時一六三四号一一〇頁	17	149 187 195 233 274 303 455 465
19	京都セクハラ事件(呉服販売会社)	京都地判	九・四・一七	A1・A2→215(15)	労判七一六号四九頁 判タ九五一号二一四頁	23・55	155 214 223 224 226 231 253 312 404 422 432 449
20	熊本セクハラ事件	熊本地判	九・六・二五	B→300(和解→300)	判時一六三八号一三五頁	15・18・29	101 102 149 154 274 301 306 323
21	兵庫セクハラ事件(国立病院→31)	神戸地判	九・七・二九	A1→120(20)	労判七二六号一〇〇頁 判時一六三七号八五頁	1・25	154 247 268 277 316 435
22	大阪市立中学校事件(→42・50)＊	大阪地判	九・九・二五	B→50	労判七三五号八七頁		250 262
23	三重セクハラ事件(農協病院)	津地判	九・一一・五	A2→55(5)	労判七二九号五四頁	2・34・51・56	155 214 223 226 264 269 273 278 328 391 406 414 429 432 461
24	横浜セクハラ事件	東京高判	九・一一・二〇	A1→275(25)	労判七二八号一二頁 判タ一〇一一号一九五頁	3・11・35・50・53	102 389 398 428 435
25	国会議員セクハラ事件(→34・43)	東京地判	九・一二・二四	B→180	判時一六四〇号一三八号		
26	和歌山セクハラ事件	和歌山地判	一〇・三・一一	A1→110(10)	判時一六五八号一四三頁		449
27	京都セクハラ事件(A寺院)	京都地判	一〇・三・二〇	×(名誉毀損→×)	判時一六五八号一四三頁		244 296 467
28	神奈川県立外語短大事件(名誉毀損→49)＊	横浜地川崎支判	一〇・三・二〇	名誉毀損→×	労判七七〇号一三五頁		296 464
29	千葉セクハラ事件	千葉地判	一〇・三・二六	A1→330(30)	労判七四八号一五三頁 判時一六五八号一四三頁	14	299

30	創価学会名誉会長事件（→53）	東京地判	一〇・五・二六	×（時効）	判タ九七六号二六二頁		*472*
31	兵庫セクハラ事件	大阪高判	一〇・六・一	控訴棄却	掲載誌不詳		*150*
32	鳴門教育大学事件（→51）＊	徳島地判	一〇・九・二九	B→220	掲載誌不詳	26・40	*154 214 249 261 262 264 317 336*
33	山本香料事件	大阪地判	一〇・七・二九	×	労判七四九号二六頁		*102 149 274*
34	国会議員セクハラ事件（→43）	東京高判	一〇・八・二五	控訴棄却	掲載誌不詳		
35	徳島セクハラ事件（本訴）	徳島地判	一〇・一〇・一六	解雇無効	労判七五五号三八頁		*440*
36	東京セクハラ事件（A協同組合）	東京地判	一〇・一〇・二六	×	労判七五六号八二頁		
37	大阪セクハラ事件（凾材販売会社）	大阪地判	一〇・一〇・三〇	A1→10	労判七五四号二九頁	6・38	*283 333*
38	東京セクハラ事件（学習塾）	東京地判	一〇・一一・二四	A1→60	判時一六八二号六六頁		
39	コンピューター・M・S事件	東京地判	一〇・一二・七	懲戒解雇	労判七五一号一八頁	44	*235 359 461*
40	秋田県立農業短大事件＊	仙台高秋田支判	一〇・一二・一〇	B→180（30）	判時一六八一号一一二頁	12	*102 149*
41	大阪セクハラ事件（佐川急便）	大阪地判	一〇・一二・二一	A1→110（10）	労判七五六号二六頁 判時一六八七号一〇四頁	49	
42	大阪市立中学校事件（→50）	大阪高判	一〇・一二・二二	控訴棄却	労判七六七号一九頁		
43	国会議員セクハラ事件	最決	一一・二・九	上告棄却	掲載誌不詳		
44	沼津セクハラ事件（F鉄道工業）	静岡地沼津支判	一一・二・二六	A1→257（和解→715）	労判七六〇号三八頁	54	*227 265 401 434 441 461*
45	東京セクハラ事件（M商事）	東京地判	一一・三・一二	A1→311	労判七六〇号二三頁		*227 434 441 449 470*
46	バイオテック事件	東京地判	一一・四・二	×	労判七七二号八四頁		*423 430*

番号	事件名	裁判所名	判決（決定）年月日（平成）	判決結果（万円）カッコ内は弁護士費用	出典	事例番号	本文頁
47	仙台セクハラ（東北大助教授→58）＊	仙台地判	一一・五・二四	B→750	判時一七〇五号一三五頁 判タ一〇一三号一八二頁	7・16・30・41	262 25 264 98 273 100 283 101 302 102 324 103 339 148 470 250
48	仙台セクハラ事件（東北生活文化大教授）＊	仙台地判	一一・六・三	B→700（100）	掲載誌不詳	13・19	98 100 101 103 298 306
49	神奈川県立外語短大事件＊	東京高判	一一・六・八	×（名誉毀損→60）	労判七七〇号一二九号	8	285
50	大阪市立中学校事件＊	最二小決	一一・六・一一	上告棄却	労判七六七号一八頁		
51	鳴門教育大学事件＊	大阪高判	一一・六・二二	控訴棄却	掲載誌不詳		
52	金沢セクハラ事件	最二小判	一一・七・一六	上告棄却	労判七六七号一四頁、一六頁		154 243
53	創価学会名誉会長事件	東京高判	一一・七・二二	控訴棄却	判タ一〇一七号一六六頁		472
54	仙台セクハラ事件（ピアノ教師）＊	仙台地判	一一・七・二九	B→900（100）（和解→900）	掲載誌不詳	20・31	98 99 100 101 307 325 473
55	大阪セクハラ事件（A医院）	大阪地判	一一・一〇・六	B→600（100）	掲載誌不詳		
56	東京セクハラ事件（バンクオブインディア）	東京地判	一一・一〇・二七	A1→330（30）、77（7）	判時一七〇六号一四六頁		
57	横山ノック事件	大阪地判	一一・一二・一三	B→1100（100）	掲載誌不詳		17 18 93 104 156 174 250
58	仙台セクハラ事件（東北大助教授）＊	仙台高判	一二・七・七	控訴棄却→900（150）	掲載誌不詳		98

（注） A1 … 行為者と会社が被告となり（但し、37、45は会社のみ被告）、行為者は不法行為責任、会社も民法四四、七一五条等で使用者責任が肯定された事例

A2 … 同じく、行為者は不法行為責任、会社も民法四一五条で使用者責任が肯定された事例

B … 行為者のみが被告となり、不法行為責任が肯定された事例

× … セクシュアル・ハラスメントの「事実」が否定された事例

＊ … 教育現場の事例

［プロローグ］

一　二つの事例

まず二つの事例の紹介からはじめよう。

〈事例1〉　パート社員で独身のA子は某ホテルで宴会係として勤務していたところ、慰労会の後、宴会担当で妻子のあるB主任から誘われて二人で飲みに行き、主任から「君は勤務成績がいいから、ひょっとしたらうちのホテルで正式社員として採用になるかも知れないよ。そのためには何といっても信頼関係が大事だね」と言われて手を握られたり身体をあちこち触られた。

彼女は最初は嫌がっていたものの、拒絶して主任に嫌われて信頼関係を失くしていけないと思い触られるままにしていたところ、帰り際に暗がりでキスをされ、更に下着にまで手を入れられた。

その後二、三回飲みに誘われ、その都度同じことをされていたが、ある日主任から「モーテルに行こう」と誘われ、彼女はこの時も断っては信頼関係が損なわれると思ってそれに同意して性的関係をもち、その後も数回主任といっしょにモーテルに行っていたが、恋人ができたので付き合いを断ったところ、その後突然、正社員に採用されることもなくパート契約を解除されてしまった。

①　この場合、A子は、「セクシュアル・ハラスメント」（セクシュアル・ハラスメントの定義は、論者により、また社会学的、法律学的なとらえ方により様々であり、その定義、意味内容については後述することとして、ここではとりあえず「相手方の意に反する不快な性的言動」としておこう）を理由として法的責任を追及できるだろうか？　それはB主任に対してか、使用者であるホテルに対しても責任追及ができるのだろうか？　この場合の法的責任とは

どういうものなのだろうか？　いわゆる「環境」型（後で述べるが、労働省の指針によると「職場において行われる性的言動に対し、拒否した場合、解雇や昇進差別等の職業上の不利益を受けること」とされている）なのだろうか、あるいは「対価」型（同じく、「職場において性的言動を受け、そのために就業環境が害されること」とされている）なのだろうか、それとも両者の複合型なのだろうか？　「対価」型、「環境」型によってB主任やホテルの法的責任に違いがでるのだろうか？

②　A子が最初にB主任から手を握られたり身体を触られたりした時に、抵抗した場合としない場合とで、B主任の法的責任に違いがでるのだろうか？　あるいは、B主任が「正式社員に採用になるかも知れない」と言っていた場合といない場合とで、B主任の法的責任に違いがでるのだろうか？

③　この場合、B主任が人事上の権限を有していた場合と何らの権限も有していない場合とで、B主任やホテルの法的責任に違いがでるのだろうか？

④　使用者であるホテルは、B主任のセクシュアル・ハラスメント行為を知っていた場合と、知らなかった場合とで法的責任に違いがでるのだろうか？　あるいは使用者が何らかのセクシュアル・ハラスメント防止規定を制定していた場合といなかった場合とでは違いがでるのだろうか？

⑤　A子がB主任の行為をホテルに訴えたので、ホテル側がA子とB主任を呼び事情聴取をしたところ、B主任は「確かにA子とモーテルに行ったけれど、A子も同意していた。それまでもA子とは何度もデートをしており A子とは恋愛関係にあった。その後A子に恋人ができて、A子の方から急に冷たくされるようになった。会社をやめたのも、パート契約が終了したからにすぎない」等とA子の言い分と全くくい違う発言をした。この場合、使用者側はどうしたらよいだろうか？　ホテル側が、A子とB主任の言い分がくい違うとして調査をそのまま打ち切ったり、プライバシーに関することとしてB主任を処分しなかった場合、A子から後で使用者責任の追及をされることはないだろうか？

⑥　ホテル側がA子の訴えに基づいて調査のうえB主任がセクシュアル・ハラスメントを行っていたとして懲戒処分にしたところ、B主任はA子との行為は職務に関係なく、プライバシー上の問題であり、懲戒処分は不当であるとして処分無効の訴を裁判所に提起した。このような訴えは認められるだろうか？

⑦　A子が使用者であるホテルに対して、B主任の行為はいわゆる「対価」型のセクシュアル・ハラスメント行為であるとして、パート契約解除の無効を訴えた場合、このような訴えは認められるであろうか？

⑧　A子がB主任の行為をホテル側に訴えたところ、B主任は逆に名誉棄損であるとしてA子を裁判に訴えた。このようなことは許されるのだろうか？　A子が新聞記者にB主任の行為をもらしたところ、新聞に報道された場合はどうだろうか？

〈事例2〉　C子は某大学の大学院生であるが、大学院入学一年目に論文のテーマで悩んでいたところ、専攻講座の妻子のあるD教授から、テーマについて種々有益なアドバイスを受け、D教授の指導のもとに論文を提出することとし、同教授のつきっきりの指導のもとに無事二年目に論文を提出し後期（博士）課程に進学した。

C子は後期課程に進学後もD教授の指導のもとで研究を続けていたところ、D教授は、ある日突然研究室でC子に対して、「僕は、君が好きだ」「このままでは研究指導ができないので、指導教官をおりたい」と言いだした。C子としては今さらD教授の指導を受けられなくなると論文も書けず、就職も不可能となってしまうことから、「先生それは困ります、何とかこのまま指導を続けて下さい」と懇願したところ、D教授はやおらC子にキスをし、身体に触ってきた。C子は前述したような理由から、驚愕しつつも抵抗もできずにいたところ、D教授はC子の態度に安心したのか、その後も頻繁にC子を論文指導と称して研究室に呼び出しては、長時間に亘ってC子にキスをしたり身体に触ったりし、やがてD教授はC子に対し「ホテルに行こう」と誘って性的関係を持つこととなった。

このようなことが数回繰り返されたところ、C子には恋人ができ、論文作成の目処もたったので自分の力で就職先を見つけることを決意して、D教授に対して関係を断つことを申し入れたところ、D教授はC子に対して論文の書き直しを命じたり、自宅に電話をかけたり、食事を一緒にすることを強要する等様々な嫌がらせをするようになり、これがためにC子は到頭ノイローゼ状態となり、三週間の通院と研究中断を余儀なくされた。

この場合も〈事例1〉と同様、C子はセクシュアル・ハラスメントを理由として、D教授もしくは大学に対して法的責任を追及できるのだろうか。〈事例1〉と比較して何か違いがあるのだろうか。

二　本書のテーマ

本書は〈事例1、2〉にあげられたような、今日企業や大学等で起こっているセクシュアル・ハラスメントの社会的・法的問題点を扱うことを目的としている。

今日、わが国をはじめ多くの国々では、このように典型的には企業や大学などで、雇用上、研究・教育上の「権力関係」(「権力関係」という言葉も極めて多義的に用いられているが、ここでは「他人をその意に反して、自己の目的・指示に従わせることのできる関係」としておこう)を背景として、主として男性上司(社長、教授、教師など)が女性部下(学生、生徒など)に対して行う、「相手方の意に反する不快な性的言動」、いわゆるセクシュアル・ハラスメントが社会的に問題とされるようになり、その行為は社会的非難の対象とされ、かつそれに伴って法的問題として取り上げられるようになり、今日、社会的・法的に大きな注目を集めるテーマの一つとなっている(注1)。

特に〈事例1〉にみられる雇用の分野では、わが国でも九〇年代に入り、行政等の相談機関への相談件数が激増するようになり、これに伴って被害を受けた女性たちが裁判を提起する動きが急激に増えて、今日全国各地の

裁判所では一〇〇件以上のセクシュアル・ハラスメントに関する訴訟が係属しているものとみられ、既に法律雑誌等で公刊されたものだけでも五〇件前後の裁判例が登場している（二〇〇〇年七月末日現在──「裁判例一覧表」参照）。

このような状況を反映して、行政当局もセクシュアル・ハラスメント防止対策に乗り出すようになり、昨年（一九九九年）四月一日から施行された改正「男女雇用機会均等法（以下「均等法」という）」では、事業主に対し自らが雇用する女性労働者のセクシュアル・ハラスメント防止等に関し配慮義務が明記され（二一条）、また同時期に施行された人事院規則でも、公務職場における職員、各省庁の長等に対しより広範なセクシュアル・ハラスメント防止の責務（例えば女性の男性に対する性的言動や第三者への性的言動、また「アフターファイブ」における性的言動もセクシュアル・ハラスメントの対象に含めており、更に「男のくせに根性がない」、「男の子」「女の子」などと発言するいわゆる「ジェンダー・ハラスメント」も「セクシュアル・ハラスメントになり得る言動」としている）を課すこととした。これを受けて各企業ではセクシュアル・ハラスメント防止に関する就業規則やガイドライン等の作成や研修会の実施等の取り組みが進められ、また各省庁はじめ都道府県、市町村等の自治体も通達、訓示等を出したり研修会を実施する等してセクシュアル・ハラスメント対策を本格化させている。（注2）

他方〈事例2〉にみられる研究・教育の分野では、大学等の特殊な人間関係を前提として形成される閉鎖性や教授と学生間の独特の支配従属関係から、セクシュアル・ハラスメントは従来ほとんど社会的問題として取り上げられることがなく、法的にも裁判として争われることはまれであった。しかしながら、近年雇用の分野における セクシュアル・ハラスメントの法的・社会的問題が大きくクローズアップされるにつれて、それと連動する形で、大学を中心とした研究・教育の分野でも、指導教官と大学院生の関係を中心に、セクシュアル・ハラスメントの実態が明らかにされるようになり、それとともに被害を受けた女子学生達が教官を相手どって裁判所に訴訟を提起し、それを認める裁判例も登場するようになり、これに伴って全国各地の大学では、職員・学生に対する

行動規範やガイドラインの作成・研修会の実施等の取り組みが行われ、セクシュアル・ハラスメント対策の動きが強まってきていると言えよう。(注3)

このようにわが国のセクシュアル・ハラスメントに対する社会的・法的対応は今日大きな転換点を迎えているが、この間、アメリカ、EU諸国等においては、セクシュアル・ハラスメントに対する法的対応は雇用・教育両方の分野で大きく前進してきていると言えよう。(注4)

本書は、このような諸外国の動向も踏まえながら、わが国における「セクシュアル・ハラスメント」の現状・法的問題点について、主として雇用と教育の分野に焦点をあてて検討を加えようとするものである。

ところで我々は今日一般に「セクシュアル・ハラスメント」を、主としてその行為態様に着目して、「相手方の意に反する不快な性的言動」(例えば強姦、強制わいせつ等の身体への直接的暴力を伴った性的強制・圧力、地位利用を伴った性的関係の強要、電車の中での痴漢等の身体接触、わいせつ文書を見せたり、卑猥な手紙、執拗なデートの申し込み、つきまとい等のストーカー的行為、わいせつ文書等の貼付、「女の子」と呼んだり、女性にだけお茶汲みをさせる等——これは今日「ジェンダー・ハラスメント」と呼ばれている——の行動等々）と理解しており、日常用語としてはこのような概念と考えてよいであろう。右のカッコの中にあげたようなセクシュアル・ハラスメント行為は、それを「受けた」者（女性に限らない）にとって「不快な性的言動」とされるものであることは、今日多くの人々に異論なく受け入れられるものであろう。しかしながら実際にどのような「性的言動」が「相手方の意に反する不快な」行為なのか？　——ということについては人々の受けとめ方は様々である。特にセクシュアル・ハラスメントは人々の性モラルに深く関わっていることから、人により主観的な差があるばかりか、その社会や時代の人々の規範意識や価値観・規範等に大きく左右されるものであり（それ故にこそ、セクシュアル・ハラスメントは「古くて新しい問題」であったにもかかわらず、様々な理由からその被害が顕在化することがなく、したがって近年に至るまでは社会的、法的に「公然」と議論されることがなく、近年のフェミニズム運動等によって「発見」されたと言われている

ところでもある）、今日の社会においても、概ね法律上性犯罪若しくは「性暴力」として処罰、不法行為、懲戒の対象とされているもの（強姦、強制わいせつ行為等）から、依然として多くの人々（特に男性）にとっては「当り前」とされているか、それほど「目くじら」をたてる行為とはされていない行為――いわば「グレーゾーン」とされているもの（当然のことながら、その社会や時代により、「グレーゾーン」の範囲・程度は異なってこよう。わが国では今日でも多くの職場で「女の子」と呼んだり、女子にのみお茶汲み、ゴミ捨て、清掃をさせる等は、依然として多くの人々にとっては、「当り前」とされていたり、それほど「目くじら」をたてることとは考えられておらず、しかもこれらの行為は、その動機においても「性的意図」を見出すことが難しい場合が多く、「セクシュアル・ハラスメント」か否か微妙な領域といえよう――これらは今日「ジェンダー・ハラスメント」と呼ばれている行為でもある）――まで極めて広範囲に及んでいる。（注5）

しかしながらセクシュアル・ハラスメントは、今日社会一般に広く蔓延しているだけでなく、特に雇用や教育の分野においては、企業内の上司と部下、大学内の指導教官と学生等の上下、支配従属関係を利用・乱用して行なわれ、被害者の性的自由、人格権を著しく侵害するのみならず、雇用・教育環境をも悪化させて、企業や大学等での職務や教育・研究能率をも低下させていることが明らかとなるにつれ、法的に違法不当なものとして、これらの行為を社会から排除すべきであるとの認識が多くの人々に共有されるようになってきた。このような状況を反映して、九〇年代に登場してきたセクシュアル・ハラスメントに関する裁判例の中では、特に職場における上司等から部下に加えられる「相手方の意に反する性的言動」（その大半は刑事上も強制わいせつに該当するものである）が違法不当なものとして評価され、その中でセクシュアル・ハラスメントに関する事実認定、使用者責任の根拠について新たな法理が形成されるようになってきた。今日でもセクシュアル・ハラスメントは日常用語として用いられる際には、人々のイメージが様々であるにもかかわらず、その法的規制が認識されるにつれて、法的概念としての構成が必要とされるようになってきたのである。

このようにセクシュアル・ハラスメントがわが国で議論されるようになって約十年の月日が経過し、様々な社会的・法的検討が加えられる中で、いくつかの論点が明らかとなってきている。その具体例として〈事例1・2〉をあげ、そこでの問題点をいくつか列挙したが、より広範には、例えば、①セクシュアル・ハラスメントとされるのはどのような行為なのか？　――日常用語上の概念と法的概念の異同はあるのか？　②セクシュアル・ハラスメントはどのような背景で生み出されるものなのか？　その社会的・政治的背景は何か？　――特に「ジェンダー」の視点と「権力（上下、支配従属関係）」の視点、③セクシュアル・ハラスメントの責任の所在はどこにあるのか？　――「個人対個人」の問題にとどまるのか？　組織（企業や大学）の問題でもあるのか？　あるいはより広く男性中心の社会構造の問題なのか？　④裁判でセクシュアル・ハラスメントの有無（事実認定）をめぐって、何か特別な「考慮」が必要とされるのか？　通常の訴訟と何か違いがあるのだろうか？　――セクシュアル・ハラスメントにおける「経験則」とは何か？　――セクシュアル・ハラスメントの「被害者像」とはどのようなものか？　⑤セクシュアル・ハラスメントに関する企業・大学等の法的責任とはどのようなものか？　その法的責任はどのように構成されるべきか？　――不法行為責任か？（雇用、在学）契約責任か？　どちらが妥当な構成なのだろうか？　――等々が指摘できよう。これらの論点はそれを論ずるならば、一つ一つが膨大な論文になるものであり、既にいくつかのすぐれた先行研究があることから、本章の中では必要なかぎり筆者の見解を明らかにしていくことにしよう。

本書は何よりも職場や教育現場、行政や弁護士会等で、日夜セクシュアル・ハラスメントの相談や被害解決にあたっている人々の日常的な相談や解決、裁判での取り組み等に資することを目指して書かれた実践の書であるが、前述したいくつかの論点は理論的に重要であるばかりか、これらの実務的・実践的な問題解決にも極めて重要な問題点なのである。これらの論点の他にも、例えばセクシュアル・ハラスメントの相談を受ける際、「被害者」は「被害」の全貌を明らかにできなかったり（しばしば「被害者」は、当初自らの「落ち度」を責め、「被害」を

受けたとの認識に到達できないことがある）、相手方との交渉に際しても、相手方である「加害者」は、「被害者」との関係は「合意」であったり「恋愛」関係にあった等の「抗弁」をすることがしばしばであることが指摘できよう。セクシュアル・ハラスメント問題に対して正しい視点に立って取り組むに際しては、人間（その行動）に対する深い洞察と資質が必要とされることは言うまでもないが、少なくともセクシュアル・ハラスメントが生み出される背景やその本質、具体的にどのような状況の中でセクシュアル・ハラスメントとされる行為が発生するのか？　それによってどのような被害が発生するのか？　それに対する法的判断、法的責任の所在があらかじめ明らかとなっているならば、セクシュアル・ハラスメントの被害救済とその対策は大いに前進するに違いない。

（注1）　わが国におけるセクシュアル・ハラスメントに関する論文、著書は今日まで極めて多数にのぼっている（巻末参考文献参照）。

（注2）　第三章参照。もっとも改正均等法施行後の企業のセクシュアル・ハラスメント対策は全体として進展しているものの、その対策は概ね「二極化」していると言えよう。即ち、大企業や外資系企業はセクシュアル・ハラスメントに関する就業規則、研修会実施等の対策・ノウハウ取得等に対する取り組みを強め、むしろ過剰反応気味とも言える状況であるのに対し、中小企業では今日に至っても未対応が多い。裁判例をみても、セクシュアル・ハラスメントの「加害者」の多くは中小企業のトップが占めており、また「被害者」の中でもパート、派遣労働者が増加する傾向にあり、セクシュアル・ハラスメントが職場等における「権力関係」を契機として発生することを物語っていると言えよう。

（注3）　教育・研究の分野は、雇用に比してセクシュアル・ハラスメント対策は遅れ気味であるが、人事院規則を受けて、この間文部省は国立大学等の教職員らを対象にセクシュアル・ハラスメント防止等の訓令を発し、また各自治体の教育委員会もそれぞれ公立学校等に通達を発してセクシュアル・ハラスメントガイドライン策定の指導をしているが、これを受けて具体的な防止策を策定ずみの大学は私大も含めると今日でも約半数程度にとどまっている（九九年一二月八日付日経新聞）。大学におけるセクシュアル・ハラスメントについては、上野千鶴子編『キャンパス性差別事情』（一九九七年、三省堂）、渡辺和子・女性学教育ネットワーク編著『キャンパス・セクシュアル・ハラスメント――調査・分析・対策』（一九九七年、啓文社）参照。

（注4）アメリカ、ＥＵ諸国におけるセクシュアル・ハラスメントに関する法的対応についても多数の文献がある（巻末参考文献参照）。

（注5）例えば C. MacKinnon, *Feminism Unmodified : Discourses on Life and Law*（Harvard University Press, 1987）［キャサリン・マッキノン著、奥田暁子他訳『フェミニズムと表現の自由』明石書店、一九九三年］、井上俊外編・岩波講座「現代社会学（11）『ジェンダーの社会学』」（岩波書店、一九九五年）所収の各論文参照。

第一部

なぜセクシュアル・ハラスメントが問題とされるのか？

——セクシュアル・ハラスメントの実態

序　章　セクシュアル・ハラスメント——10の「神話」

《はじめに》

今日わが国では職場や大学等で起こるセクシュアル・ハラスメントに対する法的規制が裁判例の蓄積や改正均等法・人事院規則の施行等によって強められつつあるものの、他方では、依然としてセクシュアル・ハラスメントに対して、古くからの「偏見」や「誤解」等に基づいた「意見」が述べられることがある、しかもこれらの「意見」は、しばしば新聞等のマスコミを通して著名な評論家や弁護士、大学教授等によって述べられ、社会に少なくない影響を与え続けている。そこで、本章ではまず、これらのセクシュアル・ハラスメントに加えられている「偏見」や「誤解」——いわばセクシュアル・ハラスメント「神話」(myth)——を批判的に検討をすることにしよう。何故ならばこれらの「神話」は、古くからの「偏見」(その多くは、今日までの男性中心の社会の中で形成されてきた性差別意識に基づくものである) や「誤解」(その多くは、たまたま偶然発生した「事例」を一般化、普遍化することによって形成される認識である) に基づいて形成されたものであり、事実によって論証されたものでないにもかかわらず、人々の間に広く流布されているものであり、今日社会一般からセクシュアル・ハラスメントを排斥していく上で、克服していくべきものだからである。

ここでは、セクシュアル・ハラスメントに関する10の「神話」——「偏見」と「誤解」——を取り上げることにしよう（もちろん「神話」はここに取り上げたものに尽きるものでないことは言うまでもない。ちなみにこれらの「神話」は、その多くが、強制わいせつ、強姦等の性暴力、性被害一般にも共通する事柄と言えよう）。

〈第一の神話〉セクハラは「加害者」だけが悪いのではない。被害者にも責任がある？
〈第二の神話〉本当に嫌なら抵抗できたはずだ？
〈第三の神話〉セクハラは「特殊な」人間のやることだ？
〈第四の神話〉セクハラには許されるものと許されないものがある？
〈第五の神話〉セクハラには「個人差」がある？
〈第六の神話〉性関係は二人の「合意」によるもので、セクハラではない？
〈第七の神話〉今頃いわれてもセクハラは本当にあったの？
〈第八の神話〉「神様」でないから、「密室」での行為はわからない？
〈第九の神話〉セクハラは「個人の問題」で会社には関係ない？
〈第十の神話〉セクハラの「被害者」は「加害者」の妻に「不貞行為」をしている？

〈第一の神話〉　セクシュアル・ハラスメントの「加害者」だけが悪いのではない。「被害者」にも責任がある？──「相手（加害者）の部屋にのこのこついていくなんて！」「彼女（被害者）の服装が挑発的だからその気になってしまった」、「彼女が私に好意を持っているのでその気になってしまった」……等々。

このような「主張」はセクシュアル・ハラスメントやレイプ、強制わいせつ等の被害が発生した場合に、「加害者」のみならず「世間」一般から「被害者」に浴びせられる最も「ポピュラー」な非難の一つである。その典型的な例を一つ紹介しよう。昨年夏に慶応大学医学部の学生五人が若い女性を集団でレイプして逮捕され、大学から退学処分を受けた事件があったが、その事件に関連して、東北地方のある県立大学の学長が新聞紙上で次のように語っている。「やった方が悪いに決まっている。が、やられた方はどうなのだ。白昼、道を歩いていたら若者に

無理やり車の中に押し込まれ……といった状況で起こった事件ではない、新聞報道によれば、被害者の女性は男友達の部屋を自分で訪ね、そこに集まっていた彼の友達四人と一緒に酒を飲んで盛り上がったあげくに襲われたという。（中略）『まともな国』ならどこでも、普通の若い女性は、よほど親しくても自室に男を呼び入れたりはしないし、また男の部屋へ独りで入るのさえ躊躇するものだ。」（九九年八月三〇日付読売新聞）――この学長の言いたいことは、要は「あれは女も悪い。男が五人も居る中へ一人で行くなんて」ということのようである。

集団レイプ事件に関する右のコメントは、レイプが屋外の暗がりで、見知らぬ男性から突然加えられる攻撃であるという、いわゆる典型的な「レイプ神話」（したがって、屋内で知り合いの友人とのセックスはレイプなどではなく、仮にレイプだとしても、女性にも落ち度がある！）に立ったものである。しかし、一九七〇年代以降の性犯罪被害への研究の進展の中で、実際の性被害はこのような「レイプ神話」とは異なり、屋内で家族（父親や兄など）や知人の男性によって引き起こされるケースが多いことが明らかとなってきた。従来、前者（屋外で見知らぬ男性によるレイプ被害）が多いと考えられてきたのは、後者の場合、被害を隠すことが多く、訴えても被害者に落ち度があるとして警察等が取り上げなかったことが原因と考えられ、これらの事実は最近の総理府の世論調査でも、レイプ等の性被害者のうち、加害者を「全く知らない」と回答したものが二五・六パーセントであるのに対し、「友人、知人、恋人」と回答したものが、各々一四・九パーセントに達しており、また性被害の事実を「誰にも相談しなかった」と回答したものが三八・八パーセントに達しており、その理由として「恥ずかしくて誰にも言えない」（五五・三パーセント）となっていることからも裏付けられていると言えよう。(注1) しかも右の新聞紙上でのコメントは、このような「レイプ神話」に立ったものであるばかりか、「被害者」にも落ち度があるとして「加害者」の責任を軽減させる効果を持ったものであることは明らかであろう（この主張の特徴は、セクシュアル・ハラスメントの「加害者」の責任を認めたうえで、「被害者」にも責任がある、というレトリックを用いていることである――法的には「過失相殺」の主張ともなり得るものであろう）。いったいこの場合、「被害者」の女性は、学生達が性犯罪の「加

害者」となるであろうことを知った上で学生の部屋を訪ねたとでも言うのであろうか？　あるいは「加害者」となり得ることを知らなかったことに落ち度があるとでも言うのであろうか？　現代社会は百鬼夜行が横行する野蛮な無法社会であり、ホッブスがかつて述べたように「万人の万人に対する戦争状態」にある社会とでも言うのであろうか？(注2)――そうではあるまい。現代社会は基本的人権が保障され、法と正義が実現されることが万人によって承認された社会なのである。このような主張には何らの根拠がないことは明らかであろう。

さらに「服装が挑発的だ」「相手方が好意をもっていた」等という「主張」にも同じことが言えよう。前者についていうならば、人がどのような服装をするかは、正にプライバシーや自己決定権に属する問題であり（企業や教育現場で、職場秩序等の維持のため制服着用を義務づけることについての法的な問題点はあるが、セクシュアル・ハラスメントはその大半が勤務時間終了後の宴会など、「被害者」が「私服」の場合である）、いかなる服装をするかは基本的には個人の自由なのである。このような主張が「弁解」にすぎないことは明らかであろう。後者はもう少し手の込んだものであり、次のような事案で主張されたものである。東北大学元大学院生が在学中に指導教官である助教授からセクシュアル・ハラスメントをされたと訴えた事件の裁判で、助教授側は「（仮に私が）セクシュアル・ハラスメントをしたとすれば、それは彼女（大学院生）の言動から、彼女が自分に対して恋愛感情を抱いているものと誤信したことによるものである。したがって、助教授のセクシュアル・ハラスメントをしたことについては、大学院生側にも責任があり、これは慰藉料算定にあたり減額事由となる」と主張したことがあった（セクシュアル・ハラスメントは「擬似恋愛」関係が成立している、という主張も同様のものであろう）。賢明な読者には直ちにこのレトリックがおわかりであろう。「恋愛関係」と「セクシュアル・ハラスメント」とは全く異なった事柄であり、凡そ「誤信」など生じる余地のないものだからである――ちなみにセクシュアル・ハラスメントは一般に「相手方の意に反する不快な性的言動」とされており、他方「恋愛関係」は、ある辞書によると、「特定の異性に特別の感情を抱いて、二人だけで一緒に居たい、出来るなら合体したいという気持ちを持ちながら、それが、常

にはかなえられないで、ひどく心を苦しめる（まれにかなえられて歓喜する関係）」のこととされており、(注3)この二つが全く異なった事柄、人間関係に関するものであることは明白である――案の定、裁判所は助教授の主張を一蹴している（プロローグ参照(注4)）。

このようにセクシュアル・ハラスメントに関して「加害者」らから加えられる「被害者にも責任がある」という主張が、自らの責任の回避、軽減を狙ったものであることは明白であり、それにもかかわらず、人々に残る古くからの性差別意識等によってこのような主張が広く世間に受け入れられる余地を残していることから、セクシュアル・ハラスメント被害の顕在化を阻む要因ともなっているのである（いわゆる「セカンドレイプ」の問題）。

〈第二の神話〉 本当に嫌なら、抵抗できたはずだ？――「何故逃げなかったのか？」「私なら思い切りひっぱたいてやる！」「逃げたり大声を出さなかったのは、セクハラなんかなかったからだ？」……等々。

〈第二の神話〉も、〈第一の神話〉に劣らず、セクシュアル・ハラスメントが問題となった場合に必ずといってよいほど聞かれる声である（しかも「加害者」のみならず、時として「被害者」を支援する人々からも聞かれることがある）。「人は相手から不快なことをされた場合、直ちに逃げたり抵抗したりするものである」という「社会通念」は、我々の意識を大きく支配しているだけでなく、このような「通念」は最近に至るまで（否、最近に至っても）裁判所をも支配し、セクシュアル・ハラスメントの成否、事実認定をめぐって大きな桎梏となってきていた。詳細は第二章に譲ることにして、ここでは裁判で争われた例を一つだけ紹介することにしよう。ある大学の女性研究員が上司である男性教授と共に国際会議出席のためホテルに宿泊していたところ、自室を訪ねてきた教授から突然ベッドに押し倒される等の強制わいせつ行為を受けたとして訴えた裁判で、一審の裁判所は、「仮に女性研

究員が主張するような強制わいせつ行為があったならば、女性は反射的に助けを求める声を上げたり、何らかの抵抗をするのが通常であるのに、声を上げることもせず、両肩を押さえ付けられるまで抵抗をしていないのは、両者の関係、女性の年齢、経歴を考えれば通常のものとは言えない」と判断して女性研究員の主張を斥けた。この判断は、他者からの攻撃に対して、どのような状況においても「勇敢」に立ち向かったり、直ちに回避行動をとることが可能な人やそのようなことが可能な状況の場合には当てはまるものかもしれないが、人は常にそのように振る舞うことができるとは限らないのであり、とりわけ職場や大学等で支配従属関係にある者からの攻撃に対しては、様々な不利益を考慮して、「被害者」が抵抗できない状況におかれることになろう。このような人間の行動を一義的に「経験則」化する一審判決は、前述した「社会通念」――本当に嫌なら抵抗できたはずだ――をセクシュアル・ハラスメントの事実認定に際して無前提に適用したものと言わざるを得ないのである(一審判決は控訴審で破棄されている)(注5)。

さらに一審判決は、セクシュアル・ハラスメント――とりわけ性的関係を迫るケース――の大半は、「偶然」発生するものではなく、「計画的」なものであるということも見逃している。即ち、セクシュアル・ハラスメントが性的関係を迫るケースの場合、〈性的誘惑→性的関係や接触の強要〉というプロセスをとるが、そのプロセスに時間的な長短はあっても、その過程は、「加害者」が「被害者」を「計画的」に「誘惑」をし、その行為を徐々にエスカレートさせて第三者等のいない「密室」で性的関係や接触を強要するプロセスを辿るものであり、このプロセスにおいて「被害者」が拒絶(＝不服従)の態度を貫くことは、「被害者」の受ける雇用や教育研究上の不利益を考慮すると極めて困難な場合が多いと言えよう。したがって例えば、大阪前府知事(横山ノック)セクハラ事件で、曽野綾子氏や上坂冬子氏らが「なぜその時、女子大生は『キャー』と叫び、『何するのよ！』と知事のほっぺたをひっぱたかなかったのか。その時騒ぎを起こすのが一番適切、有効なのである。ストーカーに殺された気の毒な女子大生と違って、そこで知事の横面を張っても、女性は決して殺される心配はないのである」、「セクハラ

の正しい晴らし方は、原則として自分で受けたセクハラを、自分の気の済む方法を使って、自力で解決することだ」という主張は、セクシュアル・ハラスメントの実態にあまりに無知・無関心なものと言わざるを得ないのである（九九年一一月七日付毎日新聞、同年一一月四日付「女性セブン」参照）。

ちなみに横山ノック事件は、昨年四月に行われた大阪府知事選挙の最中に、選挙運動員の女子学生が選挙用宣伝カーに乗って選挙応援をしていたところ、横山ノック知事（当時）が、女子学生の隣りに乗り込んできて、「風邪をひいてかわいそうに」「毛布をかけてやろう」等と言いながら一枚の毛布を双方の下半身にかけて、約三〇分間に亘って女子学生の下腹部や胸に触る等のわいせつ行為をしたとされるものであり、判決（民事）では、「原告が受けたわいせつ被害は、一度の機会におけるものとは言え、選挙運動のために走行中の選挙用ワゴン車の中で、被告の支配下にあり、原告との性交渉を望むような発言すらしていた者を含む同乗者らに囲まれ、当時二一歳の誕生日を迎えたばかりの女子大生であった原告が、風邪で高熱もあり容易に抵抗できなかった状況下で、被告により自己の腹部から足下を覆うように体に毛布をかけられた上、約三〇分間に亘り、被告の右手をズボンや下着の中に差し入れられたり、指で陰部を直接弄ばれたというものであり、右行為態様は執拗かつ悪質である。また、わいせつ行為に及ぶ経過をみると、被告はわざわざ毛布一枚を持って車両を乗り換えるなどわいせつ行為の計画性も窺われる」と認定されているのである。（注6）

> **〈第三の神話〉**　セクハラは「特殊な」人間のやることだ？　「日頃の性的欲求不満が原因となって、何らかのきっかけでセクハラをしたのだ」、「きっかけを作った方（被害者）が悪い」……等々。

この「神話」については、前述した学長氏に再び登場願おう。学長氏は、五人の学生がレイプをした事件の原因について、性情報の氾濫をあげた上で、「現在の日本はもはやまともな国ではない（中略）これだけ性的関心を

高められ、またこれだけ性的情報を与えられれば、誰だって異常性欲を満たしたいと感じるだろう。（中略）したがって多くの日本人は老若男女を問わず、程度の差こそあれ、慢性的に性的欲求不満状態に陥っている。マスコミに氾濫する性情報の需要者は、そういう普通の日本人なのだ。その中の何人かが何らかのきっかけで、日頃の幻想を実行に移してしまった結果起こるのが性犯罪であり、性的スキャンダルである。」――と結論づけている。氏の論評は、レイプやセクシュアル・ハラスメント等の性犯罪や性暴力の原因を「異常社会」と「異常な人間」（＝性的欲求不満や異常性欲に満ちた社会、人間）にみるという「異常」なものである（このような見地からは、現在行われつつあるレイプ等の性犯罪の防止対策やセクシュアル・ハラスメント防止対策は、ほとんど無意味ということになろう）。しかしそれだけでなく、レイプ等の性犯罪・性暴力が、性差別、女性蔑視という社会状況が背景となって生みだされていること、これらの性犯罪が「見知らぬ者」でなく、「知人、恋人」（これらの者が「異常性欲」の持ち主というのであろうか？）によって引き起こされることの方が多いという現実をも無視している。

更に、セクシュアル・ハラスメントについてみると、これらの行為が主として職場や大学等の上下関係のある中で、上司や部下が自らの地位・権限を利用・乱用して、部下や学生に対し行われているという点を全く無視していることである（現実にセクシュアル・ハラスメントの裁判で訴えられる「加害者」は、大学の教授、会社の社長、部長等、一般に社会的地位の高い者が多く、我々は普通これらの者が「異常性欲」や「性的欲求不満」の持ち主とは理解していないであろう）。セクシュアル・ハラスメントや性犯罪の「加害者」は「異常性欲」や「性的欲求不満」の持ち主であるという謬論（もっともそのような者も一部にはいるかもしれないが）は、セクシュアル・ハラスメントを生みだす社会的要因や本質を覆い隠すだけではなく、現実の裁判においては、第一、第二の「神話」と同様に、「何らかのきっかけ」（＝例えば被害者側の挑発的態度など）によってセクシュアル・ハラスメントが発生したとの口実に利用されることになっているのである。

〈第四の神話〉　セクハラには許されるものと許されないものとがある？　――「セクハラといわれても抽象的でよくわからない」「人によって使い方が様々で困る」……等々。

これらの主張は、日常我々が用いる「セクシュアル・ハラスメント」という言葉が様々なレベル――法的・社会的――で用いられていることを混同したところから生じたものである。詳しくは第二章、第四章を参照してもらうとして、一般に我々はセクシュアル・ハラスメントという言葉を日常次の三つの意味で用いていると言えよう。

①犯罪として処罰の対象とされる行為――例えばセクシュアル・ハラスメントが、レイプ、電車の中での痴漢等の身体への直接的暴力を伴う刑法犯に該当する行為や、性的行為や性的うわさ等を流布して名誉毀損をする行為、のぞき・つきまとい（ストーカー）等の軽犯罪法違反となるような性的言動である場合。②人々のモラルや価値観等社会一般の人々が共有する社会通念に反し、法的にも違法（民事上不法行為を構成する）とされる行為――例えばセクシュアル・ハラスメントが、「ホテルに行こう」等と執拗に誘って性関係を強要したり、食事やデートに執拗に誘う等の性的勧誘や、卑猥な会話やヌードポスター等を職場に貼ったり、わいせつ文書を送りつけたりする等の性的言動である場合。③人々のモラルや価値観等社会一般の人々が共有する社会通念に反し法的に違法とまでは言えない行為、若しくは人々によって意見や意識が分かれている（これらは時代により社会により変化していくものであるが）行為――例えばセクシュアル・ハラスメントが、職場で女性にだけお茶汲みをさせたり、掃除、私用等をさせる行為や、女性にカラオケでデュエットをさせたり、お酌やチークダンスをさせたり、「男のくせに根性がない」とか「女には仕事が任せられない」等の今日ジェンダー・ハラスメントと呼ばれて、概ね男女差別や女性蔑視の意識に基づく言動である場合。セクシュアル・ハラスメントは、日常用語としては以上の三

つのレベルに分類することが可能であり、それぞれ、法的・社会的意味を異にするものである（これを図にすると三七頁第一図のようになる）。即ちこれらの行為は、①については社会的には非難の対象とされ、法的にも違法とされる点で異論のないものであり、②についても、法的にも社会的にも違法不法なものとされているものであるが、③については、今日社会的には性差別や女性蔑視の意識に基づく行為として非難の対象とされたり望ましくないものとされているものの、法的には何ら違法とはされず規制の対象とされていないもの、改正均等法、人事院規則が規制する行為に該当するものの（あるいは人事院規則の規制する行為には該当するものの、均等法の規制対象外の行為――例えばジェンダー・ハラスメントなど）不法行為とはみなされていないものが含まれてこよう（もっともこれらの行為も将来人々の性モラルや価値観が変化することにより、違法性を帯びてくることが考えられよう）。しかしながら、これらの行為が「相手方の意に反する不快な性的言動」として社会的にみると非難すべきものであり、かつ職場や大学等をはじめ社会から排除すべきものとされている点は争いのないところなのである（改正均等法、人事院規則）。したがって社会的見地に立った場合、セクハラに「許されるもの」と「許されないもの」があるのではなく、一般的に「許されない」ものとして考えるべきなのである。

〈第五の神話〉　セクハラには「個人差」がある？　――「セクハラと受けとめるかどうかは個人によって違う」「一律にセクハラと言われても困ってしまう」「セクハラは、特に男女の認識でズレがある」「同じような行為でもAからの行為は許されて、Bからのは許されないというのはおかしい」……等々。

この主張は一面では正しいものの他の一面では間違っていると言えよう。この問題は「第四の神話」に関連することである。前問で述べた①～③の分類についてみると、セクシュアル・ハラスメントが①のレイプ、強制わいせつ等の刑法犯に該当する行為である場合、「個人差」はおろか、男女の認識の差など有り得ないという点では

一致するであろう。また②の性的誘惑やわいせつ文書の貼付等も一般人が考える社会通念に反するものとして、「個人差」や男女の認識の差がないものと言えよう。問題は③のジェンダー・ハラスメントとされる行為や性的接触・態度についてである――正にこの領域では、相手方によってセクシュアル・ハラスメントについて「個人差」がでてくる可能性があるといえよう。しかしながら、セクシュアル・ハラスメントか否かは、正に「相手方」の受けとめ方が基本なのであり、身体接触や態度が「不快か」否かは、相手方の受けとめ方次第なのである（したがってAからの行為が不快でなくとも、Bからの行為が不快なものとされるのは、当然のことであろう）。このような行為が社会的に非難の対象とされ法的にも違法なものとされるか否かは、相手方の人間性を損ねる行為（性差別、支配従属関係の乱用等はこの意味で全て人間性を損ねる行為と言えよう）か否かで判断すべきものである。したがって身体接触は特段の事情（あいさつなどの接触や激励）がないかぎり相手方に不快感を催すものであり、また言葉や態度も、差別意識に基づくものや（「女のくせに」）、プライバシー侵害になる場合（「今日のパンティは何色かね？」など）は、広く社会的に許容されないものと認識されるに至っており、「個人差」や「男女差」は存在しないと言えよう。

> **〈第六の神話〉**　性関係は二人の「合意」によるもので、セクハラではない？――「彼女の方から言い寄ってきたのだ」「彼女も嫌がっていなかったのに」……等々。

右の主張はセクハラで訴えられた「加害者」が必ずと言ってよいほど口にするものの一つである。〈第一の神話〉〈第二の神話〉に関わることでもあるが、特にセクシュアル・ハラスメントの「被害者」が不快な身体的接触等をされていながら、その際に、ほとんど「抵抗」しなかったり、その後で直ちに周囲の友人や同僚に被害の事実を告げなかったり、性的関係が長期に亘って継続したりする場合に、「加害者」から主張されるものである。職

場や大学等の支配従属関係の存在するところで「不快な性的言動」をされても、被害者が直ちに抵抗しなかったり、周囲に被害を訴えなかったりすることがしばしばあり、しかもそれは何ら不合理な行動ではないことは既に述べた（第二の神話）。ここでの問題は、更にセクシュアル・ハラスメントが加えられた際に、被害者が「抵抗」しなかったり、直ちに被害を訴えないことが、「合意」を推定するものなのか？　ということであろう。そもそも「合意」というものは、社会学的には、複数の行為主体がある事柄について意思の合致、受容をしていることであり、したがって性的関係や接触が、少なくとも何らかの事情（一方当事者の暴行や支配従属関係の利用・濫用など）によって、当事者間の意思の合意や一方当事者の受容が阻害されているとみなされる場合には、「合意」が存在しないものとされるのである。（注7）この種の事案が裁判で争いとなった場合、裁判所は当事者の人的関係、日頃の言動を重要な判断要素としており、その一例をあげてみよう。大学の女性副手は、在学中から指導を受けていた教授に副手として採用されて直属の部下として勤務していたが、ある日の夜九時過ぎに教授から電話で呼び出され、車中で、女性が交際中の男性について、「何故（あいつと）交際するのだ！　お前が副手になれたのは、俺が推薦したからだろう」と詰問された上レイプされたとして、女性副手は教授を訴えた。これに対して教授は、女性とは相互に日頃から親密な感情を抱いており、当日の車中でも教授の叱責に対し「先生すみません」と身を寄せてきたので、これに応える形で性的関係を持ったもので「合意」に基づく性行為であると争った。裁判所は女性の主張を認め、「原告は、既に結婚を前提として性的関係を有していた恋人がおり、本件行為の前日には原告が恋人を家族に紹介しており、原告が被告に親密な感情を抱く事情はなかった。」、「被告本人も、被告と原告との関係はかつての教授と教え子であり、その後も教授と副手以上のものでないと供述しており、原被告の関係は単なる師弟関係に基づく交流の範囲をでないものであって、本件性的関係が、いわゆる男女間の愛情に基づく感情の表れと認めることができないことは明らかである。」と述べて「合意」の事案を否定している。（注8）

この判決にみられるように何らかの性的接触・行為が行われた当時、当事者（「加害者」と「被害者」）が性的行

為や性的接触を「合意」しうる関係にあったのか否か――「恋人」として「恋愛関係」にあったのか、あるいは知人、友人、上司―部下、教師―学生としての「信頼関係」にあったのか）――が決め手とされよう。この場合「恋愛関係」にある当事者が性的関係を形成することは何ら不自然なことではなく、性的関係、接触に「合意」が認められることになろうが（もっとも、この場合でもレイプ等が行われることは、近時近親者からの暴力として問題とされるようになってきていることは〈第一の神話〉で述べたところである）、そのような関係がないところでは、凡そ「合意」が成立する余地はないと考えるべきであり、またたとえ「合意」とみなしうる「外形」が存在したとしても、それは当事者間の支配従属関係に基づいて被害者が合意を強いられたことによるものであり、被害者の自発的意思に基づいた合意とは言えないものであり、このような場合に少なくとも民事上不法行為責任は免れないものと言わざるを得ないのである。

〈第七の神話〉　今頃いわれても……セクハラは本当にあったの？　――「一年も前のセクハラなんてウソでしょう？」「どうしてすぐに訴えなかったの？」「すぐに訴えなかったのは、セクハラなんてなかったんじゃない？」……等々。

この主張も〈第六の神話〉と同様のものである。「セクハラ」の直後に被害を訴えなかったり、長期に亘ってセクシュアル・ハラスメントが継続したりすることは「被害者」の行動として何ら不自然・不合理なものではないことは既に述べたところである。むしろここでは、「被害者」がセクシュアル・ハラスメントが行われてから（何ヵ月、あるいは何年も後になってから）、その事実を第三者に告白する「契機」について述べておこう。セクシュアル・ハラスメントの「被害者」が第三者に告発する「契機」は、一般には「第三者」からセクシュアル・ハラスメント行為を問いつめられて告白する場合（この場合の「第三者」は、多くの場合夫や恋人である）と自ら「第三

者」に告白する場合とが考えられるが、特に後者の場合は、セクシュアル・ハラスメントの「事実」から何らかの理由で「解放」されたことが契機となっていることが多いと言えよう。例えば前述した東北大学セクハラ事件で、被告側が、大学院生が助教授によるセクシュアル・ハラスメント行為が終息した後三年近く経過した平成九年四月になって大学当局に訴え出ていることは不可解である（セクハラが存在しなかった証左である）旨主張したのに対して、裁判所は、「被控訴人（大学院生）と控訴人（助教授）との関係は、平成六年一〇月中旬以降次第に教育上の支配従属関係が強化されていったものであり、それといわば比例するような形で控訴人の被控訴人に対する性的行動がエスカレートしていったもので、このような状況のもとで、平成七年五月頃から不安神経症に罹患し、その症状に改善の見られなかった被控訴人が、控訴人の行為の真の意味を自覚し、適切な対応措置を講ずることができずに、控訴人による前記認定の諸行為をいわばなす術もないままに受け続けざるを得ないでいたものである。そして、同年八月交際相手と別れることを余儀なくされ、控訴人と三回目の肉体関係を持ったことで、惨めな気分に陥っていた被控訴人に対し、控訴人が非情な言葉を吐いたことなどがきっかけとなって、被控訴人は、次第に右行為の真の意味と自らの立場を認識し始め、以降、控訴人の要求を拒んだり、第三者に自己の被害を訴えることができるようになり、平成九年四月、組合を通じて井原科長宛にセクハラ被害を理由とする控訴人の懲戒要求をするに至ったものと理解することができ」る旨判示し、「告発の契機」について述べている(注9)。このように、セクハラが起こされてから時間が経過した後に「被害者」がセクハラの「事実」を第三者に告発することは何ら不自然ではなく、何らかのきっかけによってなされることを理解すべきなのである。

〈第八の神話〉　「神様」でないから「密室」での行為はわからない？――目撃者のいない「密室」での行為を第三者に判断させるのはムリだ」「本当はなにもなかったんじゃあないの？」……等々。

会社や大学等で従業員や学生がセクシュアル・ハラスメントの被害を会社や大学に訴えても、上司や教員がセクシュアル・ハラスメントの事実を否定した場合、担当者は「私は神様ではないのだから、二人だけの密室での行為などわかるわけがない！」と事実調査自体を拒否したり、調査をしても二人の言い分の「合致」したところのみから判断をしたりすることがしばしば見受けられる（少なくとも改正均等法以前はこのような態様が大半であった）。しかしながらこのような態度は今日においては、少なくとも会社や大学当局がなすべき調査を尽くしていないものとして法的責任を問われるものと言わざるを得ない（「職場環境整備義務違反」）。では、このような場合どのような調査をすべきなのであろうか？　詳細は第五章で述べることにして、ここでは少なくとも次の点を指摘するにとどめよう。即ち職場等においてセクシュアル・ハラスメントの申立てがあった場合、使用者には、雇用契約上の職場環境整備義務の一環として、適切かつ迅速な事実調査をすることが要請され、その内容としては①当事者双方の言い分を確認した上で、②当事者双方の言い分が食い違った場合には、当事者以外の第三者（職場の同僚、取引先など）の調査可能性の有無をも確認し、③これらの当事者間の発言内容に対する適切な判断をすることが要求されよう。具体的には、セクシュアル・ハラスメントがしばしば「密室」で行われることから、当事者双方の言い分が食い違うのが通常であることを前提として、当事者の日常態度——例えば「加害者」が「被害者」以外の女性にもセクシュアル・ハラスメントをしていなかったか？「被害者」に日頃からセクシュアル・ハラスメントをしていなかったか？「被害者」が「加害者」に個人的な恨みを有していないか？——や、調査の際の当事者の発言内容——当事者の発言が一貫した発言か？　発言に矛盾がないか？　抽象的か具体的か？——等）を慎重に判断していくことが求められよう。

このような適切な調査義務が問題とされた事案としては、例えば、土木建築会社に勤務していた女性が上司からの性的誘いを拒絶したところ、上司らから支店長と特別な関係にあるかのごとき噂を流され、これを直に受けた会社から、事情聴取を受けることもなく解雇された事件で、会社の責任につき裁判所は、「Y会社は原告やS

支店長に機会を与えてその言い分を聴取するなどして原告とS支店長とが特別な関係にあるかどうかを慎重に調査し、人間関係がぎくしゃくすることを防止するなどの職場環境を調整すべき義務があったのに、十分な調査を怠り、上司らの報告のみで判断して適切な措置を執らなかった」旨判示している。(注10) このように当事者双方の言い分を聴取することを怠ったことを、使用者の「セクシュアル・ハラスメント防止義務」違反の要素としており、「神様でないから『密室』での行為はわからない」などという主張は、使用者がなすべき調査義務を怠った責任を免れるための方便にすぎないのである。

〈第九の神話〉　セクハラは「個人の問題で会社（大学）には関係ない？」。――「単なる恋愛のもつれでは」……等々。

右の言葉は、職場や大学等でセクハラを受けた「被害者」が、会社等に被害を訴え出た場合、従来しばしば使用者や大学当局から「被害者」が浴びせかけられた言葉であり、昨年四月施行された改正均等法により使用者の「配慮義務」が規定され、また人事院規則に職員のみならず各省庁の長の責任としてセクシュアル・ハラスメント防止義務が規定されたことにより、さすがにこのような「主張」は減少しつつあるものの、今日でも依然として耳にする言葉である。今日では会社や大学等には従業員や学生に対し、雇用契約若しくは在学契約上の義務として、良好な職場（教育、研究）環境を提供すべき法的義務があるものと一般に承認されるに至っており、職場内や職務に関連して従業員がセクシュアル・ハラスメントの被害に遭い、会社が右義務を怠った場合には、会社に責任が発生することになり、セクシュアル・ハラスメントが「個人の問題であり、会社には関係がない」という問題ではないことは明白であろう。したがって、問題はセクシュアル・ハラスメントがどのような場合に「個人的な問題」ではなく、会社の責任が発生するか、ということなのである。例えば、雑誌の編集出版をしている会

社に勤務していた女性社員が、上司である編集長から異性関係に関する悪評を流布され、かつ会社側はこれらの事実を知りながら放置し、最終的に女性が退職のやむなきに至ったとして会社らの法的責任が問われた事件について、裁判所は、「専務らは、原告と編集長との間の確執の存在を十分に理解し、これが職場環境に悪影響を及ぼしていることを熟知していながら、これをあくまで個人間の問題として捉え、同年三月に原告について昇級措置を行った以外は、両者の話し合いによる解決を指示するに止まった。（中略）このように、専務らは、早期に事実関係を確認する等して問題の性質に見合った他の適切な職場環境調整の方途をさぐり、いずれかの退職という最悪の事態の発生を極力回避する方向で努力することに十分でないところがあった」旨判示して会社の責任を認定している。(注12) 詳細は第五章で述べることにするが、この判決にも明示されているように「セクハラは個人の問題であり、会社に関係ない」などという考えは全くの謬論なのである。

〈第一〇の神話〉　セクハラの「被害者」は、「加害者」の妻に「不貞行為」をしている？　――「セクハラ」は「不倫」とどう違うの？　……等々。

賢明な読者には、こんな「バカな主張」はあり得るはずがない！　と思われるかもしれないが――もっとも裁判において今日まともに「主張」されることはない――セクハラの被害を会社に訴えた場合などに、セクハラの「被害者」がしばしば担当者から浴びせられる「質問」の一つなのである。この質問は、加害者から「あれはセクハラではなく、恋愛関係であった」「合意があった」という「主張」と表裏をなすものであるが、この問題は次の裁判例を上げることで十分であろう（詳細は第五章参照）。

妻子ある男性（A男）が仕事上で知り合った夫ある女性（B女）をモーテルに連れ込んでレイプをした後、暴力や脅迫を繰り返す等して性的関係を継続し、それがために妻と離婚、再婚を繰り返したが、この間引き続き当初

の女性との性的関係は継続し、この期間は七年余に亘ったことから、妻が女性に対して慰藉料請求をした事案につき、裁判所は、「(A男とB女が）肉体関係を結ぶに至る発端については、A男が被告B女を再々強引に呼びだして暴行・脅迫を加えたうえ関係を強要したことによるものであり、更に、右関係継続の点についても、その後も絶えず酒乱の気のあるA男の暴行・脅迫にさらされながら続けられたものと言えるのであるから（そもそも二人の最初の肉体関係は、先に認定したとおり、前記復縁の五年前にA男の偽りと暴行によって持たれたもので、このことがその後の二人の関係に影響していることは明らかであろう)、B女にはA男との肉体関係の端緒及び継続について責任がなく、A男にこそが全面的にその責任を負うものと言うべきであ」り、「原告とA男との婚姻関係がほぼ破綻に瀕し、原告が夫たるA男に対し貞操を要求しがたいような状況下において、専らA男の暴力と脅迫によって被告B女が同人と肉体関係を結んだことをもって、社会的相当性を欠く違法があるものとし、原告がA男との（再婚後の）婚姻・家族生活を破壊し、貞操要求権を侵害した違法行為と断ずるのは当を得ないと言わざるを得ない。」と判示して妻の請求を棄却している。(注12) セクシュアル・ハラスメントについても右の判断が基本的に妥当することは明白であろう。

（注1）総理府男女共同参画室が、一九九九年九月〜一〇月にかけて全国の二〇歳以上の男女四五〇〇人を対象に実施した調査（回収率七五・七パーセント）による（http://www.sorifu.go.jp/danjo/yoron/bouryokul/)。なお、男女共同参画審議会の二〇〇〇年七月三一日付「女性に対する暴力に関する基本的方策について（答申)」参照（http://www.sorifu.go.jp/danjo/toshin)。
（注2）ホッブス・水田洋訳『リヴァイアサン』(一)岩波文庫二一一頁参照。
（注3）新明解国語辞典（第四版）三省堂参照。
（注4）東北大学セクハラ事件（裁判例47、58)。
（注5）秋田県立農業短大事件（裁判例14、40)。
（注6）横山ノック事件（裁判例57)。
（注7）意思の「合致」「受容」をどのように把握するかについては、当事者相互の影響による共通の心理状態の形成とみる心

理主義と、受容とみなすのが社会規範（習俗、法、モラルなど）によって相当とされる行為の存在とみる規範主義との対立があるが、これらはしばしば競合していると考えるべきであろう（岩波「哲学・思想辞典」岩波書店、一九九八年）。

（注8）東北生活文化大教授事件（裁判例48）。

（注9）東北大学セクハラ事件（裁判例58）。

（注10）沼津セクハラ事件（裁判例44）。

（注11）福岡セクハラ事件（裁判例2）。

（注12）横浜地判平元・八・三〇判時一三四七号七八頁。

第一章　今、なぜセクシュアル・ハラスメントなのか？

一　セクシュアル・ハラスメント――「古くて新しい」問題

《「セクシュアル・ハラスメント」という言葉のインパクト》

一つの言葉が、それまで我々の多くあるいは一部が共通に経験したり、人々の意識の底や社会の中に澱（おり）のように沈殿していたものを一つに結び付けて、一挙に社会問題として顕在化させることがある――このような言葉として、我々は、一九六〇年代の「公害」、八〇年代の「嫌煙権」、九〇年代の「過労死」、最近では「トラウマ」等の言葉を思い出すであろう――「セクシュアル・ハラスメント」という言葉は正にこのようなものとして我々の社会に登場した。我々は、「セクシュアル・ハラスメント」（＝相手方の意に反する不快な性的言動）という言葉を得ることによって、それまで職場や教育現場等で、我々の多くが共有してきた「不快な性的言動や経験」（例えば、コンパ等の席上で上司や教官から身体を触られたり、採用面接の際に「君は処女かね」等と言われたりする）であるにもかかわらず、その原因や社会的・法的意味が明らかにされないまま、単なる「個人の趣向や性向の問題」にされて（「触ったって減るもんじゃないだろう！」、「そんなことでいちいち文句を言うもんじゃないよ！」等々）、黙認、黙殺されてきた事柄が、実は、社会的にみると構造的な性格をもった問題であり、法的にみると違法不当なものとして問題とされるべきものであるとの認識を共有するに至った。

周知の通り、「セクシュアル・ハラスメント」という言葉は、歴史的には一九七〇年代のアメリカにおいて公民権運動と共に力を得てきたフェミニズム運動の中で生まれた造語である。（注1）既に述べた通り「セクシュアル・ハラスメント」は、今日幅広い意味で用いられており、日常用語としては、法律上性犯罪若しくは「性暴力」として刑事罰、不法行為、懲戒の対象とされている行為（「レイプ」、強制わいせつ等）から、依然として今日でも多くの人々（特に男性）にとって「当り前」とされているか、それほど「目くじら」をたてるものとはされていないいわば「グレーゾーン」（注2）の行為まで幅広く、また人々の意識だけでなく社会や歴史の文化的価値や規範によっても変わり得るものであろう。

しかし、今日多くの国々では「セクシュアル・ハラスメント」という言葉には少なくとも決定的な二つの要素が含まれていると理解されるようになってきている——即ち、セクシュアル・ハラスメントは第一に、それを受ける側（＝被害者）にとって「不快な（＝望まない行為、嫌がられる）性的言動」であるということであり、第二に、それが「不快な性的言動」か否かは、それを受ける側の基準で判断されるべきである——ということである。（注3）ある「性的言動」をめぐって、それを「行った」側と、それを「受けた」側との認識・意見が対立した場合、両者の認識や意見の差は、従来コミュニケーションギャップの問題とされたり、とりたてて違法不当なものとは理解されないことが多かったが、「セクシュアル・ハラスメント」は、このような行為を「受けた」側にとって「不快」なものか否か、それが社会的・法的に許容されるものか否かとして問題とされるべきであるということなのである。例えば、カラオケで男性上司が女性部下にデュエットを執拗に誘う行為は、上司にとっては、「不快」でも「望まない」「嫌がられる」行為でもない（だからこそ、執拗に誘う！）としても、女性部下にとっては、「不快」で「望まない」「嫌がられる」行為なのであり、かつ、このような「不快」か否かは、それを「受けた」人の判断（多くの場合、「平均的」な女性の合理的判断）を基準にすべきであると考えられるようになってきた。

このような考え方に基づいて、例えば均等法二一条では、職場におけるセクシュアル・ハラスメントは、職場

で女性の意に反する性的言動が行われ、それに対する女性の対応により、女性が不利益を被ったりその就業環境を著しく悪化させる行為と定義づけした。更にこの場合の女性の意に反する行為か否か、女性の就業環境が害されているか否かについて、行政解釈（平成一〇年六月一一日付通達）は、「女性の主観を重視しつつも、事業主の防止のための配慮義務の対象となることを考えると、一定の客観性が必要である」として、「具体的には、セクシュアル・ハラスメントが男女の認識の違いにより生じている面があることを考慮すると、『平均的な女性労働者の感じ方』を基準とすることが適当である」と一応の判断基準を示している（1⑵ホ）。しかもこの場合、行政解釈は、大半の女性が苦痛に感じるものだけがセクシュアル・ハラスメントになると述べているのではなく、「ただし、女性労働者が明確に意に反することを示しているにもかかわらず、さらに行われる性的言動は職場におけるセクシュアル・ハラスメントと解されうるものである」と述べていることからも明らかな通り、たとえ「平均的な女性」が苦痛に感じない程度の行為でも、拒絶の意思等を明確に示した後はセクシュアル・ハラスメントに該当する可能性を指摘し、セクシュアル・ハラスメントの判断基準と視点が「被害者」側におかれていることを示している。

また同じく人事院規則一〇—一〇第二条では、セクシュアル・ハラスメントは、「他の者を不快にさせる職場における性的な言動及び職員が他の職員を不快にさせる職場外における性的な言動」と定義づけし、他の者を不快にさせる性的な言動か否かについて、「性に関する言動に対する受け止め方には個人間や男女間で差があり、セクシュアル・ハラスメントに当たるか否かについては、相手の判断が重要である」として、具体的な注意事項として「⑴親しさを表すつもりの言動であったとしても、本人の意図とは関係なく相手を不快にさせてしまう場合があること、⑵不快に感じるか否かには個人差があること、⑶この程度のことは相手方も許容するだろうという勝手な憶測をしないこと、⑷相手との良好な人間関係ができていると勝手な思い込みをしないこと」、更に「相手が拒絶し、又嫌がっている」ことが分かった場合には、同じ言動を決して繰り返さないこと等を指摘している。

これらの均等法・人事院規則の各規定は、いずれも前述したセクシュアル・ハラスメントに関する二つの要素をとり入れた判断基準を示していると言えよう。

このように「セクシュアル・ハラスメント」は、今日一般的には、職場や教育現場等において行われる「不快な性的言動」を意味するものと理解されてきているが、このような認識はいつ頃からはじまったのであろうか？セクシュアル・ハラスメントの社会的・法的認知は、アメリカにおける衝撃的な実態調査の報告からはじまった。一九七五年、ニューヨークで女子労働者を対象としてセクシュアル・ハラスメントに関する実態調査をしたところ、「いやらしい言葉を発せられたり、いやらしい目で全身を眺められたり、身体に手などを触れられたり、抱きつかれたり、むりやりキスやセックスを迫られたりする」等の何らかのセクシュアル・ハラスメント行為を経験した女性が、調査対象者の七割に達し、九二パーセントの女性達がこれらの行為を、働くうえで深刻な問題として考えていることが述べられていた。(注4)アメリカではこれを契機として様々な調査が行われるようになったが、そのいずれもがセクシュアル・ハラスメント被害の広がりと深刻さを物語るものであった。特にある女性雑誌が七六年に全米の九〇〇〇人の読者を対象に実施したアンケート調査は、八八パーセントの女性読者が職場で何らかのセクシュアル・ハラスメントを受けた経験を有し、かつ五二パーセントがこれを理由として仕事をやめることを余儀なくされたり、解雇されたりしているという衝撃的なものであり、これらの調査結果は人々の予想を超えるものであった。

このような実態調査を知るに及んで、人々はセクシュアル・ハラスメントに関する問題は、個人的な問題ではなく、職場等で集中的に発生する、社会的にみて構造的な性格をもったものであると考えるようになったきた。例えば女性雑誌であるレッドブックマガジン社の調査レポートは次のように結論づけている——「セクシュアル・ハラスメント問題は、一般的、偶発的なもの（epidemic）ではなく、普遍的なもの（pandemic）——毎日どこでも起こっている——である」——と。(注5)

セクシュアル・ハラスメントに対する告発と闘いがやがて開始されることになる（二一、二三参照）。

《「古くて新しい」問題――二つの視点》

しかしながらこのような意味でのセクシュアル・ハラスメントは、社会的にはそれ自体人類の歴史と共に存在してきたものであり（例えば奴隷制の中で、奴隷主が女奴隷に行った性的虐待等の歴史はその典型であろう）、資本制社会が成立した後は、典型的には「女工」等の工場労働者等が、監督をする上司等から強制わいせつ、レイプ等の性的暴力や性的虐待を受けるという「古い」歴史をもったものでもあり、とりたてて「新しい」問題とは言えないものであった。例えば、わが国の資本主義発展にあずかった基幹産業の一つである紡績業の女子労働者の大正十年（一九二〇年）代における職場実態を描写した「女工哀史」には、次のような記述がある。

「監督者はこれと思って目星をつけた女工が、意に従わないと仕事上で圧迫し、受負者なら大変わりを悪くする。日給者ならえらい仕事をさせる。それで大概な女は少々嫌いでも従ってしまわなければならんのだ。

上役はどこの工場へ行っても下役を呼び付けて、小言を言う権利がある。夜業の折りなど（中略）、遂にはそこで半ば強姦的に醜行を演じてしまうようなことがある。往時は随分これが劇しかった。現今でも全くその跡を断つことはできない。

しかしながら、各会社の根本方針としてかくのごとき問題は余り利害に関係せぬこと故、断固たる処置方針などは定まっていない。私の同郷人で数十人の女工を色々な手段で弄び、うち数人に妊娠までさせておきながら、それは会社員としての地位昇進上何らさまたげにならぬのみか、かえって手腕家だという了解すら重役間にうけて今職工係主任を相勤め、近々退職せんとする紡績紳士（？）がある位いだ。（注6）」

このようにとりわけ職場において、主として女子労働者に対する雇用条件に影響力を有する男性上司からの、

性的誘惑、要求等の性的暴力や性的虐待（それに伴う報酬（昇進・昇格等）や報復（解雇等）等を伴った雇用条件の変動等）は、資本主義の発展がもたらした女子労働者の職場への大量流入とともに各国共通にみられる現象となっていったが、こうした現象は、長い間公然化することも、法的規制の対象として自覚的に議論されることもなかった。

これにはいくつかの理由が考えられようが、具体的事案をみると性犯罪がしばしばそうであるように、こうした性的要求・圧力等は隠然と行われることから立証が困難であり、しかもこの種の行為に対する法的・社会的評価は、各個人の感情、態度、行動表現に対する感受性にも左右されることが大きく、したがってこれらの行為の「被害者」が表ざたにしても周囲からまともに取り上げられず、むしろ訴える側に問題があったようにみられ、「被害者」は二重の屈辱（今日「セカンド・レイプ」として問題とされている）を味わうことが多かったことによるものであろう――こうしてセクシュアル・ハラスメントは社会的には「存在」しないものとして扱われ、したがって近年に至るまで法的な問題として議論される余地がなかったのである。

《「ジェンダー」の視点》

しかしながら、今日問題とされているセクシュアル・ハラスメントはこのような性暴力、性的虐待一般についての説明にとどまるものではない。今日問題とされているセクシュアル・ハラスメントが「新しい」のは、とりわけ「ジェンダー」の視点と「権力」の視点からの分析が加えられるようになったという点である。既にプロローグで述べたところであるが、第一の視点は「ジェンダー」からの分析である。従来一般に、男女の「性差」は「自然的なもの」と理解されてきたが、このような一般的理解に対しては、男女の「性差」には、「生物的な」差異（＝「セクシュアリティ」――生殖器等の男女の肉体的・原初的差異）と「社会的・文化的」な差異（＝「ジェンダー」――服装、しぐさ、職業等によって形成される男女の社会的・文化的・後発的差異）があり、このような「ジェンダー」

図１　「セクシュアル・ハラスメント」の範ちゅう（広義・狭義）

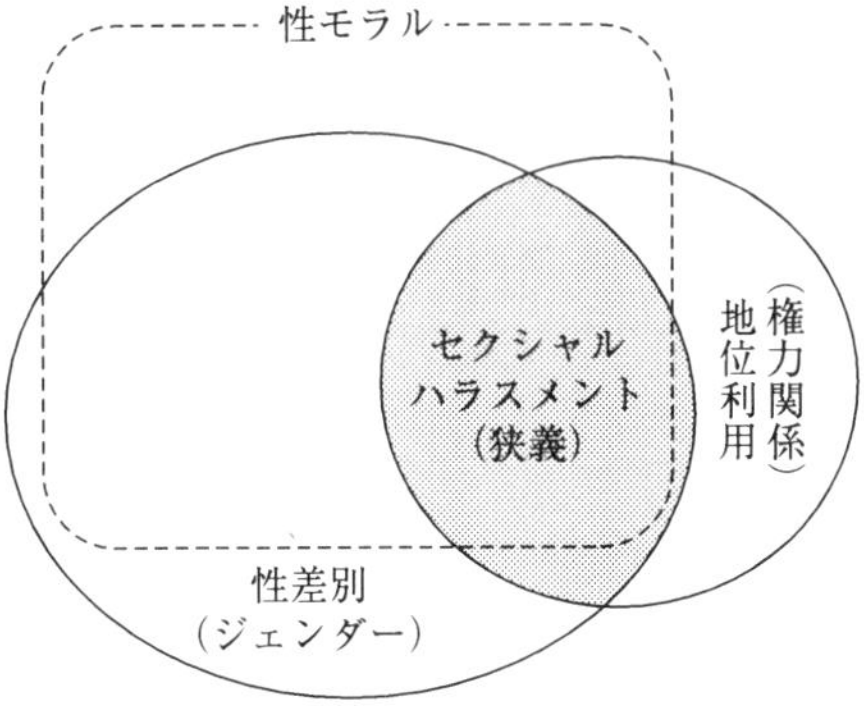

（例えば「男らしさ」「女らしさ」）に基づいて形成された「性差別意識」――今日までの社会・経済・政治体制は、男性（支配）中心に組み立てられてきており、このような社会構造が生み出す意識――の反映として、「相手方の意に反する不快な性的言動」が社会一般に蔓延しているとする視点である。例えば、ポルノビデオやポルノ雑誌の氾濫、電車の中での痴漢行為、児童売春などはこのような視点に立って理解されるべきものであろう。このようなものを、我々は「広義」のセクシュアル・ハラスメントと呼ぶことにしよう（図１）――「セクシュアル・ハラスメント」は、「社会的・文化的」に形成された男女の性格や能力等の特性、「性差」（＝「ジェンダー」）に基づいて、女性を男性に比して劣位なものと見下すことによって生ずる様々な社会的な偏見（＝性差別意識）に起因するものであり、このようなものとして女性に対するハラスメント、嫌がらせ等の性的暴力の性質・原因を論ずることが可能とされるのである。（注7）セクシュアル・ハラスメントをこのような「ジェンダー」の視点からする分析は、一九六〇年代以降のいわゆる第二次フェミニズム運動の中で主張されたものであり、このように、社会一般に蔓延するセクシュアル・ハラスメントが、男性支配の社会・経済・政治体制の中にあるとするフェミニズムの主張は、セクシュアル・ハラスメント問題に「新しい」視点を提供するものであった。

このような視点から「セクシュアル・ハラスメント」を論じたものと

して次の文章が参考となろう。(注8)

「セクシュアル・ハラスメントは女性にとって新しいできごとではない。新しいのは、それが権利の侵害となるということなのである。（雇用の場で）経済的な理由から拒絶できない立場にある者（女性達）に性的圧力をかけることは、一九七〇年代半ばには性差別（sex discrimination）とされるようになり、その後まもなく教育現場でも取り上げられるようになった。一部の女性達が、それが女性に降りかかった深刻な問題であるとして、暴行を受けた女性の経験を真剣に取り上げて、法の適用を主張したので、我々はセクシュアル・ハラスメントに関して法的な行動をとることが可能になったのである。このような衝撃的方法がとられたことから、セクシュアル・ハラスメントはフェミニスト達が発明（invention）したのだと論難された。しかし、セクシュアル・ハラスメントはフェミニスト達が発明したできごとではない。発明の張本人は私達の支援をまったく受けていない。セクシュアル・ハラスメントは法的な請求権であり、法はこの権利について被害者の立場で対処しなければならないという考えは、確かにフェミニスト達が発明したものである。フェミニスト達はまずこの問題を明らかにし、概念化し、法的に追求するために女性の経験を真剣に調べた。こうしてセクシュアル・ハラスメントに対する法的請求権は、やっと一握りの訴訟を生み出しはじめることとなったのである。（中略）今ならセクシュアル・ハラスメントとされる出来事が、かつてはセクシュアル・ハラスメントとみなされない時代があった。セクシュアル・ハラスメントは最近まで、ポルノグラフィによる権利侵害と同じだった。権利侵害となる事実は、社会的には『存在（exist）』せず、具体的な形をとることも、首尾一貫したものとして認識されることもなく、ましてや法的請求権として主張されることもほとんどなかった。それは、たまたま女性の身のうえに起こった出来事にすぎなかった。それが自分の身に起こった女性達にとっては、重要な出来事の一部ではなかったし、ましてや、ジェンダー（gender）のように大きなことでもなければ、他人と共有できることでもなかった。それは、これま

で知られていたどのパターンにもあてはまらなかった。」

右の達意の文章は、著名なフェミニストの法律家であるミシンガン・ロースクールのキャサリン・マッキノン（Catharine MacKinnon）教授が一九八〇年代に行った講演録の一部であるが、ここに「セクシュアル・ハラスメント」の歴史——とりわけ「ジェンダー」の視点からの歴史——が端的に表現されていると言えよう。(注8)

確かにこのような説明は、今日の社会一般に蔓延する性暴力、性的虐待等や「ジェンダー・ハラスメント」の社会的・政治的背景、原因を鋭くえぐり出すものではあるものの、今日職場や大学等でのセクシュアル・ハラスメントが問題とされている背景やそのメカニズムを説明するものとしては不足しているように思われる。

《「権力」の視点》

そこで第二の視点である「権力関係」からの分析が必要とされる。職場や大学等におけるセクシュアル・ハラスメントは、当該組織における「権力関係」（一般に「権力関係」とは、相手方をその意図に反して、自己の目的のために従わせる——従わない場合は何らかの「制裁」が用意される——関係のことを意味しており、とりわけ、雇用は業務命令↓「制裁」としての懲戒処分という形で、教育は教授↓「制裁」としての単位不授与という形で「権力関係」が形成される典型といえよう）を背景として、主としてその優越的地位を利用（悪用、濫用！）した、「相手方の意に反する不快な性的言動」として理解されるべきものであり、このようなものを我々は「狭義」のセクシュアル・ハラスメントと呼ぶことにしよう。今日職場や大学等で問題とされているセクシュアル・ハラスメントは正にこのような「権力関係」の中で発生するものであり、第一の視点を前提としつつも、「権力関係」を重視し、その場において上司や教官からの性的誘惑に対して「自由意思」を抑圧されざるを得ない従業員、学生等に着目した説明なのである。言うまでもなくセクシュアル・ハラスメントの全体像を検討するに際しては、社会一般に存在する「性差別」に起因する性的言動が第一に問題とされなければならないが、今日わが国をはじめとする多くの社会に

おいて、日常的・継続的にセクシュアル・ハラスメントが発生し、かつ蔓延しているのは正にこの「権力関係」が存在する雇用や教育の分野であり、セクシュアル・ハラスメントという人間社会のいわば「病理現象」とでも言うべきものは、この分野に集中していると言っても過言ではないであろう。

このような「セクシュアル・ハラスメント」における「権力関係」の分析については、既にマッキノンに代表されるフェミニスト達による優れた研究があるが、ここでは社会心理学の理論の一つである「社会的勢力（social power）」による分析を紹介しよう。（注9）「社会的勢力」とは、一九五〇年代にミシガン大学のグループ・ダイナミクス（＝集団力学）中央研究所の研究員であったフレンチ（J. French）とレーヴン（B. Raven）という社会心理学者らが提示した概念のことであり、「ある集団の構成員が、他の構成員の行動を一定の方向に変えることのできる潜在的能力（＝「他人に言うことを聞かせることのできる力」）」のことを意味しており、例えばある集団の中で、Aという人物が、何らかの理由によって、同じ集団のBという人物の「言うことを聞かざるを得ない」と認識している場合、BはAに対して「社会的勢力」を持っているとされる。ここで重要なことは、AB間の「社会的勢力」の存在は、Bの自覚あるいは意図にかかわりなく、AがBの「言うことを聞かざるを得ない」という認識に左右されるということである。例えば、学生や部下は大学や職場で、通常一般に、教授や上司の「言うことを聞かなければならない」と認識しており、したがってこの場合、上司・部下、教授・学生間は「社会的勢力」の関係にあることになる。フレンチとレーヴンはこの原因を、「社会的資源」の偏在によって説明づけようとした。Bが何故そのような影響を持つかと言うと、AB間に、BがAの欲する「資源」――「よい成績が欲しい」「昇進昇格したい」――や、欲しない「資源」――「何らかの罰を与えられる」等々――を有しているという偏った関係がある場合、Aに対するBの「社会的勢力」が発生するのであり、フレンチ、レーヴンはその「資源」の内容により、「社会的勢力」を、「報酬勢力」、「強制勢力」、「正当勢力」、「参照勢力」、「専門勢力」に分類した。

このような分析に基づいて、セクシュアル・ハラスメントのメカニズムを説明づける場合、「社会的勢力」の中

でも特に「正当勢力」、「報酬勢力」、「強制勢力」という、地位に伴う勢力（position powers）が重要な役割を果たすことになる。まず「正当勢力（legitimate power）」とは、BがAに対して指示を出したり、命令を出すことが当然とされる立場にいる場合、BはAに対して「正当勢力」を有しているものとされる。職場や教育現場で、部下や学生が、教授や上司等の出した指示や命令に対して、「教授のいうことだから」「上司のいうことだから」「先生のいうことだから」として、それに従った行為をするのが当然と考えて行動する場合、教授・上司・先生は正当勢力を有していることになり、このような例は、我々の社会経験からも、言われたことが正しいはずだと信じた場合、それに無条件に従うことはよく知られていることである（例えば、親の指示に従う子供や交通整理の警官に従う市民等——このような「正当勢力」の効果について、ナチスによるユダヤ人迫害生起のメカニズムを解明した、ミルグラムの有名な実験がある(注10)）。このように職場や教育現場において、上司や教師が、部下や学生に対して有している「正当勢力」を「利用（乱用・悪用！）」した場合、部下や学生に「従うことが正しいことだ」と信じ込ませ、自らの目的や欲望に従わせることが可能となろう。次に「報酬勢力（reward power）」とは、BがAに対して何らかの報酬や賞与、感謝、賞賛等を与えることが当然とされる立場にいる場合、BはAに対して「報酬勢力」を有しているものとされる。職場や教育現場で、部下や学生が昇進昇格や単位認定権を有する上司や教授（わが国では特に教育現場や中小企業でこの傾向が強い）から、私的な仕事（例えば引っ越しの手伝い）やつきあい（飲み会への誘い）を勧誘された場合、それが明示的なものでなくても引き受けることがあるのは、このような「勢力」が背景とされているものと言えよう。したがって、職場や教育の場で、昇進昇格への推薦権や単位認定権を握る人物は大きな力を有することになり、このような「勢力」を背景として、部下や学生を従わせて自らの欲望を達成することが可能となろう。また「強制勢力（coercive power）」とは、BがAに対して何らかの罰や不利益を与えることが当然とされる立場にいる場合、BはAに対して「強制勢力」を有しているものとされる。これは「報酬権力」の裏返しの力であり、職場や教育現場で、昇進昇任の推薦をしない権限や単位を与えない権限、懲戒権等を有する

図２　「社会的勢力」とは

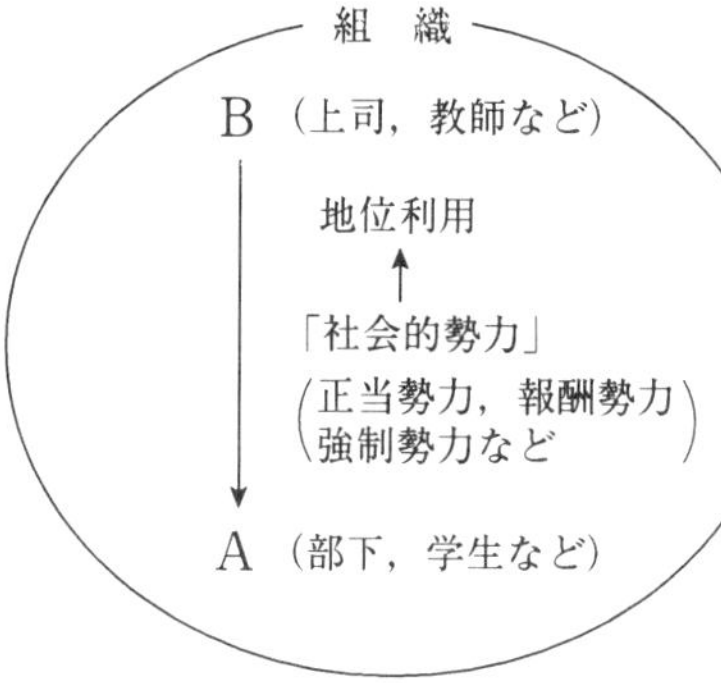

人物は、同じく大きな力を有することになる。職場や教育現場で、部下や学生が、上司や教授の言うことが自らにとって不本意な内容であっても、相手の言うことに従わざるを得なくなるのは、このような分析にとって説明づけることが可能となってこよう――例えば「脅迫」も、このような「勢力」関係を背景として説明することが可能とされよう。

職場や教育の場におけるセクシュアル・ハラスメントは、これらの「勢力」関係を背景として、かつこれらが複合されて働く典型例であり、とりわけ「正当勢力」は、上司や教師が自らの地位を利用・乱用して部下や学生を従わせる場合に極めて大きな力を発揮し、また「報酬勢力」、「強制勢力」は、「対価型」セクシュアル・ハラスメントとされる行為態様（上司や教師が、性的誘い・要求に応じた場合は「報酬」を与え、応じなかった場合には何らの「罰」を与えることを匂わせて、部下や学生に性的な誘いを行ったり、その誘いに対応して何らかの「報酬」や「罰」を与える）に密接に関わってくることになる――特に教育現場や職場では、教師や中小企業主等がこれらの「勢力」を独占することが多く、セクシュアル・ハラスメントは今日、これらの者によって引き起こされることが多いのは興味深いものと言えよう（図２）。

今日、職場や教育の現場等におけるセクシュアル・ハラスメントは、「ジェンダー」の視点と「権力関係」の視点の両面からの分析が必要とされるようになってきている。このような視点に立ったとき、この問題が

「新しい」のは、社会的にみると、既に述べた通り雇用の場等の「上下関係」の存在するところで、セクシュアル・ハラスメント行為が「毎日どこでも起こって」おり、従って「一般的・偶発的なものではなく、普遍的なもの」であり、しかもこれらの行為は、典型的には男性上司が女性部下に性的強要をし、それを拒絶されると解雇する等の行為にみられるように社会的にみても極めて卑劣な行為であり、女性に対する性暴力・性差別として、社会的にはモラル上許容されるものではなく、職場等から排除することが社会的に要請されるべき行為であるということが人々に広く認識されるようになったことにある。それと共に法的にみると、セクシュアル・ハラスメントは主として女性の性的自由・自己決定権等の人格的利益を侵害するばかりでなく、職場環境等をも侵害するものとして、積極的に違法判断が加えられるべきものとされるようになってきたことにある。しかもその際、セクシュアル・ハラスメント行為の「加害者」本人のみならず、当該職場等の「責任者」（＝事業主、使用者、大学当局等）にもかかる行為を阻止し回避すべき責任を負うべきであり（＝使用者責任の明確化）、それによって職場や教育等上下の力関係が働く場において、性的に中立的な環境を実現すべきことが社会的・法的に必要であるということが自覚的に取り上げられるようになったということなのである。

二　セクシュアル・ハラスメントの「権利化」

《セクシュアル・ハラスメントの「権利化」》

かってある偉大なローマ法学者は、「権利」を「法的保護に値する利益」と定義づけ、「権利」のために戦うことは「正義」のための闘いであり、それを続けることが法の目的であり、存在基盤であると述べたことがある（注11）――「セクシュアル・ハラスメント」は、正にこのようなものとして七〇年代以降今日までの比較的短期間に、各国で「法的保護に値する利益」（＝「権利」）として生成し、承認されてきたと言えよう。

ところで一般に、ある「事柄」が「法的保護に値する利益（＝権利）」となっていくためには、いくつかの条件・要件が必要とされる――まず、そのような「事柄」を国家・社会に対して「法的保護に値する利益」として要求するという行動、即ちそのような「事柄」は「法的保護に値する」のであると主張する人々（当事者、とりわけ「被害者」やその要求に共鳴する人々）の行動が必要であろう。次に、それらの人々によって要求された「利益」が、国家・社会にとって「法的保護に値する利益」であるという価値判断が、社会の中で多くの人々によって広く共有あるいは承認され、更にそれらを通して、そのような主張・利益内容が最終的に裁判所で通用する「権利」として実定法化されていくことが必要であり、そのためには既存の法体系の中にこれらの主張・利益内容が矛盾なく組み込まれるように、法技術的・法論理的に精錬されるというプロセスを辿らなければならないであろう――このようなプロセスの実現に向けて、今日法律家をはじめとする多くの人々が努力しているのである。セクシュアル・ハラスメント「被害」が「法的な保護に値する利益」として、「権利化」されていくプロセスもこのようなものであった（注12）。

セクシュアル・ハラスメントの「権利化」へのプロセスは、何よりもまず各国において、セクシュアル・ハラスメント「被害」を受けた女性達が、裁判所に対して加害者本人や事業主、大学等の法的責任を追及という形によって開始されたが、既に述べた通り、セクシュアル・ハラスメント（＝「不快な性的言動」）は極めて広範な内容を意味しており、したがってその法的・社会的評価は、人々の意識等すぐれてその社会の文化的価値や規範に影響されることから、セクシュアル・ハラスメントの「権利化」へのプロセス、スピードは、後述する通り各国によって様々なものとなっていった。

しかもセクシュアル・ハラスメントの「権利化」へのプロセス、スピードは、これにとどまらず、経済システムの変容によっても大きく影響された。特に一九七〇年代に入り、石油ショックを経た先進各国の企業は減量経営と共に、パソコン、コンピューター等によるＭＥ技術革新等に対する取り組みを開始していたが、それに伴っ

て産業構造全体が「サービス化（＝産業全体の中で銀行、流通等のサービス部門の比率が高まる）」、「ソフト化（＝知識労働者を含むホワイトカラー労働者の増加）」するにつれ、女子労働者がとりわけ銀行・流通のサービス産業を中心に、大量に職場に進出するようになってきていた。それと同時に産業構造の「ソフト化」は知識労働者を大量に必要とするものであったことから、高学歴化の中で大学等の高等教育機関へ女性の大量進出をもたらすことにもなっていった。

このような社会的・経済的背景が、雇用の場においては、男女の賃金格差の顕在化等を含む女子労働者に関する労働条件等の新たな雇用問題を発生させると共に、セクシュアル・ハラスメント――職場や大学等において、男性上司や教官からの上下関係を利用・乱用しての「不快な性的言動」――の「温床」となっていったことは言を待たないところであろう。社会や経済システムの変化は、既存の社会・経済システムに組み込まれていた人々だけではなく、新しい（変化した）社会・経済システムに組み込まれるようになった人々にとっても新たな矛盾を生み出すことになる。

セクシュアル・ハラスメントは、既に述べた通り、人類の歴史と共に存在してきた「古い」問題であるにもかかわらず、雇用や教育の場に女性が大量に進出するようになった現代社会において「新しい」装いをとることとなってきた。かくして、このような人々の間――特に女性――に新たな矛盾を生み出すこととなったセクシュアル・ハラスメントに対する闘いが、女性労働者の側から開始されたのである。

既に第二次世界大戦後人権意識が広く人々に浸透するにつれて、社会・経済システムの矛盾は、その「被害者」を中心とした告発、要求運動により、その要求や利益を擁護することが広く人々の共有するところとなってきており、裁判例や立法等により様々な「権利」を生み出してきていたが（例えば、平和的生存権、労働基本権、日照権、環境権、禁煙権等々）、とりわけ女性並びに女子労働者の職場、教育現場等への社会進出によって、これらの分野における女性の法的権利拡大が先進諸国共通の現実となってきた。このような現象は一九六〇年代のアメ

リカで始まり、その後ヨーロッパ諸国に広がることになるが、セクシュアル・ハラスメントは、やがて七〇年代のアメリカで「法的権利」として実現されるようになり、八〇年代に入りヨーロッパ諸国をはじめとする国際社会の法的概念として確立されていくことになる。ところでセクシュアル・ハラスメントの「権利化」に際しては、次に述べる通り、アメリカをはじめとする諸国におけるフェミニズム運動（もちろん、アメリカがその影響力が最も強い）が決定的な影響を与えてきたと言っても過言ではないであろう。

《フェミニズムの主張》

フェミニズムの〝闘士〟達は前述したように、人々の予想を越える職場や大学におけるセクシュアル・ハラスメントの蔓延を見逃さなかった。一九六〇年代の公民権運動で力をつけてきていたフェミニスト達は、女性の職場進出等に伴って顕著になってきたあらゆる分野における性差別や性暴力に対し、その告発を進めると共に撤廃に取り組んでいたが、とりわけ、職場における「不快な性的言動」——例えば、雇用関係上の影響力・決定権限を有する者（主として男性上司）が、その雇用関係上の力関係を背景として、部下の女性に性的な関係を迫り、それが拒否されるとその腹いせとしてクビにするといった極めて卑劣な行為を典型とする——は、社会的にも、法的にも、違法不当なものとして非難されるべきものであり、かつ社会全体から排除されるべきものであると主張して告発を開始した。フェミニスト達は、「セクシュアル・ハラスメント」は個人的に我慢していればなくなるものではなく、（働く）女性全体に加えられた攻撃であり、性暴力・性差別の一部を構成するものであると主張した。

「変化が到底起こりそうもない時期には、不満を表現する言葉もないので、不満は時として存在していないとみなされることになる。こうした誤った考えが生ずるのは、我々には、沈黙（silence）が破られようとする瞬間まで、その意味を理解できないからだ。この沈黙が破られる音によって、我々はそれまで聞きとることができなかった事柄を理解するようになる。しかし私たちが聞きとることができなかったという事

実は、苦痛が存在しなかったということを証明しているわけではない[注13]」。

マッキノンはまた、詩人であるアドリエンヌ・リッチ（Adrienne Rich）の「この沈黙を誤解して、問題が存在しないと思ってはいけない[注14]」というコメントを引用して次のように述べている。[注15]

「ごく最近まで、セクシュアル・ハラスメントや、それと類似した中絶や強姦や妻に対する暴力といった問題は、世間では公然の秘密になっていたが、こういった事件は恥ずべき事柄であると共にそう度々は起こるものではないという推定（これまた同様に真実ではないが）が支持され、被害者には逸脱者という汚名がかぶせられてきた。（中略）今日知られている限りにおいて、セクシュアル・ハラスメントによる被害は、年齢、既婚・未婚、容姿、人種、階級、職種、賃金の高低など女性個々人の特徴となるようないかなる要因にも関係なく生じている。セクシュアル・ハラスメントの起こる頻度や形態は、女性が被害に遇いやすい具体的な条件——仕事の内容や使用者のタイプ、その時の状況や職場の雰囲気など——によって異なっているが、共通している特徴は、概ね加害者は男であり、被害者は女であるということである。加害者の大部分は、仕事上の上司であり、一部には同僚や顧客であることもある。」

「もしこの問題がそれほどありふれたものであるならば、なぜもっと頻繁に分析や抗議の対象とされてこなかったのかという疑問が出てくるかもしれない。だが、公表された情報や社会的関心、公式の資料が不足しているのは、おそらくはセクシュアル・ハラスメントが例外的だということではなく、その病根の特殊性によるものである。性の問題は、一般に微妙で私的な問題と考えられており、それゆえ女性は、セクシュアル・ハラスメントにより当惑し、おとしめられたと感じ、恐怖心を抱き、おびえ、自暴自棄になり、すっかり孤立し、自分も共犯者だと感じるのである。これは気軽に議論できるような種類の経験ではない。より肝心なことは、性的な誘いには、そのことを他人に話したら報復するという脅迫を伴っている場合が多いことである。そのために、それに抗議してこれらの圧力をあばいても、雇用上の報復をまねく

おそれがある。そもそも報復のおそれがあるからこそ、性的な誘いが可能だったのである。

女性が、まだ名前をつけられていない経験を訴えようとしなかったとしても驚くにあたらない。一九七六年までこの経験を表現する言葉がなかった。セクシュアル・ハラスメントは、文字どおり言葉で表すことができず、したがって、その一般化された、互いに共有しうる社会的定義は存在しなかったのである。（しかしながら）名前がないからといって存在していないと考えてはならない。現状が変わることなど想像もできなくなるほどに徹底した苦痛と屈辱を受けたということを、沈黙が物語っている場合も多いのである。」

このようなフェミニスト達の主張は、折からのセクシュアル・ハラスメント被害の蔓延という実態調査報告と共に、セクシュアル・ハラスメントが、社会的には、男女の社会的・経済的・政治的に不平等な力関係を背景として、男性から女性に加えられる性暴力、権力の乱用、性差別を本質とするものであり、法的にはそのような行為を行った「加害者」本人のみならず、使用者も法的責任を問われるべきであるとして、広く社会に受け入れられるようになっていったのである。

《セクシュアル・ハラスメント対策の現状》

こうしてまずアメリカにおいて、一九七〇年代後半に、セクシュアル・ハラスメントは雇用上の性差別として公民権法第七編の使用者責任が認められるようになり、やがてまもなく教育現場においても大学等の責任が認められるようになった。更に一九八〇年、ＥＥＯＣ（雇用機会均等委員会、Equal Employment Opportunity Commission）が、雇用における性差別を禁止した公民権法第七編の中にセクシュアル・ハラスメントを盛り込んで、使用者責任を発生させる具体的なガイドラインを作成し、八六年にはアメリカ連邦最高裁も、労働環境を悪化させるセクシュアル・ハラスメントを性差別とし、会社に使用者責任を認めるという画期的な判決を下すに至った（注16）。

このようにアメリカ社会では、八〇年代から九〇年代にかけて、職場・大学等におけるセクシュアル・ハラスメントは女性に対する社会的・構造的な性差別の反映であり、性暴力の一部を構成するものとして、社会的に排除されるべきものであるとの認識が一般化するようになり、同時にヨーロッパ諸国をはじめ国連等の国際社会でも、セクシュアル・ハラスメントが性差別・性暴力として社会的に排除されるべきであるとの認識のもとに、その対策に取り組むようになってきた。しかしながら、セクシュアル・ハラスメントは、人々の意識・社会規範を大きく反映しているものであり、しかもセクシュアル・ハラスメント対策は、企業や大学等のトップを含めた労務・教育管理のあり方によって左右されることから、セクシュアル・ハラスメント対策に関しては各国ともにその実効性確保に苦闘している状況と言えよう。

翻ってわが国の現状をみると、後に述べる通り裁判においては、九〇年代を通してセクシュアル・ハラスメントを不法行為と認定すると共に、大学や事業主らに対する「職場環境配慮義務」違反等の使用者責任を認める裁判例が増加し、いわば「セクシュアル・ハラスメント」法理が形成されつつあるといえよう。(注17)他方、各企業や大学の現場では、昨年四月一日から施行された改正均等法、人事院規則に事業主や一般職国家公務員のセクシュアル・ハラスメント「配慮義務」や「防止義務」等が規定されたことから、にわかにセクシュアル・ハラスメント対策が「話題」とされるようになり、各企業・官庁での「セクハラ講座」が盛況となっている。(注18)しかしながら、そこでの講義の大半は「何がセクハラか？」「どこまで許されるのか？」「セクハラとそうでない行為のボーダーラインは？」等の議論であり、結局のところ未だセクシュアル・ハラスメントは「個人的な問題」との側面からの議論にとどまっており、企業や大学等の社会全体からどのようにセクシュアル・ハラスメントを排除していくのかという認識も議論も不足していると言わざるを得ない。(注19)仮に企業や大学等の社会全体からセクシュアル・ハラスメントを排除すべきであるとの認識が人々の意識として一般化しているならば、「何がセクハラか？」とか、「どこまで許されるか？」等という議論ではなく、「セクハラを排除するためにはどうしたらよいか？」「何故セク

ハラが生ずるのか？・」等が議論のテーマとされなければならないであろう。

また具体的な防止対策等の策定についてみると、均等法施行後の企業のセクシュアル・ハラスメント対策は概ね「二極化」していると言えよう。即ち、大企業や外資系企業はセクシュアル・ハラスメントに関する就業規則、研修会実施等の対策・ノウハウ取得等に過剰反応気味であるのに対し、中小企業では今日に至っても未対応が多い。裁判例をみても、中小企業のトップによるセクシュアル・ハラスメントやパート、派遣労働者など不定雇用労働者に対するセクシュアル・ハラスメントが増加しているのは、このような傾向の反映とも言えよう。また教育の現場は、雇用に比してセクシュアル・ハラスメント対策は遅れ気味であるが、人事院規則を受けて文部省は国立大学等の教職員らを対象にセクシュアル・ハラスメント防止等の訓令を発し、これを受けて各自治体の教育委員会もそれぞれ公立学校等に通達を発送してセクシュアル・ハラスメントガイドライン策定の指導をしているが、具体的な防止策を策定ずみの大学は私大も含めても約半数程度に止まっている現状にある。このような意味では、わが国の現状は未だアメリカ等でセクシュアル・ハラスメントが社会的・法的に問題とされるようになった七〇年代から八〇年代の状況と似ているとも言えよう。(注21)

そこで、アメリカやヨーロッパ諸国、国連等の国際社会でセクシュアル・ハラスメントに対する法的規制――セクシュアル・ハラスメント法理の生成――がどのようにして生成し、発展してきたかをまず見ておくことは、今日でも意味のあることと思われるので、簡単に概観してみよう。

三　セクシュアル・ハラスメントに対する闘い（その1）――アメリカの経験

《セクシュアル・ハラスメントに対する闘い――性暴力の「再構成」》

一般に一つの「事柄」が社会問題化していく過程は、前述したとおり、一方ではその「事柄」が「法的保護に

値する利益」即ち「法的権利」として人々に認識され、裁判や実定法上の「権利」として社会に定着していく過程であるが、他方では社会が、それに対する「対策（特に「被害」対策）」に乗り出して行く過程でもあろう――特にそれが社会的に排除すべきものと人々に認識されるにつれて、その傾向は顕著なものとなろう（例えば「公害」対策や「消費者被害」対策等）。セクシュアル・ハラスメントは正にそのようなものとして、人々の共通の認識として法的に認知されるようになるにつれて、その対策の必要性も人々の共有することとなっていった。そこでまずセクシュアル・ハラスメントの「発見」とその対策について、アメリカの経験をやや詳しくみてみよう。何故ならアメリカにおけるセクシュアル・ハラスメントの「発見」（＝法理の形成）とその後の取り組みは、今日に至るまで各国はじめ国際社会のセクシュアル・ハラスメントの「権利化」と対策に大きな影響を与えているからである。

既に述べた通りセクシュアル・ハラスメントは、一般的には職場や教育の現場その他において、主として男性から女性に加えられる「不快な性的言動」であり、その本質は、政治的・社会的にみた場合、性差別であると同時に権力の濫用として性暴力の一部を構成するものと言えるが、セクシュアル・ハラスメントを法的概念（＝違法性）として構成するに際しては、その意味内容――「不快な性的言動」という概念自体は、その社会や歴史の中で形成される価値観や規範意識により大きく影響される――が広範であることから、各国により様々な概念規定がなされることとなった。セクシュアル・ハラスメント（不快な性的言動）は、性犯罪（レイプ等）を構成するものから社会常識的にみて、未だ「当たり前」若しくはそれほど「目くじら」をたてる行為とはみなされていないもの――いわば「グレーゾーン」（例えば「君といつか寝てみたいな」等の卑猥な性的発言や、「女のくせに」とか、女性にお茶汲みをさせる等の「ジェンダー・ハラスメント」）――とされるものまで、広範な意味内容を有しているが、歴史的にはまず、セクシュアル・ハラスメントが同時に強姦（レイプ）等の性犯罪を構成する場合について、アメリカの各州やヨーロッパ諸国ではその規制強化（強姦罪の再構成）に乗り出した。(注22)

セクシュアル・ハラスメントが強姦（レイプ）や強制わいせつ等の性犯罪を構成する場合、コモン・ロー諸国をはじめとする大半の諸国の立法例は、従来、強姦罪や強制わいせつ罪の法的定義（＝刑法上の構成要件）については、被害者の意思に反する性交若しくは性的接触行為として、そのような行為を刑事処罰の対象としてきた。しかしながら実際の裁判において、被害者側（検察官）が、性交や性的接触行為に際して被害者の「同意がない」若しくは「意思に反する」という立証をする場合、大半の事例では第三者等の目撃証人がいないことから、実際上、被害者の受けた身体的損傷――それもかなりの程度の損傷――の立証を余儀なくされていた（例えばわが国の刑法一七六条は、強制わいせつ罪の構成要件として「一三歳以上の男女に対して暴行又は脅迫を用いてわいせつ行為をした者」と規定し、また同法一七七条は、強姦罪の構成要件として「暴行又は脅迫を用いて一三歳以上の女子を姦淫した者」と規定しているが、実際の裁判実務においては「暴行又は脅迫」の程度については、「相手方の抵抗を著しく困難ならしめる程度」であることが必要とされ、その程度が加重されている）。[注23]しかしながらこのような立法例や裁判の傾向からは、職場や大学等の「権力関係」が存在する場で、上司から強引に性的関係を迫られたり、結婚の約束や金員の贈与等の欺罔や誘惑等により強引に性的関係を迫られるなど、暴行を伴わない性的強制行為の大半は強姦罪や強制わいせつ罪を構成することがなく、刑事罰の対象外とされる可能性があり、現実に対象外とされることが多かった（わが国の場合もそうである）。[注24]

これに対してアメリカやヨーロッパ諸国では、一九七〇年代から八〇年代にかけて、セクシュアル・ハラスメントの実態が明らかにされるにつれ、セクシュアル・ハラスメントの少なくないケースが、職場や大学の上司や教官が、部下や大学院生等に対して、その立場を利用・乱用して（「心理的」に抗拒不能な状態に陥し入れて）強引に性的関係を迫るものであり、それによって被害者である女性達が退職や退学を余儀なくされたり、ノイローゼ状態に陥る等社会的、精神的被害を受けているという深刻な実態が報告されるようになった。かくして、フェミニスト達を中心とした反強姦・反ポルノ等の運動の中で、各国では強姦罪等の性犯罪につき、暴力・脅迫・欺罔

のみならず権力関係を利用・乱用した「心理的な」性的強制についても刑事罰の対象とする等の性犯罪規定の強化が行われるようになってきた。そこで性犯罪規定強化の動き――強姦罪の「再構成」――を簡単に辿ってみよう。

既に述べた通り、従来コモン・ロー諸国をはじめとする大半の諸国では、強姦罪の法的定義（刑法上の構成要件）として、被害者（＝女性）の意志に反する性交又は同意なしのあるいは強制的に行われる性交――しかもレイプ目的の性交は膣へのペニスの挿入があって初めて存在するものとみなされた――とされていた。(注25)

「女性達は、レイプについての権利侵害を決して定義づけすることはなかった。それを定義しているのは男性達である。男性達は、とりわけ自分たちはしないという考えにしたがって、何が女性の権利侵害になるかを定義づけしたのである。こうして（アメリカでは）、レイプは、それまで出会ったことのない女性（しかも白人女性）に対する見知らぬ男（通常黒人男性）の行為とされた。しかしほとんどのレイプは、同一人種間で、しかも顔見知りの男によってなされているのだ。」

ここには、性被害者の体験や性暴力の有無によって刑事処分をするという観点ではなく、異性間のセックスがどこまで許容することができるかという観点（＝男性の立場）に重点がおかれていることが読みとることができよう――「加害者である男性だけでなく、被害者である女性の行動も男性の基準を使って裁かれ」ているのである。(注26)

しかしながら一九七〇年代以降のフェミニズム運動等の影響の中で、レイプの法的定義は二つの方向で再構成されるようになってきた。第一の方向は、「性交」概念の拡大である。最近の実態調査や研究によって、性犯罪において、多くの加害者はペニスを膣に挿入するというやり方ができないかそれを選択せず、オーラルセックスを強要したり、指などの身体の他の部分やその他の器具を膣に挿入したりして（例えば加害者が高齢あるいは性的不能者であったり、被害者が少女である場合など）、女性の名誉を侵害する犯罪行為であることが明らかとなってきた。その結果、七〇年代以降の立法例では、強姦罪における「性交」概念を拡大して、肛門セックスやオーラルセックス、クンニリングス（女性性器を唇や舌で刺激する行為）をも含めるようになってきており、このような立法例

の傾向はレイプの暴力的・屈辱的側面に重点を置こうとするものと言えよう（注27）。

第二の方向は、被害者の「同意」若しくは「暴行・脅迫」概念の再構成である。既に述べた通り従来大半の国では、「強姦」（若しくはレイプ）と「性交」との法的な区別は、被害者の「同意」若しくは「承諾」の有無によるものとされてきたが、実際の裁判においては、第三者等の目撃者がいない状況の中で、被害者が身体的損傷――それもかなりの程度の損傷――を立証することを強いられることが多かった。特に従来、「強姦」は、野外で、見知らぬ男性によって行われるケースが多いと考えられてきたことから（＝レイプ神話）、これらの立証は困難を極めていた。しかし強姦が、屋内や、家族や知人の男性からによるものが多いことが明らかとなるにつれて、従来考えられてきた被害者の「同意」や「暴行・脅迫」概念の再構成の必要性が自覚されるようになってきた。こうして被害者の「同意」よりも、加害者と被害者との「関係」や行為の「状況」に力点をおいて強姦罪を認定しようとする立法例・裁判例が登場するようになってきた。例えば一九七五年改正されたミシガン州法では、加害者が被害者に対して、上司や専門家（例えば医師）等として、権威をふるったり信用される立場にあって、これによって被害者に服従を強いた場合には、たとえ外形的には「暴行・脅迫」とされる行為がなく、被害者の「（不承不承の）同意」が認められたとしても、強制による性的関係を誘発したものとして強姦罪の成立を認めている（注28）。

このようにアメリカをはじめ世界各国（EU諸国でも、例えばデンマークやフランスでは自らの権威・権限を乱用して性的関係を持とうとした個人を刑罰に科すことにしている――当然のことながら、このような場合、加害者本人は、民事上も不法行為責任を追及されることになる）では、一九七〇年代以降強姦（レイプ）罪の構成要件を再構成する中で、被害者の同意から、加害者と被害者との「関係」――とりわけ「上下関係」（セクシュアル・ハラスメントとの共通項！）等――に力点がおかれるようになってきたことは注目されよう（注29）。

次いでセクシュアル・ハラスメントは、雇用や教育の場における支配従属関係（＝「権力」関係）が存在する中で、その関係を利用・乱用したものであり、「加害者」と「被害者」という個人的な関係にとどまるものではない

ことから、「加害者」の個人責任（前述した通りレイプ等の場合は刑事責任が問われ、それ以外の場合では、民事上主として不法行為責任が問われることになる）にとどめず、雇用や在学関係において構造的に生み出されるものとして事業主・大学当局等の使用者責任が問題とされるべきであるとの要求が強まっていった。この要求は一九七〇年代にまずアメリカにおいて、セクシュアル・ハラスメントが法的には雇用や教育上の「性差別」を構成するとして使用者・大学当局の法的責任を認めさせる闘いからはじまった。

《公民権法第七編》

今日アメリカでは、職場や教育現場等において法的救済の対象（＝権利）とされているセクシュアル・ハラスメントには、次の二つのタイプのものがあるとされている。（注30）（注31）

(i)「対価」型セクシュアル・ハラスメント（quid pro quo sexual harassment）……性的言動が従業員の経済的利益（教育の場では、進学、進級等の学生や生徒の教育、研究上の利益）に直接関連するもの、即ち従業員に対して、性的要求・誘惑に応じた場合は昇進等の利益、拒絶した場合は解雇等の不利益という形で雇用条件に影響を与えるタイプ。

(ii)「環境」型セクシュアル・ハラスメント（hostile envirnment sexual harassment）……性的言動が従業員の経済的利益に直接関連しないものの、従業員に対して威迫、敵対的、不快な雇用条件を作出し、職場環境（教育の場では学生や生徒の教育、研究上の環境）を阻害するタイプ。

ところで今日でもアメリカでは、連邦法・州法等の明文でセクシュアル・ハラスメントを規制した法律は存在しない。アメリカでは、主として差別禁止立法（連邦では公民権法第七編、各州では雇用平等法等）の適用をめぐって、救済機関である連邦・各州に設置された雇用機会均等委員会（連邦ではＥＥＯＣ）の発するガイドラインや裁判所の判例法理等の形成によって、セクシュアル・ハラスメントに対する法的救済（＝権利化）が図られてきた。

アメリカでは、職場や教育の場におけるセクシュアル・ハラスメントに対して「加害者」や使用者の法的責任を問う訴訟形態としては、伝統的にはコモン・ロー上の契約責任や不法行為責任、刑事上の責任を問うものがあるが、これらは従来有効に機能してこなかったと言えよう。既に述べた通り、セクシュアル・ハラスメントは多様な形態をとるものであり、レイプ等の性暴力として犯罪とされるものから、性的誘惑をして拒絶されると解雇等の不利益処分をするもの、あるいはひわいな性的発言（「君といつか寝たいな」等々）や「ジェンダー・ハラスメント」とされるもの（「女の子」「子猫ちゃん」等の発言）まで極めて多様であるが、性犯罪に対する法的責任については、一九七〇年代以降レイプ、強制わいせつ罪等、性犯罪の構成要件の拡大・再構成によって法的規制の強化を図ってきた。しかしながら性的誘惑や、性的言動、「ジェンダーハラスメント」とされる行為については、時代や社会により人々の意識や社会規範（特に性モラル）に幅があり、それによって違法判断についても差がでてくることになる（というより、これらの行為の大半は、従来ほとんど社会的にも法的にも問題とされることすらなかった）。

したがって、例えばセクシュアル・ハラスメントの「被害者」が、「加害者」や使用者に対して、「加害者」からの①「性的な誘惑」を→②「拒絶したこと」を理由として→③「解雇された」と訴えた際（いわゆる対価型セクシュアル・ハラスメント）、「加害者」側が、①の事実自体を否定したり、仮に①の事実があったとしても、単なる「個人的な恋愛感情」にすぎず、社会的にも法的にも不当なものでない等と「抗弁」した場合、「被害者」側が、これら①～③の事実の存在を立証できたとしても、①→②→③の因果関係の立証をすることが困難であった。また「被害者」が「加害者」からの、①「性的な誘惑」を→②′「拒絶できず」に→③′「性関係をもった」場合には（この場合は、解雇等の「雇用条件」に関する差別的取扱いとは言えないことから、従来「対価」型とは考えられず、いわゆる「環境」型セクシュアル・ハラスメントと考えられていた）、①→②′→③′が、被害者にとって著しく不快な職場環境となっていたことを立証するのはより困難であった。

そこでフェミニスト達は公民権法第七編（一九六四年）、高等教育法修正第九編（七二年）等の連邦法やそれと

類似の各州の差別禁止法に注目し、これに基づいて訴えを提起した。よく知られているようにアメリカの連邦議会は、一九六四年、公民権法第七編（The Title Ⅶ of the Civil Rights Act of 1964）を制定して、人種、皮膚の色、宗教、性、または出身国を理由とする、使用者や労働団体等からの被用者に対する採用拒否、解雇等一切の「雇用条件」に関する差別取り扱いを違法な雇用慣行と規定して禁止し（同編第七〇三条）、かかる違法な雇用慣行の防止権限を、同時に創設したＥＥＯＣに付与し、差別取り扱いを受けた被用者は、使用者に対し復職、バックペイ等の原状回復を伴った救済命令の発布をＥＥＯＣに請求することができることとされた（この時点では衡平法上の救済に限定されていた――同編第七〇六条）。第七編は人種等による雇用差別を禁止し平等な機会確保を目的とした連邦法であるが、その後数回に亘って改正がなされ、その直接的かつ実効的な救済手段と、ＥＥＯＣの発する様々なガイドライン等によって、第七編は連邦・各州の各種差別禁止、平等立法並びに裁判に大きな影響を与え、今日までのアメリカにおける雇用平等法制の中心的役割を果たすことになる。

ところで周知の通り、第七編に「性差別」が導入されたのは、議会審議の「副産物」としてであり、また、いかなる「行為」が「性差別」に該当するかについて定義規定もなく、ましてや、「セクシュアル・ハラスメント」については議会での審議の対象にすらならず、更にＥＥＯＣが発布した「性差別」に関するガイドラインも、一九八〇年に至るまで「セクシュアル・ハラスメント」に言及することがなかった。(注32)

前述した通りアメリカでセクシュアル・ハラスメントが社会問題化したのは一九七〇年代中頃であったが、当初は女性達が裁判に訴えても、裁判所は職場や大学におけるセクシュアル・ハラスメントは「個人的な問題」であり、強姦罪等の刑罰規定や、コモン・ロー上の不法行為責任や契約責任を追及すべきものであり、公民権法第七編に規定する「性差別」や「雇用条件」には何ら関わりのないものであり、また使用者責任は問題とならないとの姿勢を示していた。(注33)

しかしながら女性達はねばり強く裁判所を説得していった。やがてこのような考えは、既に述べた実態調査等

によりアメリカ全土の職場にセクシュアル・ハラスメントが蔓延しているという事実の前に次第に姿を消すようになり、セクシュアル・ハラスメントは、職場における単なる「個人的・偶発的」な現象ではなく、雇用関係において「力」を有する者（上司）がその劣った者（部下）に対してその雇用関係上の「力」を利用、濫用して行う違法不当な行為であり、同時に社会的に不平等な男女の力関係が職場に増幅反映されたものであり、職場において女子労働者に性的強要、圧力を加えることは、雇用上の「性差別」行為を構成するものであるとの考えが力を得てくるようになってきた。（注34）

《セクシュアル・ハラスメントを認める裁判例の登場》

こうして一九七六年、連邦裁判所は有名なウィリアムズ事件ではじめて、職場におけるセクシュアル・ハラスメント行為は「個人的な趣味の問題でなく、雇用条件にかかわる性差別」であるとして第七編の適用をみとめて使用者責任を肯定することになった。

アメリカのセクシュアル・ハラスメント法理発展のリーディングケースとなったこの事件は、司法省に勤務していた黒人女性職員（アメリカにおいては、セクシュアル・ハラスメントは、「性差別」であると同時に、しばしば、黒人等の「マイノリティ差別」をも伴うことが多い）が、直属の黒人男性上司から再三に亘って性的関係を迫られ、これを拒否したところ解雇されたというものであった。連邦地裁は、女性職員の訴えを認めて、直属上司からの「性別による（相手が女性であることに基づいた）個人的な誘い」を拒絶したことにより、女性職員は、「直属の上司の威圧、嫌がらせ、脅迫、そして最後に解雇という行為によって、性別を理由とする差別を受けた」と認定し、

「第七編の使用者責任を構成するか否かは、当該男性上司の性的行為が単に偶発的なものか、あるいは使用者の『政策や行為』（policy or practice）の一環としてなされたものかによるが、本件では男性上司による性的行為は、同じ『職場環境』におかれた両性の従業員のうち、一方の性に属する従業員にのみ雇用

条件に人為的障害をもたらし、他方の性に属する従業員に何ら障害をもたらさない点で、実質的に『性』に着目した雇用上の差別であり、それを防止しなかった当該上司の使用者である司法省は第七編違反の責任を負うべきである」

と結論づけた。(注35)

この判決を契機として、以後少なくともアメリカの裁判所では、職場におけるセクシュアル・ハラスメントは、「個人的な性向や趣味」などという問題ではなく、「雇用上の性差別」として公民権法第七編の使用者責任が問題とされるものであるとの認識が一般化していった。(注36)

セクシュアル・ハラスメントが雇用上の「性差別」として公民権法第七編の使用者責任が問われるようになると、やがてまもなく教育現場におけるセクシュアル・ハラスメントも法的に問題とされるようになった。(注37) この当時実施されたある調査によると、大学では女子学生の三四パーセント、大学院生の四二パーセント、「終身(tenure)」でない女性研究者の三二パーセントが、主任教授等の人事・教育上の権限を有する男性教官から、何らかのセクシュアル・ハラスメントを受けており、七〇パーセントが性差別的な言動を含むいわゆるジェンダー・ハラスメントを受けていると報告されていた。(注38)

これに対するイェール大学等の女子学生による性差別撤廃の要求の中で、一九七二年、高等教育法修正第九編(The Title IX of the High Education Amendments of 1972)が制定され、連邦の補助金を受けている学校の授業と行事において、学生が「性を理由」として差別を受けることが許されないものとされ、連邦政府教育省の公民権局(OCR)が、その履行監視機関とされた。修正第九編は、実効性や規制権限の弱さ等から当初はあまり用いられることがなく、またOCRの発するガイドラインもセクシュアル・ハラスメントに言及することがなかったが、やがて七七年のアレクサンダー事件で、連邦地裁は、セクシュアル・ハラスメントを修正第九編にも適用して学校等の責任を認めることとなった。(注39) 同事件は、イェール大学の女子学生がゼミの教官から性的誘惑を受け、性的

誘惑を受け入れるなら「A」の成績評価をしようと言い寄られたがそれを拒絶したところ、低いランクの成績査定をされて落第させられたとして、これを放置した大学を訴えたところ、連邦地裁は、女子学生の訴を認めて、第九編における「性差別」にはセクシュアル・ハラスメントも含まれるとして大学の責任を認める判決を下したのである。

《ＥＥＯＣのガイドラインとその意義》

アメリカの裁判所においては、この後、雇用・教育いずれの場面においても、雇用主や大学等はセクシュアル・ハラスメントについて、公民権法第七編・高等教育法修正第九編の規定に基づいて使用者責任が認められていくようになる。かくしてこのような流れの中で、ＥＥＯＣは一九八〇年に、第七編の禁止する「性差別」の内容となるセクシュアル・ハラスメントに関するガイドラインを定め、公民権法第七編の運用基準を明確にした。セクシュアル・ハラスメントが公民権法第七編違反の「性差別」となる場合は、以下の行為とされた（29 CFR 1604.11）[注40]。

「§一六〇四—一一　セクシュアル・ハラスメント（一九八〇年）

(a)　性に基づくハラスメントは、公民権法第七編第七〇三条に違反する。不快な性的誘惑や性的誘惑に応じることの要求及びその他の性的性質を有する口頭若しくは身体上の行為は、以下のような場合セクシュアル・ハラスメントを構成する。

(1)　かかる行為への服従が、明示若しくは黙示的に個人の雇用条件を形成する場合、

(2)　かかる行為への服従若しくは拒絶が、当該個人に影響する雇用上の決定の基礎として用いられる場合、

(3)　かかる行為が、個人の職務遂行を不当に阻害し、または脅迫、敵意若しくは不快な労働環境を作出

する目的又は効果をもつ場合」

EEOCのガイドラインは、更に右のセクシュアル・ハラスメント行為によって使用者責任が問われる範囲と、使用者の防止義務を規定した(b)〜(g)。

EEOCのガイドラインは少なくとも二つの点で重要な意味をもつものであった。第一点は、公民権法第七編の実施機関であるEEOCが、セクシュアル・ハラスメントに対してはじめて法的定義を与え、第七編の「性差別」として、使用者責任が問われる要件を明示したことである。各企業は少なくともこのガイドラインに違反した場合、EEOC若しくはセクシュアル・ハラスメントの「被害者」から、第七編違反の訴追を受ける可能性をもつこととなった（後述するMMMA（アメリカ三菱自動車工業）事件で、MMMAは、少なくとも公民権法、EEOCのガイドライン等のアメリカ法のシステムを無視若しくは軽視したことは明らかであった）。

第二点は、ガイドラインはいわゆる「対価」型(a)—(1)(2)のみならず「環境」型(3)のセクシュアル・ハラスメントを「性差別」に加えたことである。「環境」型セクシュアル・ハラスメントが、第七編に規定する「雇用条件」に関する「性を理由」とした差別に該当するか否かについて、従来の伝統的な裁判所の処理方法では、当事者にとって「性を理由とした動機」と「雇用上の不利益」との関連性の主張、立証が困難であることから、「何ら雇用条件に影響を及ぼさない、個人的に不快な事件」にすぎないものとされ、第七編違反を構成しないとされていた。(注41)

しかしながら、セクシュアル・ハラスメントは、雇用や教育現場等における「不快な性的言動」を表す言葉であり、例えば、①「性的誘惑」→②「拒絶（受容）」→③「報復（報償）」という一連の行為の場合、「対価」型は、このプロセスの終了点である③「報復（報償）」という経済的（不）利益の有無に着目したものであるが、〈①→②→③〉というセクシュアル・ハラスメント行為のプロセス全体に着目すると、被害者の雇用環境が阻害されたという点では、「環境」型ということにもなる。

「対価型セクシュアル・ハラスメントにおいて性的誘いの裏に隠されていた強制は、（それに）応じることを拒否した場合に、それに対してなされる報復によって明らかとなる。（しかしながら）対価型ほど明白ではないが、疑いなくもっと蔓延しているのは、セクシュアル・ハラスメントがその職場環境を耐えられないものにしている場合である。女性が女性の体を持っているというただそれだけの理由で、職場において望まない性的誘いを日常的に受けているのである。職場で女性達が、（男性から）たびたび触られたり、裸にされるような視線を浴びせられたり、じっと見つめられたり、人のいない時をねらってキスをされたり、容姿についてあれこれ言われたり、まわりに人がいなくなるように仕組まれたりしているのだ。一般的には、このような行為は仕事に藉口してなされるのだが、それが仕事にはっきり結びつくような形の報酬の約束は、肯定されることも否定されることもない。（中略）女性達は、セクシュアル・ハラスメントが終わるのか、それともますますひどくなるのかも分からぬままに、それを我慢するか仕事を辞めるかという選択しかできない状態におかれることになる。大部分の女性達は、『嫌がらせに耐えるか、仕事を辞めるかの選択』を迫られる立場に自ら進んで立つことはなく、このようなセクシュアル・ハラスメント行為を大目に見るように強要されているのである。[注42]」

結局のところ、「対価」型と「環境」型というのは、社会的にみたとき、「対立」概念ではないことになる。「対価」型は、職場環境が阻害されるという「環境」型セクシュアル・ハラスメント行為の中でも、①「性的誘惑」を→②「拒絶」するか、②「受容」するか、によって→③「報復（解雇、降格など）」若しくは、③「報償（昇格、進学など）」という「経済的（不）利益」が作出されるという、典型的な職場環境阻害のタイプを抽出したものと言えよう（図3）。したがって「対価」型と「環境」型というのは、典型とされるセクシュアル・ハラスメント行為の着目点の差ということになり、法的には、「環境」型も「対価」型と同様に公民権法第七編の「性を理由」とした「雇用上の差別」とみなすべきということになる。このような考えの発展とフェミニスト達の運動の

図３　セクシュアル・ハラスメントのプロセス

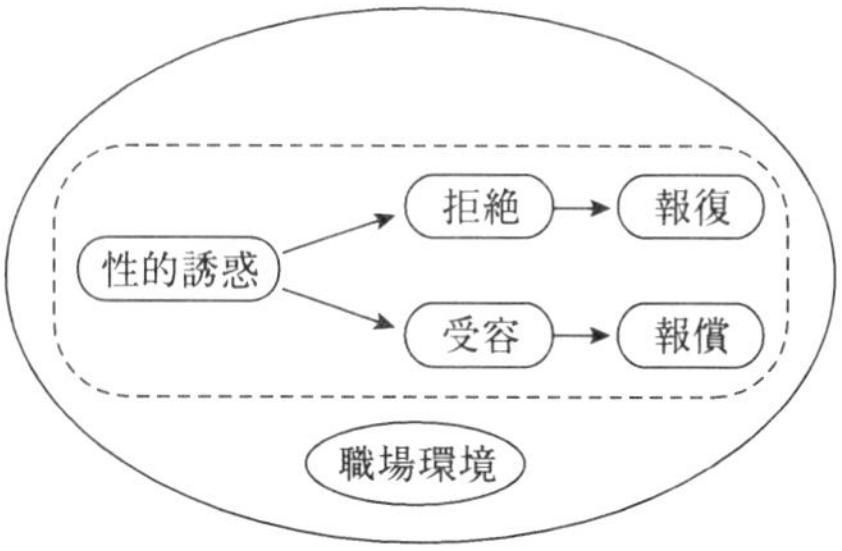

成果として、一九八〇年のＥＥＯＣガイドラインは登場したといえよう。こうして、ＥＥＯＣのガイドラインに規定された「不快な性的言動」によって職場環境が阻害されるという行為が、「環境」型セクシュアル・ハラスメントとして公民権法第七編違反を構成するということは、裁判所によっても承認されていくこととなった。(注43)

問題は職場や教育現場で、女性部下や学生達が、男性上司や教官から性的関係を迫られ、これを拒絶できずに従うことを余儀なくされて性的関係をもった場合である――実際問題としてはこのようなケースは極めて多数存在している。性的関係を迫ることがレイプや強制わいせつ等の暴力や脅迫を伴う場合は、加害者に刑事・民事の法的責任が発生することは言うまでもない。また、そうでない場合――外形的には性的関係をもつ際に「被害者」の同意が認められる――でも、性的誘惑が解雇や昇進等雇用条件に直接影響を与えるものである場合には、「対価」型セクシュアル・ハラスメントとして公民権法第七編を構成することになろう。では、性的誘惑→性的関係のプロセスが、直接「被害者」に雇用条件の変化をもたらさない場合はどうなるのであろうか？　既に述べたようにセクシュアル・ハラスメント行為を、〈性的誘惑→受容（＝性的関係）〉という一連のプロセスとしてみた場合、「性的関係」をもつことは、「性的誘惑」の結果として発生するものであり、そうであるならば、「性的誘惑」に対する「受容」が問題なのではなく、「性的誘惑→受容」のプロセスが法的に許容できるものか否か？　が問題とされなければならないこととなろう。

「職場環境型のセクシュアル・ハラスメントは、加害者が被害者をもっと深い性的関係に引きずり込もうとした際、被害者がそれ以上深い関係に引きずり込まれることに対して、イエス、ノーという決定的な返答を言わなくても成立する場合が多い。対価型の場合、解雇の脅しは明示的なものとなるが、環境型の場合には、暗黙のものにすぎないにもかかわらず、その強制力は変わらないとも言える。（中略）実際、セクシュアル・ハラスメントによって職場環境が不快なものとなっている場合に、それに対して不服従を貫くことは、非常に難しい。即座にであろうと、長い逡巡の末にであろうと、拒否の声を上げる機会がどの程度あるかを考えてみてほしい。（中略）我慢することは、職場環境型のセクシュアル・ハラスメントが要求する同意の特有の形態なのである。[注44]」

《連邦最高裁判決――ヴィンソン判決》

果たせるかな連邦最高裁は、一九八六年有名なヴィンソン判決を下した。同判決は、セクシュアル・ハラスメントに関する初めての連邦最高裁判決であると同時に、右のような従業員が、「性的誘惑→受容（＝性的関係）」を持った事案についてのものであった点で、画期的なものであった。事案は以下のようなものであった。銀行の窓口係に採用されたヴィンソン（黒人女性）は、入社直後から、支店長から性的関係を執拗に要求され、結局これを受け入れた後、四年間に亘って四〜五〇回性的関係を持ち、この間支店長から同僚の面前で愛撫をされたり、女子トイレで性器をみせられたり、レイプまがいのことをされたりすることもあった。ヴィンソンは、この間短期間に支店長補佐へと昇進したが、恋人ができた後、支店長との性的関係を拒絶して病気休暇をとったところ解雇されたので、銀行の使用者責任を求めて提訴した。

連邦地裁は、ヴィンソンと支店長の性的関係は「任意のもの（voluntary）」であり、かつ銀行はこのことを知らなかったのであるから責任はないとしたが（一九八〇年）、連邦高裁は一審判決を覆して、「公民権法第七編違反

は、雇用契約上の地位変動と関係なく、もっぱら敵対的、不快な雇用環境を生じさせる場合にも該当し」、その該当性判断は、「当該性的関係が任意であることとは全く無関係」になすべきものであり、かつ「銀行は管理職である支店長のセクシュアル・ハラスメント行為について認識していたか否かに関わりなく責任がある」と判示して、銀行の使用者責任を肯定した（一九八五年）。連邦最高裁も、セクシュアル・ハラスメントの事実認定については基本的に控訴審とほぼ同様の判断に立って判決を下し、いわゆる「環境」型セクシュアル・ハラスメント行為についても使用者責任を認めた（もっとも連邦最高裁は、「任意に基づく関係」が抗弁事由になるか否かについて、セクシュアル・ハラスメントの基準は、「任意に基づく（voluntary）」か否かではなく、「望まない（unwelcome）」か否かであると判示したものの、職場環境型セクシュアル・ハラスメントとして救済を受けるためには、「それが労働者の雇用条件の変更（＝「対価型」）に匹敵するほど重大なものであるか、または侮辱的な労働環境をつくり出す程度のものでなければならない」と述べてその要件にしぼりをかけたが、本件はその要件を満たしているとした。しかし、銀行の使用者責任については、法廷意見は、管理職の行為について企業が絶対的（＝無過失）責任を負うことを認めた控訴審判決を退け、「第一のタイプの対価型ハラスメントの場合には、企業は絶対的責任を負うが、第二のタイプの職場環境型セクシュアル・ハラスメントの場合には、企業に絶対的責任を課すのではなく、個別的に考えるべきであ」り、本件で企業側が、「会社内に苦情処理機関をもうけて、差別を是正・防止する対策を立てており、かつ当該ハラスメントの事実を知らされていなかったというだけでは、企業は当然には免責されない」と述べて、管理職の行為に関する使用者責任について確定的判断を下さなかった）。(注45)

《九〇年代の新しい動き――ハリス判決》

アメリカでは一九八六年のヴィンソン判決により、二つの類型のセクシュアル・ハラスメントについての判例法理が確立されることとなったが、セクシュアル・ハラスメント問題がアメリカ社会一般に広く認知されるに至

るのは、九〇年代に入ってからであった。その契機は、九一年に発生した保守派の黒人判事クラレンス・トーマスの最高裁判事承認をめぐる「セクハラ疑惑」事件であった。トーマスは、八〇年代にＥＥＯＣのトップの地位にいたが、彼は当時助手をしていた黒人女性アニタ・ヒルを頻繁にデートに誘うと共に、それを拒絶されると、彼女に対し勤務中に性的で不快な内容の話をする等のセクシュアル・ハラスメントを行ったというものであり、上院公聴会でのヒルの証言は、具体的で生々しく、アメリカ国民に強い衝撃を与えた。これに対してトーマスはセクシュアル・ハラスメントの行為を全面否定し、上院はトーマスの最高裁判事就任を小差で承認したものの、これをきっかけに、全米の企業や大学はセクシュアル・ハラスメント対策を本格化させることとなった（更に近年のクリントン大統領の「セックス・スキャンダル」は、セクシュアル・ハラスメントに対する社会的関心を一層高めることとなった）。[注46]

こうしてアメリカでは、セクシュアル・ハラスメントに対する関心が盛り上がる中で、一九九一年公民権法第七編が改正され、従来原則として認められていなかった損害賠償（しかも一種の民事的制裁としての懲罰的損害賠償）が性差別にも認められ、（もっとも上限が一件三〇万ドルの制限が付された）、また陪審審理が新たに認められることとなり、被害者の選択の幅が広がった結果、ＥＥＯＣや連邦裁判所に係属するセクシュアル・ハラスメントを含む雇用差別事件の救済申立てが飛躍的に増加することとなった。例えばＥＥＯＣへの第七編申立件数は、八九年の約六万二、〇〇〇件（そのうちセクシュアル・ハラスメント関連事件は約五、六〇〇件）から九九年には七万七〇〇〇件（同じく一万五、二〇〇件）へと増加している。[注47]

このような状況の中で、連邦最高裁は九〇年代を通して重要な判決を相次いで出していった。まず一九九三年、連邦最高裁は、ヴィンソン判決に続いて二件目のセクシュアル・ハラスメントに関する判決（ハリス事件）を下した。[注48] 事案は次のようなものであった。フォークリフトシステム会社のレンタル部門のマネージャーを勧めていた女性職員は、男性社長から「レンタル部門のマネージャーとして必要なのは男性だ！」「低脳な女！」「女に

なにがわかる！」等としばしば侮辱的発言や態度を示され、更に顧客と商談をしている際に、「その男と夜の約束でもするのかね？」等と性的関係と引き替えに契約をとってくるかのごとき発言をされ、これがためにとうとう退職してしまった。連邦地裁は、男性社長の行為が、環境型セクシュアル・ハラスメントに該当することを認めたものの、女性職員の精神状態を著しく損なうほどのものではなかったとして、女性職員の請求を認めなかったが、最高裁は一審判決を覆して、職場環境が「敵対的若しくは侮辱的」であるか否かの判断に際して、「被害者が精神的傷害まで被っている必要はない」と判示した。

ハリス事件の判決は、二つの点で重要な判断を示している。第一の点は、環境型セクシュアル・ハラスメントの成立要件として、被害者が精神的傷害まで被っている必要はないとしたことである。前述したヴィンソン判決は、被害者の「情緒及び精神的安定が完全に損なわれるほど重大な差別により職場環境が悪化していた」として、職場環境型セクシュアル・ハラスメントを認めたものであり、ハリス事件の第一審判決もこの立場を踏襲していたが、最高裁判決（法廷意見）は、環境型セクシュアル・ハラスメントの成立要件である「敵対的若しくは侮辱的」とは、（ヴィンソン事件のような）極端な場合に限定されるものでないとして、公民権法第七編の適用範囲を拡大するものであった。この点で、ハリス判決はその後の環境型セクシュアル・ハラスメントの被害回復に大きく寄与することとなった。第二点は、環境型セクシュアル・ハラスメントの成否は、「誰」を基準として判断するか（＝判断基準）という問題である。ハリス判決はこの点について、「職場環境が非常に悪化しているかどうかを判断するに当たっては、あらゆる状況を考慮しなければならないが、その中には、差別的行為の頻度および重大さ、身体に脅威を与えるものか、あるいは侮辱するような行為なのか、それとも相手を侮辱するような言葉によるものか、不当に従業員の職務を妨げるようなものなのか、といったことが含まれる」と判示し、基本的にはケースバイケースによって判断する以外にないとの立場——結局のところ、平均的「女性」ではなく、合理的「平均人」の判断に基づく——を明らかにし、結着を先送りとした。セクシュアル・ハラスメントの判断基準の作

定の困難さを物語るものであり、今後の検討課題と言えよう。(注49)

《最近の動き――企業責任の厳格化》

ハリス判決が、環境型セクシュアル・ハラスメントの成立要件として、精神的損害を受けていたことを証明することが必ずしも必要でないとしたことは、セクシュアル・ハラスメントの被害者の救済範囲を広げると共に、企業にとっては、「職場環境配慮義務」の強化をも意味するものであった。果たせるかは九八年に連邦最高裁は、企業責任をさらに厳格なものとする二つの判決を下した。ところで既に述べたEEOCのガイドラインは、「代理人あるいは監督者（agent or supervisor）」によるセクシュアル・ハラスメントに関して、使用者は厳格（無過失）責任を負うものと規定していた（29 CFR 1604.11(c)）。この点について、人事権のある管理職が従業員に対して、「対価」型セクシュアル・ハラスメント（＝何らかの雇用上の利益と引替に性的要求をする）を行った場合、使用者に無過失責任（セクシュアル・ハラスメントの事実を知ろうと知るまいと責任を負う）を認めることは、判例上確立していた。(注50)一方、管理職が「環境」型セクシュアル・ハラスメント（＝何らかの雇用上の（不）利益を交換条件としない性的要求をする）を行った場合、判例においては、企業が問題となる行為を知っていたか知り得た状況で、かつ適切な事後処理を講じなかった場合に限定して、使用者責任を負うとする立場が優勢であり、従って例えば、企業が詳細な社内規則を定め、迅速かつ徹底的な調査を行い、適切な事後処置を講じたことが認められれば免責され得るとする傾向にあった。(注51)これに対しては少数ながら、人事権を有する管理職からの「環境」型ハラスメントについても、企業がハラスメントの存在を知っていたかどうか、適切に処置したか否かにかかわらず、使用者は厳格（無過失）責任を負うべきであると述べる裁判例も登場していた。(注52)

このような中で連邦最高裁は、九八年下した二つの判決（エラース事件、ファラガー事件）で、セクシュアル・ハラスメントの企業責任について新たな判断枠組みを示した。(注53)エラース事件は次のような事案であった。原告の

エラースは、被告のヴァーリントン産業の支店の一つで勤務していた女性販売員であったが、採用や昇進について決定権限を有する上司のスロウィックから、勤務中に体に触られたり、性的なジョークだけでなく、「僕は君の生活を楽にすることもできるし、辛いものにすることもできるんだよ」とか、「君が短いスカートをはいてくると、君の仕事はもっと楽なものになるのにな」等と仕事上不利になるとの脅しも含めた性的言動を繰り返されたものの、彼の脅しは現実のものとならず、逆にエラースは一度は昇進もした。一方、エラースは、会社にセクシュアル・ハラスメント防止規定があることを知っていたにもかかわらず、在職中担当者にスロウィックの言動について報告することはなく、一五ヵ月勤務して退職した後、セクシュアル・ハラスメントと擬制解雇を理由に公民権法第七等違反で会社を訴えた。連邦地裁は、エラースに対する上司のハラスメントを、「環境」型ハラスメントと認定し、会社内にセクシュアル・ハラスメントが深刻に蔓延していたことを認めたものの、被告会社が、当時セクシュアル・ハラスメントを知り得る状況になく、かつ知らなかったことに過失はなく、原告は会社内部の苦情手続を利用していなかったとして、会社の免責を認め、エラースの請求をいずれも棄却した。控訴審は一審判決を破棄したものの、一二人の判事が八通りの意見を述べるという異例の展開となり、争いは最高裁へ持ち込まれた。連邦最高裁は結論として、会社がセクシュアル・ハラスメント対処方針を持っていたとしても、それだけで会社側が免責されるとは限らないと判示して、控訴審の判決を支持した。

最高裁判決はいくつかの注目すべき見解を明らかとしている。第一点は、管理職によるセクシュアル・ハラスメントが「職務の範囲外」の行為であるとしても、企業はそれに対する知不知、自らの過失の有無に関わりなく、原則として責任を負うとしたことである。第二点は企業責任が免責される場合の要件として、①使用者がハラスメント防止の合理的な配慮義務を履行して、悪化した職場環境を迅速に是正し、②被害者が企業の防止策、是正措置を合理的な理由なく利用しなかったこと、をあげたことである。これによって、企業は、一段とセクシュアル・ハラスメント防止の義務が強化されたことをみてとることができよう。これをうけてＥＥＯＣは九九年六月、

管理職のセクシュアル・ハラスメントに関する新たなガイドラインを出し、従来の「対価」型、「環境」型の分類から、企業の厳格責任を免責するための積極的抗弁を認めるか否かを決するものとして、新たに「現実の雇用上の行為を伴うハラスメント」と「敵対的な就業環境を形成するハラスメント」の分類を定めた（EEOC Notice No. 915.002）。

なお、使用者と同一視される者（例えば、社長・所有者・共同経営者・会社役員など）のセクシュアル・ハラスメントは、当然に使用者の行為とみなされ、同僚・顧客・取引先・派遣労働者等による従業員に対する、職場におけるセクシュアル・ハラスメントは、使用者が知っているか知り得べき状況にあるにもかかわらず、直ちに適切な是正措置をとらなかった場合にはじめて、使用者責任を負うこととされている（29 CFR 1604. 11(d)(e)）。

更に近時は、女性（上司）から男性（部下）に対するセクシュアル・ハラスメントも問題とされるようになってきている（例えば、九九年にはＥＥＯＣへのセクシュアル・ハラスメントの訴えのうち、一二・一パーセントが男性からの訴えである）。

ところで同性間のセクシュアル・ハラスメントは、公民権法七編違反の「性を理由とする」差別に該当するのだろうか？　この問題は、アメリカでは八〇年代以降下級審で争われてきていたが、九八年の最高裁判決（オンケル事件）で、一応の決着をみた。最高裁は、公民権法第七編は「性を理由とした」差別を禁止するものであり、女性と男性を等しく保護しているとして、同性間のセクシュアル・ハラスメントにも第七編の適用を宣言している。(注55)

このようにアメリカにおいては、主として雇用の場で発達してきた企業（＝使用者）の責任を問うセクシュアル・ハラスメント法理は、教育の場においても同様に大学・学校の使用者責任を負うものとされるに至っている。既に述べた通り、連邦政府の補助金が支給されている学校の授業と行事に適用される一九七二年高等教育法修正第九編は、教員による学生・生徒に対する性差別を禁止しているが、一九九二年、連邦最高裁は高校在学中に男

性教師から、絶え間のないセクシュアル・ハラスメント（性的体験を尋ねられたり、学校で強引にキスをされたり、研究室で強引に性的関係をもたされる等）行為を受けた女子高校生の訴えを認めて、同法にもヴィンソン判決で確立されたセクシュアル・ハラスメント法理が適用されるとして、高校に対する第九編に基づく損害賠償を認めた。[注56]

こうしてアメリカでは八〇年代から九〇年代にかけて企業、大学、学校における上司や教員等からの部下、学生等に対するセクシュアル・ハラスメントについて、企業、学校の法的責任を認める法理が確立されていくこととなったのである。

四　セクシュアル・ハラスメントに対する闘い（その2）――諸外国の経験

《セクシュアル・ハラスメントの国際的認知》

セクシュアル・ハラスメント法理――セクシュアル・ハラスメントは個人的な問題でなく、社会的・法的な問題として、加害者本人だけでなく、企業、大学等の法的責任も問われるべきである――のアメリカにおける生成と発展は、諸外国にも影響を与えていった。七〇年代以降、雇用の分野をはじめとするあらゆる分野で性差別撤廃・男女平等社会の実現をめざす機運が世界的な潮流となり、一九七五年に始まった「国際女性年」の取り組みの中で、七九年には国連総会は家族や社会の伝統的な性別役割分担の変革をめざした「女性の人権宣言」ともいうべき女子差別撤廃条約を採択したが、この段階では未だセクシュアル・ハラスメントをはじめとする性暴力が女性に対する性差別であり、人権侵害として女性から自由と平等を奪い、女性の地位低下をもたらすものであり、このような性暴力・性差別を職場・大学等から排除することが重要な課題であるとの認識は薄かったと言えよう。しかしながら八〇年代に入り、セクシュアル・ハラスメントを含む性暴力・性差別が人々の予想を超える規模で広がっていることが明らかにされるにつれて、国際社会のセクシュアル・ハラスメントに対する取り組みが本格

化するようになった。

まずEU（当時はEC）は一九八四年、EC委員会が、EC域内で四〇〇万人に達する女性たちがセクシュアル・ハラスメントの被害を受けており、ベルギーでは女子労働者の三〇ないし三四パーセント、スペイン、ポルトガル、オランダ、ドイツではそれぞれ若い女性達の八〇ないし九〇パーセント、三七パーセント、五八パーセント、七二パーセントがセクシュアル・ハラスメントの被害を受けているとの実態調査を発表すると共に、「女性のための積極的行動（positive action）の促進に関する勧告」を行い、EC加盟各国に対し、女性の社会的・法律的・経済的地位のための「積極的行動の促進措置」、とりわけ職場における女性の尊厳を尊重するための具体的「措置」、即ちレイプ、セクシュアル・ハラスメント等の性暴力を排除する措置を勧告した。(注57)

次いで一九八五年六月ILO総会は「雇用における男女の均等な機会及び経過に関する決議」（第七一回総会）を行い、その中で

「労働条件及び労働環境

職場におけるセクシュアル・ハラスメントは、女子労働者の労働条件、雇用、昇進の展望を害する。したがって均等促進政策の中に、セクシュアル・ハラスメントを排除し、予防するための措置を含む必要がある」

旨規定し、セクシュアル・ハラスメントが雇用の平等を阻むものであり、各国の均等促進政策として採用すべきであるとの認識を述べるに至った。

こうしてヨーロッパ諸国の連合体であるEC委員会や国際労働機関であるILOが相次いで、セクシュアル・ハラスメントが性暴力として女性の人格的利益を侵害するものであり、雇用の平等を阻むものとして排除すべきであるとの認識を表明するようになると、このような動きは国連の取り組みにも影響を与えることとなった。

《国際自由労連のガイドライン》

このころ既に各国の労働組合もセクシュアル・ハラスメント対策の取り組みを開始していた。例えばイギリスでは一九八一年に最大のホワイトカラー労働者の組合である全国地方公務員連合（National Association of Local Government Officers）が、職場でのセクシュアル・ハラスメントと闘うための組合員向けのガイドラインを作り、八三年にはイギリス最大の労働組合連合である労働総同盟（Trade Union Congress）も組合員向けのガイドラインを作り、また各種のボランティア団体（例えば「セクシュアル・ハラスメントに反対する女性達（Women Against Sexual Harassment）」など）がセクシュアル・ハラスメントの被害者の救済やカウンセリングなどを実施するようになっていた。(注58) こうして一九八六年、国連自由労連は次のようなセクシュアル・ハラスメント対策のガイドラインを作成した。同ガイドラインは、セクシュアル・ハラスメントの本質や加害者・被害者像、労働組合の取り組むべき課題を明らかにしており、雇用の場におけるセクシュアル・ハラスメントが主として女性に加えられた権力（威）の乱用であり、働く権利の侵害として位置づけており、この間の各国、国際機関におけるセクシュアル・ハラスメントに対する認識と対策の到達点を示すものと言える。そこでやや詳しく紹介しよう。

「1　セクシュアル・ハラスメントとは、職場においてある者が、いかなる方法によるものであれ、相手の意に反する言葉あるいは動作、もしくは身振りによって性的な働きかけを行ったり、明らかに性的に品位を傷つけるような発言を行ったり、または性的に差別する意見を表明したりして、当該労働者に脅威、屈辱、不当な従属感を感じさせたり苦しめたりし、あるいは当該労働者の職務遂行を妨げ、雇用の安定を脅かし、または脅威や威嚇を感じさせる労働環境を作り出すことである。

2　これは実は呼び方は新しいが、問題そのものは新しいものではない。これは互いの合意に基づいた性的たわむれではない。セクシュアル・ハラスメントは、他の労働者を威嚇し威圧し、あるいは蔑むことを意図している権力の誇示であることが多い。これは職場においてますます懸念が高まっている被害の一

形態なのである。」

「4　セクシュアル・ハラスメントの被害者は主として女性であり、年齢、婚姻関係、肉体的な容姿、出身、あるいは職業上の地位とかかわりなくすべての女性に関係している。（しかし）調査によってとくに危険の高い層は、三〇歳以下の若い女性で、未婚、夫に死別した女性、離婚した女性、あるいは別居している女性、とくに扶養家族のいる者であることが明らかとなっている。

5　セクシュアル・ハラスメントは女性のみに関係するものではなく、一部の男性も被害者であると感じている。しかしながら（実際には）、女性は労働市場における地位のためにより弱い立場にあり、差別（禁止）法があるにもかかわらず、女性はあいかわらず低賃金、低熟練、あるいは格の低い職務にとどまっている。一方、男性は賃金の高い権威のある地位や、管理監督的な職務を支配している。」

「12　セクシュアル・ハラスメントは、労働者の雇用と昇進の見通し、および雇用の安定に影響を及ぼし得るものであり、ストレスの強い敵対的な労働環境を作り出し、当該労働者の健康と安全を脅かし、職場において女性労働者のために平等を獲得しようという試みを妨害するものである。

13　セクシュアル・ハラスメントは労働組合にとって正当な関心事である。労働組合は組合員に関連する問題の性格と広がりを認識させ、セクシュアル・ハラスメントが起こるのを防ぐための行動をとり、これを処理するための苦情処理手続きを確立する義務を有する。男性労働組合活動家は、職場と組合における自分たちのふるまいを点検する必要があろう。セクシュアル・ハラスメントの問題が男女双方の労働組合活動家によって公けに議論されればされるほど、これを職場から追放されることが容易になるだろう。

労働組合は組合員の中に存在するあらゆるセクシュアル・ハラスメントを確認して、これを根絶する手段をとる必要があろう。(注59)」

《各国の動向》

このようにセクシュアル・ハラスメント対策の必要性が認識されるようになってきた結果、一九八六年ヨーロッパ議会は、女性に対する暴力に関する決議を行い、その中で雇用の場におけるセクシュアル・ハラスメントを含む女性に対する暴力を排除することを、加盟各国、機会均等委員会、労働組合がすべての労働者に認識させるよう努力することを勧告する決議をし、更に八八年には、EC委員会の諮問委員会は、雇用における男女の尊厳（The Dignity of Women and Men at Work）に関するレポートを発表し、その中で、雇用の場における両性に関するセクシュアル・ハラスメントを含む性暴力・性差別の撤廃と予防を求める指令（directive）を発することを勧告した。EC委員会は、このような流れの中で、一九九一年職場におけるセクシュアル・ハラスメント対策の行動基準を設け、その中で、セクシュアル・ハラスメントを「職場の男女の尊厳に影響を及ぼす不快な性的な性格をもった行為若しくはその他の性的な性格の行為」と定義づけし、セクシュアル・ハラスメントが雇用における性暴力・性差別であるとして、使用者に対してセクシュアル・ハラスメントの撤廃と予防の勧告を行った。EC委員会は雇用におけるセクシュアル・ハラスメントが性暴力・性差別であり、使用者に対して排除を求めるべきものであるとの認識を表明したにもかかわらず、拘束力や強制力をもった指令としてではなく勧告にとどめたのは、この時点における各国のセクシュアル・ハラスメント対策の到達点を反映したものと言えよう（つまり、セクシュアル・ハラスメントに対する認識と取り組みの「弱さ」の反映でもあった――その意味では今日のわが国の取り組み状況と似ていると言えよう）[注60]。

この当時、職場や大学におけるセクシュアル・ハラスメントに対する法的措置を定めていた国は英米法系の諸国を中心に少数にとどまっていた。既に述べたアメリカは、セクシュアル・ハラスメントを直接規制する特別な制定法を有していないものの、七六年以降連邦裁判所によって、セクシュアル・ハラスメントは連邦公民権法第七編第七〇三条（六七年制定）に規定する「性を理由とした」差別に該当するものとされ、その具体的基準は八〇

年代に入りEEOCのガイドライン、連邦裁判所による判例法により形成されて今日に至っているが、各国のセクシュアル・ハラスメント法制の定義も基本的にはアメリカで形成された判例法理に依拠していると言ってもよいであろう。

例えばイギリスは、セクシュアル・ハラスメントを直接規制する特別な制定法を有していないものの、八六年以降セクシュアル・ハラスメントは、裁判所によって性差別禁止法（七五年制定）の「性差別」に該当するものとされ、その具体的基準は性差別禁止法の執行機関であるEOC（機会均等委員会、Equal Opportunities Commission）のガイドライン、裁判所の判例法によって形成されてきている。(注61)

またこの間、カナダは人権法・労働法典で、オーストラリアは性差別禁止法で、ニュージーランドは雇用契約法で相次いでセクシュアル・ハラスメントを明文で性差別として禁止しているが、いずれの立法例においてもセクシュアル・ハラスメントを、アメリカのEEOCのガイドラインに倣って「対価」型と「環境」型に二分して定義づけしている。(注62)

他方、一九九一年のEC委員会の勧告の後、ヨーロッパ諸国も短期間のうちにセクシュアル・ハラスメントを明文で直接規制する特別法を制定・規制するようになった。例えばベルギーは、職場におけるセクシュアル・ハラスメントから労働者を保護するために、使用者のセクシュアル・ハラスメント防止義務を規定した勅命を九三年に制定し、同年フランスでもセクシュアル・ハラスメント防止法（労働関係における性に関する職権の乱用について、労働法及び刑事訴訟法を修正する一九九二年一二月二日法律）によって、使用者のセクシュアル・ハラスメント防止義務と共に、職権乱用をした加害者に刑事処分を課すという注目すべき法規を制定しており、一九九四年、ドイツも連邦男女同権法で使用者のセクシュアル・ハラスメント防止義務を規定するようになった。

こうしてEC各国は規制方法、態様に差はあるものの、九〇年代前半までにはいずれもセクシュアル・ハラスメント防止の法制を有することとなった。

このようなアメリカ、ヨーロッパにおけるセクシュアル・ハラスメント規制法制化の動きは国連諸機関にも影響を与えるものとなっていった。

《第三回世界女性会議――「ナイロビ将来戦略」》

一九八五年に第三回世界女性会議で採択された「女性の地位向上のためのナイロビ将来戦略」は、国連の文書としてはじめて、セクシュアル・ハラスメントが女性の地位向上を阻むものとして、雇用の分野における特別な行動計画として位置づけ、各国の国内法において法的措置を強化すべき課題として取り上げた。(注63)「ナイロビ将来戦略」後の世界は、地域紛争の激化等により、一層の貧困化等女性をめぐる環境は悪化する面があったものの、それにもかかわらずこの間、九二年に開催された「環境と開発」サミット（リオデジャネイロ）や、九四年に開催された国連人口会議（カイロ）において、女性の貧困や生殖に関する自己決定権の問題が取り上げられ、更に九三年の国連人権会議（ウィーン）とそれを受けた同年一二月の国連での「女性に対する暴力撤廃宣言」は、女性に対する基本的人権の侵害として暴力の撤廃を国連の特に重要な戦略目標とした。こうした女性の社会的・経済的・法的地位の向上をめざす様々な世界的動きの中で、これらを集大成するものとして、九五年に開催された北京女性会議は、二〇〇〇年までに達成すべき戦略目標をかかげた「行動綱領」を採択し、これを受けて開催された二〇〇〇年六月の「女性二〇〇〇年会議」（ニューヨーク）では、これらの結果をまとめた「成果文書」を採択したが、これらの動きの中に、一貫して、セクシュアル・ハラスメントを女性の基本的人権の侵害として排除すべき行為と位置づけられたのである。ところで、これらの動きの出発点となった「ナイロビ戦略」では、セクシュアル・ハラスメント対策を女性の地位向上のための「特別な行動分野」として、「雇用」の中に位置づけ（Ⅱ発展、C基本的戦略実施のための国内レベルにおける措置）、

「一二三九　公共部門、民間部門ともに、すべての公式・非公式な領域において、女性の労働条件を改善

するべきである。労働安全衛生及び雇用保障は強化され、業務関連の健康障害に対する保護措置も、男女に対して効果的に実施されるべきである。職場におけるセクシュアル・ハラスメント及び家事サービス等の特定の職業における性的搾取を防止するため、適切な措置が講じられなければならない。政府は、救済のための適切な措置を講ずるべきであり、またこれらの権利を保障するための法的措置を強化するべきである。更に政府及び民間部門は有害な労働条件を明らかにし、それを是正するためのメカニズムを設けなければならない。」

と規定した。

他方「女性に対する暴力」は、行動計画の中で、平等・発展・平和の阻害要因として「特別に注意を払う」事項とされ、

「七六　犯罪に関する研修においては、女性の身体に暴行を加え、深刻な肉体的・心理的障害を生ぜしめる犯罪を含む暴力犯罪につき、女性がその被害者となった場合における女性の特別の状況に特に留意する必要がある（以下略）。」

「一二三一　政府は、家庭内暴力を含む女性と児童に対するあらゆる暴力を明確にし、防止し、かつ除去するために、また虐待された女性や児童に避難施設、援助及び指導のサービスを提供するために、地域社会の資源の動員を含む実効ある措置をとるべきである。これらの措置をとるに当たっては、女性に対する虐待は改めることができない現象ではなく、女性及び児童の肉体的・精神的保全に対する攻撃であって、彼女らが被害者であるか目撃者であるかにかかわらず、暴力に対して闘う権利（及び義務）を持つ事実を認識させることを特に目指すべきである（以下略）。」

「二八八　特定の性に対する暴力は増え続けており、政府は女性の尊厳の確認を優先的に行わなければならない。そのため、政府は、避難施設、援助、法的その他のサービスの提供を通じて、このような暴力

の被害者への救済措置を確立し、強化するため、更に一層の努力をする必要がある。

家庭や社会での女性に対する暴力の犠牲者に対してとられる直接的な援護措置に加え、政府は、女性に対する暴力をひとつの社会問題として捉えるよう人々の認識を高めることにつとめ、暴力の原因をつきとめ、かつ特に社会における女性の品位を傷つけるイメージと表現の抑制によってこのような暴力を防ぎ、撤廃する政策や法的措置を確立するとともに、加害者に対する教育・再教育の充実を奨励しなければならない。」

と規定した。

このように「将来戦略」は、セクシュアル・ハラスメント対策と女性に対する暴力対策を規定したものの、それぞれが別個に規定され、統一したものとして位置づけていたわけではなかった。これはこの当時、セクシュアル・ハラスメントが女性に対する暴力の一部を構成するとの認識が国際社会においてはそれほど一般的なものとなっていなかったことの反映と言えよう。

《女子差別撤廃委員会──「女性に対する暴力」に関する一般的勧告》

一九九〇年代に入り国連の取り組みは、セクシュアル・ハラスメントを女性に対する差別であると同時に性暴力の一部を構成する違法不当な行為として禁止し、更に予防、排除に対する取り組みを急速に強めていくことになる。女子差別撤廃条約の履行監視機関である女子差別撤廃委員会は、性に基づく暴力が性差別の一形態であるとの認識のもとに、八九年に「女性に対する暴力」の実態並びにその対策を各国に求め、そのレポートをもとに九二年に、次のような一般的勧告第一九「女性に対する暴力」を発表した。

「I　女性に対する暴力は差別の一形態である。

（中略）

7　この差別の定義（撤廃条約第一条）は、性に基づく暴力、すなわち女性であることを理由として女性に対して向けられる暴力、あるいは女性に対して過度に影響を及ぼす暴力を含む。それは、身体的、精神的、または性的危害又は苦痛を加える行為、かかる行為の威嚇、強制、およびその他の自由の剥奪を含む。性に基づく暴力は、条約の特定の規定に違反することになろう（これらの規定が、明示的に暴力について述べているか否かに係わらない）。」

と一般的意見を述べた上で、セクシュアル・ハラスメントは「性暴力」であり、雇用における平等を侵害するものであるとして、

「23　女性が、事業所におけるセクシュアル・ハラスメントのような性に基づく特別な暴力を受けた場合、雇用における平等は著しく害されうる。

24　セクシュアル・ハラスメントは、身体の接触及び接近、性的意味合いをもった発言、ポルノグラフィの表示および性的要求（言葉であるか行為であるかを問わない）といった性的に歓迎されない行動を含む。かかる行為は屈辱的でありうると共に、健康および安全の問題を構成する可能性がある。かかる行為に異議を唱えることが、雇用関係において（雇用または昇進を含む）不利益となると当該女性が信じる合理的理由がある場合、もしくは敵対する労働環境を創設する場合には、かかる行為は差別となる。実効的な申立て手続および救済措置（補償を含む）が与えられるべきである。

25　締約国はレポートに、セクシュアル・ハラスメントについての情報およびセクシュアル・ハラスメント並びに事業所におけるその他の形態の暴力または強制から女性を保護するための措置についての情報を含めるべきである。」

との勧告を行って各国にセクシュアル・ハラスメント予防・排除のための立法措置等の要請を行った。（注64）

ここではセクシュアル・ハラスメントが性暴力を構成し、それが雇用の場等で行われた場合、雇用平等を侵害

するものであるとして、性暴力と性差別を一体のものとして把握する立場が表明されており、それ以降の国連等におけるセクシュアル・ハラスメントに対する基本的立場となっていくことになる。

《国連総会――「女性に対する暴力の撤廃に関する宣言」》

国連ではこの間、国連経済社会理事会も専門会会議を設置して、セクシュアル・ハラスメントを含む女性に対する暴力の調査・研究を実施し、九一年には女性に対する暴力撤廃宣言の採択と特別テーマ報告者の設置を勧告し、これを受けて九三年、国連総会は「女性に対する暴力の撤廃に関する宣言」を行った(注65)。

この宣言は、女性に対する暴力を性差別として女性の人権の中核に位置づけると共に、女性に対する暴力撤廃を目指した初の国際人権文書として、暴力防止と被害者への対応に関する国際基準を示したものとして画期的なものであった。宣言は前文において女性に対する暴力と性差別との関連について、

「女性に対するあらゆる形態の差別の撤廃に関する条約の実効的な履行が、女性に対する暴力の撤廃に貢献し、かつこの決議に定める女性に対する暴力の撤廃に関する宣言がこの過程を補強するものである。女性に対する暴力は、個人的なものでなく、社会的、構造的なものであり、男性が女性を支配および差別し、女性の完全な発展を妨げる結果となった男女間の不平等な力関係を歴史的に明らかに示すものであり、女性が男性に比べて従属的地位に置かれていることを余儀なくさせる重大な社会的構造の一つである」

と述べている。

更に宣言は第一条で「女性に対する暴力」の定義を行い、

「『女性に対する暴力』とは、性に基づく暴力行為であって、公的生活で起こるか私的生活で起こるかを問わず、女性に対する身体的、性的若しくは心理的危害または苦痛（かかる行為の威嚇を含む）、強制または恣意的な自由の剥奪となるものまたはそのおそれのあるものをいう。」

と規定し、

その具体的内容として、第二条は「女性に対する暴力」を三種類に分類し、「女性に対する暴力は、以下のものを含む（ただし、これに限定されない）と理解される。

(a)　家庭において発生する身体的、性的および心理的暴力であって、女児に対する殴打や性的虐待、持参金に関した暴力、夫婦間のレイプ、女性性器の切除やその他女性に有害な伝統的慣行、配偶者以外による暴力および搾取に関連した暴力を含む。

(b)　一般社会において発生する身体的、性的および心理的暴力であって、職場、教育施設およびその他の場所における、レイプ、性的虐待、セクシュアル・ハラスメントおよび脅迫、女性の人身売買および強制売春を含む。

(c)　いかなる場所で発生したかを問わず、国家が犯し又は許す身体的、性的および心理的暴力」

と規定した。

このようにセクシュアル・ハラスメントは、女性に対する暴力であり、性差別としてその撤廃が国際社会の責務とされたのである。(注66)

《第四回世界女性会議から国連特別総会「女性二〇〇〇年会議」へ》

更に九五年に開催された第四回北京世界女性会議は、前述した目標を達成するための「行動綱領」を採択し、その中でセクシュアル・ハラスメントを含む女性に対する暴力を、特に問題とされるべき一二の「重大問題領域(critical area of concern)」の一つとし、二〇〇〇年までに各国政府、地方自治体、ＮＧＯ、教育機関、公共部門、民間部門、メディア、労働組合等が達成すべき責務とした。その中でも国は、これらの暴力行為の防止と加害者訴追の実効性ある法律制度の制定・実施等の責務を課された(一二四―(d))。(注67)

またこの間、国連人権委員会によって「女性に対する暴力特別報告書」に任命されていたラディカ・クワラスワミは、各国での調査に基づいて九五年から九七年にかけて「女性に対する暴力――その原因と結果――」についての報告書を国連に提出し、その中でもセクシュアル・ハラスメントの世界各国での蔓延と法的規制の遅れ、早急な対策を訴えたのである(注68)。

更に二〇〇〇年六月にニューヨークで開催された国連特別総会「女性二〇〇〇年会議」は、九五年の第四回女性会議で提起された男女平等実現に向けての各国の指針とする「行動綱領」への誓約を再確認すると共に、同綱領の「完全かつ加速された実行」を確保するためにさらなる行動を取ることをうたい、「成果文書」で二〇〇項目に亘る具体的な行動を列挙して二〇〇五年を目標に、各国政府が女性政策を進めるための指針を盛り込んでいる。成果文書の中でもとりわけ「女性の人権」「女性に対する暴力の防止」「経済のグローバル化が女性にもたらす負の影響」等の項目では、「行動綱領」よりも更に踏み込んだ内容となっており、国ごとに期限付で立法措置をとること等の目標の提示が盛り込まれ（例えば、夫や恋人によるレイプ等のドメスティック・バイオレンス関連犯罪取り組みのための立法化措置など）、また経済の分野では、雇用や昇進差別、結婚を理由とした差別と共に職場におけるセクシュアル・ハラスメントが依然として深刻な問題となっており、各国政府や国際機関等に、これらの障害除去のための取り組みを求めている（第四回世界女性会議以降の世界の動きがわが国のセクシュアル・ハラスメント対策に与えた影響については章を改めて後述しよう(注69)）。

こうして今日では欧米諸国や国連を中心とした国際社会では、セクシュアル・ハラスメントの社会的な意味としては、社会的・政治的・経済的強者である男性が、その優越的な地位や力関係を背景として、弱者である女性にしかける性暴力の一種であるということに本質があり、その適用範囲も優越的地位や力関係（優越的地位・力関係は社会的・経済的・法律的なとらえ方により広狭ある）の存在する一切の状況におよび（使用者と従業員等の雇用関係や、大学教授と学生や、医師と患者など）、行為態様も本人が望まない一切の不快な性的言動のことを意味するも

のと把握されるようになり、法的な意味としては、このようなセクシュアル・ハラスメント行為が、一定の優越的地位や力関係が存在するところでそれを背景として行使され、それによって性差別、性的自由等の人格権侵害や雇用や教育環境を侵害する場合には違法行為として評価されるようになってきているのである。

五　セクシュアル・ハラスメントに対する闘い（その3）——わが国の経験

《女性に対する暴力撤廃のとり組み》

一方、わが国の状況に目を移すと、セクシュアル・ハラスメントは、多くの人々にとって依然として「個人的な問題」と考えられているのが現実であり、その意味ではアメリカ等でセクシュアル・ハラスメントが社会問題化した七〇年代後半の状況と似通っている面があることは否定できない。

しかしながら、こうした世界の流れの中で、特に九五年に北京で開催された世界女性会議が二〇〇〇年迄の行動綱領の実施を各国の政府等の責務と規定したことは、わが国の政府に大きなインパクトを与え、これを受けて、政府は九七年に総理府に男女共同参画審議会を設置し、その中に「女性に対する暴力部会」を設けてセクシュアル・ハラスメントを含む「女性に対する暴力」の調査・研究を行い、それを受けて九九年六月には「男女共同参画基本法」が施行され、同年四月一日からは、事業主らにセクシュアル・ハラスメント防止の「配慮義務」等を規定した改正均等法・人事院規則も施行されるに至っている。しかしながらセクシュアル・ハラスメント被害の多くは依然として水面下に隠れたままとなっており、今日セクシュアル・ハラスメント、ドメスティック・バイオレンス等の「女性に対する暴力」防止、被害者救済と、このような女性に対する暴力や差別を容認・維持してきた社会構造の変革が求められていると言えよう。

《わが国への「セクシュアル・ハラスメント」の導入と新しい動き》

このような欧米諸国におけるセクシュアル・ハラスメント法理の発展の影響を受けて、わが国にも八〇年代後半にセクシュアル・ハラスメントという言葉が導入され、後述する通り八九年には流行語大賞にもなったが、当初は世論の受け止め方も冷ややかなものであり、むしろ一部のフェミニストや「女性活動家」達の問題、関心にとどまっていたと言えるであろう。

しかしながら九〇年代後半に入り、わが国のセクシュアル・ハラスメント問題には新しい動きがでてきており、今日それは劇的な局面を迎えていると言ってよいであろう。

では、それはいったいどのようなものであろうか？　少なくとも我々は以下の三点を指摘することができよう。第一は、セクシュアル・ハラスメントに対する人々の意識の変化という点である。今日多くの人々は、セクシュアル・ハラスメントが単に個人の趣向や性向などといった問題ではなく、セクシュアル・ハラスメントの被害を受けた人々（特に女性達）の人格的利益を侵害するだけでなく、職場や教育環境をも侵害する社会的・法的にみて違法不当な行為であるという認識を共有化しつつある。第二は、セクシュアル・ハラスメント被害の顕在化という点である。近年、各種行政機関等へのセクシュアル・ハラスメントに関する相談や被害の訴えが激増し、それと同時に、被害を受けた人々が裁判所に訴えるケースも急増しており、それと共に直接の加害者のみならず企業の使用者責任を問う例も増えており、しかもそのほとんどでセクシュアル・ハラスメントの法的責任が認められると共に、事実認定や法的責任の判断に際しても、セクシュアル・ハラスメントに対する認識の深まりを反映した裁判例が増加していると言えよう。第三は、行政・企業・大学等のセクシュアル・ハラスメント対策の本格化という点である。特に昨年（一九九九年）四月一日施行された改正均等法に事業主の「配慮義務」が明記され、同時に施行された人事院規則一〇―一〇がより広範なセクシュアル・ハラスメント防止の責務を職員・各省庁に負わせ、違反した場合は懲戒処分があり得るとしており、これらを受けて企業や大学が就業規則・行動規範・ガイ

ドライン作りの取り組みを強めている。これら三点は相互に関連し影響しあいながら、わが国のセクシュアル・ハラスメント問題に新しい動きを作ってきていると言えよう。そこでそれらの内容について次章でもう少し詳しく述べてみよう。

（注1）C. MacKinnon, *Feminism Unmodified*（Harvard University Press, 1987）、（邦訳）キャサリン・マッキノン著、奥田暁子他訳『フェミニズムと表現の自由』（明石書店、一九九三年）を参照。

（注2）江原由美子「研究室のなかの性差別」論座二〇〇〇年二月号（朝日新聞社）六二頁参照。

（注3）ラディカ・クワラスワミ『女性に対する暴力――その原因と結果――予備報告書』㈶女性のためのアジア平和国民基金、一九九八年）五〇頁参照。

（注4）Working Women United Institutes, Sexual Harassment on the Job : Results of a preliminary Survey（1975）参照。

（注5）B. N. A. Special Report, "Sexual Harassment and Labor Relations 1",107 Lab. Rel. Rep. No. 23 ; C. MacKinnon, *Sexual Harassment of Working Women : A Case of Sex Discrimination*（Yale University Press, 1979）等がある。尚、拙稿「雇用における『性的いやがらせ』」法学第五〇巻第六号九一頁以下参照。

（注6）細井和喜蔵『女工哀史』（岩波文庫、初版一九二五年）二六七頁参照。

（注7）江原由美子「ジェンダーと社会理論」（井上俊外編『現代社会学（11）』岩波書店、一九九五年）二九頁以下参照。

（注8）マッキノン前掲（注1）書一〇三頁参照。

（注9）フェミニズムからのアプローチとしては、江原由美子＋栗原彬（対談）「セクシュアル・ハラスメントの権力作用」現代思想二〇〇〇年二月号『特集ジェンダー』（青土社）四〇頁以下参照。「社会的勢力」論については、French. J. R. P. Jr., & Raven. B. H, The Bases of Social Power. In. D. P. Cartwright（Eds.）*Studies in Social Power*（Univ. of Michigan, 1959）pp. 150-167.（邦訳）ジョン・R・P・フレンチ二世／バートラム・レーヴン「社会的勢力の基盤」D・カートライト編・千輪浩監訳『社会的勢力』（誠信書房、一九六二年）一九三～二一七頁参照。尚「社会的勢力」論については東北大学文学部助教授沼崎一郎氏から多くの示唆を受けた。

（注10）Milgram, S. *Obedience to Authority*（Harper & Roe, 1974）（邦訳）スタンレー・ミルグラム著、岸田秀訳『服従の心理』（河出書房新社、一九七五年（新装板一九九五年））参照。

（注11）　イエーリング著、村上淳一訳『権利のための闘争』（岩波文庫、一九八二年）を参照。

（注12）　日本法社会学会編『権利の動態Ⅰ』［淡路剛久　執筆］（法社会学第三八〇号、一九八六年）一三頁～一八頁、マッキノン前掲（注1）書参照。

（注13）　Sheila Rowbotham, *Woman's Consciousness, Man's World*（Penguin, 1973）, pp. 29-30.（邦訳）シーラ・ローバトム著・三宅義子訳『女の意識・男の世界』（ドメス出版、一九七七年）参照。

（注14）　Adrienne Rich, *The Dream of a Common Language, Poems 1974-1977*（W. W. Norton & Co., 1978）, p. 17. なお、アドリエンヌ・リッチ著、白石かずこ・渡部桃子訳『アドリエンヌ・リッチ詩集』（思潮社、一九九三年）参照。

（注15）　C. A. Mackinnon, *Sexual Harassment of Working Women*（Yale Univ. Press, 1979）, p. 27-28（邦訳）キャサリン・マッキノン著、村上淳彦監訳・志田昇他訳『セクシュアル・ハラスメント・オブ・ワーキング・ウイメン』（こうち書房、一九九九年）六三～六四参照。

（注16）　雇用の場における初めての連邦裁判所の判決は、Williams v. Saxbe, 413 F. Supp. 654（D. D. C. 1976）、つづいてBarnes v. Costle, 561 F. 2d 983（D. C. Cir. 1977）であった。教育の場における初めての連邦裁判所の判決は、Alexander. v. Yale University, 459 F. Supp. 1（D. Conn. 1977）, aff'd,631 F. 2d 178（2d Cir. 1980）であった。なお、雇用の場における連邦最高裁判所の判決は、Meritor Saving Bank, FSB v. Vinson, 477 U. S. 57（1986）である。

（注17）　拙稿「日本におけるセクシュアル・ハラスメント裁判例の検討」日本労働法学会九四号五七頁（一九九九年）参照。

（注18）　日経連出版所編『セクシュアル・ハラスメント防止ガイドブック』（一九九九年）。

（注19）　江原前掲（注2）参照。

（注20）　一九九九年一二月付日経新聞。

（注21）　アメリカにおけるセクシュアル・ハラスメント対策に関して、雇用の場については、林弘子「アメリカにおけるセクシュアル・ハラスメント法理の再検討――最近の連邦最高裁判決を中心に――」日本労働法学会九四号三九頁（一九九九年）参照。教育の場については、M. A. Paludi（Eds.）*Sexual Harassment on College Campuses*（State Uni. of New York Press, 1996）参照。

（注22）　クワラスワミ前掲（注3）報告書参照。なお、強姦等の性的暴力に対する法的規制の歴史については、ジョルジュ・ヴィガレロ著、藤田真知子訳『強姦の歴史』（作品社、一九九九年）参照。

（注23）　最三小判昭二四・五・一〇刑集三巻六号七一一頁。もっともこれに対しては、わが国の裁判例の運用は巷間いわれているほど厳格なものではないとする指摘として次のようなものがある。

「強姦罪の暴行脅迫の程度に関する判例等を見ますと、犯人の脅迫行為により精神的に抵抗する気力を失っている状態である被害者に対して、その状態に乗じて強いて姦淫する、すなわち強姦行為に及んだ場合、刑法一七七条前段の強姦罪が成立するという考え方がとらえられております。したがいまして、被害者が現実に抵抗しなければ強姦罪に当たらないという観点で運用はなされているとは承知しておりません。いいかえますと、精神的に抵抗できないような状態にあることが事実認定の問題として証拠上明らかになれば、具体的に被害者が抵抗しているか否かは強姦罪の成否に影響しないという解釈・運用がなされていると承知しております。」（法務省刑事局公安課高部参事官の発言――男女共同参画審議会「女性に対する暴力部会（平成一〇年四月一七日第六回）」における議事録参照――http://www.sorifu.go.jp/danjo/bouryoku/6.html――）。しかしながら裁判例の傾向はこのような指摘にもかかわらず依然として厳格なものがあると言えよう（後述）。

（注24）　Susan Estrich, *Real Rape*（Harvard Univ. Press, 1987）,（邦訳）スーザン・エストリッチ著、中岡典子訳『リアル・レイプ』（ＪＩＣＣ出版局一九九〇年）参照。

（注25）　マッキノン、前掲（注1）書二八頁参照。

（注26）　エストリッチ、前掲（注24）参照。

（注27）　例えば、全米に先がけて一九七五年に改正されたミシガン州の「性犯罪法」（The Michigan Penal Code Act 328 of 1931, 750, 520a ～ 520l）参照。

（注28）　前掲（注27）参照。

（注29）　European Parliament. Directorate General for Research, Division for Budgetary and Cultural Affairs and Comparative Law, " Measures to Combat Sexual Harassement at the Workplace : Action Taken in the Member States of the European Community," (1994).

（注30）　アメリカにおけるセクシュアル・ハラスメント裁判例の分析については林弘子前掲（注21）参照。なお、Ann C. Levy & Michele A. Paludi, *Work Place Sexual Harassment*（Prentice-Hall, 1997）参照。

（注31）　セクシュアル・ハラスメントを「対価」型と「環境」型に分類することは、マッキノンの提唱によるものとされている

が（マッキノンは「対価型（quid pro quo）型」と「労働条件（condition of work）」型に分類している――前掲（注15）書参照）、このような類型化は、当初、解雇等の経済的（不）利益を伴う性的言動（＝「対価」型）のみが、公民権法第七編の適用対象とされたという歴史的経緯によるものであり、今日ではこのように「対価」型、「環境」型と類型化する実益はほとんどなくなってきていると言ってよいであろう（林前掲論文参照）。

（注32）この問題を詳細に論じたものに、奥山明良「アメリカに見る労働環境と性差別――性的いやがらせ（Sexual Harassment）と公民権法第七編（The Title VII）――」判例タイムズ五二三号一八頁（一九八四年）がある。

（注33）マッキノン前掲（注15）書五〇頁以下参照。このような裁判例として Corne v. Bausch and Lomb. Inc., 390 F. Supp. 161（D. Ariz. 1975）. 同旨の判決として、例えば Tomkins v. Public Serv. Elec. & Gas Co., 422 F. Supp. 553（D. N. J. 1976）; Ganber v.Saxon Indus., Inc., 14 E. P.（E. D. V. 1976）; Miller v. Bank of America, 13 F. E. P. Case 43g（N. D. Cal 1976）等がある。

（注34）マッキノン前掲（注15）書一四三頁以下参照。

（注35）Williams v. Saxbe, 413F. Supp. 654（D. D. C. 1976）.

（注36）福島瑞穂他著『セクシュアル・ハラスメント』（新版）（有斐閣、一九九八年）三七頁以下参照。

（注37）前掲（注21）の文献参照。

（注38）National Advisory Council on Women's Education Programs, Department of Education, Sexual Harassment : A Report on the Sexual Harassment of Students（1980）参照。

（注39）Alexander v. Yale, 459F. Supp. 1（D. Conn. 1977）. なお、大学等におけるセクシュアル・ハラスメントに関しては、Michele A. Paludi（Eds.）*Sexual Harassment on College Campuses*（State Uni. of New York, 1990）が詳しい。

（注40）改正均等法二一条がＥＥＯＣのガイドラインの影響を強く受けていることは、同法がセクシュアル・ハラスメントについて「対価」型と「環境」型の二つの類型を規定していることから明らかである――均等法二一条は「対価型」セクシュアル・ハラスメントを「職場において行われる性的な言動に対するその雇用する女性労働者の対応により、当該女性労働者がその労働条件につき不利益を受け」たもの（ガイドライン(a)―(1)(2)、「環境」型セクシュアル・ハラスメントを「当該性的な言動により当該女性労働者の就業環境が害される」もの（ガイドライン(a)―(3)）と定義している。しかしながらＥＥＯＣのガイドラインは、（男女にかかわらず）性差別を禁止し、使用者責任（当初は復職、バックペイ等衡平法上の救済にかぎられてい

たが、一九九一年改正により慰藉料や懲戒罰的損害が認められるようになる）を規定した第七編の運用基準であるのに対し、均等法二一条は女性労働者に対するセクシュアル・ハラスメントの防止のみを事業主の「配慮義務」として規定し、均等法自体に裁判規範性を付与しておらず、また、「対価」型と「環境」型との区別は、わが国の裁判において、使用者や個人責任が問題とされる場合に、セクシュアル・ハラスメントの事実認定や損害額に直接関連性がないことからも、雇用管理上の教育的効果を別とすれば、区別の実益はないと言えよう。

（注41）Fisher v. Fynn, 598 F. 2d 663（1st Cir. 1979）; Accord Smith v. Amoco Chemicals Co.,20 F. E. P. Cases 724（S. D. Tex. 1979）.

（注42）マッキノン前掲書（注15）書四〇頁参照。

（注43）Bundy v. Jackson, 641F. 2d 934（D. C. Cir. 1981）, Continnental Can Co. v. State, 297 N. W. 241（1980）. その後一九八六年のヴィンソン事件で、連邦最高裁は、セクシュアル・ハラスメントの二つのタイプについていずれも承認し、この原則は、一九九三年のハリス事件で再確認されることとなった。

（注44）マッキノン前掲書（注15）書四四頁参照。

（注45）Meritor Saving Bank, FSB v. Vinson, 477 U. S. 57（1986）.

（注46）トーマス判事の「セクハラ」疑惑事件については、アニタ・ヒルの体験記録書がある。Anita Hill, *Speaking Truth to Power*（Doubleday, 1997）（邦訳）アニタ・ヒル著、伊藤佳代子訳『権力に挑む――セクハラ被害を語る勇気』（信山社、二〇〇〇年）参照。Rita J. Simon（Eds.）*From Data to Public Policy*（Uni. Press of America, 1996）参照。クリントンの「セックス・スキャンダル」については、特別検察官スターのレポート特集がある（週刊朝日一九九八年一〇月五日号参照）。

（注47）http://www.eeoc.gov/stats/charges.html 参照。

（注48）Harris v. Forklift Systems, Inc. 114S. Ct（1993）.

（注49）ハリス判決が述べる基準では、例えばヌードポスターの掲示やポルノ等に対する受けとめ方について何らの答えになっておらず、今日の状況ではこのような場合、「平均人（男性も含む）」と「平均的女性」の判断ではくい違いがでてこよう。Robinson v. Jacks onville Shioyards, Inc., 760F. Supp. 1486（M. D. Fla. 1991）参照。

（注50）Meritor Saving Bank, FSB v. Vinson, 477 U, S. 57（1986）, Burlington, Industries, Inc. v. Ellerth, 524 U, S. 274, 118 S. Ct 2257（1998）, Faragher City of Boca Raton, 524 U, S. 775, 118 S. Ct. 2275（1998）.

（注51）　Williams v. Banning, 72F. 3d 552（7th Cir., 1995）.

（注52）　Karibian v. Columbia Uni., 14F. 3d 773, 772（2d Cir., 1994）.

（注53）　（注50）参照。なお、林前掲論文、中窪裕也「アメリカにおけるセクシュアル・ハラスメント法理の新展開——使用者の責任に関する連邦最高裁判決の意義」ジュリスト一一四七号（一九九八年）一〇頁参照。

（注54）　Oncale v. Sundowner Offshore Services, Inc. 523. U. S. 75118S. Ct. 998（1998）.

（注55）　もっとも同判決は、単なる性的嗜好（男性愛、同性愛、両性愛）に対しては公民権法第七編が適用されるものでないことも明らかとしている。「性的嗜好」は、セクシュアル・ハラスメントとは直接関わりがないものの、「社会的性差（ジェンダー）」との区別をあいまいなものとしており、ジェンダーと性的嗜好、生物学的性差との異同を明らかにすることも今後の課題と言えよう。林前掲論文参照。

（注56）　Franklin v. Gwinnett County Pub. Schs., 503 U. S. 60（1992）. なお、Paludi 編前掲（注39）書参照。

（注57）　E. C., Sexual Harassment in the Workplace in the European Union（E. C. 1998）参照。

（注58）　（注57）の文献参照。

（注59）　（注57）の文献参照。

（注60）　（注57）の文献参照。

（注61）　Porcelli v. Stranthclyde Regional Council（Court of Appeal and Scottish Court of Sessions, 1986）. 尚、イギリスのセクシュアル・ハラスメント規制並びに対策については、David Pannick, *Sex Discrimination Law*（Clarendon Press, 1985）Rohan Collier, *Combating Sexual Harassment in the Workplace*（Open Uni. Press, 1995）参照。

（注62）　労働省女性局編「職場におけるセクシュアル・ハラスメント防止マニュアル」（㈶二一世紀職業財団、一九九八年）一一二頁以下。なお、カナダの人権法（Candanian Human Rights Act、一九七六年制定）は八〇年にセクシュアル・ハラスメントを差別として禁止し（一四条二項）、労働法典（Canada Labour Co de）は八五年にセクシュアル・ハラスメント防止を使用者の義務として規定している（二四七条）http : canada. justice. gc. ca／参照。カナダのセクシュアル・ハラスメント対策の現状を紹介したものとして柏崎洋美「労働者に対するセクシュアル・ハラスメントについての一考察㊤㊦」季刊労働法一九二、一九三号（二〇〇〇年）参照。欧米諸国の立法並びに裁判例等を紹介したものとして、Jane Aerbrhard-Hodges : Sexual Harassme nt in Employment, Recent Judicial and Arbirtral Trends（ILO : Labor Review, 1996-5）がある。

（注63）国際女性法研究会編『西暦二〇〇〇年に向けた女性の地位向上のためのナイロビ将来戦略』（一九八五年七月二六日「国連女性の一〇年」ナイロビ世界会議）「国際女性条約・資料集」九九頁以下参照。
（注64）国際女性の地位協会編『特集――バイオレンスと性』（「国際女性」九二、一九九二年）八七頁参照。
（注65）第八五回国連総会決議―― 48/104, Declaration on the Elimination of Violence against Women（20, December, 1993）.
（注66）国際女性の地位協会編［米田眞澄訳］「国際女性」（九四、一九九四年）一三五頁参照。
（注67）http://www.sorifu.go.jp/danjo/kodo/chapter4-D. html 参照。
（注68）ラディカ・クワラスワミ前掲（注3）書参照。
（注69）http://www.un.org/womenwatch/daw/followup/beijing+5.htm 参照。

第二章　セクシュアル・ハラスメントの現状

一　セクシュアル・ハラスメントの新たな動き

《「ルール」形成の本格化――三つの事件》

昨年（一九九九年）は、わが国のセクシュアル・ハラスメント問題を考える上で画期をなした年と言えよう（後に述べることになるが、その一〇年前の八九年は、わが国にセクシュアル・ハラスメントという言葉が「上陸」した年であり、その後の一〇年間はわが国におけるセクシュアル・ハラスメントの啓蒙・啓発期間といえ、いわばセクシュアル・ハラスメント問題の第一ステージであった）。一九九九年を境に、わが国のセクシュアル・ハラスメント問題は新たな段階――セクシュアル・ハラスメントに関するルール形成が本格化したという意味で、いわば第二ステージ――に入ったと言えるのであり、それは次の三つの「事件」に象徴されよう。第一の「事件」は、セクシュアル・ハラスメントに関する改正均等法と人事院規則が昨年四月から施行されたということであり、第二の「事件」は、昨年五月から七月にかけて仙台地裁で相次いで三件のセクシュアル・ハラスメントに関する判決が出されたということであり、第三の「事件」は、昨年一二月に大阪府前知事横山ノックに対するセクシュアル・ハラスメント裁判の判決が出されたということである。

これらの三つの「事件」の特徴をみると、第一の「事件」は、社会全体のセクシュアル・ハラスメント対策の

「本格化」を端的に示すものであり、これを契機にわが国の行政機関、地方自治体、民間企業等や大学等の教育機関等ではセクシュアル・ハラスメント対策が従来に比して急速に進展するようになってきており（例えばセクシュアル・ハラスメントに対して就業規則等に盛り込む等の対応をした企業は、改正均等法施行前の九七年六～七月に労働省が実施した調査では、わずか五・五パーセントにすぎなかったものが、施行後の九九年一一月から今年三月に労働省の委託を受けて二一世紀職業財団が五二一八企業に実施したアンケート調査では四一・四パーセントに達している[注1]――もっとも対策が「二極化」していることは既に述べた）、第二の「事件」はセクシュアル・ハラスメントの違法不当性が明確となり、裁判においてその法的責任が厳しく問われるようになってきたことを示すものであり、第三の「事件」は、これまでの一〇年間の女性達の闘いの中で、裁判や立法等により違法性が明らかとなってきていたセクシュアル・ハラスメント問題が、広く社会に認知される契機になったことを示しているということである。セクシュアル・ハラスメント問題の文脈の中でこれら三つの「事件」を位置づけると、第一の「事件」は、セクシュアル・ハラスメント対策に関わる人々――特に民間企業や大学等の雇用や管理運営にたずさわる人々――にとって関心をもたざるを得ないものであり、また第二の「事件」は、主としてセクシュアル・ハラスメント訴訟に関わってきた人々の大きな関心を集めたものであり、更に第三の「事件」は、セクシュアル・ハラスメント問題が社会的な問題として広く人々の関心を集め、世間に認知されることになったものである（これらの事実は、今日、新聞紙上でセクシュアル・ハラスメントが取り上げられない日がないと言っていいくらいになっていることに端的に表わされていよう）。

　これらの「事件」に共通しているのは、セクシュアル・ハラスメント問題が社会の一部の人々の関心事から社会全体の関心事へと転化し、それに伴ってセクシュアル・ハラスメントに対するルール形成がなされつつあることを示すものと言えよう（これらの「事件」は、いずれも、人々の話題や注目を集めるものであるという意味では、わが国のセクシュアル・ハラスメント問題を考えるうえで正に「事件」という名に値するものであり、しかもこれらの「事

件」が同じ年に起こったという点で、九九年は画期的な年であった)。

「セクシュアル・ハラスメント」という言葉が、八九年にわが国に「上陸」して一〇年間は、セクシュアル・ハラスメントのアンケート、実態調査、相談室窓口の設置、裁判による告発等、セクシュアル・ハラスメントの啓蒙・啓発活動が中心となっており、セクシュアル・ハラスメント問題のいわば第一ステージと呼ぶべき期間であった(後述二参照)。この間、セクシュアル・ハラスメントに関する行政機関等の各種相談窓口の設置、アンケート、実態調査によって、セクシュアル・ハラスメント被害の実態が明らかにされると共に、セクシュアル・ハラスメントに関わる多くの人々の労苦によっていくつもの裁判例がつみ重ねられ、それを受けて行政当局や立法府によりセクシュアル・ハラスメント防止対策が講じられるようになり、これらが結びついて、セクシュアル・ハラスメント問題が世間に広く知られるようになり、セクシュアル・ハラスメントが法的には違法不当なものであり、社会的には排除されるべきものとの認識が多くの人々によって共有されるようになってきたと言えよう。このような、わが国における多くの人々によるセクシュアル・ハラスメントに対する取り組みの中で、一九九九年に起こった三つの「事件」は、セクシュアル・ハラスメントに対するルール形成の本格化を示すものであり、いわばセクシュアル・ハラスメント問題は第二ステージに入ったと言えよう。このような意味では、これら三つの「事件」は、今後セクシュアル・ハラスメント裁判やその対策、そして何よりも人々の意識に大きな影響を与えていくものと言えよう。そこでこれら三つの「事件」について、簡単にみていくことにしよう。

《「セクシュアル・ハラスメント防止」法》

まず第一の「事件」は、いわば「セクシュアル・ハラスメント防止」法とでも呼ぶべき、改正均等法と人事院規則の施行である。昨年四月一日から施行された改正均等法二一条は、民間企業の事業主に対して、女性労働者に対するセクシュアル・ハラスメント防止の「配慮義務」を課し(但し、条文にはセクシュアル・ハラスメントとい

う用語そのものは使われていない）、それを受けて労働省は「指針」で、事業主が雇用管理上配慮すべき具体的内容を定め、セクシュアル・ハラスメント防止対策の「方針明確化と周知・啓発」、「相談・苦情受付窓口の設置」、「事後の対応のための方法」等を定めて、各企業に対する行政指導に乗り出した。また人事院規則一〇─一〇は、公務労働に従事する職員（男女を問わない）に対しセクシュアル・ハラスメント行為の禁止を義務づけると共に、各省庁の長や監督者に対しても、職員に対する研修、苦情処理等のセクシュアル・ハラスメント予防、排除等の対策を義務づけた。

これらの法令が、公民権法第七編の解釈指針として一九八〇年に出された、アメリカのＥＥＯＣのセクシュアル・ハラスメントに関するガイドライン（EEOC 1980 Guidelines on Sexual Harassment, 29 CFR 1604. 11 ── 第一章参照）の影響を強く受けていることは明らかである ── 特に、均等法二一条はセクシュアル・ハラスメントを、「職場において行われる性的な言動に対する、その雇用する女性労働者の対応により当該女性労働者がその労働条件につき不利益を受け」るタイプ（＝「対価型」）と、「当該性的な言動により当該女性労働者の就業環境が害される」タイプ（＝「環境型」）の二つに分類し、同じく人事院規則も、「セクシュアル・ハラスメントに起因する問題」を、「セクシュアル・ハラスメントのため職員の勤務環境が害される」タイプ（＝環境型）と、「セクシュアル・ハラスメントへの対応に起因して職員がその勤務条件につき不利益を受ける」タイプ（＝対価型）に分類している。しかし、公民権法第七編と異なり、均等法はそもそも性差別禁止法ではなく、また改正均等法二一条は、使用者のセクシュアル・ハラスメントに関する「配慮義務」を規定したものの、同条項を根拠に、セクシュアル・ハラスメントの「被害者」が裁判において使用者責任を追及することは困難とされており（いわば裁判規範性を有しないものとされている）、「セクシュアル・ハラスメント防止法」としての裁判規範性は不十分なものと言えよう（これに対して公民権法第七編は、同条項を根拠に使用者責任を裁判において追求するものであり、かつ、ＥＥＯＣのガイドラインは同条項の解釈指針としての役割を果たすことが裁判においても承認されている）。

しかしながら、公務労働者を規制するセクシュアル・ハラスメントに関する人事院規則や、それを受けた各省庁の省令、自治体の条例等は、当該条項に違反した場合、懲戒処分の対策となり得るものであり、また均等法二一条の規定も、それ自体、裁判規範性を有するものではないとしても、同条並びに指針・通達が規定する個々の行動は、今日までの裁判例で、使用者責任の法的根拠として形成されてきた不法行為若しくは契約上の使用者の「職場環境配慮（保持、整備）義務」（＝「セクシュアル・ハラスメント防止義務」）の内容を概ね確認するものとなっていると言えよう（もっとも人事院規則一〇―一〇や改正均等法二一条並びに指針等が規定する具体的事実は、性モラルのレベルのものから法規範性を有するものまで広範な内容となっている）。したがって事業主が均等法上の「配慮義務」を尽くしていない場合には、企業は民事上「職場環境配慮義務」違反として使用者責任を問われることになろう（他方事業主が均等法に規定する事項についての「配慮義務」をつくしている場合には、使用者責任が免責される判断材料の一つとされることになろう）。このような状況の中では、不十分ながらも、わが国においてもこれら改正均等法、人事院規則等の一連の法令は、「セクシュアル・ハラスメント防止法」の機能を果たすものと位置づけることが可能となってきたと言えよう。

特に各企業や大学等は、セクシュアル・ハラスメント防止の「配慮義務」を怠った場合、これらの規定を一つの根拠として、使用者としてセクシュアル・ハラスメント防止義務違反等の民事責任を問われる可能性がでてきており、企業や大学に対する教育的効果ともあいまって、これらの法令は「セクシュアル・ハラスメント防止法」として、労務企業の労務管理のみならず民事上の使用者責任の追及という面でも一定の効果を果たしていくものと思われる。このように第一の「事件」は、近年強まりつつある傾向——行政当局がセクシュアル・ハラスメント対策に乗り出すようになると共に、企業や大学等がいっせいにセクシュアル・ハラスメント予防、排除の指針（ガイドライン）や研修等の対策に乗り出してきた——を端的に表すものということができよう（改正均等法、人事院規則の検討は章を改めて後で詳しく述べることにしよう）。(注2)

《仙台地裁三判決》

第二の「事件」は、昨年（一九九九年）五月から七月にかけて仙台地裁で相次いで出された三件のセクシュアル・ハラスメント裁判の判決である。これら三判決は、事実認定の点でも慰藉料額の点でも、従来のセクシュアル・ハラスメント裁判史上画期をなすものであり、今後のセクシュアル・ハラスメント裁判に大きな影響を与えるものであり、以下にこれらの事件の概要と特徴をやや詳しく述べることにしよう。

(1)　事件の概要

仙台地裁は、大学の教官（員）を被告とするセクシュアル・ハラスメント訴訟で、昨年五月二四日（東北大学事件、裁判例47→58）、六月三日（東北生活文化大学事件、48→控訴中）、七月二九日（宮城学院女子大学事件、54→和解成立）、相次いで原告女性（被害当時、大学院生、副手、学生）の訴えを全面的に認める判決を下した。事案の概要は次のようなものである。

東北大学事件は、同大学元大学院生（原告）が、大学院博士課程に在学中、指導及び論文審査の担当教官であった助教授（被告）から性的接触・関係を強要されたとして訴えた事件である。原告の主張によると、被告は自らの指導及び審査教官としての地位を濫用して、学会出張の際に「君に恋愛感情を抱いているから指導教官を降りたい」等、被告の意向に逆らえば指導を放棄されて、研究職の道を断たれるかもしれないと原告の不安をあおったうえ、研究室で原告の胸や下半身等に触れるようになり、更に「恋愛感情を持たないなら助言者になれない。君には気晴らしが必要だ。二人でどこかへ一泊しよう」などと言って、原告をホテルに連れ出して性関係を強要したと言うものである。被告はこれに対し、原告から「先生が好きです」と告白されてキス、抱擁等をしたのであり、また性的接触や性関係はいずれも原告の自由意思に基づく恋愛関係の中でのことであって、被告が指導教官としての地位を背景に強引に性関係を迫ったものではない等、と主張して争った。

東北生活文化大学事件は、同大学元職員（＝副手）が、在学中から指導を受け、職員に採用されてからは直属

上司の立場にあった教授（被告）から強姦されたとして訴えたものである。原告の主張によると、被告から夜九時すぎに「合宿のことで話があるから地下鉄の駅まで車で迎えにきてほしい」と電話で呼び出されたうえ、暗がりに車を止めさせられ、被告は原告に対し急に、原告が交際中の男性の話を車中で持ち出し、「何故交際するのだ！　お前が職員になれたのは、おれが推薦したからだろう！」等と詰問し、原告の髪を引っ張ったり、頬を平手打ちしたりした上で、強姦したというものである。被告はこれに対して、原告が副手になった後も教え子として熱心に指導し、原被告双方ともに親密な感情を抱いていたことが下地になって、車中での被告の叱責を契機として、原告は自らの意思で車中で被告と性関係をもったものであり、原告は事件直後も普段と変わらぬ態度で行動し、一旦被告を警察に告訴したもののその後取下げ、しかも被告に対し「先生、私馬鹿でした。先生が一番よく分かったと思います。なんだか人を殺して捕まった気分です（中略）本当にごめんなさい」とのメモを送っており、これらの事実は、原告が被告との性的関係を恋人に責められたため、やむなく被告を強姦犯人に仕立てたものの、それを悔いたものであり、被告と原告との性行為が合意に基づくものであることを示している等、と主張して争った。

宮城学院女子大学事件は、同大学元学生（原告）が、同大元講師（被告——事件発覚後解雇）であるピアノ教師から、少女時期から長期間に亘って性関係の強要等を受けたとして元講師を訴えたものである。原告の主張によると、原告は一〇歳のころから被告にピアノの個人レッスンを受け、また原告が大学在学中には、その講師としてもピアノの指導を受けてきたが、被告は、原告が中学三年生の時に原告にキスをしたことを初めとして、高校入学後はわいせつ行為に及び、さらに大学入学後は性交渉を強い、大学を卒業するまでの間関係を強いたというものであった。被告はこれに対して、原告は当初から性的接触を受容していたものであり、この間被告にプレゼントや見舞品を送った他一緒に旅行する等しつつ被告の指導を受け続けており、更に、原告は大学在学中に、被告との性的関係を約一年間に亘って中断した後再び被告との性交渉を持つに至っており、原告の同意に基づく性

的関係であった等、と主張して争った。

三判決はいずれも、被告の主張をことごとく斥けて、原告女性の主張をほぼ全面的に認める内容のものあったが、三判決の特徴は少なくとも三点指摘できよう。

(2) 三判決の特徴

第一の特徴は、慰藉料額の大きさである。東北大学事件では七五〇万円（控訴審では弁護士費用を含めて九〇〇万円）、東北生活文化大学事件では七〇〇万円（弁護士費用一〇〇万円を含む）、宮城学院女子大学事件では九〇〇万円（同一〇〇万円を含む）がそれぞれ認められたが、これらの慰藉料額はこの間の一〇年間のセクシュアル・ハラスメント訴訟では当時いずれも過去最高額となった。そのことは別表セクシュアル・ハラスメント裁判一覧の通り、従来慰藉料額は一〇〇万円から三〇〇万円（弁護士費用を含む）程度を推移してきていたことからも明らかであり、右三判決によって今後慰藉料額の増額が予想されることとなったが、果たせるかなその年の暮に出された大阪府知事のセクシュアル・ハラスメント裁判の賠償額は一一〇〇万円となった（裁判例57、もっともセクシュアル・ハラスメント行為そのものに対する慰謝料額は二〇〇万円である）。従来、セクシュアル・ハラスメントによる裁判のみならず、性犯罪一般における示談金額は、一般に低額であったが（統計こそないものの、強姦罪の刑事事件ですら、一〇〇万円前後の示談金が「相場」と言われていた）、今後、これらの事件への影響も必至であろう。

更にこれらの事件では、「加害者」がいずれも大学の教官（員）であることから、「教育に携わる者としてあるまじき振る舞い」（東北大学事件）、「（原告から教師として信頼されていた）被告は、このような信頼を裏切った」（東北生活文化大学事件）、「被告はピアノ教師とその教え子との関係」「に乗じて継続的に性交渉を含む性的行為を行ってきた」（宮城学院女子大学事件）等と判決でも述べられている通り、教官（員）・教師としての職務の公共性・信頼を裏切ったことに対する強い非難が加えられている。しかもこれらの事件では、行為態様についても、「卑劣かつ狡猾」（東北大学事件）、「反省の色は窺えず、このような被告の行為態様は極めて悪質」（東北生活文化大学事

件）、「八年間にわたり、原告の人格権や女性としての尊厳、あるいは性的自由決定権を侵害し続けてきた被告の行為の違法性は著しく強い」（宮城学院女子大学事件）等の判断がなされており、これらの事情が慰藉料額に反映したものとも言えよう。

従来の裁判例では、同じようなあるいはそれ以上に悪質な行為態様の事件（たとえば熊本セクハラ事件では、性関係の強要が半年以上に亘った事件であるが、慰藉料額は三〇〇万円であった（注3）――裁判例20）でも慰藉料が低額であったことから、今後の裁判に大きな影響を与えるものと思われる。

第二の特徴は、いずれの事件でも、「外形的」には「合意」とみなされ得る可能性のある性的行為・関係が存在していたことである――東北大学事件では、双方が性的関係を認めていたこと、生活文化大学事件では、原告女性がいったん強姦罪で告訴しながらその後取り下げると共に被告宛に謝罪メモを書いていたこと、宮城学院女子大学事件では、原告女性が中学三年のころから長期に亘り被告と性的接触・関係をもち、しかも大学入学後には、一旦関係がとだえた後再び性関係を再開していたこと等をとらえて、被告側はいずれも、「合意があった」「恋愛関係であった」ことの裏付けとし、これらの事実を根拠にセクシュアル・ハラスメントに該当せずに違法不当なものでないと主張していた。これに対して判決は、（助教授の行為は）「教育上の支配従属関係を利用して自己の欲望を満足させようと」したもの（東北大学事件）、（教授の行為は）「教授と副手との立場を利用し」たもの（東北生活文化大学事件）、（ピアノ講師の行為は）「ピアノ教師と教え子との関係」「に乗じて継続的に性交渉を含む性的関係を行ってきた」もの（宮城学院女子大学事件）であり、したがって「合意の上での性交渉の生じる余地は認められない」（東北生活文化大学事件）、「明示的な拒否の姿勢を示さなかったからと言って、原告の同意があったなどとは言えない」（宮城学院女子大学事件）として被告の主張をいずれも斥けた。この点はセクシュアル・ハラスメント訴訟において、支配従属関係のもとにおける性的接触・関係をどのように評価するかについて明確に判断を下したものとして注目すべきものと言えよう。

職場や大学等上下の支配従属関係が存在するところでのセクシュアル・ハラスメントの違法性判断は、独自の困難さが伴っている（詳細は第四章参照）。第一は、性的接触等のセクシュアル・ハラスメント行為の大半は第三者等の目撃者がいない「密室」で行われ、しかも「被害」を訴える者がしばしば通常の行動とは異なった行動をとることから（「被害」にあった最中抵抗しなかったり、「被害」直後に周囲に訴えなかったり、長期間「被害」関係を継続したりする）、セクシュアル・ハラスメントの「存在」自体が争いとなることが多い（例えばセントラル靴事件、横浜セクハラ事件、秋田県立農業短大事件、熊本セクハラ事件など——裁判例3、5、14、20、24、40など）。このような場合、最終的には「加害者」と「被害者」のどちらの供述内容が信用性が高いかが裁判での争点となり、従来の裁判例では、当事者の供述態度（主張の一貫性があるか否か？）や、日常の言動（「加害者」が「被害者」その他の者に日常的にセクシュアル・ハラスメント行為をしていたか否か？「被害者」が「加害者」に個人的な恨みがなかったか否か？等）を総合判断していたが、セクシュアル・ハラスメントを受けた「被害者」の行動について、裁判例では従来しばしば、「対等当事者」間の「合理的」行動を前提とした「経験則」に基づいて判断をし、「被害」を受けた女性の主張を斥けてきた（例えばセントラル靴事件、横浜セクハラ事件一審判決、秋田県立農業短大事件一審判決、山本香料事件などでは、「被害」にあった際抵抗しなかったのは「不合理」、「被害」者が長期間関係を継続したのは「不合理」、等の理由によりセクシュアル・ハラスメントの事実が否定された）。しかしながら近時の裁判例は、支配従属関係を前提とした「被害者」の合理的行動を判断基準とするようになっており（例えば横浜セクハラ事件二審判決、秋田県立農業短大事件二審判決——「被害者像」の転換！）、本件三件判決もこのような系譜の中に位置づけられるものである（詳細は三参照）。

第二は、職場や大学等支配従属関係が存在するところにおける、上司や指導教官から部下や学生に対するセクシュアル・ハラスメントは、「密室」で行われるだけでなく、部下や学生が抵抗できない状態で性的関係・行為を受け入れることから、「外形」上、「合意があった」「同意があった」とされて、被害の顕在化を阻む要因となって

きた（東北大学事件では、元大学院生は裁判に訴える前に大学当局に調査申入れをしたところ、大学当局は、「助教授が（大学院生と）性的関係の合意（があった）と誤って判断する状況があった」等とする極めて杜撰な調査報告を行い、何らの処分を行うことなく調査を終了していた――本来大学当局の使用者責任が問われて然るべき事案でもあった）。本件三件は、正にこの点が本格的に争われたわが国で初めての裁判例であり、この点について前述した通り、東北大学事件では、（助教授の行為は）「教育上の支配従属関係を利用し」たものであり、生活文化大学事件でも、（教授の行為は）「教授と副手との立場を利用し」たものであり、いずれも「合意の上での性交渉の生じる余地が認められない」と判断されている。支配従属関係が存在する下での性的関係・行為の事実認定について、これら三判決の論理は画期をなすものであり、今後の裁判に大きな影響を与えていくものと思われる。

第三の特徴は、いずれの事件も、大学における教官（員）の学生、職員に対するセクシュアル・ハラスメントが本格的に争われた裁判であり、それを通して大学の社会的責任が問われるようになったということである。近年、大学や中高校等の教育現場で、指導教官（員、論）が教え子である学生や生徒に対してセクシュアル・ハラスメントを行うという、いわゆるキャンパス（スクール）セクシュアル・ハラスメント問題が急速にクローズ・アップされるようになってきている。例えば、ある国立大学で実施されたアンケート調査によると、女性教官の約六割が「性的関係のほのめかし」等のセクシュアル・ハラスメントを受けた経験を有すると回答しており（筑波大学女性教官懇話会調べ――九九年四月二一日付読売新聞）、また今年に入ってからの新聞記事をみても、「一九九八年度中に、児童や生徒らに対するわいせつ行為を理由に懲戒や訓告等の処分をうけた公立の小、中、高校の教員は、過去最高の七六人（八九年度の三倍強）に達した」（一月一日付河北新報）、「教職員やボランティアの女子学生、児童の母親に抱きついたり、胸やしりに触る等のセクハラ行為をしたとして、横浜市立小学校の二校長が停職処分にされた」（二月九日付朝日新聞）、「県立会津大学は、教授が学生に対しセクシュアル・ハラスメントをしていたとして、この教授を懲戒免職処分にした」（二月一七日付河北新報）、「県立高校の教論が、教え子に自分が担当し

ている教科二科目の単位を落とせば卒業できなくなることをにおわせて、『二科目だから、二回デートして体で払ってもらえば単位を認める』等のセクシュアル・ハラスメント行為をしたとして停職処分になった」（四月七日付朝日新聞）などの報道が相次いでいる。

このような教育現場におけるセクシュアル・ハラスメントに関しては、教育現場特有の組織構造――教え子である学生や生徒は指導教官の言う通りにしないと、学業評価や就職で不利な扱いを受けるというおそれから教官の不当な性的要求に逆らえない――が、セクシュアル・ハラスメントの背景となっているとの指摘が相次いでおり、これに対しては、昨年四月施行の改正均等法・人事院規則を受けた文部省による訓令等の行政指導等により、今日では、約八割の大学でセクシュアル・ハラスメントに対するガイドラインの作成等何らかの対策が講じられるに至っている。（注4）しかしながら、問題はその内容にあり、「ガイドラインはあるものの解決してくれない」、「双方の同意がないと調査をしないとの規定がある」等苦情もたえず、教育現場におけるセクシュアル・ハラスメント防止対策は、特に教育現場の閉鎖性とも結びついて、未だ緒についた段階と言えよう。（注5）本来、大学や学校等の教育機関は、学生や生徒・職員に対して、在学契約上若しくは雇用契約上、良好な教育・研究・職場環境を整備する義務を負い、教官（員）はこれらの義務の履行補助者として右義務を誠実に履行する義務を負っているのであり、改正均等法（二一条）、人事院規則ともあいまって、大学や学校等の教育機関は、教育・研究、職場環境整備義務の誠実な履行が問われているのである。仙台地裁の三判決が提起した課題は重いと言わなければならない。

《大阪府知事セクハラ事件》

第三の「事件」は、大阪府知事横山ノックに対するセクシュアル・ハラスメント裁判での判決である。大阪地裁は、昨年一二月三日横山ノック大阪府前知事に対し、わが国のセクシュアル・ハラスメント裁判史上過去最高となる一一〇〇万円の損害賠償の支払いを命ずる判決を下した（裁判例57）。この裁判は周知の通り、昨年四月に

行われた大阪府知事選で、横山ノック知事（当時――以下知事という）の選挙運動員の女子学生（当時二一歳）が、知事からセクシュアル・ハラスメント（強制わいせつ行為）を受けたうえに名誉毀損されたとして、知事を相手どり総額一五〇〇万円の損害賠償を求めていたものである。事件は知事選のさ中、投票日の三日前の四月八日に起こった。女子学生側の主張によると、この日、女子学生は選挙用宣伝カーのワゴン車の後部座席に乗って、知事への支援を訴えていたもののカゼで高熱を出して休んでいたところ、同日の午後に入り、知事が女子学生の隣に乗り込んできて、「風邪をひいてかわいそうに」「毛布をかけてやる」等と言いながら一枚の毛布を双方の下半身にかけ、午後五時半ころから約三〇分間に亘って、走行中の車内で、女子学生のズボンの中に手を入れて陰部に触ったり、服の上から胸に触る等のわいせつ行為を続けたというものである。女子学生は翌九日、強制わいせつ行為を受けたとして大阪地検に告訴。これに対し知事は、「全く事実無根で選挙妨害としか考えられない」等と逆に女子学生を虚偽告訴の疑いで告訴した。女子学生は八月に入り、「長時間のわいせつ行為で恐怖感を味わい、知事からの告訴で名誉を棄損された」として知事を相手どって慰藉料額一二〇〇万円（弁護士費用一〇〇万円を含む）の損害賠償を求める訴訟を大阪地裁におこした。

ところがその後の展開は大方の予想しない「異様」なものとなる。まず一〇月四日、民事訴訟の第一回口頭弁論期日において、知事側は一切答弁することなく、事実関係についても全く争わず即日結審を求めた――訴訟代理人が出席した上で、請求の趣旨・請求原因共に答弁しないという、敗訴覚悟の極めて「異様」な訴訟態度と言えよう。しかし話はここで終わらなかった――同日、知事側は法廷外での記者会見の席上、「原告の主張は真っ赤なウソ」「でっちあげ」「政治的な意図がある」「公務に専念するため民事訴訟に一切応じない」「身の潔白は刑事手続きで明らかとなる」等と述べ、その後の府議会での答弁でも同様の発言を繰り返した。これに対して女子学生側は、知事の記者会見等での発言により名誉毀損されたとして、更に三〇〇万円の慰藉料を追加し（合計一五〇〇万円）、大阪地裁は二回の口頭弁論を開いただけで十月二〇日結審した。他方、このような知事の姿勢に府

民の批判が高り、府議会に知事問責決議案が提出されたものの、府議会の大勢は知事をかばい続けて、結局決議案は否決されて責任追及は腰くだけとなり、更に曽野綾子、上坂冬子氏ら一部の著名人からは新聞や雑誌等で、「セクハラで提訴するのは女性の甘え」「職場ですぐ騒ぎ、平手打ちをするなどして自力で解決すべきだ」等という批判も加えられた（このような批判は、セクシュアル・ハラスメントの被害実態に対する認識の欠如を示すだけでなく、本件事件の事実を正確に把握することなく一方の立場に立って相手を論難するものであり、他人（＝特に被害者！）のおかれた状況への共感の欠如を示すものと言わざるを得ない(注7)――序章参照）。このような事態の推移の中で一二月三日、冒頭に述べた判決が下されたのである。判決は次に述べる通り、原告の主張を全面的に認め、知事に対し一一〇〇万円の支払いを命じた。やや長くなるが判決内容の一部を引用しよう。

「1　わいせつ行為による慰謝料について

原告が受けたわいせつ被害は、一度の機会におけるものとはいえ、選挙運動のために走行中の選挙用ワゴン車の中で、被告の支配下にあり、原告との性交渉を望むような発言すらしていた者を含む同乗者らに囲まれ、当時二一歳の誕生日を迎えたばかりの女子大生であった原告が、風邪で高熱もあり容易に抵抗できなかった状況下で、被告により自己の腹部から足下を覆うように体に毛布を掛けられたうえ、約三〇分間にわたり、被告の右手をズボンや下着の中に差し入れられたり、指で陰部を直接弄ばれたというものであり、右行為態様は執拗かつ悪質である。（中略）被告の行為は、極めて悪質で、強く非難されるべきであり、原告の受けた精神的な衝撃ないし屈辱感も極めて大きいというべきである。（中略）右各事実を総合すれば、本件わいせつ行為により原告が被った精神的苦痛を慰謝するには、二〇〇〇万円が相当である。

2　虚偽告訴に関する名誉毀損行為による慰謝料について

現職の大阪府知事である被告が、自己のわいせつ行為の被害者である女子大生に対して、逆に虚偽告訴し、これに関連して意図的に虚偽内容の記者会見をした上で、この内容を全国に報道させたことにより原

告を大衆の好奇の目に晒したという名誉毀損行為の極めて異常な態様に鑑みれば、これにより原告が受けた精神的苦痛は、わいせつ行為それ自体によるものよりも甚大であるというべきであって、これにより原告が被った精神的苦痛を慰謝するには五〇〇〇万円が相当である。

3　第一回口頭弁論期日以降の記者会見等の名誉毀損行為による慰謝料について

本件第一回口頭弁論期日当日及びその後にされた被告の一連の行動は、一方で、当裁判所における公開の法廷においては反論の機会を十分に与えられながらこれを行使せず、他方で、原告には何らの反論の機会すらない記者会見あるいは大阪府議会の場等で、自己の高い知名度により、その発言が直ちに全国に報道されることを意図した上で、一方的に自己の言い分を表明して原告を誹謗しているのであって、その手法自体、著しく社会常識を逸脱した行為であるといわざるを得ない。また、被告は、自己の言い分の表明に止まらず、「判決により相手方に何らかの金員を支払わなければならないことは不愉快極まりなく、一円たりとも払いたくない。」と述べながら、他方で「八〇〇億円でも支払う。」と不見識な発言をするなど、民事訴訟による紛争解決機能を全く無視し挑戦する姿勢を示し、民事訴訟による紛争解決を求めた原告の態度自体を著しく愚弄している。（中略）これにより原告が被った精神的苦痛を慰謝するには、三〇〇〇万円が相当である。」

その後の経過は周知の通りである――マスコミの等の世論の風向きは一気に知事非難へと向けられ、一二月二一日、知事は辞表を提出。同日大阪地検も重い腰をあげて知事を強制わいせつ容疑で在宅起訴し、刑事事件の公判では、横山被告（前知事）は一転して起訴事実を認め、女子学生に謝罪の意思を示したものの、状況の一部や犯行の計画性は否定した。しかしながら、大阪地裁は八月一〇日「女子学生の被害証言には一貫性や経験した者しか分からない迫真性があり、信用できる」と起訴事実通りの認定をして求刑通り横山被告を懲役一年六月にした（もっとも「遅きに失したが知事を辞職し、罪を認めて謝罪し、民事訴訟で一一〇〇万円を支払っている」として執行

猶予三年に処した——女子学生の弁護団は「性犯罪への理解が低い」として猶予判決を批判している(注7)。

大阪府前知事のセクハラ事件をわが国のセクシュアル・ハラスメント問題の文脈でとらえ直すと、少なくとも二つの点を指摘することができよう。第一点は、大阪府知事セクハラ事件を通して、それまで裁判や一部の人々の間で知られていたにすぎない、セクシュアル・ハラスメントの違法不当性が日本社会一般に広がる契機となったことであろう。日本で二番目の人口を有する自治体の現職知事が選挙運動中にアルバイトの女子学生にセクシュアル・ハラスメントを行ったというショッキングな事実は、人々に強い衝撃を与えると共に、多くの人々の憤激を呼び起こし、知事は民事裁判においてその対応を厳しく指弾され辞任にまで追い込まれたことは、セクシュアル・ハラスメントが違法不当なものとして社会的に排除されるべきものとの人々の意識に支えられたことによるものであり、セクシュアル・ハラスメント問題が広く人々に共有するものとなる契機となろう（この点は、アメリカにおけるトーマス事件との類似点を読み取ることが可能であろう）。第二点は、セクシュアル・ハラスメントをとりまく環境の変化である。既に述べた通り、セクシュアル・ハラスメント訴訟は従来、行為が長期間に及んでいたり、職場の上司と部下や教師と教え子という上下関係の下での被害が大半であり、しかも第二の「事件」が登場するまでは、慰謝料も一〇〇万〜三〇〇万円程度であったが（本件でもセクシュアル・ハラスメントそれ自体の慰謝料は二〇〇万円）、第二の「事件」を契機にして、「加害者」の社会的地位・権限や行為態様の悪質さから慰謝料額が高額化しつつある中で、本件「事件」がおこされたということである。しかも被告知事は「異様」ともいえる訴訟「戦術」と、「挑戦的」ともいえる「司法無視」を行った（後述するMMMA事件で、MMMAがアメリカのEEOCに対してとった態度との類似性を指摘することができよう）。セクシュアル・ハラスメントが広く社会問題化される中で、大阪府知事セクハラ事件における判決は、選挙運動中の約三〇分に亘るわいせつ行為に端を発した、知事という社会的地位のある公人が行った人権侵害行為を、厳しく断罪したものと評価することができよう。

それにしてもこのような判決の流れを生み出してきたものは何であったのだろうか？　それを次にみてみよう。

第二章　セクシュアル・ハラスメントの現状

二　人々の意識の変化

《一九八九年——セクシュアル・ハラスメントの「上陸」》

一九八九年——今から一〇年前、「平成」の年代に入った年でもある——は、わが国のセクシュアル・ハラスメント問題の画期をなした年であった。この年六月、女性雑誌『モア』が「もう許せない！　セクシュアル・ハラスメント」と題する特集を組み、女性の立場から職場におけるセクシュアル・ハラスメントの赤裸々な被害実態を取り上げた。「特集」では、様々なセクシュアル・ハラスメントの被害体験が語られているのでその一部を紹介しよう——「バイトをしていた会社で、社長室に呼び出されて処女かどうか聞かれた」（一九歳、大学生）、「宴会のどさくさにまぎれて上司に襲いかかられた」（二三歳、団体職員）、「海外旅行に行ったら、ナント、社長と同室にされた」（二七歳、ＯＬ）、「職場の上司に愛人になってくれと迫られた」（三四歳、公務員）、「社員旅行の宴会の出し物の恒例は、浴衣で上司と二人羽織り」（二二歳、会社員）、「高校三年の時の担任教師は、授業中に女子生徒に意味なくからだを触って歩いていた」（二四歳、コピーライター）、「社長にホテルに連れ込まれてあわやレイプをされそうになった」（二八歳、旅行代理店勤務）、「上司のオジサン達は会議中にわざわざ、あの女は良かったなどという下ネタの話を平気でする」（二〇歳、商社勤務）、「エレベーターの中で上司から、ブラジャー透けて見えるよ、今日はピンク色だね、と後ろからささやかれた」（二四歳、銀行員）等々の被害が語られていた。また、このようなセクシュアル・ハラスメント行為を拒絶すると、「朝から夕方までずっとワープロを打たせられた」（二四歳、銀行員）等の嫌がらせをされたり、「たとえ怒って抗議してもシャレがわからないんだからとか、もっと大人になりなよ」（二六歳、商社勤務）等揶揄、嘲笑の対象とされる等の仕返しを受ける実態が述べられていた。

更にこのような被害をどのように考え、どのように対処していくべきかについて、「支店長はいつもサイズはいくつだと言って胸を触ってくる。こんなことをされるたびに、怒鳴ってひっぱたいてやりたいと思うけど、上司だと思うとできない。支店長のやっていることは電車の中でやれば痴漢なのに、会社の中では許されるというのはヘンだ！」、「こんないやな思いをさせられなかったらどんなにいいだろうと皆、心の底では感じていると思うんです。そうしたらもっといごこちよく働けるのにって」（二五歳、銀行員）と述べられていた。

『モア』の特集に対する反響は予想を超えるものであった――この特集の中に、今日のセクシュアル・ハラスメント問題の現状、対策の方向性が凝縮されていたと言ってよいであろう。これを契機としてわが国のマスコミはこぞって職場におけるセクシュアル・ハラスメントの実態を取り上げるようになり、セクシュアル・ハラスメントは「セクハラ」という言葉に略されてその年の「流行語大賞」にまでなった。

ところで、セクシュアル・ハラスメント問題を考える上で、一九八九年という年は、これにとどまらず、様々な出来事がおこった年であった――この年、東京都はセクシュアル・ハラスメントを初めて労働相談の項目に入れて取り組むようになり、第二東京弁護士会が行ったセクシュアル・ハラスメントに関する一日電話相談には一三八件もの相談が全国各地から寄せられた。また、福岡の元出版社社員であった女性が、元上司と会社を相手取ってわが国で初めてのセクシュアル・ハラスメント訴訟を提起し（福岡セクハラ事件―裁判例2）、自治労婦人部が九〇年度の活動方針で性的嫌がらせを性差別ととらえて職場からの追放を確認事項とする決議をしたのもこの年であった――一九八九年は、様々な分野で、今日のセクシュアル・ハラスメント問題・対策のルーツとなる動きが起こった年だったのである。

しかしながら当時の一般的世論は、セクシュアル・ハラスメント問題・対策について概して冷淡であり、セクシュアル・ハラスメント問題に熱心に取り組んでいたのは、フェミニストや女性「活動家」等一部の人々にとどまっていたと言えよう。それ故、セクシュアル・ハラスメントを取り上げる世論も、当初は男性週刊誌等を中心

に例えば、「女性に対してセクハラならば男性に対しては逆ハラが成立するのではないか?・」「セクハラは個人の問題だ!・」「職場の環境がかえってぎすぎすしてしまう!・日本は和を大事にする職場なのだ!・」等の揶揄的な受け止め方や、的はずれの非難すらあびせられていた（このような声は、我々の周りで今でも結構耳にすることであり、案外男性達の本音はこのあたりになるのかも知れない……）。

しかしこれらの非難は、前述した『モア』の特集記事や序章、第一章で述べたことからも明らかな通り、的はずれのものであると言えよう。セクシュアル・ハラスメント――特に職場や教育現場で、上司や指導教官等から部下や生徒等に加えられるレイプ、強制わいせつを含む様々な性的言動――は、男性中心の社会的・経済的・政治的構造の中で男性から女性に対して加えられる「性暴力」の一種として、極めて古くて長い歴史をもったものであった。そして今日それが新しい問題として取り上げられるようになったのは、セクシュアル・ハラスメントを含む「性暴力」の実態の蔓延が指摘されるにつれて、社会的にも法的にも違法不当なものとして排除すべきものであるとの認識が広く人々に共有されるようになってきたからである。したがって、「男性に対しては逆ハラが成立するのではないか?」等の問いかけは、このようなセクシュアル・ハラスメントの歴史や、（男性から女性に対して加えられる）セクシュアル・ハラスメントが蔓延しているという現実を全く無視したものであることは明らかであろう。また「セクハラは個人の問題だ（つまり「会社や大学には責任がない」という考え方）」という考えも、現実にはセクシュアル・ハラスメントが、職場や大学で職制上、教育上優越的地位にある者（「上司や指導教官」など）が自らの地位や権限を利用・濫用して起こされており、しかも、これらの「上司や指導教官」達も、通常の職務や研究に「熱心」であったり「業績」をあげているとして社会的に評価されたり、家庭に帰れば「良き夫」「良き親」として通常の家庭生活を営んでいることが多く、特別の「性的趣向」があるということではない。

前述した『モア』の記事にあった言葉――「電車の中でやれば痴漢なのに、会社の中では許されるというのはヘンだ!」――が、今日のセクシュアル・ハラスメント問題の本質を言い表していると言えよう。セクシュアル・

＊　雑誌『モア』（後掲（注８））よりの転載。

ハラスメントは、今日まで社会一般に広く存在かつ蔓延してきており、かつそれらの行為は個々的に刑事罰や不法行為の対象とされてきていた。しかしながら既に述べてきた通り、会社や大学等の組織内で行われる上司や教官等からのセクシュアル・ハラスメントは、近年に至るまでその被害実態が明らかにされず、様々な理由から（その理由は後に詳しく述べよう）被害が顕在化することもなかったと言えよう。しかしながら、このようなセクシュアル・ハラスメントの「加害者像」をみると、セクシュアル・ハラスメントは「個人の嗜好や性向」の問題ではなく、まさに職場や大学等支配従属関係の中で発生した病理現像、即ち「個人の問題」にとどまらず「組織の問題」なのであり、セクシュアル・ハラスメントはその「加害者」のみならず「組織＝使用者」が問題（＝責任）とならざるを得ないのである。

また「職場の環境がかえってぎすぎすしてしまう」という非難についてみれば、実際は主として男性上司や教官から部下や女子学生に加えられる不快な性的言動が、職場や研究環境を「ぎすぎすした」ものにしているのであり、これらの非難が全く的はずれなものであるということは、「暴力」一般がそうであるように、「加害者」にとって「快適な」状態は「被害者」にとっては「不快」そのものであるということからも明らかであろう。「セクシュ

アル・ハラスメント規制」というのは、いわばそれまで性的言動に関してルールがなかった職場や大学（いわば性的言動に関する「無法地帯」！）に、ルールを導入しようというものなのである。

《二つの調査》

さてこのように今日わが国でも、セクシュアル・ハラスメントの違法不当性が、多くの人々に共有されるようになり、昨年四月からは改正均等法や人事院規則により、民間職場や公務職場において、セクシュアル・ハラスメント防止・排除が事業主や各省庁の長に（配慮）義務づけられるようになった。

ところで今から一〇年前に「セクシュアル・ハラスメント」という言葉がわが国に上陸する迄は、セクシュアル・ハラスメントに対する法的規制の状況は異なるものであった。それまでは、主として職場外でのセクシュアル・ハラスメントが刑事罰の対象とされる（例えば、電車の中での痴漢行為が刑法上強制わいせつ罪とされたり、個人の家の風呂場を覗き見したり、夜道でつきまとったりする行為が（いわばストーカー行為）軽犯罪法違反とされたりする等）ことはあっても、職場や大学等での上司や同僚、教官等からの様々なセクシュアル・ハラスメント行為について、それが強姦等の刑事罰になる場合は別として、『モア』の記事にみられるようなセクシュアル・ハラスメント行為について、モラル上も法的にも許されない行為であるという認識は、当初男性はもちろんのこと女性達自身も含めて十分に認識されていなかったように思われる（女性達は「なきねいり」を強いられていた）。しかしながら「セクシュアル・ハラスメント」がわが国に上陸した一九八九年を境として、セクシュアル・ハラスメントに対する人々の意識は徐々に変化してくることになる。そのことを示す興味深い二つの調査を紹介しよう。

一九八八年（セクシュアル・ハラスメントがわが国で「流行語」となった年の前年）に、東京都は働く女性達を対象に性差別に関するアンケート調査を実施した。この調査では、職場で「女性であること故のいやな思い」を経験した女性は六割に達しているものの、その大半は「昇進、昇格、待遇の上で差別された」、「同僚が雑用を期待し

ている」、「顧客から差別的な扱いを受けた」、「結婚や出産退職を促された」等、女性差別の中でもいわゆるジェンダー・ハラスメントにかかわるものであり、「性的いやがらせを受けた」とするものは二パーセント程度にとどまっていた（調査A）[注9]。ところが、その翌年である八九年に実施した前述の第二東京弁護士会のセクシュアル・ハラスメントに関する一日電話相談では、全国各地から寄せられた相談のうち、職場で「強姦された」「強姦されそうになった」「身体に触られそうになった」等性犯罪を含む身体接触の強要に関するものが三割近くに達し、「交際を迫られた結果性的関係をもった」「交際を迫られたものの断った」とする性的関係の強要も三割を超しており、また「卑わいな言葉をかけられた」「不倫とのうわさをたてられた」等の不快な性的言辞が三割を超しており、しかもこれらの被害を訴える女性は、パート、正社員等の職種や企業規模を問わずに、二〇歳代から四〇歳代と幅広い年齢層に亘っていた（調査B）[注10]。

この二つの「調査」から少なくとも二つの点を指摘することができよう。第一は今から一〇年前でもわが国にはセクシュアル・ハラスメント被害は深刻なもの（レイプ等）を含めて広範に存在したということであり（調査B）、第二はそれにもかかわらず職場において「性的嫌がらせを受けた」と感じている女性達が極めて少数にとどまっていた（調査A）という点である。

一般にこのような調査は、その対象・手法・質問項目等により調査結果に差が出てくるものであるが、それにしてもこれら二つの調査は一見して明らかに矛盾するもののようにみえる——あるいは調査Bは、調査Aで「性的嫌がらせを受けた」と感じている女性達の訴えの部分のみを反映したものなのだろうか？　——そうであるならば、むしろ「一〇年前にも極めて少数だが（調査Aでは二・一パーセント）、深刻なセクシュアル・ハラスメント被害が存在した」と言わなければならないであろう。

しかしながら今から一〇年前の職場や大学において、女性達をとりまく環境がそれほど急激に変化していない状況の中では、むしろ一九八九年を境に変化があった——と考える方が自然であろう。即ち、「セクシュアル・

ハラスメント」という言葉のインパクトである。一九八九年にわが国に「上陸」したセクシュアル・ハラスメントという「言葉」は、人口に膾炙することによって、広範で深刻なセクシュアル・ハラスメント被害を掘りおこしていったと言うべきであろう。そこでセクシュアル・ハラスメントの被害実態については後述することにして、ここではさしあたり、人々の意識に「セクシュアル・ハラスメント」という言葉が与えた影響について述べておこう。

《「セクシュアル・ハラスメント」の浸透》

一九八九年わが国に「上陸」した「セクシュアル・ハラスメント」という言葉は、その当時既に職場や大学を中心に広範で深刻な被害を及ぼしていた「不快な性的言動」の被害を急速に掘り起こすこととなった。

既に述べた通り、我々は「セクシュアル・ハラスメント」という言葉を得ることによって、それまで我々の意識の中で共有していた不快でいまわしい経験が、実は「個人的」なものにとどまるものではなく、社会的に構造的な性格を有していたものであるということを自覚するに至ったのである――セクシュアル・ハラスメントは、「個人の趣向の問題（「スカートをはいてくるのが悪い」とか、「潔癖症」の問題）などではなく、職場や教育の場において、支配従属等の力関係を背景として、その力を有している上司や教官が部下や大学院生等に対して行う性的強要・圧力であり、職場や大学等がいわば構造的に有している問題として、かかる問題の発生・予防について使用者が責任を負うべき問題であり、かつ「性暴力」の一種として、社会的にも法的にも違法で不当なものであるとの認識が人々の間に広がり出したのである――しかもその認識は男性も例外ではなかった。

このこと――セクシュアル・ハラスメントは「個人的な問題」でなく、「社会的・構造的な問題である！」――は、少なくとも二つのことを意味していた。第一点は、セクシュアル・ハラスメントの被害者に個人的な「落ち度」がないという認識が広がったことであろう。従来、性犯罪の被害者がしばしばそうであるように（例えばレ

イプの被害者は、「何故そんな暗がりを歩いていたのか?・」、「そんな夜遅く街を歩いているあなたが悪いのだ」等の非難を受けることが少なくない）、セクシュアル・ハラスメントの被害者がしばしば非難の対象とされることが（例えば「スカートが短かったから悪い」、「君がもっときちんと抵抗していればよかった」等の非難）、セクシュアル・ハラスメント被害の顕在化を阻止する要因の一つとされていた。セクシュアル・ハラスメントが職場や大学等で優越的地位を利用・濫用した性犯罪の一種として、「社会的」な性格を有するものであることとされると、そのような場面で劣位な地位・権限にある者は、「誰」でもセクシュアル・ハラスメントの被害に遭う可能性をもっていることになり、被害者の側の「個人的な問題」でないこととなり、被害を受けた人々は、社会的な「非難」の対象とされる（「セカンド・レイプ」と呼んでいる）ことなく、被害者の告発ができることになった――これ以来セクシュアル・ハラスメント被害の告発は急速に進展することになる。

社会的・法的に違法不当な行為は、社会的・法的に解決がなされるべきであり、そのためには責任の所在を明確にするルールと、それを実施するシステムを確立することが必要である（法の支配と司法による救済！）――その意味では、大阪府知事セクハラ事件での、曽野綾子氏ら一部の論者達が主張する、「セクハラで提訴するのは女性の甘え」「平手打ちをするなどして、自力で解決するべきだ」との論法は、法の支配と司法による解決を無視するものと言わざるを得ないであろう。

第二点は、セクシュアル・ハラスメントが主として職場や大学等支配従属関係が存するところで、その関係を利用・濫用して行われる行為であることが明らかになるにつれ、セクシュアル・ハラスメントの「加害者」本人のみならず、支配従属関係の一方当事者である使用者や大学当局等の責任が問題とならざるを得ないという認識が深まってきたことである。使用者や大学当局は、雇用契約・在学契約に基づいて、従業員や学生に対して良好な職場環境や研究・教育環境を提供する義務を負っており、このような場でセクシュアル・ハラスメントが引き起こされるということは、使用者や大学当局が負う義務に違反しているのではないか！　という問題である。か

くしてこのような問題意識のもとに、行政当局や企業がガイドライン・各種規制に乗り出すこととなってきた――昨年四月に施行された改正均等法、それに基づく指針、人事院規則等もこのような流れ、文脈の中で理解すべきものであろう。

《セクシュアル・ハラスメント被害の「広がり」》

かくしてセクシュアル・ハラスメントは違法不当なものであるとの認識の広がりは、様々な調査の中にも反映されることとなった。

例えば、労働省が毎年女子正社員に実施しているアンケート調査「男女雇用機会均等にかかる女子労働者調査」では、「性に関する不快な経験の有無とその内容」という質問に対し、「不快な経験あり」と回答した者が、九〇（平成二）年には一八・六パーセント、九五（同七）年でも二三・五パーセント程度と、九〇年代前半は二割前後であった（表1）。ところが労働省が九七（平成九）年に実施した「職場におけるセクシュアル・ハラスメントの現状（個人調査）」によると、「職場でセクシュアル・ハラスメントはみられるか」という質問に、男性は「みられる」「たまにみられる」（合計）で四四・三パーセント、女性は同じく五九・七パーセント、「セクシュアル・ハラスメントと思われる行為を受けたことがあるか」という質問には「一回でもある」と回答した女性が六二・一パーセントに達した。また「連合」が実施した九五（平成七）年の調査でも、六割弱の女性が職場や仕事で「性的嫌がらせ」を受けた経験があると回答しており、「連合東京」が実施した九六（平成八）年の調査では、「セクシュアル・ハラスメントという言葉を知っている」と回答している者が九八・八パーセントに達し、九七（平成九）年一一、一二月に実施した人事院の調査でも、女性国家公務員の七〇・三パーセントが職場や仕事の関係者から「性的なからかい、冗談、批評等を聞かされた」、一七パーセントが「性的関係を強要された」と回答している（表3）。

表1　性に関する不快な経験の有無、およびその内容

（単位：%）

平成2年度	不快な経験あり	内容（経験あり＝100，複数回答）							なし	無回答
		卑猥なことをいわれた	執拗に交際を求められた	性的関係を強要された	身体に触れられた	ヌードポスターを貼られた	その他	無回答		
	18.6	47.5	8.6	6.4	63.5	8.4	12.4	6.0	79.1	2.3

（単位：%）

平成7年度	不快な経験あり	内容（経験あり＝100，複数回答）									なし	無回答
		卑猥なことをいわれた	執拗に交際を求められた	性的関係を強要された	身体に触れられた	ポルノ写真、雑誌等を見せられた	ヌードポスターを貼られた	性的噂を流された	その他	無回答		
	23.5	46.9	9.2	5.4	52.3	4.6	3.8	5.4	18.5	2.3	74.4	2.2

（出所）　労働省「男女雇用機会均等にかかる女子労働者調査」。

表2　職場でのセクハラに関する都道府県労働局雇用均等室への相談件数

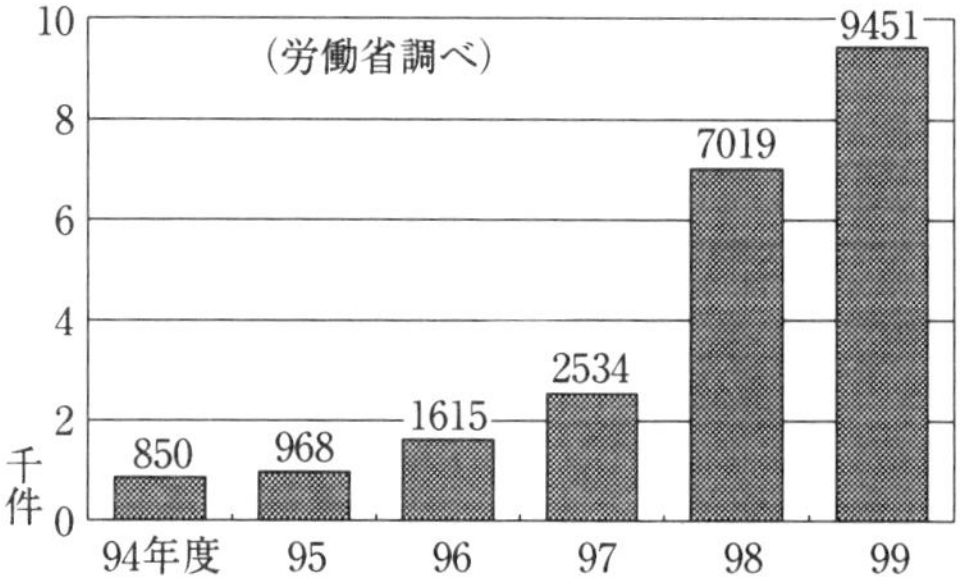

（出所）　2000年5月3日付「朝日新聞」。

表3　セクシュアル・ハラスメント調査一覧

調査機関	調査時期	質問事項	回答	%	性別
電気労連（「女性組合員の意識調査」）	一九九〇（平二）年一一月	職場で今迄に性的いやがらせを受けたことがあるか	あった	二二・九	女性
自治労（「男女共同参画に関する組合員意識調査」）	一九九四（平六）年五月	過去一年以内で職場の人や仕事上で接する人から「性的いやがらせ」を受けた経験の有無	受けた	一一・七	同
			なかった	六二・九	
連合（「一〇年目を迎えた均等法調査報告」）	一九九五（平七）年八〜九月	職場や仕事で性的いやがらせを受けた経験がある	ある	五七・六	女性
				一〇・二	男性
労働省①（「男女雇用機会均等にかかわる女性労働者調査」）	一九九五（平七）年一〇月	性に関する不快な経験があった	ある	一八・六	女性
新聞労連（アンケート調査）	一九九六（平六）年	セク・ハラを受けたことがあるか	ある	六三・一	女性
労働省②（研究会報告）	一九九七（平九）年六〜七月	職場でセクシュアル・ハラスメントと思われる行為を受けたことがあるか	一回でもある	六二	女性
人事院調査	一九九七（平九）年一一〜一二月	右同	ある	七〇・三	女性

都道府県労働局雇用均等室（平成一二年四月一日より組織変更——それ以前は「女性少年室」、平成九年までは「婦人少年室」であった）への相談件数も、九〇年代前半は年間数百件にとどまっていたものが、九九（平成十一）年には九五〇〇件にも達している（表2）。また人事院に寄せられた国家公務員のセクシュアル・ハラスメントに関する相談件数でも、九〇年代前半には全くなく、九六年には一件、九八年度も四件にとどまっていたものが、九八年には一二件、九九年には三〇件に達している。

これらの調査結果等からみえてくることは、今日わが国の職場では、仕事上約三分の二以上の者が（その大半が女性）何らかのセクシュアル・ハラスメントを受けた経験を有しており、しかもそれらの経験は九〇年代後半になって急速に「増加」しているということである。しかしながら既に述べた通り、セクシュアル・ハラスメントが職場等で近年急速に増加したという根拠も理由もないのであり（近年急速に職場で増加しているのはリストラによる解雇、配転、企業倒産に伴う失業である！）、むしろセクシュアル・ハラスメントという言葉のインパクトとその意味内容の社会的共有化によって、行政・企業等が対策に乗り出すと共に、人々の間に、セクシュアル・ハラスメントが社会的・法的にみて違法・不当な行為であるとの認識が急速に広がり、それに伴って被害意識が顕在化し、各種調査にあらわれてきたものと言えよう。

今日、このようにわが国では、セクシュアル・ハラスメントが違法不当なものであるとの意識を人々は共有するようになってきていると言えるのである。

三　セクシュアル・ハラスメント被害の顕在化

《広がる被害》

職場におけるセクシュアル・ハラスメント被害はこの一〇年間の間に「激増」している。一般にセクシュアル・ハラスメントのように従来から社会に広く蔓延していた被害（「古くて新しい」被害）は、実態調査（アンケート等）→相談・（苦情）申し立て→裁判の順で顕在化していくことが多く、その悪質さ・違法性も同様に高くなっていくものと思われ、これらによってセクシュアル・ハラスメント被害の全体の傾向をみてとることができるであろう（図1）。まず、行政機関や労働組合等が実施したセクシュアル・ハラスメントに関するアンケート、聞き取り等による実態調査を見てみよう（表3）。

図１　セクシュアル・ハラスメント被害の実態

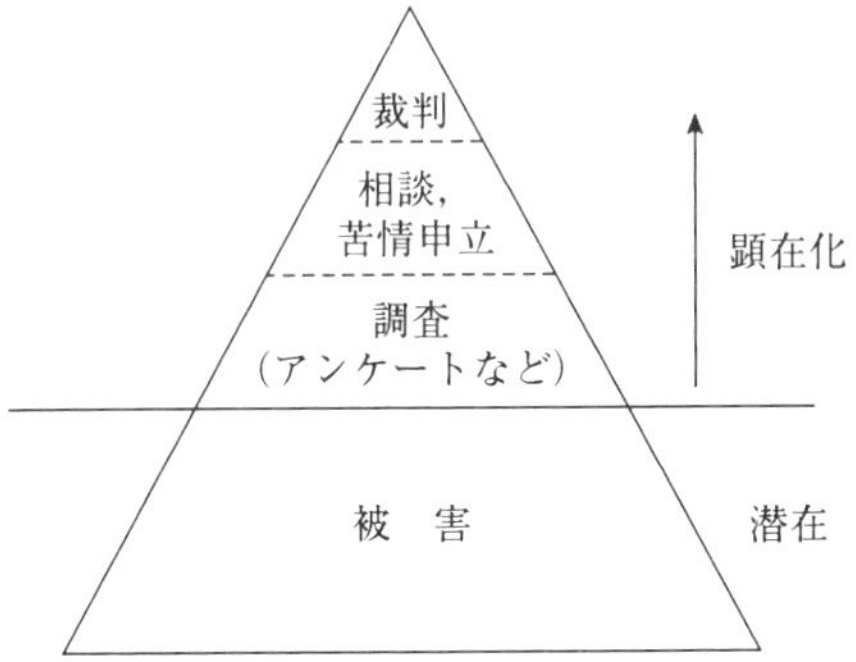

これを見てもわかる通り、わが国では九〇年代前半にはセクシュアル・ハラスメントを受けたと回答している人は女性の中でも二割程度であったものが、九五年を境として急激に増加し、近年の調査では六割以上の女性が何らかのセクシュアル・ハラスメントの被害を受けていることが報告されている。調査の方法、調査主体、調査客体等に差があるものの、これらの回答結果は職種・年齢を問わず、全国各地でセクシュアル・ハラスメント被害が広がっていることを示すものと言えよう。

しかしながら既に述べた通り、セクシュアル・ハラスメントが職場等で近年急速に増加したという根拠も理由もなく、むしろセクシュアル・ハラスメントという言葉のインパクトとその意味内容の社会的共有化によって、行政・企業等がセクシュアル・ハラスメント対策に乗り出すと共に、人々の間に、社会的・法的にみて違法・不当な行為であると認識が急速に広がり、それに伴って被害意識が顕在化し、各種調査にあらわれてきたものと言えよう。

次にセクシュアル・ハラスメント被害を受けた者が、行政機関等に訴えたり相談したりした件数を見てみよう。例えば労働省所轄の全国の都道府県労働局雇用均等室では、前述した通り九四年度の八五〇件程度であったセクシュアル・ハラスメントに関する相談件数が、九九年には約九五〇〇件と一〇倍以上に急増している（労働省はセクシュアル・ハラスメントに関する全国集計を一九九四年から行っている―表２）。

表4　東京都セクシュアル・ハラスメント調査結果一覧

東京都のセクシュアル・ハラスメントの年度別相談件数の数位

年　度	1989年	1990年	1991年	1992年	1993年	1994年	1995年	1996年	1997年
件　数	373件	314件	381件	355件	208件	277件	383件	484件	755件

労働相談にみるセクハラの原因別件数

原　因	内　容 ＼ 合　計	1995年	1996年	1997年
		383件（100.0）[38.3]	484件（100.0）[26.4]	755件（100.0）[56.1]
性的な関心によるもの	望まない性的な行動をしかけられる	147件（ 38.4）[24.6]	202件（ 41.7）[37.4]	311件（ 41.2）[54.0]
	望まない性的な誘いを受ける	80件（ 20.9）[122.2]	105件（ 21.7）[31.3]	88件（ 11.7）[△16.2]
	いやがっているのに性的な話題で反応を楽しむ	49件（ 12.8）[133.3]	28件（ 5.8）[△42.9]	77件（ 10.2）[175.0]
	望まない性的な関心を示される	34件（ 8.9）[24.6]	48件（ 9.9）[41.2]	81件（ 10.7）[17.2]
その他	不快な職場環境	42件（ 11.0）[20.0]	56件（ 11.6）[33.1]	101件（ 13.4）[80.4]
	その他	31件（ 8.1）[△18.4]	45件（ 9.3）[45.2]	97件（ 12.8）[115.6]

注1）　上段の（　）は構成比。
　2）　下段の［　］は対前年度増減率。

また東京都の労働相談ではこの傾向が一層顕著となっており、九四年頃までは相談件数が横ばい若しくは減少傾向であったものが、九五年以降は急増し、特に性的強制、圧力の訴えが増加している。その中でも例えば性的関係の強要や身体接触等の「望まない性的な行動をしかけられる」という訴えが急増していることが注目される。セクシュアル・ハラスメントは典型的には〈性的誘惑→強要→拒絶→報復〉というプロセスをたどることが多く、例えば日頃から特定の部下に親切にしていた上司が、部下を食事やデートに誘ったり、「好きだよ」等と告白し、それに対して、部下が仕事上の不利益や嫌がらせを恐れてあいまいな態度をとっていたりした場合に、抱きつかれる等の身体接触や「ホテルに行こう」等

の性的関係を迫られたりする（＝性的強要）というプロセスをたどっていた。従来、セクシュアル・ハラスメントの違法性・不当性が人々の共通の認識とされる前には、このような一連の行為があっても、被害にあった女性たちは、その大半を「表ざた」にすることがなく、仮に「表ざた」にしてもしばしば抽象的な内容や軽度の被害を訴えるにとどまっており、その結果はこのような相談事例となってあらわれたものと思われる（表4）。

このように近年女性に対するセクシュアル・ハラスメント被害が「急増」しているが、その背景としては、前節で述べたようにセクシュアル・ハラスメント被害が増えているということではなく、むしろ女性の職場進出の増加や権利意識の高まりによる人々の意識の変化により、従来女性たちの「がまん」や「なきねいり」によって埋もれていたセクシュアル・ハラスメント被害が、一挙に顕在化したものと言えよう。

それにしても「セクシュアル・ハラスメント」という言葉が前述したようにわが国のマスコミに登場してわずか数年を経ずに、セクシュアル・ハラスメントに関する調査に伴い被害の訴えが共に激増（特に九五年以降）しているのは「異常」としか言いようがない（この「異常」さは後述する通り、セクシュアル・ハラスメントの「母国」であるアメリカで、一九六〇年代に最初にフェミニスト達によってセクシュアル・ハラスメントの違法不当性が叫ばれてから、裁判所やEEOCのガイドラインに登場するまで二〇年近い歳月を追加していることと対比しても明らかであろう）。

このような状況を反映して、アンケート等の調査主体も表3にみられるように、九五年以前は労働組合等の民間機関に限定されており、また相談・苦情受付も事実上各自治体の労政事務所等に限定されていた。しかしながら、セクシュアル・ハラスメント被害の深刻さと広がりについて人々の認識が深まるにつれ、九五年頃を境に労働省等の行政機関も全国的な調査、相談窓口の設置を充実するようになり、その結果前述した通りの被害の深刻さと広がりとなって現れてきたと言えよう。いわば地中に滞留していた「マグマ」が、実態調査や相談窓口の充実等によって一挙に吹き出したと言えよう。

では実際にどのようなセクシュアル・ハラスメント被害が生じているのだろうか？　それを次に見てみよう。

《ＩＬＯレポート――職場は「危険地帯」か？》

最近ＩＬＯ（国際労働機関）は、衝撃的なレポートを発表した。ＩＬＯレポートによると各国では職場での性暴力――特にレイプ、強制わいせつや、セクシュアル・ハラスメント、いじめ等の身体的・精神的暴力――が近年急速に増加しており、例えばフランスでは女子労働者の二〇パーセント近くがセクシュアル・ハラスメントの被害を受け、アメリカでは殺人が女性の職場での死因の第一位を占めるようになり、職場は主として女子労働者にとっての生命・身体の「危険地帯」となっているという衝撃的レポートを発表した（一九九八年七月二〇日付朝刊各紙参照）(注11)。同レポートによると、セクシュアル・ハラスメントの被害はフランス、アルゼンチン、ルーマニア、カナダなどの諸国で多発しており、ＥＵ一五ヵ国で実施した調査（一九九六年）でも約三〇〇万人の労働者（労働者全体の二パーセントに達する）がセクシュアル・ハラスメントの被害を受けていると報告されている。同報告では、特に女性の比率の高い教員・看護婦・社会福祉従業者・銀行従業員・店員などの職場でこのような「危険」が高まっていることが指摘されている（表5）。

ここで注目されるのは、今日ＩＬＯを含む国際機関は、セクシュアル・ハラスメントを「性暴力」の一種ととらえているということである。セクシュアル・ハラスメント――特に職場におけるセクシュアル・ハラスメント――は、既に述べた通りそれを生み出す背景としては、人々の性差別意識や職場の中における支配従属的な権力関係を指摘することができ、その具体的な発現形態に着目すると、不快な性的言辞、性的関係の強要、報復等さまざまな行為態様を取るものであることから、従来は必ずしも「性暴力」との関連が明らかとされてきていなかった。しかしながら我々は暴力を、殺人・強姦・強制わいせつ等の身体的暴力（physical violence）のみならず、いじめ・嫌がらせ等の精神的暴力（phychological violence）をも含むものとして理解した場合、我々がセクシュアル・ハラスメントと呼ぶ行為の大半は正に「暴力」、しかも「性暴力」と位置づけることが可能となろう。即ち、セクシュアル・ハラスメントの様々な行為態様――不快な性的言辞、性的接触、性関係の強要、報復等――はそ

表5　職場における暴力の発生割合（32ヵ国）

地域／国	男　性	女　性	性暴力（女性のみ）
Western Europe	3.6	3.6	7.0
Austria	0.0	0.8	0.8
England & Wales	3.2	6.3	8.6
Northern Ireland	2.3	3.7	6.0
Scotland	3.1	2.6	6.2
Finland	3.1	4.3	6.6
France	11.2	8.9	19.8
Netherlands	3.6	3.8	7.6
Sweden	1.7	1.7	3.5
Switzerland	4.3	1.6	4.8
Countries in transition	2.0	1.4	3.0
Albania	0.4	0.4	0.8
Czech Republic	1.9	0.8	2.3
Georgia	1.7	0.9	2.1
Hungary	0.6	0.0	0.5
Kyrgyzstan	2.5	3.4	5.3
Latvia	1.0	0.8	1.5
macedonia（Former Yugoslav Republic of）	0.8	0.5	1.4
Mongolia	1.4	1.6	2.8
Polad	0.9	1.3	1.9
Romania	8.7	4.1	10.8
Russian Federation	0.4	0.5	0.9
Yugoslavia（Federal Republic）	3.2	2.4	5.8
North America	2.5	4.6	7.5
Canada	3.9	5.0	9.7
United States	1.0	4.2	5.3
Latin America	1.9	3.6	5.2
Argentina	6.1	11.8	16.6
Bolivia	0.4	0.9	1.3
Brazil	0.2	0.4	0.8
Costa Rica	0.8	1.4	2.2
Asia	0.4	1.0	1.3
Indonesia	0.3	1.1	1.5
Philippines	0.5	0.8	1.0
Afirica	23	1.9	3.7
South Africa	07	0.7	1.3
Uganda	32	4.3	7.2
Zimbabwe	30	0.7	2.6

（出所）1996年国際犯罪調査（ＩＬＯ「職場における暴力」1998年）より。

のどれもが、身体的・精神的暴力と位置づけられることが可能なものであり、今日我々の社会共有するモラルや行為規範に違反するものであろう。

この点についてわが国の人々の意識はどのようなものであろうか？　セクシュアル・ハラスメントが一般に「性的嫌がらせ」と訳されているように、我々の意識の中には、「性暴力」の一種であるという意識が希薄なように思われる。そこで、次に我々はどのような行為をセクシュアル・ハラスメントとして意識しているかをみてみよう。

《セクシュアル・ハラスメントに対する人々の意識》

セクシュアル・ハラスメントは今日極めて多義的であいまいな概念で用いられているが、一般には、その行為態様に着目して、凡そ当事者の望まないあるいは不快な一切の性的言動――典型的には雇用関係や教育関係支配従属等の何らかの「権力」関係が存在する中で行われる――を意味するものと理解されている。このようなセクシュアル・ハラスメントの社会的・法的意味内容については後ほど検討を加えることとして、その前にセクシュアル・ハラスメントが一般にどのようにとらえられ、どのように評価されているかを知ることが必要であろう。何故ならばセクシュアル・ハラスメントに対する評価は、しばしば当事者の主観や性差に左右されるものである（例えば「君は処女か？」「恋人はいるのか？」等と発言したり、ヌードポスターをを職場の壁に貼ったりする行為は、果たして「不快な性的言動」に該当するものなのだろうか？　等）と言われることがあるが、これらも多くの場合、その時代や社会の多くの人々が考えたり信じている意識や信念（いわば「社会通念」）の影響を受けているものであり、個々人の意識や信念がその所属する集団や社会から全く独立に存在するものとは言い切れないからである（もちろん、その所属集団や社会から全く独立した意識や信念の持ち主が――まれにであろうが――存在することは否定されるものではないが……）。

更にこのような多くの人々が考えたり信じている意識や信念（社会通念）は、我々がセクシュアル・ハラスメントの違法判断を行うに際しても大きな影響を与えるものである。特にセクシュアル・ハラスメントに対する男性と女性の認識の差や、被害者と加害者との主観の差がしばしば指摘されることがある。例えば少し古くなるが平成八年のある調査では、セクシュアル・ハラスメント問題は「男女の個人的な問題」であり、「管理職をはじめ常識を備えた社員が多い」等の理由で、セクシュアル・ハラスメント「防止対策の必要性は感じていない」とする企業が六九パーセント（平成八年四月から六月にかけて二三九社を対象とした調査）もあった。また同じ調査の中で、「男性がセクハラであると意識していない言動が、女性にとって不快にあたる場合があるかもしれない」、「自分の知らないところでセクハラを起こしているかもしれない」、「セクハラは個人により受け取り方が違う」、「どのようなケースがセクハラに該当するのか詳細な事例集を作成・配布して欲しい」等の回答が寄せられていた。(注12)

果たしてセクシュアル・ハラスメントに関する男女のとらえ方はそんなに違うものなのだろうか？　――「何がセクハラで、何がセクハラでないのか？」――そのことを国に対して事例集やガイドラインを求めなければわからないほど（前記調査より）、セクシュアル・ハラスメントの判断は微妙なものであり、この問題に関して人々の意識や信念は分裂しているのだろうか？　これらの回答が、企業の主として人事・労務担当者からのものであり、セクシュアル・ハラスメントの法的・社会的責任には幅があることから慎重な発言をしていることを考慮に入れたとしても、これらの調査結果は問題をはらむものである。しかも、このような発言は今日でも、我々の間でもしばしば耳にすることではある（主として男性達――しかもセクシュアル・ハラスメントに関心をもち始めた男性達――が発言することがある点は興味深い）。

しかしながら、これらの発言や調査結果はセクシュアル・ハラスメントに関する人々の意識や信念を反映したものではない。以下にそのことを近年のセクシュアル・ハラスメントに関する調査から見ていくことにしよう。

図２　セクシュアル・ハラスメントの行為・態様

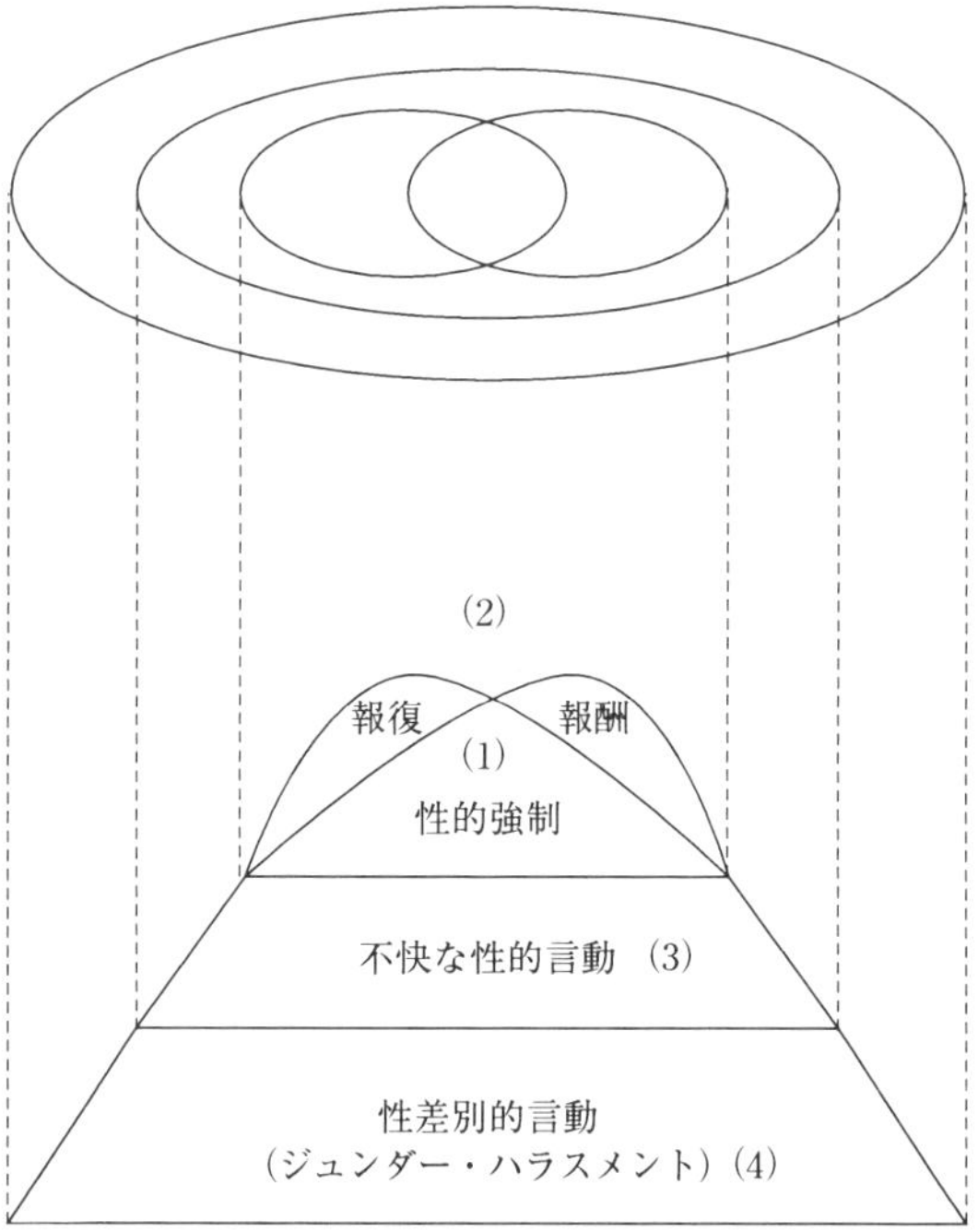

《三つの調査》

そこで三つの全国的な調査を見ることにしよう。これは、新聞労連が一九九六年（平成八年）加盟労組四万人の組合員に実施して四〇九二人から回答を得た「セクシュアル・ハラスメントに関するアンケート調査」（以下「新聞労連調査」——略称Ｓ調査——という）、労働省が一九九七年（平成九年）、全国の企業一二五四社から一企業当たり三人を対象に実施した「職場におけるセクシュアル・ハラスメントに関する調査研究報告」（以下「研究会報告」——略称Ｒ報告——という）、人事院が同年、職員五〇〇〇人に実施して、内三九一三人から回答を得た「国家公務員セクシュアル・ハラスメント調査」（以下「人事院調査」——略称Ｊ調査——という）の三つである。これらの調査はいずれも改正均等法、人事院規則等が施行される前のものであるか、結論から先に言うならば、これらの各種調査をみると、

セクシュアル・ハラスメントと認識する点に関しては男女間にはほとんど差はなく、しかも行為の態様が「悪質」なものに関しては大半の男女がセクシュアル・ハラスメントと認識しており、その程度が「弱く」なるにつれて男女ともに認識度が低くなり、男女の性差別意識に基づくいわゆるジェンダー・ハラスメントと呼ばれるものについてはその認識度は大きく低下し、男女間にも差が見られるようになるというものである。

そこでこれらの調査結果の中から、セクシュアル・ハラスメントの行為態様に着目して、最も「悪質」なものから「軽微」なものに並べてみよう（もっとも、何が「悪質」で何が「軽微」かは、各人がどのようにセクシュアル・ハラスメントをとらえるかにより異なってくる。例えば懇親会で酔って女性社員の身体に触ることよりも、部下が交際に応じないので仕事中に無視することの方が行為態様としては悪質とも考えられるが、私はセクシュアル・ハラスメントを行為態様でとらえるならば広義の暴力（性暴力）の一種と考えており、したがって、その暴力の程度に応じた分類ということにもなろう。そこで、個々では説明の便宜として以下のように並べてみよう―図2）。

(1)　性的強要

セクシュアル・ハラスメントの行為態様としては最も「悪質」と考えられるものであり、意に反する肉体的接触等の性的自由の侵害行為一般を意味しており、例えば身体に触られたり、抱きついたり、キスしたり、更には強制わいせつ、レイプにまで至る性的行為等を指すものであり、法的には一般に刑事責任、民事上の不法行為責任を構成するものである。

調査機関	質問項目	男	女
S調査	身体への不必要な接触	七二・四	八〇・六
R報告	車の中で部下の手に触った	七二・七	七〇・二
同	女性社員の胸やお尻に一回軽く触った	七六・四	六八・八
同	女性社員の胸やお尻に毎日のように触った	九四・五	九四・七
同	懇親会で酔って、女性社員の身体に触った	八一・〇	七六・六

S調査	性的関係をもつことの誘い・強要	七〇・〇	八〇・八
同	懇親会の後部下に性的関係を迫った	九三・〇	九四・二
同	出張先で部下の女性に性的関係を迫った	九二・三	九四・〇
J調査	性的関係を強要された	九四・〇	九六・五

このように身体への不必要な接触は、男女共に大半の人々（七〇パーセント以上）がセクシュアル・ハラスメントと認識し、しかもそれがエスカレートして、性的関係の誘いや強要（これらの行為が上司等雇用や教育関係上優越的地位にある者による場合、それは同時に報酬や報復を伴った性的言動とされる場合が大半であろう―(2)になるとほとんどの人々（九〇パーセント以上）がセクシュアル・ハラスメントと認識しているのである。

(2) 報酬や報復を伴った性的言動

雇用や教育上優越的地位にある者からの明示若しくは黙示的に報復又は報酬を伴った性的誘惑一般を意味するものであり、これらの行為は多くの場合(1)と重なり合うことになろう（図2参照）。何故ならば、それらの優越的地位にある者からの部下に対する明示若しくは黙示的な報復や報酬を伴った性的誘惑は、多くの場合部下等にとっては性的強要として受け止められるものだからである。セクシュアル・ハラスメントの典型的事例はこのタイプにみられるのであり、裁判等で争いとなった場合、これらの上司等は「これは双方同意のうえだ」（＝「同意の抗弁」！）、「部下とは恋愛関係にあった」（＝「恋愛抗弁」！）、「大人の自由意志に基づくものである」（＝「自由意志の抗弁」！）等の「抗弁」（＝「弁解」）をどのように評価するかということとも関連してくる問題である。R調査では次のようなものとなっている。

質問事項	男	女
部下が交際に応じないので仕事中に無視した	八四・〇	七九・五
部下の女性が交際に応じないので解雇した	九四・一	九二・〇

人事権をちらつかせて部下に性的関係を迫った	九七・三	九七・二
性的関係がないと協力できないと迫った	九六・〇	九六・〇
交際中の部下の人事考課を良くした	七六・一	七三・四

報酬や報復を伴った性的言動については、男女共に大半の人々（七〇パーセント以上）がセクシュアル・ハラスメントと認識しており、このうち性的関係の強要については、男女共にほとんどの人々（九〇パーセント以上）がセクシュアル・ハラスメントの認識で一致しており、しかもこれらの認識に男女差がほとんどない。最も報酬を伴なった場合については、報復を伴った場合ほどにはセクシュアル・ハラスメントの認識がないが、これは、職場や教育環境を悪化させること（それ自体重要なことではあるが）を除けば、当該本人には直接の被害がないと一般に考えられていることによるものと思われる。このように(2)に関する人々の意識をみると、前述した「同意の抗弁」や「恋愛抗弁」「自由意志の抗弁」などが実は「抗弁」ではなく、単なる「弁解」にすぎないということを裏付けるものとなっていることが分かってこよう。

(3)　不快な性的言動

構学上、いわゆる「環境型」といわれるセクシュアル・ハラスメントに属するものであり、身体的接触や性的関係の強要がないもの、当該行為が不適切で不快なものと一般に考えられている性的言動であり、次のようなものが指摘できる。

調査機関	質問事項	男	女
S調査	食事・デートの執拗な誘い	五四・四	五六・四
R調査	勤務時間終了後飲食にしつこく誘った	六〇・一	五四・四
S調査	性に関する冗談やからかい	五五・一	六三・二
同	意図的に性的なうわさを流す	七六・八	七四・九

J調査	自分についての性的な噂を流された場合	八一・三	九〇・〇
R調査	社内や取引先の社員と性的な噂を意図的に流した	八五・九	八〇・五
S調査	個人的に性的体験を尋ねる	六〇・七	六七・九
同	個人的な性的経験を話す	五六・六	五八・一
R調査	性的な体験について一回尋ねた	六五・一	五八・三
同	性的な体験について何回も尋ねた	八七・〇	八四・六
S報告	猥褻画の配布や掲示	四八・五	五三・一
J調査	裸や水着姿のポスター等を職場に貼られた	三六・一	五〇・二
R調査	昼休み同僚と社内で週刊誌のヌード写真をみた	一八・七	一五・一
同	社内にヌードカレンダーを貼った	四九・九	四六・一
S調査	性的に含みのある手紙や電話	四六・〇	四六・〇
S調査	いやらしい目でみる	三六・四	三六・四
R報告	容姿、肉体についてあれこれ言う	六四・二	六四・二
同	女性社員のプロポーションをじろじろ眺めた	五〇・〇	五〇・〇
同	女性社員に下着の色を聞いた	七六・八	七六・八

質問事項によりセクシュアル・ハラスメントの認識度、男女の認識にばらつきがあるが、全体として言えることは、個人の性的な経験などのプライバシーに直接関連する性的言動（例えば、性的体験、噂など）をセクシュアル・ハラスメントとする認識度は高いものの、職場環境全般に亘ることや、個人の性的プライバシー等に直接には関連しないことに関しては（例えばヌードポスターを貼ったり、女性をじろじろ見たりする等）、男女ともにセクシュアル・ハラスメントと認識する割合が低くなり、男女の間に認識度が広がる（例えば「いやらしい目で見る」、「性的な含みのある手紙や電話など」）ことが指摘できよう。これらの問題点についても後に検討することにしよう。

(4)　性差別的言動（ジェンダー・ハラスメント）

では、(1)ないし(3)にみられるような性的言動とは言い切れないものの、社会一般に存在する性差別意識にもと

づいた性差別的言動と評価されるもの（いわゆるジェンダー・ハラスメント――ジェンダー・ハラスメントは、一般に社会的・文化的に形成された男女の性格や能力等の特性・性質（「男らしさ！」「女らしさ！」等＝ジェンダー＝gender）に基づいて行われるハラスメントのことを指す）についてはどうなのだろうか？　この点に関するR、J調査を見てみよう。

調査対象	質問事項	男	女
R報告	女性社員を「女の子」「おばさん」等と呼んだ	二八・五	三〇・二
J調査	「女の子」「男の子」等と呼ばれた	一〇・〇	二二・六
R報告	女性社員のみに私用をさせた	四〇・五	三五・六
J調査	女性にお茶汲み、後片付けの私用等を強制	三〇・九	五〇・八
R報告	「女性は女性らしく」という主旨の発言をした	一八・五	二四・九
J調査	女らしい服装、髪形、化粧などと注意	一六・九	三六・九
R報告	女性ということでお酌を強要した	四八・七	五五・九
J調査	女性ということでお酌を強要した	三五・一	三九・一
R報告	「まだ結婚しないのか」と言われた	三六・四	三六・九
J調査	自分の容姿、年齢、結婚等を話題にされた	三〇・〇	五一・二

これらの質問項目が性差別的言動であるとの認識は、男女共に少ないものの、一般的傾向としては性差別的表現（「女の子」「おばさん」「女性は女性らしく」等）よりは、性差別的行為（女性のみにお茶汲みを強制等）に対しては、差別的言動と認識する割合が増えることが指摘できよう。しかもこれらの質問項目では、官公庁に勤務する男性にかかる認識が少ないことが注目されよう（官民格差！）。筆者の考えでは、我が国では特に女性の進出が官公庁で早かったものの、女性の昇進昇格のスピードが民間に比して遅く、しかも女性職員は男性に比して約四分の一の比率であり、その結果長年に亘って女性が付随的な業務に従事してきた（男女格差！）ことから、これらの

慣習が未だに残っているのに対し、（例えば、女性はお茶汲み、後片付け等）、民間企業は競争の中で、女性の戦力化を余儀なくされ、付随的な業務からの脱皮を図らざるを得ないという現実が反映しているものと思われる。

《セクシュアル・ハラスメントに関する男女間の認識差は存在しない》

我々はここまでセクシュアル・ハラスメントに関する人々の意識・信念に関して、とりわけ男女間に差が果たしてあるのだろうかという問題意識のもとに、近年実施された調査に基づいて検討を加えてきた。そこで明らかとなったことは、セクシュアル・ハラスメントと認識する点に関しては男女間にはほとんど差はなく、しかも行為の態様が「悪質」なものに関しては大半の男女がセクシュアル・ハラスメントと認識しておりその程度が「弱く」なるにつれて男女ともに認識度が低くなり、男女の性差別意識に基づくいわゆるジェンダー・ハラスメントと呼ばれるものについてはその認識度は大きく低下し、男女間にも差が見られるようになるというものであった。

少なくともこれらの調査結果からは、職場の上司が女性部下を執拗にデートに誘ったり、性的関係を強要したりする場合に、男性上司が「それは女性も同意のうえであった（「同意の抗弁」）！」、「これは大人同士の恋愛だ（「恋愛の抗弁」）！」、「これは大人の自由意志に基づくものだ（「自由意志の抗弁」）！」、「彼女が不快に思っているとは思わなかった（「不快の抗弁」）！」、「彼女は神経が繊細すぎるのだ（「繊細の抗弁」）！」等の発言は、単なる言い逃がれ、若しくは言い訳にすぎず、当該男性上司自身が自らの行為がセクシュアル・ハラスメントに該当する（あるいは少なくとも相手方にそのように受け止められる）と認識していることを示していると言えよう。

このような観点から［プロローグ事例1］を見てみると、上司であるB主任は、部下のパート社員であるA子と性的関係をもったことに関して「同意の抗弁」等を主張するかもしれないが、B主任はA子に仕事上の信頼関係を口実に性的関係を迫ったのであり、典型的な報酬や報復を伴った性的言動であり、大半の男女がセクシュアル・ハラスメントと認識している行為と言えよう。また同じく［同事例2］でも、論文指導をしていたD教授は

C子との性的関係に関して「恋愛の抗弁」等を主張するかもしれないが（大半の場合そうであろう）、D教授は論文指導中に、「君が好きだ！」と言って性的関係を迫ったのであり、［同事例1］とはやや異なり具体的な報酬や報復的言辞を伴っていないものとは言え、客観的には優越的立場を利用しての性関係の強要であり、大半の男女がセクシュアル・ハラスメントと認識している行為と言えよう。

ともあれ、セクシュアル・ハラスメントが通常肉体的接触を伴った不快な性的言動であり、今日、これらの行為が社会的には一般に不当な行為として広く認識されるに至っているという事実は、これらの行為を法的に評価する際に影響を与えずにおかないものであり、社会的には暴力行為（精神的・肉体的）、法的には人格権侵害等の違法行為を構成することになろう。他方、これらの行為の背景ともなっているジェンダー・ハラスメントと評価されるべき行為が、セクシュアル・ハラスメントに比して社会的にはそれほど不当なものと評価されていないということにも注目すべきであり、これらの点については後に検討を加えることにしよう。そこで、現実に職場等で発生しているセクシュアル・ハラスメントの具体例を見ることにより、それらが社会的・法的にはどのような行為と評価されているかを考えてみることにしよう。

《どのような行為がセクシュアル・ハラスメントか？》

前述の各種調査から明らかな通りわが国では今日多くの人々は、日常概ね次のような行為をセクシュアル・ハラスメントと理解していると言えよう。①犯罪として処罰の対象とされる性的言動――例えばレイプ、電車の中での痴漢等の身体への直接的暴力の刑法犯に該当する行為や、性的行為や性的うわさ等を流布して名誉棄損をする行為、のぞき・つきまとい（ストーカー）等の軽犯罪法違反となるような性的言動。②人々のモラルや価値観等社会一般の人々が共有する社会通念に反する性的言動。例えば「ホテルに行こう」等と言って性関係を強要したり、食事やデートに執拗に誘う等の性的誘惑や、卑猥な会話やヌードポスター等を職場に貼ったり、わいせつ文

図3　どのような行為がセクシュアル・ハラスメントか

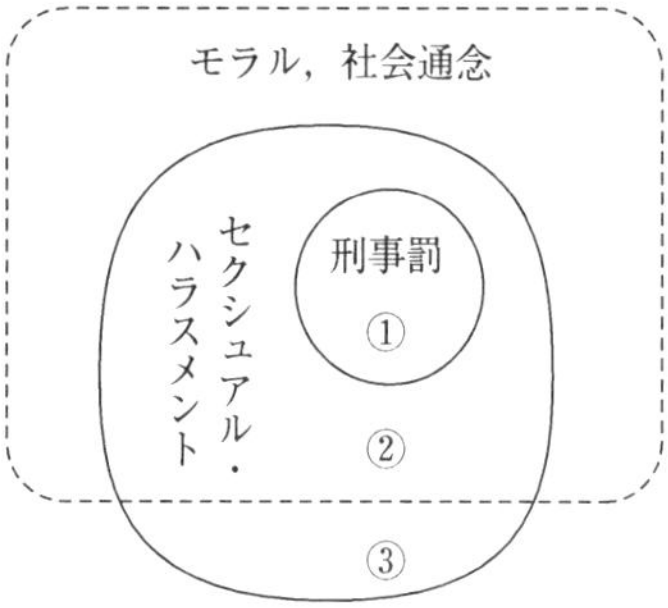

書を送りつけたりする等の性的言動。更に、③人々のモラルや価値観等の社会通念に反するとまでは言えない、若しくは意見や意識が分かれている（それは時代により、社会により変化していくものであるが）性的言動――例えば職場で、女性にだけお茶汲みをさせたり、掃除・私用等をさせる行為や、女性にカラオケでデュエットをさせたり、お酌やチークダンスをさせたり、「男のくせに根性がない」とか「女には仕事が任せられない」等、概ね性差別意識に基づく言動。セクシュアル・ハラスメントは日常用語としては、以上の三つに分類することが可能であろう（図3）。三つの分類のうち、三番目は今日いわゆるジェンダー・ハラスメント――性別により差別しようとする意識等に基づく不快な性的言動――と呼ばれものと重なると言えよう。

ところで、セクシュアル・ハラスメントとジェンダー・ハラスメントの区別については、一般にセクシュアル・ハラスメントは男女の性器とか身体等の生物学的（セクシュアル）差異に着目した種々の不快な性的言動とされ、ジェンダー・ハラスメントは、男女のしぐさ、男らしさ、女らしさ等の社会的・文化的（ジェンダー）差異に着目した種々の不快な性的言動と言われている。しかしながらセクシュアル・ハラスメントであるかジェンダー・ハラスメントであるかは社会学的分析としてはともかく、人々がセクシュアル・ハラスメントをどのような問題としてとらえ、どのような行為を違法・不当なものとして意識しているかを検討するに際しては、この区分は有用なものとは言えないであろう。何故ならば例えばジェンダー・ハラスメントの典型的

な例としてあげられる「男の子」「女の子」「僕、坊や、お嬢さん」「男のくせに根性がない」等の言辞は、主として男女の社会的・文化的差異に基づくハラスメントではあるものの、それらの言辞は男女の生物学的差異に着目したものであることが同時に含まれていることも事実であり、セクシュアル・ハラスメントに関する人々の意識は、これらの差異が混在しており、相対的な差にすぎないと言えよう。

またセクシュアル・ハラスメントを性的な関心・欲求と性別により差別しようとする意識等による区別しようとする考えがあるが（均等法指針、人事院規則はこの考え方である）、これらの考え方も、既に述べた通り、そもそも、セクシュアル・ハラスメントは社会学的にみると、男女の性差別意識が背景となり、その反映として引き起こされものであるということを考慮するならば、妥当な考えとは言えないであろう。

結局、セクシュアル・ハラスメントは、いわゆるジェンダー・ハラスメントや性差別意識等に基づく行為も含めて相手方に不快とされる性的言動のことであり、社会一般の許容範囲はその社会、時代により人々の意識により変化せざるを得ないものである。したがって先に述べた分類（図3）に従えば、セクシュアル・ハラスメントと人々が認識してる範囲の行為のうち、概ね①は性暴力として違法不当視され、②はモラル上も社会通念上も許されず違法視され、③は違法不当性についての判断が分かれているものの、性差別として望ましくないものと人々が考えているものであると、指摘することができよう。

《セクシュアル・ハラスメント被害の現実――わが国の水準は「危険水準」にある》

最近の調査によると、セクシュアル・ハラスメント被害を「一回でも」受けたことがあるとする女性が六二・一パーセントを占めているが（一九九七年労働省調査）、その具体的内容はどのようなものであろうか？「セクシュアル・ハラスメント」という言葉が広く人々に知られるようになり、その被害が「急増」するようになった九五（平成七）年から九六（平成八）年にかけての各種調査を比較してみよう。まず前記①、②のセクシュアル・

ハラスメントと思われるものについてみてみよう。

調査機関（調査時期）	性的ジョーク・卑猥なことを言われた	身体に触られた	執拗に交際をもとめられた	性的関係を強要された
自治労（平成六年）	三四・〇	三九・六	六・九	四・六
労働省（平成七年）	四六・九	五二・三	九・二	五・四
連合（平成七年）	二〇・八	二八・九	五・六	二・〇
新聞労連（平成八年）	六八・五	五七・九	二五・四	一三・六
人事院（平成九年）	七〇・三	六七・三	五〇・六	一七・〇

これらの各種調査は調査日時、調査対象者の職種、業種等で相違があるものの、各種調査を通して、セクシュアル・ハラスメントの中でも「性的ジョークや卑猥なことを言われた」、「身体に触られた」とする経験が五割から七割を占めて最も多く、次いで「執拗な交際を求められたり」「性的関係を強要された」の順となっている。また業種でみると、マスコミ関係のようなサービス業ではいずれについても極めて高い数値を示しており、特にこれらの業種でのセクシュアル・ハラスメント被害が上司からのもののみならず、取材先の相手からのものが多い（三三・九パーセント）ことが注目される。

このように、職場において何らかのセクシュアル・ハラスメントを受けた経験のある女性達が六割以上に達している中で、セクシュアル・ハラスメントの内容の大半が身体接触、性的ジョーク・卑猥な言葉、性関係の強要等の性的強制（前記①、②）で占められている。これらの調査結果は、わが国の職場における女子労働者に対するセクシュアル・ハラスメントの中でも、精神的・肉体的暴力（主として①、②）は諸外国と比べても低いものではなく、いわば「危険水域」に達していることを示している。このような状況は決して無視されるべきものではなく、早期の抜本的な解決が求められていると言えよう。セクシュアル・ハラスメント被害がこのように「危険水

域」と言えるほど職場に蔓延していることが判明したが、ではいったい誰に対していかなる対策を構ずべきなのだろうか？　その答えはセクシュアル・ハラスメントの「加害者」は誰か？　という問題の中にある。

《セクシュアル・ハラスメントの「加害者」は誰か？》

我々は、セクシュアル・ハラスメントに関して、しばしば「そんなことは個人の問題だ！」、「わが社には一部にモラルの低い男性がいるかもしれないが、会社には何の関係もないことだ！」といった議論を耳にし（これらの議論は裁判においては、「恋愛の抗弁」や「同意の抗弁」の主張へと連なるものである）、果ては「女性が毅然としないからセク・ハラが起こるのだ！」などという主張（これでは、セクシュアル・ハラスメントは女性自身に原因があるということになる）まで登場してくる。しかもこれらの議論・主張は一部の声ではなく、近年行われた労働省の調査（二二五四社を対象に、平成九年六〜七月に実施した「職場におけるセクシュアル・ハラスメントの現状（企業調査）」で、回答率は三四・八パーセントであった）にも登場している。それによると、「自社においてセクシュアル・ハラスメントが起こり得る」と「思わない」企業が、三〇パーセントに達しており、しかも「セクシュアル・ハラスメントが起こる原因」としては、「女性自身に職業人としての自覚が足りない」三・四パーセント、「女性が毅然としていない」一〇・二パーセント、「一部にモラルの低い男性がいる」四二・四パーセント、更に「セクシュアル・ハラスメント」は、「マスコミが騒いでいるだけで、実際にはそのような問題はない」一三・一パーセント、「個人の問題だから、企業に関係ない」二・九パーセント、「男女間の関係に関することだから、問題視しない方がいい」一一・三パーセントとなっている。

既に見て来た通り、大半の人々はセクシュアル・ハラスメントが社会的に非難の対象とされるべきものと考えており、しかも今日職場の半数以上の女性が、何らかのセクシュアル・ハラスメント被害（ジェンダー・ハラスメントを含む）に遭っていることが明らかとなっている。このような現状の中でセクシュアル・ハラスメントは偶

然発生するものであり、したがってそれらは個人的な問題にすぎない、と考えている企業が相当割合存在するということは、我々を驚かせるに十分なものと言えよう。果たして、セクシュアル・ハラスメントは「マスコミが騒いでいるだけで、実際にはそのような問題はな」かったり、「女性自身に職業人としての自覚が足りな」かったり、「一部にモラルの低い男性がいる」にすぎない問題なのだろうか？

この問題に対する答えは、セクシュアル・ハラスメントの「加害者」は誰か？　ということの中に見いだすことができる。既に見てきたいくつかの調査は興味ある共通の答えを出している。

調査機関	社長	上司	同僚（先輩）	同僚（同期）	同僚（後輩）	部下	職場外（取引先）	職場外（顧客）
	セクシュアル・ハラスメントの加害者（％）							
連合（平六年調査）		六七・五	六二・〇	一七・六	一八・四	二・一	八・二	六・三
連合東京（平六年調査）		四七・七	三一・八	二一・九		一・九	八・七	六・六
自治労（平六年調査）		五四・〇	四〇・四				三三・九	
新聞労連（平八年調査）		六四・九	四〇・九	二七・一		〇・五	三三・九（取引先の相手）	
労働省報告（平九年調査）	三・三〜四・九	六二・一〜七一・一	一二・七〜二五・三			二・〇〜六・四		
人事院（平九年調査）	直接の上司→三六・三 直接の上司より高位→二七・一 その他の上司→五一・七		四四・四			四・八	一二・三	

これらの調査結果は共通の結論、即ち、セクシュアル・ハラスメントの大半は、職場の職制上の上司若しくは

仕事上の先輩によって引き起こされているということを示している。これらの調査結果が明らかとしていることは、セクシュアル・ハラスメントが「男女間の個人的関係」や「一部のモラルの低い男性」によって引き起こされる問題（仮にそうであるとするならば、職制上の部下からのセクシュアル・ハラスメントの割合が異常に低い（一ないし二パーセント）ことの説明ができないであろう）ではなく、雇用や教育等支配服従関係が存在する中で、主として、優越的地位を利用・乱用しておこす不快・不当な性的言動であり、その意味では社会的にみると構造的な性格をもったものであり、個人の問題に解消することのできないものであることを明らかにしている。

このことはセクシュアル・ハラスメントの「加害者」の年齢層をみると一層明らかとなる。例えば前記連合東京の調査によると「四〇代」四九・三パーセント、「五〇代」二三・三パーセント、「三〇代」二四・八パーセントとなっており、わが国の多くの企業が年功序列型の終身雇用制をとっている状況からみると、セクシュアル・ハラスメントの「加害者」層が企業における中堅・管理職層で占められていることが明らかとなろう。

更に、セクシュアル・ハラスメントの「被害者」層をみても、同じ調査によると年齢的には二〇代から五〇代の女性全般が、職種にかかわりなく被害に遭っている現状が浮かび上がってくるのである（表6）。

我々が検討してきた結果によると、セクシュアル・ハラスメントは今日その不当性が人々に広く認識されるに至り、しかもそれは企業の中で男女間の個人的関係から派生するものではなく、主として企業や大学内部における職制上、仕事上、教育研究上の指揮命令等の優越的地位を乱用、悪用しての様々な不快不当な性的言動であることが明らかとなってきた。

他方このような現状に対するわが国の企業等の今日迄の反応は、既にその一端を述べただけでも極めて鈍く、遅々としていると言わざるを得ない。このような中でセクシュアル・ハラスメントの被害を受けた女性達は、自ら行政（各県の女性少年室――現在の雇用均等室等）、司法（裁判所等）の門をたたかざるを得なかった。

職場いじめ広がる

ILO報告　緊急対策必要と指摘

【ジュネーブ19日＝三科清一郎】国際労働機関（ILO）は二十日付で、職場や仕事上での暴力や精神的いじめが各国で広がり、構造的問題になっていると警告する報告書をまとめた。米国やドイツでは特定の従業員を対象にした集団いじめが増加し、フランスでは女性労働者の二〇％近くがセクハラなどの暴力・いじめを受けているという。ILOは経営トップから社員の家族まで参加した緊急対策が必要と指摘している。

報告書は暴力を受けやすい職種として、タクシー運転手やガソリンスタンド従業員、不特定多数を相手とする公共交通機関職員やホテル・レストランの従業員、金融機関従業員などを挙げている。

また、スウェーデンでは自殺者の一〇―一五％は職場でのいじめが原因との推定があることなどを紹介した。

職場では女性の比率の高い教員、看護婦。店員などは暴力を受けやすい環境に置かれているとしている。

（一九九八年七月二〇日「朝日新聞」より）

表6　職場でのセクシュアル・ハラスメント

（単位：％）

区　分	まったくない	めったにない	たまにある	よくある	その他	無回答
総　計	12.6	37.9	32.6	6.6	5.0	5.3
年齢別						
10代	36.4	36.4	9.1	9.1	9.1	—
20代	13.6	40.7	32.3	6.0	5.3	2.1
30代	11.8	32.3	37.9	7.7	5.1	5.1
40代	8.2	34.7	34.0	6.1	5.4	11.6
50代	9.7	30.6	27.4	11.3	1.6	19.4
60代	—	42.9	—	—	—	57.1
職種別						
事務職	12.0	40.6	33.0	6.5	4.5	3.4
販売	17.1	31.4	40.0	5.7	2.9	2.9
運輸・通信	12.1	30.3	30.3	18.2	3.0	6.1
技能・生産	19.0	42.9	33.3	—	—	4.8
サービス	10.4	25.4	26.9	6.0	10.4	20.9
営業	5.5	30.9	41.8	7.3	10.9	3.6
専門技術	16.2	38.4	30.3	3.0	8.1	4.0
医療・福祉	16.7	33.3	33.3	8.3	—	8.3
教員	11.1	50.0	25.0	2.8	—	11.1
その他	18.6	23.3	27.9	16.3	7.0	7.0
周知度別						
Ⓐ	12.3	36.7	34.3	7.0	4.9	4.8
Ⓑ	13.6	42.5	27.9	5.4	5.0	5.7

（出所）　連合東京「セクシュアル・ハラスメントに関するアンケート調査（1995年９月実施）」より。

表７　判決件数の推移（公刊分のみ）

年　度	1990年	1991年	1992年	1993年	1994年	1995年	1996年	1997年	1998年	1999年
裁判件数	1	0	1	0	2	3	6	12	14	9

四　裁判の新しい動き

《裁判例の増加》

このようなセクシュアル・ハラスメント被害の拡大は裁判にも影響を与えずにはおかなかった。九〇年代に入り、セクシュアル・ハラスメントに関する裁判例が登場するようになり、しかも法律専門誌に公刊されたものだけ取り上げてみても、〈表７〉の通り九五年を境に増加していることがわかる（裁判例一覧表参照）。これは裁判所の判決（又は決定）として公刊されたものであるが、和解や新聞等に掲載されたものを含めると、現在迄に裁判所で争われたケースは一〇〇件以上に達し、今日その数は引き続き増加している。

裁判例についての詳細な分析は後述するとして、その大まかな傾向を述べておくと、その大半は職場、雇用関係上のものであるが、近年は大学等の教育、研究の場でのものも登場している。また当事者をみると、当初は民間の比較的小規模の企業、事業所での裁判例が多かったが、近年は国公立を含む比較的大規模の企業、事業所での裁判例も登場するようになってきている。セクシュアル・ハラスメントに対する人々の意識の変化、社会的関心の広がりに呼応する形で裁判事例も広がりを見せていることの反映と言えよう。また当事者の属性では、セクシュアル・ハラスメントの「被害者」は、概ね二〇歳台から三〇歳台にかけての女性――特に独身や入社直後の場合が多い――であり、他方「加害者」の大半は企業・事業所の社長、専務等の経営者や、部・課長、主任等の、職制上、「被害者」に対して労務管理上の職務権限を行使しうる立場にある者であったり、教授等の研究教育上の権限を行使し得る立場にある者であり、セクシュアル・ハラス

メントがこれら雇用関係や教育、研究関係上の優越的地位を利用・濫用したものであることを示している。行為態様の大半は、上司や経営者・教官等が自らの地位を利用・濫用して部下や大学院生等に対して性的強要をすることで占められており（例えば強引に身体に触る等の強制わいせつ、時には強姦に及ぶ等）、性的勧誘や性的話題を流布する等の行為（いわゆる「環境型」）や、性的行為の拒絶に対する報復（いわゆる「対価型」）は一部にとどまっている。

このような裁判例の傾向は、セクシュアル・ハラスメントに関する調査や相談事例と必ずしも一致するものではない。例えば東京都の相談事例では「不快な職場環境」や「嫌がっているのに性的な行動で反応を楽しむ」等のいわゆる「環境型」が二三・六パーセントを占めている。これに対して「環境型」に属する裁判例が少ないのは、セクシュアル・ハラスメントの被害者が裁判に訴えてまで被害の回復を図るのは、今日迄のところ、一般に性的自由等の人格的利益が著しく侵害された場合が通常であることによるのであろう。また「対価」型の裁判例がほとんどみられないのは、セクシュアル・ハラスメントの被害者の大半が職場にいたたまれずに自主退職してしまっており、かつわが国の裁判では、報酬や報復を伴うことが不法行為や債務不履行の成否に直接関係がなく、性的強制による人格的利益の侵害や職場、研究条件の悪化を主張することで十分だからであろう（このような現実からは、わが国では少なくとも、裁判においては「対価型」「環境型」という分類の実益はないと言わざるを得ない）。

《裁判所の判断は？》

このようなセクシュアル・ハラスメント行為に対して裁判所はどのような法的判断をしているのであろうか？既に述べた通り、セクシュアル・ハラスメントは「相手方の意に反する不快な性的言動」とされているが、そのような性的言動が職場や教育の場合で行われた場合、職場・教育環境が害されるだけでなく、セクシュアル・ハラスメントの被害を受けた者の性的自由（例えば、身体接触・性的関係の強要等）、名誉（例えば、性的に不快なうわ

さの流布等）、プライバシー等の人格的利益が侵害されることになる。したがってセクシュアル・ハラスメント行為がレイプ、強制わいせつ等の暴行・脅迫を伴う性的自由の侵害である場合は、旧来から刑事上は強姦罪、強制わいせつ罪を構成し（刑法一七八〜一八二条）、民事法も不法行為を構成して違法不当な行為とされてきた。(注13)また詐術を用いての性的自由の侵害も刑法上準強姦罪を構成し（例えば、医師と偽って性関係をもつ）、民事法も不法行為を構成する（例えば、結婚する意思がないのに「結婚しよう」と言って性的関係をもつ）ものとされ、名誉・プライバシーの侵害についても、刑事・民事上の法的責任が問われてきており、職場や教育の場ではないものの、そのような裁判例は数多く存した。(注14)また職場や教育の場において労務提供や、教育・研究遂行中に発生した生命身体に関する事故については、労災は言うまでもなく、使用者や大学等が雇用契約や在学契約上、労働者や学生の身体的安全を確保すべき義務（＝安全配慮義務）を有するものとされ、そのような裁判例も数多く登場してきている。(注15)ところで既に述べてきたことからも明らかな通り、セクシュアル・ハラスメントはこのような問題にとどまるものではない。

第一はセクシュアル・ハラスメントの法的責任にかかわる問題である。職場の上司や大学の指導教官などが、部下や学生に対して職場や勤務時間の内外で性的関係を迫ったり、身体接触をしたり、卑猥な性的言動をしたりしても、それらが詐術を用いたり相手方の抵抗を著しく困難にするものでなければ刑法上強姦や強制わいせつ罪等を構成せず、また第三者の全く知られないところで性的にひわいな言動をしたとしても名誉を侵害したことにはならない。では、いかなる場合に、セクシュアル・ハラスメントは被害者の人格的利害、良好な職場環境、教育環境を享受する利益を侵害したものとして違法不当なものとされ、セクシュアル・ハラスメントの「加害者本人」、使用者・大学等が使用者責任を追及されるのであろうか。

一般に職場や大学等における不快な性的言動は、勤務時間外（プロローグ事例1・2参照―二次会の帰り等）で、かつ職場の外で行われることがしばしばであり、このような場合にも、「加害者本人」のみならず使用者や大学当

局ははたして責任を負うべきなのだろうか？　仮に責任を負うとした場合、どのような根拠に基づくのであろうか？　あるいは上司が部下に対してしばしば性的冗談を言ったり、（例えば、「君は処女かね？」「バストは何センチなの？」）、身体に触ったりする（おしりをなでたり）ので、使用者に抗議しても何ら改善されなかったので、苦痛のあまり退職してしまった場合、誰がいかなる責任を負うのだろうか？　――冗談を言った上司なのだろうか？　あるいは、使用者もなのだろうか？　それとも両者ともなのだろうか？

セクシュアル・ハラスメントの成否が争いとなった事件の裁判例は、「およそ、本件のように、男性たる上司が部下の女性（相手方）に対してその望まない身体的な接触行為を行った場合において、当該行為により直ちに相手方の性的自由ないし人格権が侵害されるものとは即断し得ないが、接触行為の対象となった相手方の身体の部位、接触の態様、程度（反復性、継続性を含む。）等の接触行為の外形、接触行為の目的、相手方に与えた不快感の程度、行為の場所・時刻（他人のいないような場所・時刻など）勤務中の行為か否か、行為者と相手方との職務上の地位・関係等の諸事情を総合的に考慮して、当該行為が相手方に対する性的意味を有する身体的な接触行為であって、社会通念上許容される限度を超えるものであると認められるときは、相手方の性的自由又は人格権に対する侵害に当たり、違法性を有すると解すべきである(注16)」と判示して、当該上司と使用者の責任を認めている。

このようにセクシュアル・ハラスメントをめぐる加害者と使用者責任の問題は新たな問題をなげかけている。

第二は、セクシュアル・ハラスメントの成否にかかわる問題である。既に述べた通りセクシュアル・ハラスメントは勤務時間の内外、施設の内外を問わず、その多くが第三者の目撃していない、いわば「密室」で行われることから、性的言動の存否が裁判で争われることになる。このような場合、セクシュアル・ハラスメントの「加害者」は当該行為が比較的短期間（裁判例では数分の場合もある）の場合、性的強制等の「事実」自体を否定し、他方当該行為が比較的長期間（数年に及ぶこともある）の場合、「加害者」は性的「強制」の事実を否定（「自由意思であった」「同意があった」「恋愛関係にあった」等）するのが通例である。しかもこのような場合、セクシュアル・

ハラスメントの「被害者」は、当該行為の際中抵抗をせず、またその後もしばらくの間被害を第三者に告げない等の行動をとることが多い。このような場合の「被害者像」を認識していく必要がでてきている——そのようなものとして、本章冒頭の裁判例の登場は注目すべきことと言えよう。

セクシュアル・ハラスメントはその法的判断、事実認定いずれについても、従来の裁判法理が予想しないものであった——「新しい酒には新しい革袋」を用意しなければならなかったのである。即ち、セクシュアル・ハラスメントに関する裁判例は、今日職場や教育の場における不快な性的言動を性的自由、精神的自由、プライバシー等の人格的利益を侵害するだけでなく、労働者や学生等が職場や教育環境における良好な労務提供、教育研究を享受する利益を侵害する違法行為とし、当該加害者のみならず、使用者・大学当局も法的責任を問われるものであり、かつ事実認定に際しても、短期間・長期間いずれについてのセクシュアル・ハラスメントについても、職場や教育等、支配従属関係が存在する場合の合理的な人間の行動を判断するという新たな「被害者」像を形成することに努力してきていると言えよう(注17)。その詳細は次章で詳しく述べることとして、ここでは今日までの裁判例の到達点を二点にわけて述べることにしよう。

我が国では今日までの裁判例において、以下に述べるように、主として事実認定と使用者責任をめぐって、新たな「セクシュアル・ハラスメント法理」が形成されつつあると言えよう。

《事実認定——「被害者像」の転換》

セクシュアル・ハラスメントとりわけ性的接触を伴う行為は、大半の性犯罪被害がそうであるように、第三者等の目撃者がいないいわば「密室」で行われ、しかもしばしば当事者間に性的関係が形成されたりすることから、裁判で争われた場合にその事実認定には独特の困難さが伴ってきた。特にセクシュアル・ハラスメントが、職場や大学等での支配従属関係の利用・乱用によって発生した場合には、事実認定の困難さはより増すことになる。

(1)　「密室」の行為をどのように認定するか？

性的接触等のセクシュアル・ハラスメント行為の大半は第三者等の目撃者がいないいわば「密室」で行われることから、既に述べたように裁判ではセクシュアル・ハラスメントの「存在」自体が争いとなることが多い。このような場合、最終的には「加害者」と「被害者」のどちらの供述内容が信用性が高いかが裁判での争点となり、その判断基準として当事者の合理的行動に関する「経験則」が問題とされることになる。

言うまでもなく、裁判における事実の認定は、証拠によりなされなければならず（刑事訴訟法三一七条）、証拠の評価は裁判官の自由な判断に任されているものの（同法三一八条、民事訴訟法二四七条）、その場合の判断は「経験則」に従ったものでなければならず、「経験則」違反の事実認定は適法に確定された事実とは言えず上告理由とされている（民事訴訟法三一二条・三一二条、刑事訴訟法三七九条、最三小判昭二四・九・六民集一五巻七号二〇〇五頁など）。ここでいう「経験則」とは、日常生活上の事柄や科学的・専門的な事柄などについて我々が得る大量の経験的知識の中から、個人差を除去して、高度な蓋然性をもって一定の事実を推論させるような一般化された知識・法則のことを意味している。

このような場合、裁判では「通常一般人」の合理的行動に関する経験則として、まず当事者の供述態度——主張の一貫性があるか否か（例えば奈良セクハラ事件、八王子市立小学校事件、東北大セクハラ事件など）——や日常の言動——「加害者」が「被害者」その他の者に日常的にセクシュアル・ハラスメント行為を行っていたか否か？あるいは「被害者」が「加害者」に個人的な恨みを有していなかったか否か（例えば兵庫セクハラ事件、三重セクハラ事件、横浜セクハラ事件など）——等により、当事者の主張の合理性が検討されることになる。しかしながら、セクシュアル・ハラスメントにおいては（性犯罪被害者にもその傾向がある）、「被害者」はしばしば「通常一般人」の合理性行動に関する経験則では律し切れない行動をとるものであり（例えば、被害者が「被害」に遇った最中に抵抗しなかったり、「被害」直後に周囲に訴えなかったり（横浜セクハラ事件、秋田県立農短事件など）、「被害」後も長期に

亘って性関係を継続したりする（京都大学セクハラ事件、熊本セクハラ事件など）など）、このような場合の「被害者」の行動は合理的なものなのか否か？　が問題とされることになる。この点について従来の裁判例では、「通常一般人」（しかもそれは概ね「対等当事者間」のもの）の合理的行動を前提とした経験則を、「形式的」に適用して、「被害者」の主張を斥ける傾向にあった（例えば、セントラル靴事件、横浜セクハラ事件一審判決、秋田県立農短事件一審判決、山本香料事件などでは、「被害者」が「被害」にあった際抵抗しなかったこと、「被害」後に直ちに周囲に訴えなかったこと、「被害」後も長期に亘って性関係を継続したことが、いずれもセクシュアル・ハラスメントの「被害者」の行動としては不合理なものとされて、セクシュアル・ハラスメントの事実が否定された）。

しかしながら近年職場や教育現場におけるセクシュアル・ハラスメントは、その本質が、支配従属関係を利用・乱用した性的言動であり、したがって「被害者」は対等当事者間での行動とは異なった行動をとらざるを得なくなるという事実が、社会心理学等の研究・分析が進むなかで明らかとされるにつれ、性被害や支配従属関係における「被害者」の合理性行動を前提とした経験則に基づいてセクシュアル・ハラスメントの事実の有無を認定する裁判例が登場するようになってきた（例えば、横浜セクハラ事件二審判決、秋田県立農短事件二審判決、仙台地裁三判決――「被害者像」の転換！）このような観点からみたとき、横浜セクハラ事件の一審→二審判決への転回は注目されるものであった。

事件は次のようなものであった――原告女性が、営業所長である男性上司から、事務所で肩を揉まれたり、髪を撫でられたり、腰を触られる等の一連のセクシュアル・ハラスメント行為を受けたとして、会社に対し苦情申立てをしたところ、男性上司は会社代表者から呼び出されて叱責されて謝罪したものの、セクシュアル・ハラスメント行為の大半を否定したので、原告は会社と男性上司を相手として損害賠償訴訟をおこした。裁判では特に原告の主張――事務所で二人きりの際に、男性上司は、原告に抱きつき、「一度抱きしめたかった」、「かわいいから」などと言いながら、原告の首筋に唇を何度も押しつけ、原告の着ていた防寒服や作業衣の下に手を入れ、ブ

ラウスの上やズボンの上から胸や腰を触ったり、原告の顔に何度も唇を押しつけた上、原告の顎を無理やり掴んで口を開けさせ、舌を原告の口の中に入れようとしたり、指で原告のズボンの上から下腹部を触ったりし、約二〇分間に亘って執拗に右行為を継続した――の存否が争点となった。この点につき横浜地裁は、第三者の証言がなく、被告男性が右の「事実」を一貫して否定していること、原告が二〇分間もの間男性上司からなすがままにされていたにもかかわらず、抵抗せずに逃げもせずにいたこと、拒否行動が冷静でありその直後も同僚や上司に被害を具体的に話しておらず、これらの原告の態度は被害者の行動としては不自然であるとして、セクシュアル・ハラスメントの「存在」そのものを否定して原告の請求を棄却した（裁判例5）。

他にも、女性職員が上司から事務所で抱きつかれたとして訴えた事件で、大声を出せば一階で執務中の他の同僚に聞こえたはずであるとして、セクシュアル・ハラスメントの事実を否定した判決があった（セントラル靴事件―裁判例3）。

しかしながらこれらの判決に対しては、職場や大学等の支配従属関係のあるところで、上司等からセクシュアル・ハラスメント等の性的被害を受けた場合、それを拒絶することや、直ちに上司や同僚に訴えることは、路上や交通機関の中での性被害と異なる困難さがあり（この点については後に詳述する）、これらを含めたセクシュアル・ハラスメント認定が必要であるとの批判が加えられるようになってきた。

(2)「被害者像」の転換

このような批判の中で、やがて、「被害者像」の転換をもたらす裁判例が登場することになる。

国立病院で日雇いの職員として仕事をしていた洗濯場勤務の女性が、洗濯長である男性上司から日常的に「胸を触らせてくれ」と言われたり、現実に胸を触られるなどの行為を繰り返され、彼女が拒否の態度をとると、彼は彼女と口を聞かなくなり、仕事の指示も与えず、長年従事していたプレス作業からはずすなどのセクシュアル・ハラスメントを受けたとして、男性上司を訴えた（兵庫セクハラ事件―裁判例21）。同事件で被告男性は、「彼女

に対し、性的接近を遂げようとしたことはいっさいない」、「彼女に対し、恋愛感情とみられるものを抱いたことはなく、彼女のことを異性として魅力ある人として発言したこともない」等々と、セクシュアル・ハラスメントの「存在」そのものを否定して争った。これに対して神戸地裁は、被告男性は勤務中に、女性職員の乳房の大きさや体型のことや女性職員の配偶者との性交渉のことなどを話題にすることが度々あった（例えば、女性の乳房は大きい方がよいとか、触ったら気持ちいいだろなとか、性交渉の体位を尋ねるなど）こと、原告の供述内容は一貫し詳細で具体的であるのに、被告の供述内容は性的な事柄に関することになると記憶が欠落する等不自然であり、原告の供述がまったく虚偽であるとすると、彼女が彼を陥れる目的をもっていたか、虚偽癖のどちらかになるがそうした事実はないこと、原告は被告の個々のセクシュアル・ハラスメント行為の後に、被告に対し「抗議をしたり、大声をあげたりしておらず、被害にあったことを同僚や夫、事務長等の病院の管理職らにすぐには相談していない（この点は原告が自認している。）が、職場の上司による性的な嫌がらせという事柄の性質上、たとえ身近な人間に対してであっても被害事実をすぐには第三者に打ち明けることができないことは、性的嫌がらせを受けた女性の行動として十分理解できるところである」と判断して、原告の請求を認めた。

この裁判所の判断の中には、職場や大学等の支配従属関係がある場合の人間の合理的行動は何か？　という、いわば「被害者像」を「柔軟」かつ「相対化」する方向性が打ち出されていることをみることができよう。ここで注目されることは、セクシュアル・ハラスメントが「密室」で行われ、当事者がその存否を争っている場合の判断について、当事者の日常的な態度に加えて、争いとなった行為の際と時後の「被害者」の行動に対する判断――「経験則」の「転換」が図られていることである。

前述した横浜セクシュアル・ハラスメントの控訴審判決はより明確にこの方向性を打ち出すこととなった。控訴審は、原告以外にも他の女性従業員が被告によるセクシュアル・ハラスメント行為により退職した事実が認められ、被告の原告に対する一連のセクシュアル・ハラスメント行為に関する原告の供述部分は、第三者の目撃証

言がなくとも十分に具体的であり、信用性が失われるものでなく、事務所で約二〇分間に亘って抱きつかれた行為についても、「職場における性的自由の侵害行為の場合には、職場の上下関係（上司と部下の関係）による抑制や、同僚との友好関係を保つための抑制が働き、これが、被害者が必ずしも身体的抵抗という手段を取らない要因として働くことが認められる。したがって、本件において、彼女が事務所外へ逃げたり、悲鳴を上げて助けを求めなかったからといって、直ちに彼女の主張が不自然であるとすることはできない」と述べて、一審判決を覆して、原告側の逆転勝訴となった（裁判例24）。

このような流れを決定づけたのが、秋田県立農業短大事件の控訴審判決であり、同判決は、原告の供述が捏造あるいは作り話しと認める根拠がなく、逆に原告の供述はある程度具体的であり、事後の言動も事件の実在を窺わせるような間接証拠が存在しており、原告の供述が不自然・不合理とは言えず、原告が被告からのセクシュアル・ハラスメント行為に抵抗しなかったとしても、「職場における性的自由の侵害行為の場合には、職場での上下関係（上司と部下の関係）や同僚との友好関係を保つための抑圧が働くために、これらの抑圧が、被害者が必ずしも身体的抵抗という手段を採らない要因として働くであろうということが、研究の成果として公表されているのであり、性的被害者の行動パターンを一義的に経験則化し、それに合致しない行動が架空のものであるとして排斥することは到底できないといわざるを得ない。」と判断し、原告の請求を認めて原告の逆転勝訴となった（裁判例40）。

セクシュアル・ハラスメント行為の大半は「密室」の中で行われることから、裁判で争われた場合の事実認定が極めて困難であり、現在議論されている司法改革のなかでも、とりわけ陪審制の導入は、セクシュアル・ハラスメントのような事実認定が激しく争われる民事事件にも検討されるべきであろう。それ故、被害を受ける女性達が訴えを起こすことをためらわせる一因となってきたが（このような場合、女性達は同時に「加害者」側から名誉棄損で訴えられることを覚悟しなければならない）、これら一連の判決の流れの中で、このような場合でも当事者の

日頃の態度、供述の一貫性を含めて、問題とされる性的言動に対する被害者の対応は一義的なものでなく、様々な対応をとるものである――「被害者像の転換」――との認識が広がりつつあると言ってよいであろう。このような流れの方向をより確実なものとしていく上で、秋田での判決は画期的なものと言えるものであった。

このような「被害者」の合理的行動についての経験則の適用は、いわば「被害者」像の転換とでも言うべきものであり、セクシュアル・ハラスメント裁判における適切な事実認定として評価されるべきものであり、このように性被害や支配従属関係が存在する中における当事者の合理的行動を判断基準とすることが、今後のセクシュアル・ハラスメント裁判における事実認定の流れとなっていくものと思われる。

(3)　「性的関係」をどのように判断するか？

職場や大学等の支配従属関係を利用・乱用したセクシュアル・ハラスメントは、「密室」で行われるだけでなく、しばしば部下や学生が、上司や指導教官の性的要求を拒絶できずにそれを受け入れて性的関係が形成されることがあり、このような場合学生や部下が「被害」を訴えても、「合意があった」「恋愛関係だった」等と「加害者」側から「抗弁」されて、被害の顕在化を阻む要因ともなってきた。この点についても(1)で述べた「密室」での「被害者」の合理的行動についての事実認定に関する経験則の分析・研究が進むにつれて、仙台地裁三判決（特に東北大事件）で述べたように近時の裁判例では、性的関係が形成されたとしても雇用や教育等の「支配従属関係を利用し」たものであることが認定されるかぎり、「合意の上での性交渉の生じる余地が認められない」、「性関係の強要によるものである」等との判断に立つようになってきている。このようにセクシュアル・ハラスメントの事実認定においては、支配従属関係下の当事者の合理性行動を前提とした経験則が形成されてきており（いわば「硬直した被害者像」から「セクシュアル・ハラスメントにおける被害者像」への転換）、今後の裁判例においてもこのような流れの中で事実認定がなされていくことになろう。

《使用者責任》

(1)「加害行為」の違法性

職場や大学等で何らかの「意に反する不快な性的言動」がなされ、日常用語上のセクシュアル・ハラスメント行為に該当するとしても、それだけでは直ちに法律上のセクシュアル・ハラスメントに該当するものではなく（二参照）、また均等法・人事院規則等に定義するセクシュアル・ハラスメントに該当するとしても、裁判上も直ちに違法不当な行為とされるわけではない（図3、例えば鳴門教育大学事件）。この点についてわが国の裁判例では、まず当該性的行動（＝「加害行為」）が不法行為として違法性を有するものか否かの判断を行っており、その場合伝統的手法である当該「加害行為」の行為態様、被侵害利益の両面からみた実質的な違法性的判断を行っている（例えば、金沢セクハラ事件、横浜セクハラ事件、秋田県立農短事件など）。したがって、裁判における違法性判断に際しては、均等法・人事院規則等が定義する「対価型」、「環境型」セクシュアル・ハラスメントの区別はそれほど実益がなく、いわば違法性的判断の一要素にすぎないと言えよう（わが国の職場や大学等でのセクシュアル・ハラスメントを社会実態としてみると、いわば「地位利用・濫用」型とでも言うべきものが大半であり、「対価型」「環境型」の区別はセクシュアル・ハラスメントのプロセスの相違点にすぎず、むしろ、企業や大学等における雇用管理上の教育的効果として意味を有するものと言えよう）。

行為態様については、まず性的接触を伴った行為（わが国の裁判例に登場した事例の大半は、刑事上も強制わいせつ等と判断される可能性の高いものである。例えば、金沢セクハラ事件、八王子市立小学校事件、大阪セクハラ事件、熊本セクハラ事件など）は被侵害利益の程度も高いことから、時間や回数に関係なく違法性が認められることが多く（短期間や短時間での不法行為が認定されたものとして、例えば奈良セクハラ事件、秋田県立農短事件などがある）、ひわいなうわさやいじめ等の性的言辞については、被侵害利益の程度との相関関係に立って、その継続性や内容等からみて実質的に違法性判断がなされていると言えよう（例えば、福岡セクハラ事件、兵庫セクハラ事件、三重セク

ハラ事件など）。

被侵害利益については、大半の裁判例は、それほど内容を明確にしているわけではないものの、「被害者」本人の「人格的利益」（例えば「女性の尊厳」「性的自由」「性的自己決定権」等の言葉を用いている。例えば福岡セクハラ事件、金沢セクハラ事件、大阪セクハラ事件、奈良セクハラ事件など）、若しくは「職場環境享受利益」（使用者の職場環境「配慮義務」「調整義務」「整備義務」「保持義務」等の言葉を用いている。例えば福岡セクハラ事件、京都セクハラ事件、三重セクハラ事件など）が侵害されることを前提としてる。

(2) 責任原因

法的にみて違法不当な「加害行為」が存在した場合、セクシュアル・ハラスメントの「加害者」本人の民事上の責任原因が不法行為責任（民法七〇九条）によることは異論がないものの、使用者責任が問題とされる際の責任原因については、不法行為責任（七一五条、四四条等）と契約責任（四一五条）が考えられ、どちらのアプローチをとるかについては、その法的処理の妥当性ともあいまって論者によって種々の議論がなされている。しかしながら裁判例においては、従来いずれかのアプローチをとっても同様の結論を導いてきたと言ってよいであろう。即ち、不法行為構成をとる場合には、「加害者」のセクシュアル・ハラスメント行為は「事業ノ執行ニ付キ」（七一五条）なされたものとして使用者の責任が肯定され（しかも「事業ノ執行」については「業務に密接に関連して行われたもの」と幅広く解釈される傾向にある。例えば福岡セクハラ事件、三重セクハラ事件など。なお、「加害者」本人が使用者若しくはそれと同視できる場合は「職務ヲ行フニ付キ」（四四条等）とされて使用者責任が肯定されている。例えば金沢セクハラ事件、大阪セクハラ事件、東京セクハラ事件など）、契約構成をとる場合には、使用者が「職場環境配慮（保持、整備など）義務」を怠ったものとして使用者責任が肯定されてきた（京都セクハラ事件など）。ところが近年使用者責任の構成について不法行為構成を排斥して契約構成を採用する裁判例も登場している（三重セクハラ事件――もっともこの裁判例は、当該セクシュアル・ハラスメント行為が「業務との密接な関連性は認められない」と述べて

いることから、論理的に不法行為構成をとることを排斥したものではなく、事実認定において不法行為の成立を否定したものと言えよう）。

セクシュアル・ハラスメントにおける使用者責任は、従来の裁判実務からみても不法行為構成、契約構成いずれもが可能とされるべきであるが、理論的には使用者の義務内容の具体化、当事者の権利義務関係を事前に設計するという予防法学的見地からみても、契約的構成によって、使用者責任の義務内容をより具体化していくことが労働法学の課題とされよう。

では使用者はいかなる義務を果たすべきなのだろうか？　不法行為構成をとる場合には、被用者の「事業ノ執行ニ付キ」セクシュアル・ハラスメントがなされた場合に、使用者がそれについてどの程度の注意を払うべきか（「相当の注意」とは何か……七一五条但）が問題とされようが、契約構成をとる場合にも、同じく被用者の行為について使用者がどの程度の注意を払うべきかが問題とされ、改正均等法が規定する事業主の「配慮義務」とも関連する問題であり、後述することにしよう。なお、セクシュアル・ハラスメントの「被害者」に対する慰謝料額は、従来極めて低額であったが近年急速に増加しており（仙台地裁三判決、大阪府知事セクハラ事件など）、慰謝料額の高額化は企業・大学等でのセクシュアル・ハラスメント対策の進展にインパクトを与えるものと思われる。

五　セクシュアル・ハラスメント対策のルーツと現状

《二つの事件》

企業や大学等のセクシュアル・ハラスメント対策は、昨年四月に施行された改正均等法・人事院規則によって急速に進展しつつある

ところで、社会の流れの中で、あとで振り返ってみて、ある「出来事」が一つの流れを形成したり、加速した

りしていたことが判明することがある。セクシュアル・ハラスメントに関するわが国の行政や企業、大学等の取り組みをみるとき、一九九五年に開催された「北京女性会議」と、九六年に起こった「MMMA事件」の二つの「事件」が大きな画期をなしていると言えよう。セクシュアル・ハラスメント対策に関する行政当局の対応については「北京女性会議」が大きな影響を与えており、また企業の対応については「MMMA事件」が少なからず影響を与えていると思われる。そこでまず北京女性会議からみてみよう。

《第四回世界女性会議——北京女性会議》

一九九五年、一〇年ぶりに、北京でアジアで初めての第四回世界女性会議（以下「北京女性会議」という）が開催された。話は少しさかのぼってその二〇年前の一九七五年、国連は、メキシコで第一回世界女性会議を開催し、その年を「国際女性年」として、八五年までの一〇年間を「国連女性の一〇年」とすることを宣言し、女性の地位向上のための国際女性調査訓練部の設置及び八〇年に世界会議を開催することを内容とした「世界行動計画」を採択した。これを受けてわが国でも、内閣に「婦人問題企画推進本部」を設置し、「国内行動計画」を策定して女性の差別是正を重要な行政課題と位置づけ、労働省は女性労働者の現状をまとめた白書「婦人労働の実情」を公表し（以後毎年公表しており、九三年からは「働く女性の実情」と名称変更）、「男女の平等と婦人の社会参加をすすめる——婦人の一〇年」ことをテーマとして、男女差別の是正等の国内施策の取り組みを開始した——もっともこの間に実際に整備された国内法制度といえば、離婚後における婚氏続称制度の新設（七六年）、配偶者の相続分の引き上げ、寄与分の制度新設（八一年）等の一部にとどまっていた。

しかしながら国連は、この間七九年には、国連総会で女子差別撤廃条約を採択し、八〇年にコペンハーゲンで開催された第二回世界女性会議では、「国連女性の一〇年、後半期行動プログラム」を採択し、合わせて各国に八五年開催の第三回世界会議までの条約批准を呼びかけた。こうした世界的な流れの中で、わが国も八五年に、子

の国籍取得、配偶者の帰化条件を男女同一にする等国籍法等の改正、雇用の分野における男女の機会均等を規定した男女雇用機会均等法を制定する等して、男女差別に関する国内法を整備し同条約を批准した。

こうして八五年にナイロビで開催された第三回世界女性会議は、既に述べたように「西暦二〇〇〇年に向けた女性の地位向上のためのナイロビ将来戦略」を提起したが、その後の一〇年は地域紛争の激化等により、一層の貧困化等女性をめぐる環境は悪化する面があったものの、それにもかかわらずこの間、九二年に開催された「環境と開発」サミット（リオデジャネイロ）や、九四年に開催された国連人口会議（カイロ）において、女性の貧困や生殖に関する自己決定権の問題が取り上げられ、更に九三年の国連人権会議（ウィーン）とそれを受けた同年一二月の国連での「女性に対する暴力撤廃宣言」は、既に述べた通り、女性に対する基本的人権の侵害としての暴力の撤廃を国連の特に重要な戦略目標とした。

こうした女性の社会的・経済的・法的地位の向上をめざす様々な世界的動きを集大成するものとして、九五年九月に開催された北京女性会議は、二〇〇〇年までに達成すべき戦略目標を掲げた「行動綱領」を採択したのである。

《「行動綱領」》

北京女性会議で採択された行動綱領は、女性の平等、発達、平和の実現にとって障害となっているものとして、男女間の機会の不均等、権利上の格差の是正等一三の「重大問題領域」を指摘し、これらを二〇〇〇年迄に克服すべき課題とし、右「行動綱領」の実施責任主体として、各国政府のみならず、地方自治体、企業、労働組合、青年団等をあげている（国際機関の文書において、各国政府のみならず、国内民間諸団体もその実施主体としている点で、「行動綱領」は画期的なものであった）。ところで女性会議の「行動綱領」の採択に際しては、いくつかの論点で論争となったが、セクシュアル・ハラスメントに関しても終始大論争となったテーマに、「セクシュアル・ライツ（性的権利）」と「セクシュアル・オリエンテーション（性的指向若しくは嗜好）」の問題がある。「セクシュア

ル・ライツ（sexual rights）」は会議において、主としてEU諸国から主張されたものであり、これは、カイロ会議（一九九四年の国連人口・開発会議）で到達した「リプロダクティブヘルス／ライツ（reproductive health & rights）――生殖に関する健康と権利――行動綱領C―94）」よりも更に広い概念であり、女性が、生殖を目的としない性（sex, sexuality）に関する事柄についても、自ら自由かつ責任ある決定をすることができる権利（＝性的自己決定権）と解釈され、これには、売買春や強姦、セクシュアル・ハラスメント、ドメスティック・バイオレンス等の性暴力からの自由のみならず、同性愛の権利（sexual orientation）も含まれることとされたことから、その解釈をめぐって、バチカン、イスラム諸国が猛烈に反対し、結局は、ローマ・カトリック法王庁は採択を留保し、sexual rights, sexual orientation という用語は行動綱領には用いられないこととされたものの、その意味内容が盛り込まれることとなった。

「C―九六　女性の人権には、強制、差別及び暴力のない性に関する健康及びリプロダクティブ・ヘルスを含む、自らのセクシュアリティに関する事柄を管理し、それらについて自由かつ責任ある決定を行う権利が含まれる。全人格への全面的な敬意を含む、性的関係及び性と生殖に関する事柄における女性と男性が平等な関係には、相互の尊重と同意、及び性行動とその結果に対する責任の共有が必要である。」

「C―九六」で「自らのセクシュアリティに関する事柄を管理し、それらについて自由かつ責任ある決定をする権利」が、「セクシュアル・ライツ」（＝「性的自己決定権」）を意味していることは明らかであった。

このように世界女性会議は性に対する自己決定権（sexual rights）を承認し、このような権利の要請を根拠としてセクシュアル・ハラスメントを排除すべき性暴力の一つと位置づけたのである。

特に性暴力による被害の深刻さは各国共通の問題となっており（第一章―クワラスワミ報告参照）、「行動綱領」においても、性暴力の被害について「C―九九　身体的及び心理的虐待、女性及び少女の人身売買、並びにその他の形の虐待及び性的搾取を含む性的及びジェンダーに基づく暴力は、身体的・精神的トラウマ（傷）、病気及び

望まない妊娠をもたらす高い危険に少女及び女性をさらす。そのような状況は、女性に保健及びその他のサービスの利用を躊躇させることが多い。」と述べられている。

更に「行動綱領」は次のようなものを「女性に対する暴力」と位置づけ、その撤廃につき、政府のみならず（D―一二四）、地方自治体、地域団体、NGO、教育機関、公共部門及び民間部門、特に企業並びにマスメディアが「必要に応じて」協力する責務を負い（一二五）、また「必要な場合は」、「政府、使用者、労働組合、地域団体、青年団体及びNGO」が協力する責務を負うこととした（一二六）。[注18]

「D―一一三『女性に対する暴力』とは、性（ジェンダー）に基づく一切の暴力行為を意味し、公的生活で起こるか私生活で起こるかを問わず、女性に対する身体的、性的若しくは心理的危害または苦痛（かかる行為の威嚇を含む）、強制または恣意的な自由の剥奪となるものまたはそのおそれのあるものをいう。したがって『女性に対する暴力』は、以下のものを含むが、これに限定されないものと理解すべきである。

(a)　家庭内において発生する身体的、性的および心理的暴力であって、女児に対する殴打や性的虐待、持参金に関した暴力、夫婦間のレイプ、女性器の切除やその他女性に有害な伝統的慣行、配偶者以外による暴力および搾取に関連した暴力を含む。

(b)　一般社会において発生する身体的、性的および心理的暴力であって、職場、教育施設およびその他の場所におけるレイプ、性的虐待、セクシュアル・ハラスメントおよび脅迫、女性の人身売買および強制売春を含む。

(c)　どこで発生したかを問わず、国家が犯し又は許す身体的、性的および心理的暴力。」

またこの間、国連人権委員会によって「女性に対する暴力特別報告書」に任命されていたラディカ・クワラスワミは、各国での調査に基づいて九五年から九七年にかけて「女性に対する暴力――その原因と結果――」についての報告書を国連に提出し、その中でもセクシュアル・ハラスメントの世界各国での蔓延と法的規制の遅れ、

早急な対策を訴えたのである。

更に二〇〇〇年六月にニューヨークで開催された国連特別総会「女性二〇〇〇年会議」は、九五年の第四回女性会議で提起された男女平等実現に向けての各国の指針とする「行動綱領」への誓約を再確認すると共に、同綱領の「完全かつ加速された実行」を確保するためにさらなる行動を取ることをうたい、「成果文書」で二〇〇項目に亘る具体的な行動を列挙して二〇〇五年を目標に、各国政府が女性政策を進めるための指針を盛り込んでいる。成果文書の中でもとりわけ「女性の人権」「女性に対する暴力の防止」「経済のグローバル化が女性にもたらす負の影響」等の項目では、「行動綱領」よりも更に踏み込んだ内容となっており、国ごとに期限付で立法措置をとること等の目標の提示が盛り込まれ（例えば夫や恋人によるレイプ等のドメスティック・バイオレンス関連犯罪取り組みのための立法化措置など）、また経済の分野では、雇用や昇進差別、結婚を理由とした差別と共に職場におけるセクシュアル・ハラスメントが依然として深刻な問題となっており、各国政府や国際機関等に、これらの障害除去のための取り組みを求めている。

《わが国の施策 —— 男女共同参画基本法》

「行動綱領」は条約のような法的拘束力をもつものではないが、国連加盟国であるわが国は、国際法上当然にこれらの「綱領」を尊重・遵守する義務を負っていると言えよう（憲法九八条参照）。特に政府の責務として「行動綱領」は、セクシュアル・ハラスメントを含む「女性に対する暴力に携わることをやめ、国家によって行われるものであれ、私人の行為であれ、女性に対する暴力を防止し、調査し、国内法に則って処罰するよう義務を履行すること」と規定した（一二四—(b)）。

これによってセクシュアル・ハラスメント問題に関して少なくとも次のような対策を講じることが「行動綱領」によってわが国政府の責務とされた。

⑴　実態調査、

⑵　国内法における刑事、民事、労働及び行政上の制裁の強化措置、

⑶　行政官、警察官、司法等関連する職務担当者の理解進展の措置、等々である。

これを受けてわが国政府は九六年一二月に、「行動綱領」が各国政府に求めていた二〇〇〇年迄の国内行動計画としての「男女共同参画二〇〇〇年プラン」を閣議決定し、それを受けて九七年には総理府に「男女共同参画審議会」を設置し、九八年には女性行政について統合調整機能を持った「男女共同参画室」を設置し、九九年六月には男女共同参画基本法を施行するに至った(注19)。

同法は、男女が対等な社会を実現するために、家事や育児、介護等の責任分担や性差別の解消等国が目指すべき理念を定めた初めての基本法であり、基本理念として、

①「男女共同参画社会の形成は、男女の個人としての尊厳が重んぜられること、男女が性別による差別的取扱いを受けないこと、男女が個人として能力を発揮する機会が確保されることその他の男女の人権が尊重されることを旨として、行われなければならない。」(第三条)

②「男女共同参画社会の形成は、男女が、社会の対等な構成員として、国若しくは地方公共団体における政策又は民間の団体における方針の立案及び決定に共同して参画する機会が確保されることを旨として、行われなければならない。」(第五条)

等をあげている。そのうえで同法は、

(ア)　国や地方公共団体が、右のような基本理念にのっとり、男女共同参画社会の形成の促進に関する施策——いわゆるポジティブ・アクション(積極的改善措置を含む)——を策定、実施する責任を有する(第八、九条)、

(イ)　政府や都道府県は、男女共同参画社会の形成促進のため、男女共同参画基本計画を定めなければな

らない（第一三、一四条。なお、市町村は「努めなければならない」とされた）、

(ウ)「国及び地方公共団体は、男女共同参画社会の形成に影響を及ぼすと認められる施策を策定し、及び実施するに当たっては、男女共同参画社会の形成に配慮しなければならない」（第一五条）、

等と規定した。

同法は男女平等施策の理念を定めた基本法でありこれを補足するものとしては、各地方自治体での条例作りが大きな課題となってくる（一三〜一五条）。

これを受けて、例えば鳥取県出雲市は、本年四月から「男女共同参画による出雲市まちづくり条例」を全国に先駆けて施行した。同条例によると

「第五条　何人も性別を理由とする権利侵害や差別的取扱を行ってはならない。

2　何人も地域、職場、学校などあらゆる場においてセクシュアル・ハラスメントを行ってはならない。

3　何人も、夫婦間を含むすべての男女間において、個人の尊厳を踏みにじる暴力や虐待を行ってはならない。」

と規定しており、同様の条例制定の動きは、京都や埼玉県、川崎市等全国の地方自治体に波及しつつある。(注20)

ところで行動綱領がわが国政府の責務とした前記(1)〜(3)の施策はこの間どのようになったであろうか。

まず(1)実態調査については、九九年五月男女共同参画審議会が出した答申の中で、女性に対する「暴力が重大な社会的・構造的問題であり、男女共同参画社会の実施を阻害している」として、当面取り組むべき課題の一つとしてあげたことから、この答申に基づいて、男女共同参画室は同年九月から一〇月にかけて全国の二〇歳以上の男女四五〇〇人を対象に、①夫婦間での暴力行為（ドメスティック・バイオレンス）、②つきまとい、③痴漢、④性的行為の強制の有無についての実態調査を実施し、本年二月に調査結果を発表したが、その内容は、性暴力被害の深刻さと広範さを改めて浮きぼりにするものとなっている——特徴としては、①いわゆるドメスティック・

バイオレンスのケースで、夫や恋人などから「生命の危険を感じるくらいの暴行を受けたことがある」とする女性が、約二〇人に一人に達しており（四・六パーセント、男性は〇・五パーセント）、②つきまとい――いわゆるストーカー――は、約一〇人に一人が経験しており（九・四パーセント）、そのうち女性が一三・六パーセントと男性（四・八パーセント）の三倍に達しており、加害者との関係では、友人、知人等の面識ある者が八割を越えており、女性の場合、元夫や元恋人、職場関係者からのものがそれぞれ二割に達しており、いわゆるストーカーがセクシュアル・ハラスメント、ドメスティック・バイオレンスと連動している実態が浮かび上がってくる。更に③電車などの痴漢被害は半数近い女性が遇っており、また、④脅される等して性被害を強要された経験を有する女性は六・八パーセントあり、そのうち、友人・知人や恋人からのものがそれぞれ約一五パーセントに達し、このような被害を相談しないケースが約四割あり、その理由として「恥ずかしくて誰にも言えなかった」（五五・三パーセント）、「被害を受けたことを思い出したくない」「自分さえ我慢すればなんとかなると思った」（それぞれ二五・五パーセント）と、性被害後の被害者の行動を知る上で注目すべき調査結果となっていると言えよう。

次に⑵に関連しては、労働・行政法規の分野で、昨年四月からセクシュアル・ハラスメントに関して事業主に「配慮義務」を規定した改正均等法が施行され、また各省庁長、公務員に対するセクシュアル・ハラスメント防止義務等を規定した人事院規則が制定され、行政当局のセクシュアル・ハラスメント対策が本格化することとなっている（これらの内容については後に詳述する）。

また刑事裁判については、強姦罪等の保護法益を女性の人権、即ち性的自由とする観点から見直し、強姦の手段、態様、告訴期間、被害者の年齢の改正が必要とされることになるが、親告罪である性犯罪の告訴期間については、既に改正刑事訴訟法（二三五条）により本年（二〇〇〇年）六月八日から撤廃されている。

更に前述したストーカー被害については、近年その被害の深刻さと広汎さがようやくにして認識されるようになり、全国の警察への相談件数は昨年（九九年）一年間で、前年（九八年）より三割も増加して八〇〇〇件に達し

社会問題化している。しかしながらその取締りについてみると、「ストーカー」行為の悪質さ（例えば恋人に振られた腹いせに「おまえを殺して俺も死ぬ」と言ってつけまわす）に比し、警察当局の「民事不介入」を口実とした取締りの甘さや、ストーキングという言葉のあいまいさ、取締り規定の軽さ（軽犯罪法第一条二八項は「他人につきまとった者」を処罰することとしているが、処罰規定は拘留または科料にすぎない）等から十分な効果をあげていなかった。そこで、各地の自治体は罰則を強化した条例によりストーカー行為の取締りに乗り出し（例えば鹿児島県・岩手県・宮崎県などでは、いずれも処罰として懲役刑も含んでいる）、また東京都の防止条例案は警察に被害者の相談に応じる義務を課しており、更に本年五月このようなストーカー・つきまとい行為を規制する法律が制定された（「ストーカー行為規制法」——同法は本年一一月から施行される。同法は、待ち伏せや、交際強要など八つの行為を「つきまとい等」として例示し、同一人にこれらを繰り返すことを「ストーカー行為」と規定し、被害者の告訴により「六ヵ月以下の懲役又は五〇万円以下の罰金」の刑事処分を科すことができることとされている。また同法では「つきまとい等」を「特定の者に対する恋愛感情その他の好意感情またはそれが満たされなかったことに対する怨恨の感情を意とする目的」で行う行為に限定し、被害者の相談を受けた都道府県警は、「つきまとい等」をした者に「警告」し、これに従わない場合には公安委員会が「禁止命令」を発するなどの行政処分を行うことができ、この「命令」に従わずに更にストーカー行為をした場合には、「一年以下の懲役又は百万円以下の罰金」の加重刑を科すことができることとされている）。(注22)

また(3)に関連しては、警察、裁判関係者の理解を深めるためのプログラムが必要であるところ、既にセクシュアル・ハラスメントに関する裁判例において、「密室」におけるセクシュアル・ハラスメント被害者の行動に関する「経験則の転換」は、このような国際的な流れ（女性の性的自由の尊重）の中で位置づけられるものであろう。

このように、国、自治体等行政や司法の各分野で、北京女性会議を受けた流れが作られつつあるが、民間企業はどうであろうか？　企業のセクシュアル・ハラスメントに対する対応をみるうえでMMMA事件について述べることにしよう。

《ＭＭＭＡショック》

わが国企業（特に大企業）のセクシュアル・ハラスメントに関する認識・対応を考えるに際して、一九九六年四月におこった「ＭＭＭＡ事件」（＝ＭＭＭＡショック）をさけて通ることはできない。「ＭＭＭＡ事件」とは、一九九六年四月、米国三菱自動車工業会社（略称「ＭＭＭＡ」――アメリカ・イリノイ州ノーマルに本拠を置く三菱グループの一〇〇パーセント出資子会社）が、ＥＥＯＣ（連邦雇用機会均等委員会）から、約三〇〇人の女子従業員に対するセクシュアル・ハラスメントを理由として集団訴訟（＝クラス・アクション）を起こされた事件のことである。

事件の概要は次のようなものであった。ＭＭＭＡは、従業員約四〇〇〇人のうち女子従業員が約八〇〇人を占める（ちなみに同社の中で、日本人は社長、専務等経営幹部のみであり、職長等大半の従業員は現地採用のアメリカ人であった）、いわば典型的なブルーカラー中心の職場であった。ＭＭＭＡの職場では、女子従業員は日常的かつ継続的に、職長や同僚従業員から「あばずれ」等と下品な言葉で呼ばれたり、胸や下半身を触られたりしており、また男性トイレ等の壁には従業員同士の「相関図」やバストの寸法などの下品な落書きがあちこちに書きなぐられる等のセクシュアル・ハラスメント行為が横行していた。ＭＭＭＡの職場はこのように女子従業員達にとって不快な職場環境であったことから、従来から女子従業員たちは度々会社側に職場環境の改善を求めていたにもかかわらず、会社側はまともにとりあわずに何の対策もとってこなかった。

そこで九二年、十数名の女子従業員がＥＥＯＣにＭＭＭＡにおけるセクシュアル・ハラスメント被害を訴え、更に九四年には、約三〇名の女子従業員がＭＭＭＡを相手として裁判所に訴訟を提起した。この間調査を終えてセクシュアル・ハラスメントの事実を認定したＥＥＯＣは、翌九五年、ＭＭＭＡに対し改善勧告を行ったが、ＭＭＭＡは職場環境は改善済みであり、非違行為のあった従業員は解雇等の処分済みであるとして、ＥＥＯＣの勧告を無視し、それ以上の対策を講じなかった。かくして九六年四月ＥＥＯＣは、ＭＭＭＡがセクシュアル・ハラスメントを放置していたとして総額一億五〇〇〇万ドル（当時のレートで約一二〇億円）に達する損害賠償を提起

したのである。

ＭＭＭＡ事件は「訴訟社会」アメリカでも特異な事件としてマスコミの注目を集めることとなった。その第一は、原告の数（約三〇〇人）と賠償額の巨大さ（一億五〇〇〇万ドル）であった――ＭＭＭＡ事件は、当時としては最も巨額の、しかもセクシュアル・ハラスメントに関する初めての連邦における集団訴訟であった。アメリカでもＥＥＯＣ自らが訴訟を提起するのは、社会的に悪質なケース等特殊な事件にかぎられており、しかもＥＥＯＣ自ら裁判所に訴訟を提起するケースは、九六年当時年間約九万件に達するＥＥＯＣへの申立事件（公民権法第七編の差別事件）の一パーセントにも満たなかったのである。とりわけマスコミの注目を集めたのは約三〇〇人という原告の数と賠償請求額が一億五〇〇〇万ドルという巨額に達していたことである。日系企業は八〇年代後半からセクシュアル・ハラスメントを理由としてＥＥＯＣ等から訴えられ、賠償金を支払うことがたびたびあったが（例えばアメリカホンダは、一九八八年ＥＥＯＣから女性、黒人三七〇人の従業員に対する雇用差別の指摘を受け、合計六〇〇万ドル（＝当時のレートで約六億円）の支払いをした）、これほど巨額の訴訟は、「訴訟社会」といわれるアメリカでも過去に例をみないものであった。第二はＭＭＭＡのＥＥＯＣに対する一貫した「挑戦的態度」であった。ＭＭＭＡはＥＥＯＣからセクシュアル・ハラスメントの事実指摘並びに改善勧告を受けても、前述した通り、自らの判断で責任者を処分したのみで、ＥＥＯＣの勧告に従わなかった。そればかりかＭＭＭＡは、ＥＥＯＣに対して抗議デモを行った約三〇〇〇人の従業員に対して、バス代、昼食代、日当まで支給していたことが判明し、アメリカの世論を激高させ、三菱製品の不買運動にまで発展することになった。これに対しては、日頃は日本企業の立場を擁護することで知られる在米日系企業の団体である「日本経営協会（Japan Economic Institute）」ですら、ＭＭＭＡの「挑戦的態度」を強く批判して、「ＭＭＭＡはＥＥＯＣの活動の信用を傷つけることを狙って、戦闘的な反撃に出ることを選択した。この戦略は合衆国におけるＭＭＭＡのイメージを悪化させるという問題をもたらしただけでなく、（三菱グループ全体の）製品ボイコットの脅威によって、より重大な経済的損害を被る潜在

的可能性をも生み出すこととなった。多くの経営者達の支配的見解は、ＥＥＯＣの提訴に対するＭＭＭＡの対応は、会社が危機に対してやるべきでないという最良（悪？）の例を示しているというものであった」と、ＭＭＭＡの対応を強く批判したのである。(注23)

こうしてアメリカ社会の世論の厳しい批判を受け、将来の業積悪化を懸念したＭＭＭＡは、ようやくにして一九九六年五月、社外調査団の団長に元労働長官リン・マーティンを迎え入れてセクシュアル・ハラスメント防止のモデル工場となることを宣言し、六月には、ＥＥＯＣとの間でセクシュアル・ハラスメント被害にあった女子従業員に対する正式な謝罪と三四〇〇万ドル（当時のレートで約四九億円）を支払う（一企業としては過去最高の損害額の支払い）等の和解を行ってＭＭＭＡ事件は解決が図られたのである。

《ＭＭＭＡ事件の教訓》

ＭＭＭＡ事件はわが国でも広く報道されたが、それは訴えられた額の巨額さ（日本円で約一二〇億円！）もあって極めてセンセーショナルに取り上げられ、多くの人々は、「どうしてそんなに巨額の損害賠償額となるのか？」「アメリカと日本の文化が違うのだ」「裁判システムが違うからわが国には関係ない」「アメリカは訴訟社会だから、どんな事件でもすぐビジネスになるのだ」等々様々な反応を示した。しかしながら、これらの反応はそれぞれに事柄の一面を伝えてはいるものの、事態の本質を伝えるものとはなっていない――ＭＭＭＡ事件は、何よりもまず「企業責任」が問われたということであった。セクシュアル・ハラスメントの「加害者」が法的責任を問われるのは当然として、これらの使用者である「企業」は、何故、どのような場合に「責任」を問われるのか？――これが、ＭＭＭＡ事件が投げかけた問題であった。ＭＭＭＡ事件で会社は、企業内で発生していたセクシュアル・ハラスメント行為を長期間放置し、これに対してＥＥＯＣから是正勧告を受けたにもかかわらずそれを無視し、しかもＥＥＯＣに対する抗議行動を支援までした――ＭＭＭＡは、従業員のセクシュアル・ハラスメント

行為を放置し、かつ「法」を無視する（ＥＥＯＣは公民権法という連邦法の執行・強制機関でもある！）態度が批判されたのである。(注24)

このことはわが国の企業にとっては「驚天動地」のことであった。ＭＭＭＡ事件が日本にも報道された九六年四月に、総務庁行政監察局が実施した「セク・ハラ防止対策の実施状況」によると、わが国の企業二三九社のうち、既に「防止対策を講じている」とする企業は七・五パーセント（一八社）にすぎず、残りのセクシュアル・ハラスメント「防止対策を講じていない」とする企業二二一社をみても、「セク・ハラ問題は男女の個人的な問題である」「管理職をはじめ常識を備えた社員が多い」等の理由により、今後も「防止対策の必要性は感じていない」とする企業が一六五社（七四・七パーセント）を占めていたからである――この一例をみてもわかる通り、この当時、わが国企業のセクシュアル・ハラスメントに関する企業の問題意識、認識は著しく低かった（その意味では、アメリカと日本との「企業文化」の差とも言えよう。更に言うならば、わが国の企業の「法」（特に労働諸法規）に対する「遵守度」の問題とも言えよう。わが国企業の法に対する「遵守度」は、例えば不当労働行為事件について労働委員会の救済命令に従わない事例――例えば近年のＪＲ各社の不当労働行為事件――をみれば明らかであろう(注25)）。

ＭＭＭＡ事件はわが国の「企業文化」に対する「挑戦」でもあった。とりわけ、企業の雇用管理を監督する立場の労働省、公務労働を監督する人事院等に対して多大な影響を与え、この後わが国の行政当局等は企業に対するセクシュアル・ハラスメント対策に乗り出すこととなる――その意味では、我が国企業のセクシュアル・ハラスメント対策にとって、ＭＭＭＡ事件は正に「ＭＭＭＡショック」としての意味をもつことになった。

《企業のセクシュアル・ハラスメント対策――「二極化」》

九五年の「北京女性会議」、九六年の「ＭＭＭＡ事件」以降、わが国の行政機関や企業等のセクシュアル・ハラスメント対策はやっと本格化することとなった。まず改正均等法実施前の企業のセクシュアル・ハラスメント対

策をみてみよう。

「ＭＭＭＡ事件」に真っ先に反応したのは、諸外国に現地法人を有する企業の集まりである財団法人日本在外企業協会であった。同協会は従来からアメリカの職場を念頭において、現地法人向けの雇用差別、セクシュアル・ハラスメント対策の研修等を実施してきていたが、ＭＭＭＡがＥＥＯＣから提訴された直後である九六年と改正均等法施行前の九八年に、二度に亘ってアメリカに進出している会員企業三七〇社にアンケートを実施し、日本の本社（六九社）と在米現地法人（八三社）それぞれから回答を得ている。この調査にみられるのは、全体としては企業のセクシュアル・ハラスメント対策が改善されていることではあるが、他方、回答率の低さや少なくない企業におけるセクハラ対策の未実施（いずれも二〇パーセントから三〇パーセント）にみられるように、依然として企業のセクシュアル・ハラスメント対策に対する関心の低さを指摘できよう――例えば、「セクシュアル・ハラスメントのない職場作りのためにどのような方策を採っているか」という質問に対して、九六年調査では、日本本社の場合、「従来から文書や教育プログラムを用意していた」と回答した会社はわずか七・二パーセント（五社）にすぎなかったものが、九八年調査では、一三・八パーセント（一〇社）に、また在米現地法人の場合、九六年調査では五三パーセント（四四社）であったものが、九八年調査では六五・五パーセント（五五社）に増加しており、セクシュアル・ハラスメント防止対策の改善をみてとることができよう。しかしながら、その具体策となると、約三〇パーセントの企業が、九八年調査でも「具体的指示、通達、啓蒙教育」を実施しないと回答しており、セクシュアル・ハラスメント対策が実効性を伴ったものとなっていない事実を窺わせるものとなっている。(注26)

セクシュアル・ハラスメントに対して企業が適切に対応するためには、何よりも未然防止の対策が必要であり、そのためには問題解決に適応するための体制整備が不可欠である。しかしながらＥＥＯＣへの救済申立てが年間一万件にも達するアメリカで、現地に子会社をおく日系企業のセクシュアル・ハラスメント対策が今日でも十分

実効性をもったものとなっておらず、早急なセクシュアル・ハラスメント対策の整備が必要であろう。

一方、わが国の一般企業のセクシュアル・ハラスメント問題に対する取り組みは、以下に述べる通り、今日に至るも依然として遅れていると言わざるを得ない。「ＭＭＭＡショック」がわが国に伝わった直後に、日本の主要企業の本社が集中している地域である東京都が一四七五社を対象に実施した調査では、セクシュアル・ハラスメント防止対策について「具体的に防止策や対応策をたてている」と回答した事業所はわずか一・二パーセントにすぎず、「今のところ必要は感じていない」とするものが七八・三パーセントを占めていた。また翌九七年に労働省の「職場におけるセクシュアル・ハラスメントに関する調査研究会」が全国二二五四社を対象に実施した調査でも、セクシュアル・ハラスメント防止措置を「実施している」とするものが五・五パーセントにすぎず、「今後実施する予定、または検討中」とするもの（一四・三）を加えても二〇パーセントにも達しておらず、「今後も実施する予定がない」とするものが約八〇パーセントを占め、企業のセクシュアル・ハラスメントに対する認識並びに対策は著しく遅れていた(注27)。

このような状況に危機感を抱いた労働省は、改正均等法施行（昨年四月）と同時に、各都道府県にある女性少年室（現雇用均等室）のうち主要二〇ヵ所にセクシュアル・ハラスメント被害者の相談、助言、担当の専属のカウンセラーを配置すると共に、事業主や人事労務担当者を対象にセクシュアル・ハラスメント防止実践講習を実施する等、法の趣旨・徹底の努力を重ねてきたが、これに対する企業の対応は、大企業と中小企業とに二極化し、更に実際の対応をみると大半の企業でセクシュアル・ハラスメント対策が形式的な対応にとどまっている現状が明らかとなってきている。例えば労務行政研究所が昨年（一九九九年）五月から六月にかけて比較的規模の大きな民間企業を対象に実施した調査では、回答した民間企業三三〇社（一部上場企業と従業員五〇〇人以上の企業）のうち改正法が企業に課したセクシュアル・ハラスメント防止のための「配慮義務」のうち、予防措置（就業規則への記載、研修実施、社内パンフレット作成など）については、「何らかの対応をした」企業は八〇・七パーセント、「特に

対応していない」企業は一九・三パーセントであり、またセクシュアル・ハラスメントに対する社員からの苦情・相談の窓口である苦情処理委員会については、「設置済み」が二八・一パーセント、「検討中」は二八・五パーセント、「未設置」は四八・五パーセントに達しており、セクシュアル・ハラスメントに対し本格的に対処する態勢がとられていない状態が明らかとなってきた。(注28)

同じく東京都新宿労政事務所が昨年一〇月から一一月にかけて管内の従業員五〇人以上の企業三八四社から得た調査結果でもほぼ同様のものとなっており、セクシュアル・ハラスメント防止規定を就業規則等に明記したとする企業は三九・一パーセントにとどまっており、この傾向は企業規模が小規模なものほど低くなり、明記割合は、「一〇〇〇人以上」では六割以上なのに対し、「五〇人以上一〇〇人未満」では約二割にとどまっている。またセクシュアル・ハラスメント相談窓口の設置についても全く同様の割合であり、そのうち相談窓口にカウンセラーや弁護士などの専門員を置いている企業は一割程度にすぎない。更に相談窓口の機能については、「相談のみ」が一七・七パーセント、「実態把握まで」が二七・九パーセントであり、処分勧告は二九・九パーセント、調停までは約一七パーセントにとどまっており、全体として実効性の小さなものにとどまっていると言えよう。(注29)

更に労働省が昨年十一月から今年三月にかけて二一世紀職業財団に委託して五二一八の民間企業に対して実施した調査では、民間企業のセクシュアル・ハラスメント対策の「二極化」現象がより鮮明になってきている。同調査によると、セクハラ防止対策を「方針明確化と周知・啓発」「相談・苦情受付窓口の設置」「事後の対応のための方法」の三項目に分けて聞いたところ、「方針と周知」は四九％と約半数がすでに取り組んでいるものの、「事後対応」は三六・八％、「相談窓口」は三四・三％で、「方針と周知」に比べて遅れている。セクハラ防止対策を三項目とも実施済みなのは、従業員規模一〇〇〇人以上の大企業で七割を超えているのに対し、企業規模が小さくなるにつれ数字は下がり、三〇人未満では六・八％にすぎず、逆に三項目とも実施していないのが五八・八％に達している。このようにセクハラ防止策は大企業ほど対策は進んでおり、中小企業では遅れが目立つ。また

産業別で金融・保険業で対策が進んでいるのに対し、建設業やサービス業では遅れており、金融・保険業では三項目とも実施済みなのは五六・五％にのぼるが、建設業では一七・二％、サービス業では二五・七％だった。

このように企業のセクシュアル・ハラスメント対策は規模により「二極化」しているだけでなく、制度を作っても実際には機能していないことが多く、例えば「うちにはセクハラなんてない」と開き直る経営者や、相談窓口を設置しながら約半年間相談がないことについて「ほとんど相談がないのは喜ばしいことだ」と自己満足する企業、女性社員がいざ相談しても問題が大きくなる前に結論を急ごうとするあまり、相談にきた女性社員に対し「そんなささいなことで騒ぐのは困る」と我慢を強いたり、「二人で話し合って解決しろ」と当事者に押しつける企業等の例が報告されている（裁判例でも例えば沼津セクハラ事件や東京セクハラ事件はそのような企業の対応が問題となった事案であった―裁判例44・45参照）。(注30)

ところで前記調査ではセクシュアル・ハラスメントの相談相手として、「労働組合」と回答した女性組合員が三七・二パーセントとなっており、「会社の相談窓口」二一・四パーセント、「行政機関」一四・三パーセントよりも多いことが注目される。(注29)これについて、連合が昨年十月に加盟一一三〇の組合を対象に調査したうち、約四分の一が未だにセクシュアル・ハラスメントについて会社との話し合いや取り組みを求めていない実態が明らかになっており、セクシュアル・ハラスメント対策についての組合の一層の努力が求められていると言えよう。(注31)

なお、わが国にもセクシュアル・ハラスメント訴訟を対象とした損害賠償保険が発売されはじめているが、企業にとってはセクシュアル・ハラスメント防止対策に力をいれることこそが先決問題と思われる。(注32)

さてそこで次に、今迄問題としてきたセクシュアル・ハラスメントとはどのような行為を言い、どのような法的問題となるのであろうか？　それを次章以下でみてみよう。

（注1）　一九九七年一二月一六日付日経新聞、二〇〇〇年五月一日付週刊労働ニュース参照。
（注2）　既に述べた通り、改正均等法施行後の企業のセクシュアル・ハラスメント対策は概ね「二極化」していると言えよう。

即ち、大企業や外資系企業は、セクシュアル・ハラスメントに関する就業規則、研修会実施等の対策・ノウハウ取得等に過剰反応気味であるのに対し、中小企業では、今日に至っても未対応が多い。それを反映して、裁判例をみても、中小企業のトップによるセクシュアル・ハラスメントやパート、派遣労働者など不安定雇用労働者に対するセクシュアル・ハラスメントが増加する傾向にあると言えよう。一方教育の現場は、雇用に比してセクシュアル・ハラスメント対策は遅れ気味であるが、人事院規則を受けて文部省は国立大学等の教職員らを対象にセクシュアル・ハラスメント防止等の訓令を発し、これを受けて各自治体の教育委員会もそれぞれ公立学校等に通達を発送してセクシュアル・ハラスメントガイドライン策定の指導をしているが、具体的な防止策を策定済みの大学は私大も含めると今日でも約半数程度にとどまっている（九九年一二月八日付日経新聞）。

（注3）　熊本地判平九・六・二五判時一六三八号一三五頁。山田卓生・淡路剛久編「新・現代損害賠償法講座6」（日本評論社、一九九八年）所収の各論文参照。なお、中村哲也「人格の商品化とドイツ不法行為法」法政理論第三三巻第二号一頁（二〇〇〇年）参照。

（注4）　二〇〇〇年七月七日付読売新聞。

（注5）　一九九九年七月二三日付日経新聞。

（注6）　一九九九年一一月七日付毎日新聞。

（注7）　大阪府知事セクハラ事件の経緯については、http://www.asahi.com/paper/osaka/knock/previous.html を参照。なお、同事件では、第二回公判で女子学生が証人として出廷し証言したが、そのとき女子学生のプライバシー保護のため、傍聴人や横山被告から女子学生が見えないようについたてが設置された。被害者のプライバシーを守り、精神的圧迫を和らげるため、証人尋問に際して証人の遮へいを含めた被害者の権利規定は、本年五月に改正された刑事訴訟法にも盛り込まれた。従来、このようなついたての設置は、薬害エイズ訴訟での原告の意見陳述の際使用されたことがあるものの、性犯罪の証人尋問ではほとんど例がなかったが、今後は刑事民事の手続の際に用いられていくことが期待される（なお、ジュリスト特集「犯罪被害者保護のための二法」二〇〇〇年九月一五日号参照）。

（注8）　「ＭＯＲＥ」一九八九年六月号『もう許せない！　実態セクシュアル・ハラスメント』集英社、一九八九年。

（注9）　東京都労働経済局『東京の婦人労働事情（一九八八年）』参照。

（注10）　第二東京弁護士会「女性のためのセクシュアル・ハラスメント一日電話相談のまとめ」参照。

（注11）ILO, 1998 PRESS RELEASE "Violence on the Job a Global Problem", 20 July 1998. —なお同レポートの要約は、ILOのホームページでみることができる（http://www.ilo.org/public/english/235press/pv/1998/30.htm）。
（注12）総務庁行政監察局「女性労働に関する行政監察結果報告書」（平成八年）。
（注13）例えば団藤重光編「注釈刑法(4)」（一九六五年）二七六頁以下、幾代通「不法行為」（一九七七年）八四頁以下参照。
（注14）阿部純二編「改正刑法基本法コンメンタール」（一九九五年）二一七頁。例えば、治療行為と信じて偽医師との性交に応じた被害者が「抗拒不能」状態にあったとして準強姦罪（刑法一七八条）の成立を認めた例として名古屋地判昭五五・七・二八判時一〇〇七号一四〇頁がある。また当初から婚姻の意思がないにもかかわらず、婚姻を希望する女性と一年余にも及ぶ性関係を含む関係を継続した男性の行為を不法行為として慰謝料請求が認められた例として東京地判昭五三・一二・七判タ三八〇号一一四頁がある。刑事被告人の性的行為を報じた週刊誌記事が名誉を毀損し、プライバシーを侵害したものとされた例として東京地判平四・一二・二二判タ八五九号二二五頁がある。
（注15）例えば、自衛隊の墜落事故について国の国家公務員に対する安全配慮義務を認めた例として最三小判昭五〇・二・二五判時七六七号一一頁、クラブ活動中の高校生の事故につき県の安全配慮義務を認めた例とした福岡高判平元・二・二七判時一三二〇号一〇四頁等がある。
（注16）東京高判平九・一一・二〇労働判例七二八号一二頁。もっとも同判決の違法性に関する判断枠組みには問題がある（後述）。
（注17）金子雅臣『事例・判例でみるセクハラ対策』（築地書館、一九九九年）一九一頁以下、パド・ウィメンズ・オフィス編『月刊女性情報』（教育史料出版会、一九九九年一月号、二〇〇〇年二月号）六四頁以下参照。
（注18）一九九五年九月一五日採択（http://www.sorifu.go.jp/danjo/fwcw/fwcw.html）。
（注19）総理府男女共同参画室編『平成一二年版男女共同参画白書』（総理府、二〇〇〇年）参照。
（注20）二〇〇〇年二月一五日付日経参照。
（注21）http://www.sorifu.go.jp/danjo/yoron/bouryoku/bouryoku.html
（注22）同法は、ストーカー行為等を規制するものとして相当の実効性が期待できるとの指摘もあるが（警察がストーカー行為者に「警告」や「注意」をした場合に八割以上の者が中止している）、一般私人の行動の自由を行政機関とは独立した裁判所の判断を前提とすることなく、罰則を背景とした行政機関の「命令」で拘束するという制度は、近代市民社会の法原則からみ

て極めて異例のものであり、問題とされるべきであろう。

（注23）　Japan Economic Institute Report “The Mitubishi Motor's Sexual Harassment Case” by Barbara Wanner(1996, July 12, 1996 Report A)（http://www.gwjapan.com/ftp/pub/policy/jei/1996/a-series/0712-96a-txt,summery）．なお、PaulineC. Reich／笹沼朋子訳「米国三菱自動車工業セクシュアル・ハラスメント事件：事実の経過と考察」（日米女性ジャーナル№二四、一九九八年）二八頁参照。

（注24）　これらの問題については、福島瑞穂他著『セクシュアル・ハラスメント（新版）』（有斐閣、一九九八年）二二〇頁以下、金子前掲（注17）書一二二頁以下が詳しい。

（注25）　前掲（注12）参照。

（注26）　㈶日本在外企業協会「セクシュアル・ハラスメント対策ハンドブック―アメリカの企業社会と職場における問題に備える」（一九九七年）、奥崎喜久男「海外進出企業におけるセクハラ対策の現状」世界の労働九九年三月号二四頁（㈶日本ＩＬＯ協会、九九年三月）参照。

（注27）　産業総合研究所編「職場のセクハラ防止マニュアル」（経営書院、一九九八年）参照。

（注28）　九九年九月二四日付毎日新聞参照。

（注29）　二〇〇〇年四月二四日付週刊労働ニュース参照。

（注30）　二〇〇〇年五月一日付週刊労働ニュース参照。

（注31）　二〇〇〇年三月六日付週刊労働ニュース参照。

（注32）　九九年一〇月二七日付日経新聞参照。

第二部

セクシュアル・ハラスメントとは何か？
――セクシュアル・ハラスメントの法理

第三章　セクシュアル・ハラスメントの定義

――セクシュアル・ハラスメントの概念、改正均等法・人事院規則の解説を中心に――

一　セクシュアル・ハラスメントの概念

1　セクシュアル・ハラスメントの定義――日常用語上のイメージは？

(1)　セクシュアル・ハラスメントの定義――日常用語は？

セクシュアル・ハラスメントとは何なのだろうか？――セクシュアル・ハラスメントという言葉は、今日我々の日常生活において広く人口に膾炙しているものの、その意味するところは人々によって様々であり、また法律学上、社会学上も多様な用いられ方をしており、多義的な言葉となっている。その理由は既に述べた通り、セクシュアル・ハラスメントは「古くて新しい問題」であるにもかかわらず、わが国では近年に至るまで、(改正均等法など)セクシュアル・ハラスメントを規定した法律が存在しなかったこと、更に、セクシュアル・ハラスメントは人々の性モラルに関するものであることから、その時代や社会の人々の意識、規範、性モラル等の影響を受けざるを得ず、さまざまなイメージの下にセクシュアル・ハラスメントという言葉が用いられてきたことによるものと言えよう。そこでまず、日常我々はセクシュアル・ハラスメントをどのような意味内容でとらえているか

図１　セクシュアル・ハラスメントの概念

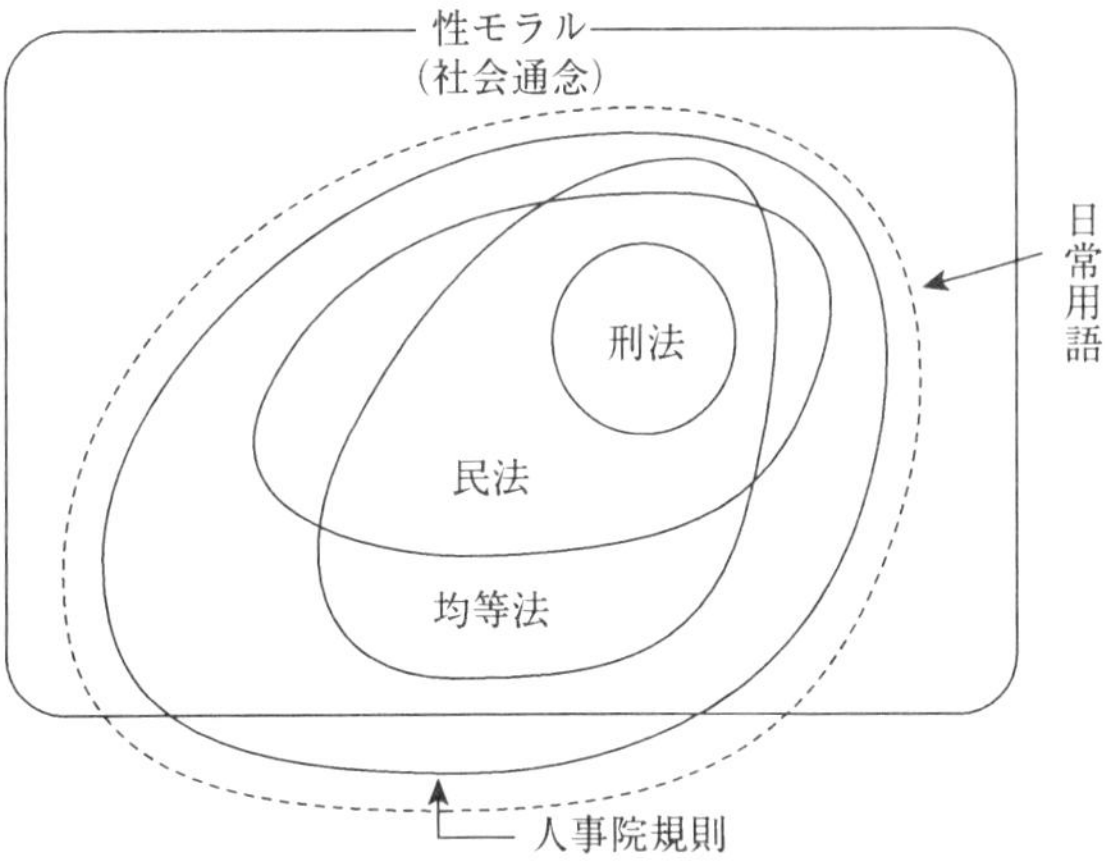

を見てみよう（日常用語と法律用語上の概念のちがいは図１のようなものと言えよう）。

我々は一般に、セクシュアル・ハラスメントを「相手方の意に反する不快な性的言動」と理解しており、日常用語としてはセクシュアル・ハラスメントをこのように定義づけすることができよう（改正均等法、人事院規則も用語としてはほぼ同様である）。したがって「セクシュアル・ハラスメント」という言葉を用いるとき、それは、(i)「相手方の意に反する」、(ii)「不快な」、(iii)「性的言動」ということになるが、(i)〜(iii)それぞれについて我々はさまざまな理解をしており、それによって、セクシュアル・ハラスメントという言葉のイメージも多様なものとなってくるのである。

(i)「相手方の意に反する」性的言動である

まず「相手方の意に反する」性的言動という場合、我々はどのような行為をイメージするであろうか？　この問題は、職場や大学等とりわけ上下関係等の支配従属関係のあるところで、「明確な拒絶」がなく性的接触や性的関係がもたれた場合に、その判断（そのような行為は社会的に許容されない行為なのか？　仮に社会的には許容されないとしても、法的にも許容されない行為なのだろうか？）をめぐって我々の心と頭を悩ませてきた問題である――前述し

た『モア』の記事にあるように、同じ身体接触行為が、「電車の中でやればチカン」（即ち「犯罪」！）なのに、「会社では許されるのはヘン！」（従来、そのようなものが会社の中で「違法不当」な行為としてとりあげられることがほとんどなく、とりあげられたとしても、特段のこと――例えば刑法上も強姦とか強制わいせつに該当する――がないかぎり法的にも社会的にもあいまいに処理されることが多かった）という問題でもある。

ところで、性的言動（関係）は、当事者の意思形成・行為態様に着目すると、①暴行・脅迫により相手方の反抗を抑圧する状態――強姦や強制わいせつ等の刑事犯に該当する性的言動がこの場合に該当する――でなされた場合、②相手方が明確に拒絶している状態でなされた場合、③相手方の拒絶の意思が明確でない状態でなされた場合、④当事者双方の完全な合意が認められる状態でなされた場合が考えられる。このうち、①、②は明らかに「相手方の意に反する」性的言動であり、④が「相手方の意に反しない」性的言動とされることは誰の目からも明らかであろう。問題は、③相手方の拒絶の意思が明確でない状態――例えば、上司や指導教官から部下や学生がモーテルに誘われて明確に拒絶することなく性的関係を持ってしまった――でなされた性的言動（関係）である。このような場合、従来の我々通常一般人の受けとめ方は、当事者間に「合意」（若しくは「承諾」）があるものとして、何ら「違法」でも「不当」でもないものとして（当事者に夫若しくは妻がいた場合は、その者に対する「不貞」行為が法的に問題となるとしても）、④と同様にみなされることが多かったと言えよう（当事者間に「合意」がないのに、モーテルに行くことなどありえない！――というのが従来の我々の「常識」であったとも言えよう）。

ところがセクシュアル・ハラスメントはこの区別の明確化を迫っているのである。即ち、外形上「合意」（明確な拒絶がない）があるようにみえても、それがとりわけ支配従属等関係の中で形成されたものである場合には、「相手方の意に反する」性的言動となる可能性が高くなるのである。では、その区別はどのようにして明確化できるのであろうか？　セクシュアル・ハラスメントは一般に「相手方の意に反する不快な性的言動」と理解されているが、ここで「相手方の意に反する」ということの判断要素として、「当事者間の関係」――当事者間は対等

図２　自由意思と性的言動

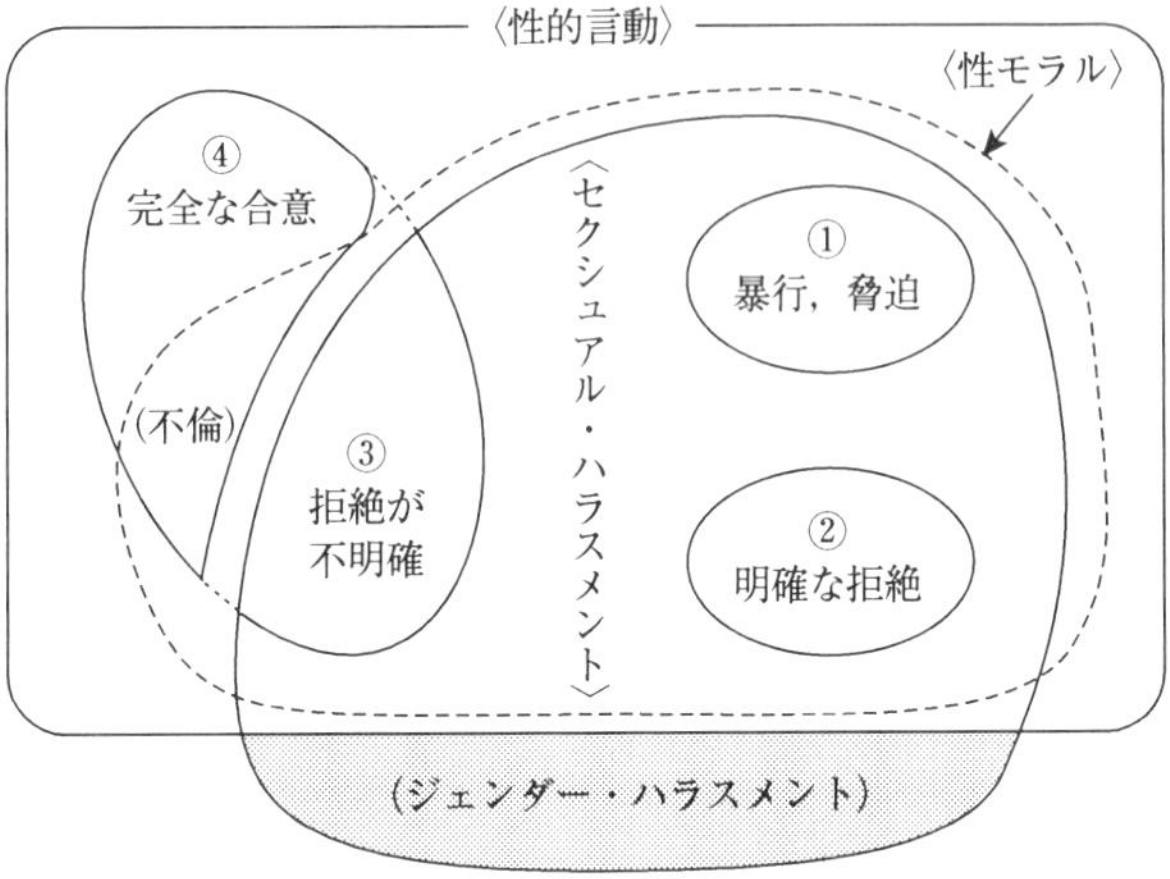

な関係なのか否か？　友人か否か？　親しい関係なのか否か？　等々――を入れることを要求しているのである。セクシュアル・ハラスメントは、「相手方の意に反する」性的言動か否かの判断に際して、行為態様のみならず、意思形成に際して、「当事者の関係」が極めて大きな要素を占めており、特に「当事者の関係」が、大学や職場での上下関係等、支配従属関係にある場合には、かかる関係の利用・乱用により、自由な意思形成が阻害され、相手方はしばしば「意に反する性的言動」を受け入れざるを得ない状態に陥ることを明らかにしたのである（図２）。裁判でもこの点がしばしば争いなるが（セクシュアル・ハラスメントの「加害者」は、しばしば「同意」があった、「恋愛関係にあった」等、「意に反する性的言動ではなかった」旨抗弁する）、「当事者の関係」を判断要素にすることにより、「意に反する」ものか否かが明らかとされるのである（裁判例の詳細については次章参照）。

(ii)　「不快な」性的言動である

次にセクシュアル・ハラスメントは相手方の意に反する「不快な」性的言動であるが、何が「不快な」ものなのかの判断は、(i)以上に多様でかつ個人差がある。一般的に何が「不快な」か？　は、その時代や社会の多くの人々が性モラルに反すると考えているもの――いわば社

会通念——によって判断されざるを得ないであろう。また「不快な」の受けとめ方は、「被害」にあった人によっても差があり——例えば性モラルに敏感な人と鈍感な人——、かつ、「加害者」と「被害者」、男性と女性によっても差があろうが、今日一般に、セクシュアル・ハラスメントの「被害」に遇う層の大半が女性であり、そのような場合は「平均的な女性」の受けとめ方が「不快な」ものの基準とされていくことになろう。この点につき、女性労働者の意に反する性的言動を規制対象としている改正均等法は、『「平均的な女性労働者の感じ方」を判断基準とすることが適当である』とし、「但し、女性労働者が明確に意に反することを示しているにも関わらず、さらに行なわれる性的言動は職場におけるセクシュアル・ハラスメントと解されうるものであること」としているのが参考となろう。

ところで、セクシュアル・ハラスメントと言っても、我々が社会一般で考えている「不快な」性的言動全てが法的規制の対象とされるわけではなく、個々の法律の趣旨・立法目的に沿って法的規制がなされていくことになる。したがって、現実に法的規制の対象とされているのは、このようなセクシュアル・ハラスメントの行為の中の一定範囲のものということになる。それを(i)で述べた分類に従ってみてみよう。

① 暴行・脅迫を伴う性的言動は、全て「不快」そのものであり、従来からも、重大な法秩序違反行為として、「加害者」は刑事処分の対象となり、かつ、民事上も相手方に肉体的・精神的被害を与えたものとして違法なものとされ、不法行為責任が問われることとされてきた——例えば強姦、強制わいせつ等の行為。

② 相手方が明確に拒絶の意思を示しているにもかかわらず行う性的言動も、全て「不快な」ものであり、①と同様に法秩序違反行為として、「加害者」は強制わいせつ等の刑事処分の対象となる可能性があると共に、民事上も不法行為責任が問われることがある——例えば電車の中のチカン等。

③ 相手方の拒絶の意思が明確といえない場合の性的言動は、職場や大学等の上下関係が存在している場におけるセクシュアル・ハラスメントの典型であり、それらについては、相手方が拒絶できない状態でそれを利用し

図３　性モラルと法的規制

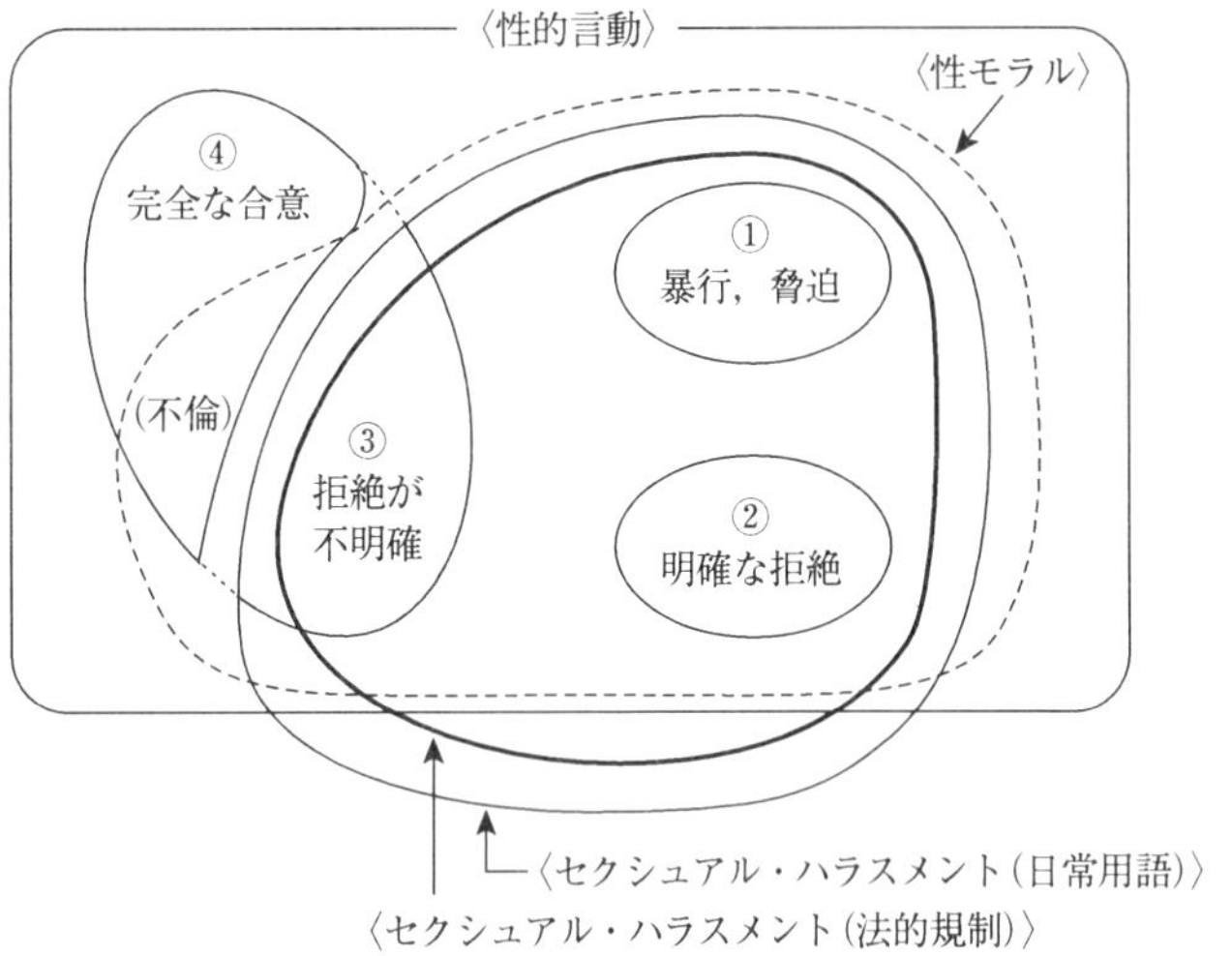

て性的言動を行なったことが認められる場合には、「不快な」ものであり、刑事上も強制わいせつ等に該当することがある。また、民事上も不法行為責任が認められることになる（もっともこの事実認定が従来極めて厳しかったことから、多くの「被害者」は「泣き寝入り」を余儀なくされてきたのであり、その点については後で詳述しよう）――これらによって職場環境が侵害され、労働条件において不利益等を受けることを防止する目的で、人事院規則・改正均等法が新たに規制をすることになったのである。

このように我々はセクシュアル・ハラスメントについて、基本的には性モラルに違反するものとして社会生活の中でそれを予防・排除することをめざしつつ、重大な性モラル違反行為については法律で規制することとしているのである（図３）。

(iii)　**相手方の意に反する「性的言動」である**　更に「性的言動」についても我々は、必ずしも性的欲求や関心に基づくものだけではなく、性差別意識にもとづく言動をもセクシュアル・ハラスメントという言葉の意味内容に含めて用いているといえよう。

即ち、セクシュアル・ハラスメントは「相手方の意に反

する不快な性的言動」と理解されているが、「性的言動」の内容は必ずしも明確なものとされてはおらず、後述する通り、今日セクシュアル・ハラスメントと言う言葉には、従来「性的言動」とは考えられていなかったものも含まれる傾向にある（図2、斜線部分）。

例えば「男のくせに」「女のくせに」等の発言や、女性にだけお茶くみをさせる、宴席で女性を横にはべらせる等の行為は、性的欲求や欲望に基づく言動というよりは、むしろ、性差別意識に基づいた言動であり、今日その多くは、いわゆる「ジェンダー・ハラスメント」と理解されているものであり、必ずしも我々が一般にイメージする「性的言動」という言葉に直結するものとは言えないであろう。

しかしながらセクシュアル・ハラスメントの社会的・政治的・経済的背景が、男性中心の社会構成を前提とした性差別意識に基づくものであることが人々に認識されるにつれ、我々がこのような意味内容も含めてセクシュアル・ハラスメントという言葉を用いるようになってきていることは争いようのないことと言えよう。

(2)　セクシュアル・ハラスメントと「合意」との区別は？

ところでセクシュアル・ハラスメントと、「合意」にもとづく性的言動とはどのように区別されているのだろうか？　セクシュアル・ハラスメント、即ち、「相手方の意に反する（「合意」にもとづかない）性的言動」と「相手方との『合意』にもとづく性的言動」とは質的には全く異なるものであるにもかかわらず、実際の場面ではこの区別はしばしば困難を伴うものとなっている。我々はこの区別をどのように行っているのだろうか？　あるいはどのように区別すべきなのだろうか？　既に述べた通り、相手方に対するレイプや強制わいせつ等の暴力や、相手方の明確な拒絶がある場合（①②）は、凡そ「合意」の存在する余地はなく、セクシュアル・ハラスメントとして違法不当な行為とされることは疑う余地がない。では、相手方の拒絶の意思が不明確なまま性的接触や性的関係がもたれた場合（③）、どのように考えるべきなのだろうか（図2③と④との区別）？

そもそも市民生活において当事者間の「合意」（明示若しくは黙示）は、当事者双方の「自由な意思形成」に基

づくものである場合には、原則として（公序良俗等に反すること――例えば「ヤクザ」の指つめなど――が、ないかぎり）社会的にも法的にも正当かつ有効な「合意」とされることには異論がない。他方、当事者双方若しくはいずれか一方に、「自由な意思形成」を阻害する事由が存在すると判断される場合――例えば欺罔、強迫、無知、交換条件の著しい不平等――当事者間には社会的、法的にみて正当かつ有効な「合意」が存在したものとはされず、法律的には「瑕疵あるいは取消し得るべき意思表示」とされ、当該「合意」は無効又は取消し得るべきものとされている。

したがって、何らかの「性的言動」――例えば当事者間に身体接触を伴った「性的言動」――が存在し、かつそれが暴行・脅迫を伴なわず、かつ、相手方の拒絶の意思が明確でなくとも（③の場合）、当該「性的言動」が、当事者双方の「自由な意思形成」を阻害するものと認められる場合には、「合意」もしくは「承諾」は有効に成立せず社会的、法的に違法・不当な行為とされることになろう。職場や大学等の支配従属関係が存在するところにおける「性的言動」、とりわけ上司や指導教官と部下や学生間の「性的言動」「性的接触」は、このような前提のもとに理解されるべきなのである。ではこのような前提に立った場合に、加害者側から「合意」が存在したと主張される場合は具体的にどのように理解されるのだろうか？　二つの場合について考えてみよう。

(i)「合意」の有無

第一は、職場や大学等で上司や指導教官等と部下や学生等の間で何らかの「性的言動」とりわけ性的関係があった場合、従来は、明白な暴行や脅迫等の特段の事情がないかぎり「合意」にもとづくものと理解され（当事者に配偶者がいる場合は配偶者との間で不法行為等が問題になる――いわゆる「不倫」）てきた――これが従来のいわば「常識」とされてきたのである。しかしながら、今日、この「常識」が変わりつつある。当事者間の「性的言動」が「意に反する不快なもの」か否かは、当該「性的言動」の客観的態様（例えばみだりに身体に触ったり、ひわいなジョークを言ったりする等）と当事者間の関係（上下関係の有無、個人的な親しさ等）によって判断すべきであるというのが、今日の「常識」になりつつあると言えよう（既に裁判例はその方向にある）。とり

わけ、職場や大学等の支配従属関係の存在するところで、上司や指導教官等が部下や学生等に対して行う「性的言動」は、仮に主観的には自らの地位・権限を利用・乱用した個人的欲望の表れでないとしても（そのような場合はほとんど考えられないが……）、客観的には、自らの地位・権限を利用・乱用したものと考えざるを得ないことが多く、このような場合、部下や学生等は拒絶できない状態にしばしば追いつめられて性的関係が形成されるのである――このような状況の中で形成された性的関係は、当事者間の「自由な意思形成」にもとづくものとは到底言い得ないものである。こうして、職場や大学等の上下関係のあるところで形成された性的関係は、「合意」にもとづかないものが多々存在するとの認識が広がっていった。かくして、職場や大学等で上司や指導教官と部下、学生との間で形成された性的関係――従来、その多くは「不倫」としてむしろ部下や学生が社会的非難の対象とされたり、配偶者から不法行為訴訟を起こされたりしていた――は、むしろセクシュアル・ハラスメントとして、上司や指導教官から部下・学生に対して加えられる「意に反する不快な性的言動」とされるようになってきたのである。

(ii)　「密室」の行為

第二は、セクシュアル・ハラスメントの大半は第三者等の目撃者のいないいわば「密室」で行われ、しかも、「被害者」側が職場の上下関係や同僚の対応等への配慮から「加害者」の行為に抵抗しなかったり、「被害」事実を直ちに周囲に告げなかったりすることがあるが、このような場合従来は、既に述べた通りセクシュアル・ハラスメントの「存在」自体が否定されたり、むしろ「合意」があったものとされることが多かった。しかし、これらの行為についても、セクシュアル・ハラスメントが認められるようになってきたのである。このように言わば従来の「常識」が今日転換されつつあると言えよう。これらの判断基準については次章で詳しく述べることにしよう。

ともあれセクシュアル・ハラスメントはわが国では比較的新しい言葉であるにもかかわらず、今日急速に人々の間に普及し、それ故に用語法に若干の混乱はあるものの、概ね日常的な用語としては、セクシュアル・ハラス

メントは「相手方の意に反する不快な性的言動」という意味内容で一致していると言ってよいであろう。セクシュアル・ハラスメントの日常用語としての定義をこのように理解する点については、裁判例でも承認されるようになってきており、例えば「京都大学セクシュアル・ハラスメント事件」（京都地判平九・三・二七－裁判例18）では、

「『セクシュアル・ハラスメント（セクハラとも略される。）』とは未だ多義的に用いられている概念である。（中略）社会学的には『歓迎されない性的な言動または行為により（女性に）屈辱や精神的苦痛を感じさせたりすること』、『性的な言動または行為によって相手方の望まない行為を要求し、これを拒んだ者に対し職業、教育の場で人事上の不利益を与えるなどの嫌がらせに及ぶこと』とも定義付けられ」

るとしており、日常的用語例としてこのように用いられることがほとんどである旨述べている。

このようにセクシュアル・ハラスメントは、今日社会一般に広く蔓延しているだけでなく、特に雇用や教育の分野においては、企業内の上司と部下、大学内の指導教官と学生等の上下、支配従属関係を利用・乱用して行われ、被害者の性的自由、人格権を著しく侵害するのみならず、雇用・教育環境をも悪化させて、企業や大学等での職務や教育・研究能率をも低下させていることが明らかとなるにつれ、法的に違法不当なものとして、これらの行為を社会から排除すべきであるとの認識が多くの人々に共有されるようになってきた。このような状況を反映して、九〇年代に登場してきたセクシュアル・ハラスメントに関する裁判例の中では、特に職場における、上司等から部下に加えられる「相手方の意に反する不快な性的言動」（その大半は刑事上も強制わいせつに該当するものである）が違法不当なものとして評価され、その中で、セクシュアル・ハラスメントに関する事実認定、使用者責任の根拠について新たな法理が形成されるようになってきたのである。セクシュアル・ハラスメントは、日常用語として用いられる際には、人々のイメージが様々であるにもかかわらず、その法的規制が認識されるにつれて、法的概念としての構成が必要とされるようになってきたのである。

さて、それでは我が国ではセクシュアル・ハラスメントは、法的にはどのように定義づけられているのであろうか？　次にそれをみてみよう。

2　セクシュアル・ハラスメントの定義——法律用語上の概念は？

言うまでもなくセクシュアル・ハラスメントに関する法律用語上の概念は、1に述べた日常用語上の概念の中から一定範囲のものが抽出されることになる。特にセクシュアル・ハラスメントに関して法律上特別な救済（若しくは制裁）規定を制定するに際しては、その概念（＝定義）を明確にする必要がでてくる（アメリカの公民権法第七編に基づくEEOCのガイドラインについては第一章参照）。

わが国では、昨年（一九九九年）四月一日から施行された改正均等法、人事院規則がセクシュアル・ハラスメントを「規制」する法令として登場することになった。そこで、以下に改正均等法、人事院規則におけるセクシュアル・ハラスメントの定義をみてみよう（これらの法令におけるセクシュアル・ハラスメントの定義、成立要件、法的効果はそれぞれ相当に違いがあることがわかる）。

《改正均等法の定義》

均等法の改正により、わが国ではじめて法律によりセクシュアル・ハラスメントに定義が与えられ、それに対する対策が講じられることとなった。昨年（一九九九年）四月一日施行された改正均等法第二一条は、「職場における性的な言動に起因する問題に関する雇用管理上の配慮」として、同条一項で、

「事業主は職場において行われる性的な言動に対するその雇用する女性労働者の対応により当該女性労働者がその労働条件につき不利益を受け、又は当該性的な言動により当該女性労働者の就業環境が害されることのないよう雇用管理上必要な配慮をしなければならない」

と規定した。

もっとも、同条項には「セクシュアル・ハラスメント」という言葉は用いられていないが（これはわが国の法律においては、原則として外国語を音にしたカタカナ語を使用しないという慣習が存在することによるものである）、同条項がセクシュアル・ハラスメントに関して規定したものであることは、同条二項を受けた「指針」（平成一〇年労働省告示第二〇号）が、

「職場において行われる性的な言動に対する女性労働者の対応により当該女性労働者がその労働条件につき不利益を受け、又は当該性的な言動により女性労働者の就業環境が害されること」（=「以下職場におけるセクシュアル・ハラスメント」という）

と規定していることからも明らかである。

同「指針」は更に、「職場におけるセクシュアル・ハラスメント」の内容について、

「職場におけるセクシュアル・ハラスメントには、職場において行われる性的な言動に対する女性労働者の対応により当該女性労働者がその労働条件につき不利益を受けるもの（以下「対価型セクシュアル・ハラスメント」という）と、当該性的な言動により女性労働者の就業環境が害されるもの（以下「環境型セクシュアル・ハラスンメント」という）がある」とし、「『性的な言動』とは性的な内容の発言及び性的な行動を指し、この『性的な内容の発言』には、性的な事実を尋ねる事、性的な内容の情報を意図的に流布すること等が、『性的な行動』には性的な関係を強要すること、必要なく身体に触ること、わいせつな図画を配布すること等が、それに含まれる」

と規定した。

ところで均等法が定義するセクシュアル・ハラスメントの特徴は、その対象が職場における女性労働者に限定され、また「性的言動」には性差別意識に基づくいわゆるジェンダー・ハラスメントは含まれず、事業主の責任

図４　改正均等法上のセクシュアル・ハラスメント

均等法が規定するセクシュアル・ハラスメント（概ね▨の部分）の主な要素

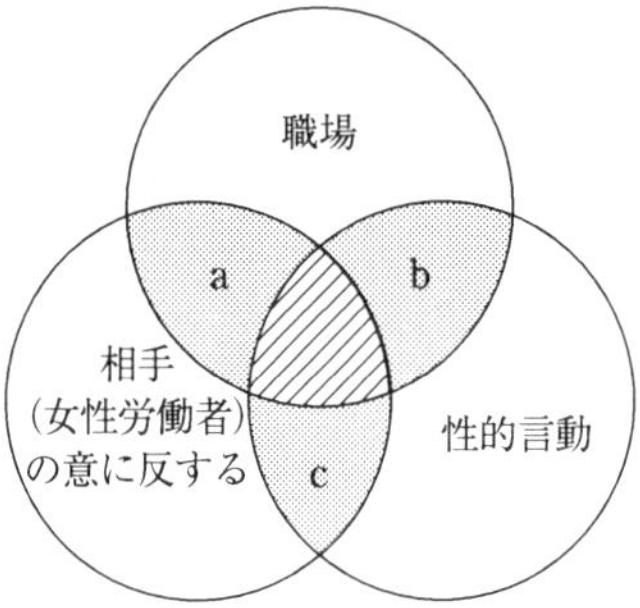

aのグレーゾーンの例（？）
・お茶くみの強要
・女性に対する「ちゃん」づけ

bのグレーゾーンの例（？）
・女性の同意のある肩もみ

cのグレーゾーンの例（？）
・任意参加の宴席での性的言動

を発生させるセクシュアル・ハラスメントの範囲を、二つの形態に類型化し、いわゆる「対価型」と「環境型」に限定しているという点である。

この定義は、前述したように、我々が日常用いているセクシュアル・ハラスメントの中から、対象・内容・責任原因のいずれについても限定を加えたものであるが、それは（あくまでも）均等法が対象とするセクシュアル・ハラスメントの概念を定義したものである。つまり均等法が定義するセクシュアル・ハラスメントは、その責任主体を事業主（「加害者」本人ではない！）とし、対象を、事業主が雇用する女性労働者に限定し、責任発生原因を、「対価型」と「環境型」に限定しているが、それは同法が、女性労働者が職場において性別により差別されることなく、十分にその能力を発揮できる雇用環境を整備することを主眼として（同法一、二条）、このような雇用環境の整備を事業主に義務づけるという立法形式をとっていることによるとされている（例えば同法五条は、「事業主は労働者の募集及び採用について、女性に対して男性と均等な機会を与えなければならない」と規定している。配置、昇進、教育訓練、定年、退職等についても同様の規定をおいている――同法六、七、八条等）。そこで、セクシュアル・ハラスメントについても、均等法は、事業主に対し、その雇用する女性労働者に対し、セクシュアル・ハラスメントが行われないようにする「配慮義務」を課することとした。「配慮義務」の内容としては、「指針」は、(ア)事業主の方針の明確化及びその周知・啓発、(イ)相談

苦情への対応、(ウ)職場におけるセクシュアル・ハラスメントが発生した場合の事後の迅速かつ適切な対応、の三点をあげている（事業主の負う「配慮義務」の法的性質については後述する[注1]）。

改正均等法が定義するセクシュアル・ハラスメントは、〈図4〉のように、①職場における、②相手方（女性労働者に限定）の意に反して行われる、③性的言動、の三つが重なりあった斜線部分ということになり、それ以外のa、b、cはいわゆるグレーゾーンとして、事業主の「配慮義務」の範囲に含まれるか否かが、争いとなる部分となろう（他方、人事院規則のセクシュアル・ハラスメントの定義では、概ねa、b、cの部分は含まれることになろう）。改正均等法を受けて各企業ではセクシュアル・ハラスメント防止規定を整備しつつあることは既に述べた[注2]。

なお、昨年一二月一日から施行された改正労働者派遣法四七条の二により、派遣先に均等法二一条が適用されることになった結果、派遣元事業主のみならず、派遣先事業主にも、派遣スタッフに対するセクシュアル・ハラスメント防止の「配慮義務」が課されることとなった。一般に職場では、派遣スタッフは正社員と比してさまざまな差別を受ける傾向があり、特に短期間の派遣契約に対するセクシュアル・ハラスメントをはじめとするさまざまないじめやいやがらせ等を防止する義務を派遣先事業主が負うことは、派遣スタッフの良好な労働条件を維持するうえで重要なことである（もっとも派遣先事業主の負う「職場環境配慮義務」の法的性質については後述する）。

《人事院規則の定義》

改正均等法施行と同時期である昨年四月一日に施行された人事院規則一〇―一〇（セクシュアル・ハラスメントの防止等）では、性的言動としての「セクシュアル・ハラスメント」と、それによる雇用条件の悪化等を「セクシュアル・ハラスメントに起因する問題」として区別して次のように定義している。同規則第二条は、

「一、セクシュアル・ハラスメント――他の者を不快にさせる職場における性的な言動及び職員が他の職員を不快にさせる職場外における性的な言動

二、セクシュアル・ハラスメントに起因する問題――セクシュアル・ハラスメントのため職員の勤務環境が害されること及びセクシュアル・ハラスメントへの対応に起因して職員がその職務条件につき不利益を受けること」

と規定した。

更に同規則を受けた「人事院規則　一〇―一〇の運用について（通知）」では、セクシュアル・ハラスメントの内容につき、

「『他の者を不快にさせる』とは、職員が他の職員を不快にさせること、職員がその職務に従事する際に接する職員以外の者を不快にさせること及び職員以外の者が職員を不快にさせることをいう」、

「『性的な言動』とは、性的な関心や欲求に基づく言動をいい、性別により役割を分担すべきとする意識に基づく言動も含まれる」、

「『セクシュアル・ハラスメントのため職員の勤務環境が害されること』とは、職員が直接又は間接的にセクシュアル・ハラスメントを受けることにより、職務に専念することができなくなる等その能率の発揮が損なわれる程度に当該職員の職務環境が不快なものとなることをいう」（いわゆる「環境型」）、

「『勤務条件につき不利益を受けること』とは、昇任・配置換等の任用上の扱いや昇格、昇給、勤勉手当等の給与上の取扱い等に関し不利益を受けることをいう」（いわゆる「対価型」）とされた。

均等法と比して、人事院規則の特徴はセクシュアル・ハラスメントの概念を「性的言動」と「それに起因する問題」に区別したうえで、その「性的言動」の対象、範囲を拡大した点である。即ち、セクシュアル・ハラスメントの概念を「他の者を不快にさせる性的な言動」として、それによって生じる就労環境等の不利益を「セクシュアル・ハラスメントに起因する問題」としたことによって、セクシュアル・ハラスメント概念はより柔軟かつ幅広く把握することが可能となり、「性的な言動」には、「性的な関心や欲求に基づく言動」のみならず、「性別によ

図５　人事院規則上のセクハラの主な要素

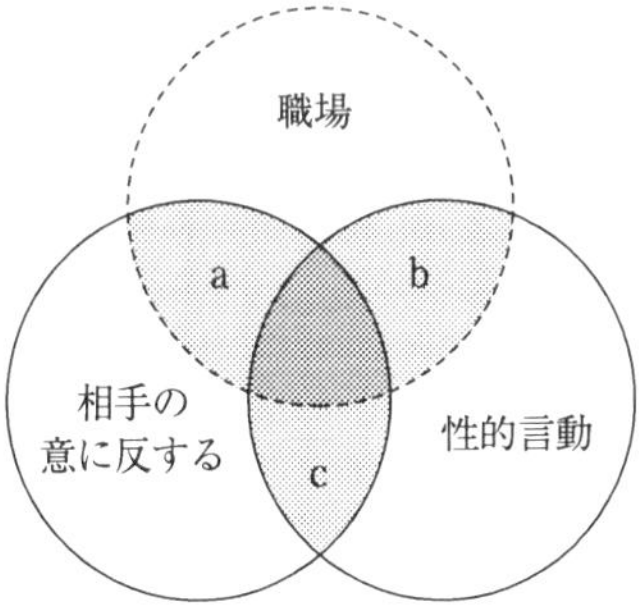

り役割を分担すべきとする意識に基づく言動」、即ち、性的差別意識や優越意識に基づく言動（いわゆるジェンダー・ハラスメント――例えば「男のくせに根性がない」「女には仕事が任せられない」「女は職場の花でありさえすればよい」等の発言や、「男の子、女の子」「僕、坊や、お嬢さん」等と人格を認めないような呼び方をすること、女性であるというだけで職場でお茶くみ、掃除、私用等を強要することなど――同「指針」より）が含まれることとされた。これを図示すると〈図５〉のようなものとなり、均等法ではグレーゾーンとされたもの（a、b、c）は概ね、人事院規則ではセクシュアル・ハラスメントの定義に該当するものとして規制対象とされよう。

人事院規則は人事行政の公正さの確保、職員の利益の保護とあわせて公務の能率的な運営を確保することを目的として制定されたものであり、このような観点から、他の者を不快にさせる「性的言動」として、性的な欲求や関心に基づく言動のみならず性的な差別意識や優越意識に基づく言動もセクシュアル・ハラスメントの概念に含め、これによって、職員の勤労意識の低下を防止し、能率発揮が阻害されることを防止しようとしたものである（注３）。

人事院規則の規定するセクシュアル・ハラスメントの概念は、前述した通り、我々が日常用いているセクシュアル・ハラスメントの用語法とも概ね一致するものといえよう。

人事院規則はセクシュアル・ハラスメントの対象として男性をも含むこ

ととしている。一般に「意に反する不快な性的言動」は女性に限らず男性に対してもあり得るもので、セクシュアル・ハラスメント防止策の対象となる職員を女性に限定する必要はなく、人事院規則の規定は妥当なものとして是認すべきものであろう。特に公務労働者には平等取扱いの原則が定められていることからも（国公法二七条、地公法一三条）、このような規定の仕方は妥当である。更に人事院規則は、セクシュアル・ハラスメント対策の対象となる性的言動について、均等法と異なり（同法は「職場」に限定している）、その場所・時間を限定していない。既に述べてきたとおり、セクシュアル・ハラスメントはいわゆる「アフター5」のような職場外でのプライベートな時間帯で、勤務場所外でも、職場の上下関係や人間関係が実質的に存在することによって引きおこされるものであり（むしろそのようなことが常態化しているともいえよう）、このような対処は妥当なものといえよう。

総じて、人事院規則の方が、改正均等法の規定よりもセクシュアル・ハラスメントを幅広くとらえており、我々の日常的な用語法並びに職場や大学等でのセクシュアル・ハラスメントの実態にも合致し、防止策として、より妥当な方向性を示しているといえよう。

人事院規則に基づいて各省各庁が相次いで通達等によってセクシュアル・ハラスメント防止対策を整備するようになってきている。(注4)

さて、このようにセクシュアル・ハラスメントの概念——人々はセクシュアル・ハラスメントをどのようなものとして理解しているか——について、日常用語法、改正均等法、人事院規則を手がかりとしてみてきた。では、わが国の裁判例はどのようになっているのであろうか？

《裁判上の定義》

わが国の裁判例ではセクシュアル・ハラスメントという言葉が用いられることがあるものの、その法律上の定義については明確にされることなく、一部の例外を除いてセクシュアル・ハラスメントの定義づけがなされるこ

となく、当該行為の違法性の有無・程度について判断がなされてきた（もっとも「セクシュアル・ハラスメント」という言葉が名誉棄損に該当するか否かが争われた事案――前掲京都大学セクハラ事件――では、セクシュアル・ハラスメントの日常用語としての定義づけがなされている）。

これは、わが国では今日までセクシュアル・ハラスメントを定義づけした法令が存在せず、職場や大学等で発生するセクシュアル・ハラスメントに関して、民事責任が問われる場合は、「被害者（すべて女性）」から「加害者（すべて男性）」本人若しくは使用者に対して不法行為若しくは契約責任を問う形で訴訟が提起されており、そこでは、セクシュアル・ハラスメント行為の存否、並びに責任原因としての不法行為法上の違法性の有無・程度若しくは契約法上の債務不履行責任の有無が問題とされてきており、また刑事責任や懲戒処分の対象が争われる場合は、それぞれの法令若しくは懲戒事由の適用の有無が争われることになり、セクシュアル・ハラスメントを定義づけする必要性も必然性もなかったことによるものであろう。

しかしながら均等法・人事院規則等で定義づけされたセクシュアル・ハラスメントの内容をみると、その多くが今日までの裁判において形成されつつある使用者の契約上若しくは不法行為上の「職場環境配慮義務」等を確認する内容となっており、裁判において形成されつつあるセクシュアル・ハラスメント法理の影響を見てとることができよう。他方、均等法・人事院規則等でセクシュアル・ハラスメントの定義づけがなされたことにより、今後は裁判においても、民事責任が問題とされる場合は、「加害者」本人や使用者の責任原因（不法行為若しくは契約責任）の判断基準の一要素として、均等法等の定義づけが一つの有力な判断材料とされることになろう。また刑事責任が問題とされる場合も（例えば、強姦、強制わいせつなど）、事実認定や刑事責任の有無に関して均等法・人事院規則の定義が有力な判断材料となってこよう（特に「不快な性的言動」の有無について）。更に、企業等における懲戒処分の効力が争われる場合、懲戒事件の存否については均等法・人事院規則に規定されたセクシュアル・ハラスメントの定義・成立要件が極めて大きな意味を果たすことになろう。何故ならば、これらの法令は、

民間事業所や公務職場における、良好な職場環境の保持を事業主や職員に「義務」づけ（その効力については後述）、事業主らはこれらの法令に従って、セクシュアル・ハラスメント防止の義務（「配慮義務」等）を負い、使用者である事業主が、従業員に対してそれに従って懲戒処分を行った場合、当然、セクシュアル・ハラスメントの意味内容（＝定義）、成立要件が問題とされざるを得なくなるからである。

では、どのような要件を備えると、均等法・人事院規則の定義するセクシュアル・ハラスメントと判断されるのであろうか？　それを次に見てみることにしよう。

二　均等法二一条・人事院規則の定義

セクシュアル・ハラスメントとはどのようなものか（＝概念、定義）ということが明らかとなってきたが、では我々のまわりのどのような行為がセクシュアル・ハラスメントとされるのだろうか（＝成立要件）？　セクシュアル・ハラスメントの概念は「相手方の意に反する不快な性的言動」とされるが、ではどのような行為がセクシュアル・ハラスメントとなるか？　――日常用語としては、我々はセクシュアル・ハラスメントの概念と成立要件を区別することなく用いており、その内容は既に述べた通り、その社会、時代における人々の性モラル・規範意識に大きく左右されよう。しかしながら、法律用語としては、セクシュアル・ハラスメントの概念が定義されたからといって、その成立要件を明確にしないことにはセクシュアル・ハラスメントの法的規制ができないことになる。そこで、この点についてわが国の法律はどのような規定をしているのだろうか？　均等法と人事院規則を手がかりに見てみよう。

1　均等法の規定

均等法は、事業主がその「雇用する女性労働者」に対して「職場において行われる性的言動」によって、「女性労働者の対応により当該女性労働者がその労働条件につき不利益を受け」（「対価型」）たり、「当該女性労働者の就業環境が害される」（「環境型」）ことのないよう、「雇用管理上必要な配慮をしなければならない」と規定し（二一条）、その具体的内容を「指針」で定めている。均等法（指針・通達も含む）は、既に述べた通り、直接的には職場におけるセクシュアル・ハラスメントの防止・排除を目的として、事業主に対して、セクシュアル・ハラスメントに関する「配慮義務」を課したものであり、そのような観点からセクシュアル・ハラスメントの定義・成立要件を定めている。したがって裁判で実際に争いとなるような、職場において性的被害等が発生した場合の「加害者」若しくは使用者責任の追及のように、個々のケースが違法となるか否かという形でセクシュアル・ハラスメントの成立要件を定めたものではない。そこでこのような観点を前提として、以下に均等法が規定するセクシュアル・ハラスメントの成立要件をみてみよう。均等法は、事業主にその防止のための「配慮義務」が課されることになるセクシュアル・ハラスメントの成立要件として、

> ①　職場において行われる行為であり、
> ②　女性の意に反する性的言動であり、
> ③　それに対する対応により、女性労働者が労働条件について不利益を受けたり、就業環境が害されたりすること、

以上の全てを満たすことをあげている。

(1) 対象範囲

(i) 物的範囲

均等法は事業主の「配慮義務」の範囲を、「職場」におけるセクシュアル・ハラスメントに限定している。ここでいう「職場」とは、女性労働者が実際に働いている場所のことであり、通常勤務している事業所はもちろん、それ以外でも例えば取引先と打合わせをするための飲食店（接待の席も含む）、顧客の自宅（保険外交員など）、取材先（記者など）、出張先及び業務で使用する車中等も含まれるとされる（指針・通達参照）。従来しばしば、女性労働者に対するセクシュアル・ハラスメントが、通常の勤務場所以外で、同僚・上司だけでなく顧客や取引先からも加えられてきていることを考えるならば、これらの場所を「職場」として含まれるとしたのは当然といえよう。均等法はセクシュアル・ハラスメントの「行為主体（＝「加害者」）」について何らの限定をしていない（同法は、職場におけるセクシュアル・ハラスメントの「配慮義務」の「責任主体」として事業主に一定の義務を規定したものである）。したがって、「職場」において行われた行為であるかぎり、あらゆる人がセクシュアル・ハラスメントの行為主体（＝「加害者」）となり得、それらの者の行為につき、事業主はセクシュアル・ハラスメント防止等の「配慮義務」を負うことになる。これらの「行為主体」は、例えば、事業主本人・上司・同僚のみならず、取引先の担当者・顧客・患者・学生・生徒などが含まれ、しかも男女問わないこととなり、女性上司・女性同僚も行為主体となり得る。

以上から明らかなことは、事業主は、自社の事業所内における、自社の社員間を対象としたセクシュアル・ハラスメントの防止、被害対策のみを行なえばよいということではなく、取引先や接待の場などを含め、業務に使用する場所全体（＝職場）について、自社の女子労働者に加えられるセクシュアル・ハラスメント防止、被害対策の「配慮義務」を負っていることになる。例えば、自社の女性社員が取引先に打ち合わせに出向き、そこで取引先の社員からセクシュアル・ハラスメントを受けたとの申し出があった場合も、当然に均等法が定めるセクシュアル・ハラスメントに該当し、事業主は社員を行かせないようにするとか、取引先の担当者の処分を申し入

れる等のセクシュアル・ハラスメント被害回復、再発防止の措置を講ずる等の配慮義務を尽くす必要があろう。

ところで実際のセクシュアル・ハラスメントはこれにとどまるものではない。「職場」で行われる不快な性的言動は、実際には勤務終了後である、いわば「アフター５」に行われることがしばしばであり、この場合は均等法が規定する「職場」とは直ちには言えないことになる（いわばグレーゾン）。この点について、均等法（通達）は勤務時間外の「宴会」等であっても、勤務との関連性、参加者、参加が強制か任意か等から判断して、実質上勤務の延長と考えられているものには、「職場」に該当するとの判断を示している。しかし、例えば「宴会」といっても一次会だけではなく二次会の帰りぎわに上司から部下が抱きつかれたり、「ホテルに行こう」などと誘われたりした場合はどうなるのであろうか？　――実際はそのような場合のセクシュアル・ハラスメントの方が多いとも言えるのであり（セクシュアル・ハラスメントの大半は第三者の目撃者がいない「密室」で行われている）、均等法の規制では未だ不十分なものといわざるを得ない（これらについては後述する通り、人事院規則がより幅広い要件を規定している。また指針３⑵なお書きでも、事業主の配慮義務の一つとされている「相談・苦情への対応」につき「職場におけるセクシュアル・ハラスメントに該当するか否か微妙な場合であっても、相談・苦情に対応することが必要である」として、これらの場合を相談・苦情の対象とすることを求めている――通達と指針の間には、規制についてやや一貫性に欠けることがあると言えよう）。

(ii)　人的範囲

均等法は、事業主に対して、その「雇用する女性労働者」にセクシュアル・ハラスメントが発生しないよう防止対策等の配慮義務を課している。

ここで第一に「雇用する」とは、事業主が労働契約を締結している者（＝被用者）のこと、いわば「わが社の社員」のことである。したがって仮に自社の社員が「職場」で、他社の社員、同じ職場で働いている派遣労働者、採用申込み中の者にセクシュアル・ハラスメントをしても、均等法が規定する事業主の「配慮義務」の対象外とされることになる（但し派遣労働者については、改正派遣法により派遣先事業主にも配慮義務が課せられることになり、

また募集・採用中の者については、均等法五条違反で禁止されることになっている)。もっとも自社の社員が他社の社員に加えたセクシュアル・ハラスメントが均等法の規制範囲外であるとしても、企業は一般にこのような場合、企業の信用名誉を毀損したこと等を理由として当該社員を懲戒処分にしたり担当を変更することが可能であり、そうであるならば積極的に自らの「雇用する」労働者が業務の遂行に関して「他の者」にセクシュアル・ハラスメントをした場合についても事業主の「配慮義務」の範囲としていくべきであろう(なお、「雇用する」労働者以外の者に対するセクシュアル・ハラスメントについても、人事院規則では規制対象としている——後述)。

第二に均等法は、「女性労働者」に対するセクシュアル・ハラスメントについてのみ事業主に「配慮義務」を課しており、男性労働者に対するセクシュアル・ハラスメントは配慮義務の範囲外とされている。均等法は性差別禁止法ではなく、主として女性労働者の利益確保のための法律の性格を残したものであることが理由とされているが、今日セクシュアル・ハラスメントは、男女を問わず違法不当なものとして職場内外から排除していくべきとの認識が広く社会的にも共有されていることからみても、男性労働者に対するセクシュアル・ハラスメントを規制の対象とすることは何ら均等法の趣旨に反しないものと言えよう(なお、人事院規則は平等取扱いの原則に従って、男女を問わずセクシュアル・ハラスメント行為を規制の対象としている)。

(2) 対象行為

均等法は女性労働者の「意に反する性的言動」の防止を事業主の配慮義務の内容としている。既に述べてきた通り、何が「意に反する性的言動」かという判断は、時代・社会により、人々の性モラル・規範意識に左右されるものであるが、この点につき「指針」は「意に反する性的言動」の内容を次のように例示している。

(i) セクシュアル・ハラスメント行為

「意に反する性的言動」とはまず、その言動が「性的性質」を有するものに限定されており、したがって、例えば女性労働者のみに「お茶くみ」等を行わせる行為は、「性的性質」を有しておらず、性差別意識に基づく言動とされ、「性的言動」には含まれないものと理解されている(通達)。均

等法が、性差別意識を背景とした言動を排除した理由は、これらの言動は、むしろ固定的な性別役割分担意識や配置に係わる女性差別の問題としてとらえるべきであるという考えが示唆されているとも考えられ、均等法上、これらの言動は、配置・昇進等における女性労働者の差別としてとらえていくということかも知れない（同法六条参照）。

しかしながら、セクシュアル・ハラスメントは社会的・経済的・政治的にみたとき、男性中心社会の中で生成されてきた性差別意識を背景として生み出されてきている点は否定できない事実であり、「性的性質」と「性差別意識」とは明確に区別できるものでもないことから、むしろ性差別意識を背景とした言動もセクシュアル・ハラスメントの対象に含めるほうが妥当なものと言えよう（人事院規則参照）。

均等法で規定する「意に反する性的言動」には、「性的な内容の発言」と「性的な行動」とが含まれ、「性的な内容の発言」とは、例えば性的な冗談やからかい、食事やデート等への執拗な誘い、意図的に性的な噂を流布すること、性にかかわる個人的な体験などを話したり、聞いたりすること等とされ（通達）、「性的な行動」とは、例えば、性的な関係の強要、身体への不必要な接触、強制わいせつ行為、強姦、ヌードポスター・猥褻図画の配布、掲示等とされる（通達）。

(ii) 「対価型」と「環境型」の二類型

均等法のいうセクシュアル・ハラスメントは、職場において女性労働者の「意に反する性的言動」が行われ、それに対する女性労働者の対応により、(ア)女性が労働条件について不利益を被ったり、(イ)その就労環境が著しく悪化すること、とされている。指針が定める具体例をみてみよう。

(ア) 「対価型」セクシュアル・ハラスメント

職場において行われる、女性労働者の「意に反する性的な言動」に対する女性労働者の「対応により」、当該女性労働者が「労働条件」について「不利益」を受けることである。ここで「労働条件」とは、職場における労働者の待遇の一切を意味しており、就業場所・業務・賃金等が含まれる。「不利益」とは、解雇、降格、減給、昇進・昇給の対象からの除外、雇用契約の更新拒絶、客観的にみて

不利益な配置転換等が含まれる。また「対応により」とは、例えば女性労働者の拒否や抵抗等の対応が、解雇・降格・減給等の不利益と因果関係があることを意味する。

「対価型」セクシュアル・ハラスメントの典型例として指針では次のようなものをあげている（指針）。

(a)事務所内において事業主が女性労働者に対して性的な関係を要求したが、その女性労働者が拒否したため、解雇すること。(b)出張中の車中において上司が女性労働者の腰・胸等に触ったが、その女性労働者が抵抗したため、不利益な配置転換をすること。(c)営業所内において事業主が日頃から女性労働者に関係する性的な事柄について公然と発言していたが、その女性労働者に抗議されたため、降格すること。

(イ)　**「環境型」セクシュアル・ハラスメント**　職場において行われる女性労働者の意に反する性的な言動により、当該女性労働者の就業環境が害されることである。ここでいう「就業環境が害されること」とは、単に性的言動のみでは就業環境が害されたことにはならず、一定の客観的要件が必要であり、この点につき「指針」は、「女性労働者の就業環境が不快なものとなったため、能力の発揮に重大な悪影響がでる等、当該女性労働者が就業するうえで看過できない程度の支障が生じること」と述べている。要するに、女性労働者が就業する上で見過せない程度の支障が生じることを必要とするということであり、一般的には意に反する身体接触によって、強い精神的苦痛を被る場合、それが一回でも就業環境を害することになり得よう。また性的冗談やヌードポスターの掲示による場合などは、継続性又は繰り返しが要件とされようが、明確に抗議にしているにもかかわらず放置された状態の場合や、心身に重大な影響を受けていることが明確な場合にも就業環境を害することとなり得よう。

典型的な例として指針では次のようなものをあげている（指針）。

(a)給湯室において上司が突然女性労働者に対して抱きついてきたため、出勤するのが苦痛でつらくなっていること、事務所内において事業主が女性労働者の腰・胸等にたびたび触ったため、その女性労働者が苦痛に感じて、その就業意欲が低下していること（身体接触型）。(b)同僚が取引先において「性的にふしだらである」などの噂を

流したため、その女性労働者が苦痛に感じて取引先にいくことができないこと、会社内で顔を合わせると必ず性的経験や容姿・身体に関することについて聞く労働者がおり、女性労働者が非常に苦痛に感じていること（発言型）。(c)女性労働者が抗議しているにもかかわらず、事務所内にヌードポスターを掲示しているため、女性労働者が苦痛に感じて業務に専念できないこと（視覚型）。

(iii)　**いわゆる「グレーゾーン」**　次のような事例は均等法上のセクシュアル・ハラスメントの定義に該当しないとされる可能性が高いが（いわゆるグレーゾーン）、これを放置することにより民事上の使用者責任、個人の不法行為責任が問題となる可能性があると言えよう。

(a)職場で顔を会わせるたびに、「子供はまだか」と繰り返し尋ねること（「性的言動」とはいえないかもしれない）。(b)部下の女性を勤務時間終了後食事に誘い、性的な要求をすること（「職場」とはいいがたいかもしれない）。(c)任意参加の歓迎会の酒席において、上司を含めた男性労働者の隣に座ること、デュエット、お酌の強要をすること（「職場」ともいいがたく、「性的な言動」ともいいがたいかもしれない）。

なお「指針」は事業主の雇用管理上配慮すべき事項として、相談・苦情への対応につき、「職場におけるセクシュアル・ハラスメントに該当するか否か微妙な場合であっても、相談・苦情に対応することが必要である」と、これらのグレーゾーンに該当する事項についても、相談・苦情の対象とすることを求めており、これを怠った場合、「配慮義務」違反とされる可能性がでてこよう。

(iv)　**判断基準**　「意に反する性的な言動」か否か、「就業環境が害された」か否かは、人により苦痛・不快に感じる程度が異なり、特に男性優位の社会環境の中では男女差もあることから、被害に遭う女性の立場を重視する必要がでてこよう。他方一定の客観性も必要であることから、均等法は「平均的な女性労働者の感じ方」を基準とするのが適当としている（通達）。

但し、この基準は大半の女性が苦痛に感じるものだけがセクシュアル・ハラスメントに該当するという意味で

はなく、仮に「平均的な女性」が苦痛に感じない程度のものであったとしても、当該女性が明確に意に反することを示しているにもかかわらず、更に行われる性的言動はセクシュアル・ハラスメントに該当することになろう（通達）。したがって、女性労働者からセクシュアル・ハラスメント被害を事業主が訴えられたにもかかわらず、「その程度のことは平均的な女性であれば苦痛に感じない」として放置した場合、セクシュアル・ハラスメントに該当する可能性がでてくることになる。

例えば次のような場合がこの例に相当しよう（通達）。

(a)管理職が女性労働者の肩をときどき触る。(b)男性労働者が集まると、女性労働者のいる前でときどき性的な会話をする。(c)休憩時間などにしばしばヌード雑誌をこれ見よがしに読む男性労働者がいる。

2　人事院規則一〇—一〇の規定

人事院規則一〇—一〇（セクシュアル・ハラスメントの防止等）は、公務職場におけるセクシュアル・ハラスメントを「不快に感じる性的な言動」と定義し、「セクシュアル・ハラスメント」とそれによる雇用条件の悪化等を「セクシュアル・ハラスメントに起因する問題」として区別したうえで、これらの防止・排除等のセクシュアル・ハラスメント防止の責務を職員、各省庁の長、人事院の三者にそれぞれ負わせることとし、これらの責務に違反した場合には懲戒処分もあり得るものと規定した（規則二、三〜五条、通知、指針）。人事院規則は均等法と比して、セクシュアル・ハラスメントの対象を性別や職員に限定せず、「性的な言動」についても、「性的な関心や欲求に基づく言動」のみならず「性別により役割を分担すべきとする意識に基づく言動（いわゆるジェンダー・ハラスメント）」にも広げると共に、その場所、時間にも限定をつけず、いわゆる「アフター5」にも拡大した。これは、人事院規則が人事行政の公正さの確保、職員の利益の保護とあわせて公務の能率的な運営を確保することを目的として制定されたものであり、このような観点から、他の者を不快にさせる「性的言動」として性的な欲

求や関心に基づく言動のみならず性的な差別意識や優越意識に基づく言動もセクシュアル・ハラスメントの概念に含め、これによって、職員の勤労意識の低下を防止し、能率発揮が阻害されることを防止しようとしたものであり、総じて、人事院規則の方が、改正均等法の規定よりもセクシュアル・ハラスメントを幅広くとらえており、我々の日常的な用語法並びに職場や大学等でのセクシュアル・ハラスメントの実態にも合致し、防止策として、より妥当な方向性を示しているといえよう。もっとも人事院規則も、規則違反の行為に対する懲戒処分（国公法八二条）の効力を争ったり、措置要求（国法八六条）をめぐって裁判で争いとなることはあるものの、裁判で実際に争いとなるような職場において性的被害等が発生した場合の、「加害者」若しくは使用者責任の追及のように、個々のケースが違法となるか否かという形でセクシュアル・ハラスメントの成立要件を定めたものではない。そこでこのような観点を前提として、以下に人事院規則が規定するセクシュアル・ハラスメントの成立要件をみてみよう。

人事院規則は、「セクシュアル・ハラスメント」の成立要件として、

> ①　他の者を不快にさせる性的な言動であり、
> ②　職場における行為、若しくは職場外における職員間の行為であること

の二つを満たすこととし、「セクシュアル・ハラスメントに起因する問題」の成立要件として、

> セクシュアル・ハラスメントのために職員の勤務環境が害されたり（＝「環境型」）、それに対する対応に起因して勤務条件につき不利益を受けること（＝「対価型」）

を満たすことを挙げている。以下人事院規則が挙げるセクシュアル・ハラスメント防止対策の対象範囲及び対象行為について述べてみよう。

(1) 対象範囲

人事院規則はセクシュアル・ハラスメント防止対策の規制対象とされる「セクシュアル・ハラスメント」の人的・物的（場所・時間）範囲として、(ア)職場内のセクシュアル・ハラスメントについては、職員間、職員と非職員間いずれについても規制対象とし（もっとも非職員間については不明―後述）、原則として人的範囲について制限しておらず、(イ)職場外のセクシュアル・ハラスメントについては、職員間のものに制限を加えているものの、規制範囲が広範なものとなっている（図6、これに比して均等法は、「職場における女性労働者」に対するセクシュアル・ハラスメント――いわば「わが社の女性社員に対する職場でのセクシュアル・ハラスメント」――をセクシュアル・ハラスメント防止対策の規制範囲としており、セクシュアル・ハラスメントの人的・物的規制範囲が人事院規則よりも狭いものとなっている）。

(i) 物的範囲

セクシュアル・ハラスメント防止対策の範囲は、「職場（職務を遂行する場所）」の内外とされ、職場内の言動に限定していない（もっとも人的範囲については、職場内外で対象に差がある―後述）。したがって規制対象とされるセクシュアル・ハラスメントに場所・時間の限定がされていない（通知指針）。例えば、いわゆるアフター5のような職場外でのプライベートな時間帯における性的な言動であっても職場での上下関係や人間関係が実質的に存続する場合もあり、その場におけるセクシュアル・ハラスメントが勤務環境を害することにつながることは十分に想定されることから（実際にはそのような場合が多いと言える）、これを防止策の対象にする必要があり、人事院規則の規制方法は妥当なものと言えよう（均等法が「職場」内のセクシュアル・ハラスメントに限定していることは既に述べた）。

(ii) 人的範囲

セクシュアル・ハラスメント防止対策の範囲を女性のみに限定せず男性も含め、かつ職員の

図6　セクシュアル・ハラスメントの人的・物的範囲

物的範囲＼人的範囲	職場内	職場外
職員 → 職員	○	○
職員 → 非職員	○	×（?）
非職員 → 職員	○	×（?）
非職員 → 非職員	?	×（?）

みに限定せず、職員外に対象を広げている。

(a)　性別について、人事院規則が女性のみならず男性に対するセクシュアル・ハラスメントも防止対策の範囲に含めたのは、不快に感じる性的な言動により勤務能率を害されたりすることは男性についてもあり得、また公務員労働者には平等取扱の原則が定められていることからも（国公法二七条、地公法一三条）妥当なものである。もっとも、現実にも男性に対するセクシュアル・ハラスメントは、先輩などからしばしば加えられており（例えば「男のくせにだらしない」「男の子」などのジェンダー・ハラスメント）、また従来は女性から男性に対するセクシュアル・ハラスメントはほとんど問題とされてこなかったが、セクシュアル・ハラスメントの典型が職場等の上下関係の利用・濫用によるものであることからみて、今後増加することも予想される（例えばアメリカの場合、ＥＥＯＣへの申立てのうち男性からのものが一二パーセントに達している――一九九九年現在）。

(b)　職場内のセクシュアル・ハラスメントについて、人事院規則の規制対象とされる人的範囲は職員間のみならず、職員以外にも広げられている（「通知」では「他の者を不快にさせる」性的な言動として、「職員が他の職員を不快にさせること、職員がその職務に従事する際に接する職員以外の者を不快にさせること及び職員以外の者が職員を不快にさせることをいう」としている）。具体的には、窓口等に行政サービスの相手方や委任契約や派遣契約により公務職場に勤務する者等と職員との間におけるセクシュアル・ハラスメントについても防止策の対象としたものであり、人事院規則の趣旨が、職員の利益擁護のみならず、公務の円満な運営確保にあることからみても

当然の規定である。

では職員外の者同士のセクシュアル・ハラスメントはどうなるのであろうか？（図6参照）――右「通知」では、このような場合は想定されていないようである。しかしながら、公務「職場（＝職務を遂行する場所）」には、現実に多数の派遣労働者・出向労働者・下請労働者が監督者の指揮命令の下に公務に従事しており、これらの者が公務労働に従事する限り、公務員に対する保護と別異に取り扱う理由もないことから、これらの職員外の者同士によるセクシュアル・ハラスメントも人事院規則の規制範囲と考えるべきであろう（ちなみに、民間企業における派遣社員については改正均等法三条、改正派遣法四七条の二により、派遣先会社と派遣先会社の双方がセクシュアル・ハラスメント配慮義務を負うこととされている）。

(c)　職場外のセクシュアル・ハラスメントについて、人事院規則は、職員間のセクシュアル・ハラスメントに限定している。ところでその理由について人事院規則では、「職場におけるセクシュアル・ハラスメントにだけ注意するのでは不十分である。例えば、職場の人間関係がそのまま持続する歓迎会の酒席のような場合において、職員が他の職員にセクシュアル・ハラスメントを行うことは、職場の人間関係を損ない勤務環境を害するおそれがあることから、勤務時間外におけるセクシュアル・ハラスメントについても十分注意する必要がある」（指針）と述べている。即ち職場での人間関係が継続する場所でのセクシュアル・ハラスメントが「職場の人間関係を損ない勤務環境を害するおそれがある」ということを理由としているが、この理は、職員と非職員間若しくは非職員間の場合でも、彼（若しくは彼女）らが、公務に従事している者である限りは、同じく妥当するものと言わざるを得ず、そうであるならば別異に取り扱う理由はないであろう。したがって、職場外におけるセクシュアル・ハラスメントについても、職場の人間関係がそのまま継続しているような場合（例えば慰労会の酒席など）には、職員間に限定することなく、職員外のセクシュアル・ハラスメントについても規制範囲を広げていくべきと思われる。

(2) 対象行為

人事院規則はセクシュアル・ハラスメント防止対象の規制対象とされる行為として、セクシュアル・ハラスメント（相手方を不快にさせる性的な言動）」と「セクシュアル・ハラスメントに起因する問題」をあげ、特にセクシュアル・ハラスメントとして、性的な関心や欲求に基づく言動のみならず、性的な差別意識や優越意識に基づく言動（ジェンダー・ハラスメント）も含めているのが特徴である。

(i) セクシュアル・ハラスメント行為

セクシュアル・ハラスメント行為（「性的な言動」）には「性的な関心や欲求に基づく言動」のみならず、「性別により役割を分担すべきとする意識に基づく言動」、即ち、性的差別意識や優越意識に基づく言動も含まれるものとされた（通知）。具体的には次のような行為が列挙されている。

(ア) 性的な欲求、関心に基づく言動

(a) 発言型　①スリーサイズを聞くなど身体的特徴を話題にすること、②聞くに耐えない卑猥な冗談を交わすこと、③体調が悪そうな女性に「今日は生理日か」、「もう更年期か」などと言うこと、④性的な経験や性生活について質問すること、⑤性的な噂を立てたり、性的なからかいの対象とすること。

(b) 行動型　①ヌードポスター等を職場に貼ること、②雑誌等の卑猥な写真・記事等をわざと見せたり、読んだりすること、③身体を執拗に眺め回すこと、④食事やデートにしつこく誘うこと、⑤性的な内容の電話をかけたり、性的な内容の手紙・Eメールを送ること、⑥身体に不必要に接触すること、⑦浴室や更衣室等をのぞき見すること。

(c) 性関係強要型　性的な関係を強要すること。

(イ) 性差別意識に基づく言動

(a) 発言型　①「男のくせに根性がない」、「女には仕事を任せられない」、「女性は職場の花でありさえすればいい」、などと発言すること、②「男の子、女の子」、「僕、坊や、お嬢さん」、「おじさん、おばさん」などと人

格を認めないような呼び方をすること。

(b) 行動型　①性別により差別しようとする意識等に基づくもの女性であるというだけで職場でお茶くみ、掃除、私用等を強要すること、②カラオケでデュエットを強要すること、③酒席で、上司の側に座席を指定したり、お酌やチークダンス等を強要すること。

セクシュアル・ハラスメントの具体的な態様は、視線を浴びせる行為、性的発言、身体への不必要な接触、性的な暴行、性別に基づく特定の役割の強要など多様であることから、職員らの責務を明らかにするうえでは、このような行為を類型化して具体的に明示することは望ましい規制形態といえよう。

(ii) セクシュアル・ハラスメントに起因する問題　人事院規則は職員や職場に及ぼす影響についていわゆる「対価型」と「環境型」の二つのタイプを挙げている。

(ア) **環境型**　職員が、直接又は間接的にセクシュアル・ハラスメントを受けることにより、職務に専念することができなくなる等その能率の発揮が損なわれる程度に当該職員の勤務環境が不快なものとなることをいい、具体的な例としては、①離席が増えたり、休みがちになるなど客観的に把握できる場合、②仕事上のミスが目立ち始め、職員の勤務機能が低下していると認められる場合、③勤務能率にははっきりした変化が認められないものの、心身の状態の悪化が客観的にうかがえ、今後の勤務能率の低下が懸念される場合、等が挙げられている。

(イ) **対価型**　職員が職務上の地位を利用した交際又は性的な関係の強要等に対する拒否・抗議・苦情の申し出等の行為に起因して、昇任・配置換等の任用上の取扱いや昇格・昇給・勤勉手当等の給与上の取扱い等に関し不利益を受けることが挙げられている。

これらも望ましい規制形態といえよう。

(iii) セクシュアル・ハラスメントの判断基準　セクシュアル・ハラスメントの判断基準として、人事院規則は「受け手（=相手方）」の判断を重視していることが注目されよう。

具体的には、次のような項目が列挙されている。①親しさを表すつもりの言動であったとしても、本人の意図とは関係なく相手を不快にさせてしまう場合があること、②不快に感じるか否かには個人差があること、③この程度のことは相手も許容するだろうという勝手な憶測をしないこと、④相手との良好な人間関係ができていると勝手な思い込みをしないこと、⑤相手が拒否し、又は嫌がってることが分かった場合には、同じ言動を決して繰り返さないこと、⑥セクシュアル・ハラスメントであるか否か、セクシュアル・ハラスメントを受けた者が、職場の人間関係等を考え、拒否することができないなど、相手からいつも明確な意思表示があるとは限らないことを十分に認識する必要がある。

セクシュアル・ハラスメントの本質を十分に考察したものであり、妥当な判断基準といえよう。

このように改正均等法・人事院規則におけるセクシュアル・ハラスメントの成立要件をみてきたが、では実際にこのような要件にを満たした場合、どのような法的効果が考えられるのだろうか？　それを次に述べてみよう。

三　均等法二一条・人事院規則の法的効果——使用者の民事責任との関連性

1　「セクシュアル・ハラスメント防止義務」とは？

(1)　「セクシュアル・ハラスメント防止義務」とは？

セクシュアル・ハラスメントとはどのようなものか（＝概念・定義）？　我々のまわりのどのような行為がセクシュアル・ハラスメントとされるのか（＝成立条件）？　——ということについて、日常用語のみならず法律用語としての定義・成立要件について、改正均等法・人事院規則を手がかりとしてみてきた。では、それらの定義・成立要件に該当するセクシュアル・ハラスメントが起こった場合、法的にはどのような処理がなされることになる

のだろうか（＝法的効果）？

既にみてきたとおり、改正均等法二一条は、事業主に対し自ら雇用する女性労働者のセクシュアル・ハラスメント防止義務に関して「配慮義務」を課し、また人事院規則でも、公務職場における職員、各省庁の長に対しより広範なセクシュアル・ハラスメント防止義務の責務を課しており、これらの法令の各規定は事業主に対し「セクシュアル・ハラスメント防止義務」を課したものと理解することができよう。もっともその法的義務内容については、均等法二一条それ自体に裁判規範性を認めることは困難とされており、また人事院規則も懲戒処分の有効性をめぐり間接的には裁判規範性が認められるものの、規則に規定された具体的事実は性モラルのレベルから法規範性を有するものまで広範な内容となっており、法的義務の拘束性のレベルについて一概に判断することはできない（図1）。しかしながらこれらの法令・規則・指針・通達等が規定する個々の行為は、今日までの裁判例で、使用者責任の法的根拠として形成されてきた不法行為若しくは契約上の使用者の「職場環境配慮義務（保持・整備）義務」の内容を概ね確認するものとなっており、これらの法令、並びに後述するセクシュアル・ハラスメントに関する裁判例の蓄積により事業主の法的責任義務として「セクシュアル・ハラスメント防止義務」が形成されつつあるといえよう。

(2)　「セクシュアル・ハラスメント防止義務」の法的性質

雇用契約においては、使用者と労働者は「労務の提供」と「報酬の支払い」という義務（民法六二三条）を相互に負うことになるが、労働者の義務である労務提供義務の具体的内容をみると、労働者は使用者の現実の指揮命令に従って労務提供を行うわけであり、ここから必然的に使用者の利益に配慮し誠実に労務を提供する義務が発生し（いわゆる「忠実義務」「誠実義務」と言われるものであり、例えば営業秘密保持義務等が含まれよう）、他方これに対応して使用者は労働者の労務提供を受領するに際して、労働者の利益に配慮して誠実に労務を受領する義務（いわゆる「配慮義務」）が発生し、このような義務の一内容として使用者は労働者の労務提供に関し、健康・安全

を含む良好な職場環境の維持確保に配慮すべき義務（後述する「職場環境配慮義務」等が含まれよう）を負っていると言えよう。

このように雇用契約においては、労働者が負う「労働の提供」義務には、必然的に「誠実義務」が含まれており、他方これに対応して、労務の提供には、使用者の受領行為が不可欠であり（労働者の労務提供行為は、使用者による具体的な業務命令なしには存在しえない！）、その際使用者には相手方（労働者）の利益に配慮して誠実に労務を受領する義務が発生するのであり、とりわけ、労働者による労働提供行為が人間労働であることから、使用者には、労働者の労務提供に関し、労働者の健康・生命・身体の安全を確保すると共に良好な職場環境の維持確保に関する配慮が強く要請され、このようなものとして、「職場環境配慮（整備）義務（＝良好な職場環境を整備する義務）」が存することになる。この義務の一形態として、主として労務の履行過程における生命・身体の安全に着目した場合、いわゆる「安全配慮義務」（例えば、「労働者が、労務提供のため設置する場所・設備もしくは器具等を使用し又は使用者の指示のもとに労務を提供する過程において、労働者の生命及び身体を危険から保護するよう配慮すべき義務」とされる—川義事件最三小判昭五九・四・一〇判時一一一六号三三頁）が観念されることになろう。

「セクシュアル・ハラスメント防止義務」は、このような義務（＝「職場環境配慮義務」）の一形態をなすものであり、「労働者の労働条件・環境がセクシュアル・ハラスメントにより害されないように防止・配慮すべき義務」と定義することができよう。したがって「セクシュアル・ハラスメント防止義務」は、労働契約上使用者が労働者に負う「職場環境配慮義務」の一内容と位置づけられるものであり、同様の義務は、雇用契約に類似した従属労働ないし指揮命令関係にかかる契約（若しくは類似関係）である請負契約や国と公務員関係にも妥当するものであり、さらには法的には直接の契約関係にない場合でも、実際には雇用に類似した従属労働ないし指揮命令関係が存する派遣や下請けなどの場合にも妥当するものである（例えば昨年一二月から施行された改正派遣法四七条の二が派遣先事業主にも派遣労働者に対するセクシュアル・ハラスメント防止の配慮義務を課すこととしたのは、このような

考え方の反映といえよう）。また教育の場における学校当局の学生・生徒に対する「セクシュアル・ハラスメント防止義務」は、学校当局が在学契約上負う「教育・研究環境配慮義務」の一内容を為す義務として、「学生（生徒）の教育・研究条件・環境が、セクシュアル・ハラスメントにより害されないよう防止・配慮すべき義務」と定義することができよう（私立学校における学校（学校法人側）と学生あるいはその両親（学生側））との間には、在学契約があり、この契約に基づいて学校側は学生側に対して教育を行う義務を負い、学生側は授業料を支払う義務を負うことになり、学校側は教育を行う義務の一内容として教育・研究環境配慮義務を負うことになる。他方国立学校の場合の学校と学生との関係については、これを私立学校と同様の法律関係（契約関係）とみるか、それとも、特別権力関係あるいは非権力的であるが公法的な営造物利用関係と考えるかは議論の分かれるところであるが、学校側が「教育・研究環境配慮義務」を負うべきか否かについては、同様の法的処理がなされることになろう）。

このことは今日までのセクシュアル・ハラスメントをめぐる裁判例において、例えば京都セクシュアル・ハラスメント事件では、「被告会社は、雇用契約に付随して、原告にプライバシーが侵害されることがないように職場の環境を整える義務がある」（京都地判平九・四・一七）と述べており、また三重セクシュアル・ハラスメントでも、「使用者は被用者に対し、労働契約上の付随義務として信義則上職場環境配慮義務、即ち被用者にとって働きやすい職場環境を保つように配慮すべき義務を負って」（津地判平九・一一・五）いると述べており（もっともこれらの判決は職場環境配慮義務を雇用契約上の「付随義務」ととらえており、この点については第六章参照）、また教育・研究環境配慮義務が問題とされた鳴門教育大学事件でも、「学生の大学在学関係は双務有償の無名契約であると解することができるが、大学は右契約の付随義務として、学生に対し研究環境配慮義務を整える義務を負っており、学生は良好な環境の中で研究し教育を受ける利益を有しているというべきである。大学教授は、大学の履行補助者として学生の右利益を侵害してはならない義務を負っている」（徳島地判平一〇・七・二二）旨述べていることか

らも明らかである。

「セクシュアル・ハラスメント防止義務」の法的効果については後述することとして、ここではその内容を構成する均等法・人事院規則と民事責任との関係についてみると、少なくとも二つの点が指摘できよう。第一点は、均等法・人事院規則が規定する個々の行為は前述した通り、使用者の法的責任原因を構成する不法行為若しくは契約上の義務である「職場環境配慮義務」の内容を概ね確認するものとなっているということである。第二点は、第一点とも関連することであるが、事業主が均等法・人事院規則に規定した事項を遵守したか否かが使用者責任の成否に大きく影響してくることになり、これらの規定が事実認定の際の立証を大きく左右するということである。したがって、例えば事業主が均等法上の「配慮義務」を尽くしていない場合には、企業は民事上「職場環境配慮義務」違反として使用者責任を問われる可能性が高くなるであろう。他方、事業主が均等法に規定する事項についての「配慮義務」を尽くしている場合には、使用者責任が免責される判断材料の一つとされることになろう。そこで、次に均等法・人事院規則の規定の法的効果を具体的にみていくことにしよう。

2　均等法二一条

(1)　適用範囲

均等法二一条は民間事業所並びに地方公共団体等にも適用される（均等法二一条――但し、一般職国家公務員・裁判所職員・国会職員・自衛隊員には適用されない――人事院規則一〇―一〇）。したがって地方公共団体の長らも、均等法二一条に基づくセクシュアル・ハラスメント防止・排除の「配慮義務」を負っていることになる。なお地方公務員の場合、職場内の苦情申立て・相談等は人事委員会又は公平委員会への苦情・相談・行政措置要求、不利益処分申請によってなされ（地公法八条・四六条・四九条など）、雇用機会均等室長による行政指導や均等委員会への調停申立てはできず（均等法二八条）、職員自身の処分は懲戒若しくは分限手続によることになる（地公法二八

条・二九条)。

(2) 責任主体

均等法上、セクシュアル・ハラスメントの法的効果の帰属主体、即ち責任主体は「事業主」である。均等法は、「事業主」は、その「雇用する女性労働者」に対して「職場において行なわれる性的言動」によって、「女性労働者の対応により当該女性労働者がその労働条件につき不利益を受け」(「対価型」)たり、「当該女性労働者の就業環境が害され」(「環境型」)たりすることのないよう、「雇用管理上必要な配慮をしなければならない」と規定しており(二一条)、セクシュアル・ハラスメントの法的な責任主体を「事業主」と定めた。

したがってセクシュアル・ハラスメントの行為主体(＝加害者)が誰であるかにかかわりなく、均等法上は「事業主」がセクシュアル・ハラスメント防止・排除等の「配慮義務」を負う構造になっており、セクシュアル・ハラスメントの「行為者(＝加害者)」は均等法上の責任主体ではないのである(但し、例えば個人「事業主」がセクシュアル・ハラスメントを行い、行為者本人が「事業主」である場合は、加害者である「事業主」本人が同時に均等法上の「配慮義務」違反の責任を問われることになる)。ここで「事業主」とは、その経営の主体をいい、個人企業にあってはその企業主が、会社その他の法人組織の場合にはその法人そのものが「事業主」ということになる。したがって法人の場合、セクシュアル・ハラスメントに関する責任担当者を明確にしておくことが必要ということになる。

ところで均等法はセクシュアル・ハラスメントの責任内容として、事業主に対し「配慮義務」を課した。「配慮義務」とは何か？　その内容は具体的にはどのようなものか？

(3) 「配慮義務」の内容

均等法は「指針」で、セクシュアル・ハラスメントの具体例をあげ、配慮義務の内容をかなり詳細に述べたうえで、その内容を三点に亘って整理している。

(i) **方針の明確化及びその周知・啓発**　指針は職場におけるセクシュアル・ハラスメントの未然防止の観点から、方針の明確化、周知、啓発を事業主に求めており、次のような措置をすればこの点について配慮していると認められるとして、その事例を列挙している（この事例にあげた措置を事業主がしていれば、少なくとも、均等法二一条違反として行政指導の対象とはならない——以下同じ。もっとも裁判においてこのような措置をしていたからといって、使用者責任が問われないということは直ちには言い切れない——この点については後述）。

①社内報やパンフレット等に、職場におけるセクハラに関する事項を記載し、配布すること。②服務上の規律を定めた文書に職場におけるセクハラに関する事項を記載し、配布または掲示すること。③就業規則に職場におけるセクハラに関する事項を規定すること。④職場におけるセクハラに関する意識を啓発するための研修・講習等を、労働者に対して実施すること。

(ii) **相談・苦情への対応**　指針は職場におけるセクシュアル・ハラスメントの未然防止、再発防止の観点から相談・苦情への窓口を明確にすること、内容や状況に応じて適切かつ柔軟に対応することを事業主に求めており、一応配慮をしたと決められるものとして次の事例を列挙している。

①相談・苦情に対応する担当者をあらかじめ定めておくこと。②苦情処理制度を設けること。③人事部門との連携等により円滑な対応を図ること。④あらかじめ作成したマニュアルに基づき対応すること。

なお、通達は更に「窓口を明確にする」という場合、「形式的に設けるだけでは足らず、実質的に対応可能な窓口が設けられていることをいうものであ」り、「労働者が利用しやすい態勢を整備し」「従業員に対して周知されていることが望ましい」としている。また「内容や状況に応じ適切かつ柔軟に対応すること」という場合、「公正な立場に立って真摯に対応することは言うまでもないこと」であり、「具体的には、被害者や行為者に対して、一律に何らかの対応をするのではなく、女性労働者が受けている性的言動等の性格・態様によって状況を注意深く見守る程度のものから、上司・同僚等を通じ、行為者に対し間接的に注意を促すもの、直接注意を促すもの等事

案に即した対応を行うことを意味するものである」としている。

指針・通達は職場におけるセクシュアル・ハラスメントを未然に防止する観点から、相談・苦情の対策として、均等法が定義するセクシュアル・ハラスメントでなくともその発生のおそれがある場合や、セクシュアル・ハラスメントに該当するか否か微妙な場合も幅広く相談・苦情の対象に含めることを規定しており、例えばその例として、勤務時間後の宴会（いわゆるグレーゾーン）等におけるセクシュアル・ハラスメントを挙げている。

(iii)　**発生時の迅速かつ適切な対応**　指針は、職場においてセクシュアル・ハラスメントが発生した場合において、再発防止の点から事実関係を迅速かつ正確に把握すること、またその事案に適切に対応する配慮を事業主に求めており、そのような配慮をしたものとして事例を列挙している。

①相談・苦情に対応する担当者が事実関係の確認を行うこと。②人事部門が直接事実関係の確認を行うこと。③相談・苦情に対応する担当者と連携を図りつつ、専門の委員会が事実関係の確認を行うこと。④事案の内容に応じ、配置転換等の雇用管理上の措置を取ること。⑤就業規則に基づく措置を講ずること。

なお、通達では④「配置転換等の雇用管理の措置」として、「当事者を引き離すための配置転換のほか、当事者間の関係の改善に向けての援助、被害者の労働条件上の不利益の回復等が考えられる」とし、「就業規則に基づく措置」としては「懲戒規定により、加害者に一定の制裁（口頭注意、停職、降格、解雇等）を課すこと等が考えられる」としており、具体的には服務規律に関する規定として記載すること、懲戒事項として規定することを意味する（労基法八九一条一項九号）。

(iv)　**プライバシーへの配慮・不利益取扱いの禁止**　指針、通達は更に事業主がこれらの配慮義務を履行するに際して、特にセクシュアル・ハラスメントに係わる事案は、被害者及び関係者の個人のプライバシーに係わる部分があることから、その保護に特に注意し、その旨を周知しておく必要性を指摘し、更に、セクシュアル・ハラスメントについて実質的な相談・苦情体制を担保するためには、苦情・相談を申し出た女性労働者が不利益を

受けないことが必要であり、事業主がそのことを留意し、周知しておく必要性を指摘している。

以上の通り、事業主は均等法で規定するセクシュアル・ハラスメントの定義と具体的にいかなる性的言動について配慮しなければならないかを知り、それについての適切な措置を講ずる義務が課されており、これらが均等法の規定する「配慮義務」の内容とされるものである。では「配慮義務」の法的効果はどのようなものなのだろうか？　それを次にみてみよう。

(4)　「配慮義務」の法的効果

均等法が定める「配慮義務」の法的効果（性格）について、均等法は何も語っていない。均等法は、「事業主」はセクシュアル・ハラスメント防止・排除について雇用管理上「必要な配慮をしなければならない」（二一条）とし、その具体的内容について指針で定めるのみである（二の「成立要件」を参照）。しかしながら、同時に均等法は別の条文で、労働大臣が均等法の「施行に関し必要があると認めるときは事業主に対して報告を求め、又は助言、指導若しくは勧告をすることができる」（二五条一項）と規定し、この権限は全国的に重要な事件を除いて、各都道府県労働局雇用均等室長（平成一二年四月から女性少年室長より組織変更）に委任できるとして（同条二項、施行規則一八条）、いわば行為当局に行政指導の権限を付与している。したがって、均等法にセクシュアル・ハラスメントに関する規定が新設されたということは、この件について、労働大臣（雇用均等室長）に前述したような行政指導の権限が付与されたことを意味し、雇用均等室長は事業主に対し、右二一条・二五条に基づいて女性労働者の申告を待たずに、右のような権限（求報告、助言、指導、勧告）を行使することができることとなったのである（但し、事業主が「配慮義務」に違反し、労働大臣の勧告に従わなかったとしても、事業主名を公表することはできず（二六条）、また女性労働者が自ら雇用均等室長に勧告、指導や調停を求めることもできない――一二条、一三条）。

では、そもそも均等法が規定する「配慮義務」の法的効果とはどのようなものなのだろうか？　均等法が語っていない以上、同条項の解釈をする必要がでてくる。この点を検討するには二つの視点が必要であり、第一点は

事業主の「配慮義務」を規定した均等法二一条には、「裁判規範性」があるのか否か？　ということであり、第二点は、「配慮義務」と事業主の使用者責任（雇用契約上若しくは不法行為法上）との関連、より具体的には使用者責任の内容を拘束するものなのか否か？　ということである。

(i)　均等法二一条（事業主の「配慮義務」）は「裁判規範性」を有するか？　均等法二一条の「裁判規範性」の有無とは、事業主が改正均等法二一条並びに「指針」で具体的に定められたセクシュアル・ハラスメントの「配慮義務」を怠っている場合、女性労働者が事業主を相手どって、同法二一条違反を理由として、同条項に基づいて裁判所に訴訟を提起することができるのだろうか？　という問題である。「配慮義務」は均等法にはじめて規定された義務であるが、少なくとも今日までの判例・通説は、従来均等法に規定されていた「努力義務」（募集、採用、配置・昇進等――同法五、六条――これらは、今回の改正でいずれも禁止規定とされた）に準ずるものであり、「努力義務」には「裁判規範性」がないこととされてきたことからも、「配慮義務」にも「裁判規範性」がないものと理解している。したがって、事業主が「配慮義務」を怠り、均等法二一条に違反したとしても（それによって、女性少年室長から指導・勧告等の行政指導を受けることはある――二五条）、女性労働者は、当該事業主を相手として均等法二一条を根拠に裁判を提起できないものとされている。(注5)

(ii)　均等法二一条（事業主の「配慮義務」）は使用者責任とどのような関係にあるのだろうか？　では、均等法二一条は監督官庁（労働大臣→雇用均等室長）に行政指導の権限を付与したということにとどまるのであろうか？　――このこと自体は、セクシュアル・ハラスメントに関し行政が従来何ら監督指導ができなかったものが、同法によって労働大臣に権限が付与されたものであり、わが国の労使関係の現状からみたとき、事業主（特に比較的大規模な事業所）の労務管理に与える「事実上」の影響は大きいと言えよう。しかしながら均等法二一条には「裁判規範性」がないとしても、同条項が規定した事業主の「配慮義務」というものは、雇用契約の内容として使用者の義務内容に含まれることにはならないのだろうか？　あるいはセクシュアル・ハラスメントにおける使用

図7　均等法の「配慮義務」と使用者の民事上の「職場環境配慮義務」

「義務」内容		均等法の「配慮義務」	使用者の民事上の「職場環境配慮義務」
事前措置	「規定」整備義務	○	○
	施設整備義務	×	○
セクシュアル・ハラスメント行為防止義務		×	○
事後措置	調査義務	○	○
	被害拡大回避義務	○	○
	被害回復義務	○	○

者責任が問われた場合の使用者の義務内容（契約責任若しくは不法行為責任）の判断に影響を与えることにはならないのであろうか？

この点については、(a)均等法の「配慮義務」は当然に雇用契約上の使用者の義務内容を構成することになる、とする考えと、(b)均等法が規定する「配慮義務」の具体的な内容により個々的に検討を加えたうえで、雇用契約上の義務内容を構成するか否かを決すべきである、とする考えがありえよう。(a)説については、何故に均等法の「配慮義務」が当然に雇用契約上、使用者の義務内容を構成することになるのか？の論証がなされておらず、結局は(b)説が妥当なものと言え、しかも、現実に「指針」で示されている「配慮義務」の内容は、雇用契約上の使用者の義務（＝職場環境配慮義務）を概ね確認するものとなっていると言えよう。均等法上の「配慮義務」と、雇用契約上の使用者（事業者）の義務との関連を図示すると図7のようになる。詳細は第六章で述べることにして、以下には均等法の「配慮義務」と使用者の契約上の義務との関連について述べておこう。

(5) 均等法の「配慮義務」と使用者の民事責任（＝職場環境配慮義務）

ところで使用者には、雇用契約上従業員に対して良好な職場環境を整備すべき義務があり（＝職場環境整備・配慮義務――学校当局が契約上負う「教育・研究環境整備・配慮義務」についても同様）、このような義務内容の一つとして「セクシュアル・ハラスメント防止義務」を負って

おり、後述する通りこの義務内容にはさまざまなものがあるが（詳細は第六章）、均等法が規定する「配慮義務」は使用者が負う「セクシュアル・ハラスメント防止義務」を概ね確認する内容のものとなっている（図7）。

このように均等法に規定された事業主の「配慮義務」はそれ自体としては「裁判規範性」を有しないものであるとしても、その内容は使用者が雇用契約上負う「職場環境配慮義務」の内容を概ね確認するものとなっているということの実践的な意味は、既に述べたように、事業主が均等法に規定された事項を遵守したか否かが使用者責任の成否に大きく影響してくるということであり、実際の裁判において、これらの規定が事実認定の際の立証を大きく左右するということなのである。したがって、例えば事業主が均等法上の「配慮義務」を尽くしていない場合には、企業は民事上「職場環境配慮義務」違反として使用者責任を問われる可能性が高くなるであろう。他方、事業主が均等法上の「配慮義務」を尽くしている場合には、企業の使用者責任が免責される判断材料の一つとされることになろう。そこで次に均等法に規定する「配慮義務」と、民事上使用者が負う「職場環境配慮義務」の一内容となる「セクシュアル・ハラスメント防止義務」の内容とを、裁判例もまじえながら比較検討してみることにしよう。

(i)　事前措置義務　使用者が契約上負う「セクシュアル・ハラスメント防止義務」の内容として、まずセクシュアル・ハラスメントを予防・排除すべき義務（＝事前措置義務）があり、その具体的内容としては「規定整備義務」と「施設整備義務」が考えられるが（第六章参照）、均等法は規定整備について定めている。

①　**規定整備義務**　企業（大学等）は、排除すべきセクシュアル・ハラスメントの内容・手続についての規定を整備する必要があり、具体的には企業（大学等）の方針として、排除すべきセクシュアル・ハラスメントの内容を規定し、それに対する相談等の対応措置、制裁規定を整備すると共に、その方針を従業員等に周知徹底することが求められよう。均等法が「配慮義務」の内容として、セクシュアル・ハラスメントに関する「方針の明確化及びその周知・啓発」、「相談苦情の対応」を規定しているのはこのような使用者が負う規定整備義務を確認する

ものである。したがって、使用者がこれらの義務を怠った場合、均等法違反（もっとも行政指導にとどまる）になると共に、労働者に対してはセクシュアル・ハラスメント防止義務違反として是正義務を負い、この場合、労働者は直接使用者に対して就業規則の制定等の事前措置義務の履行を要求することができ、これを怠った使用者には債務不履行責任が発生することになろう。更にこれらを怠ったことが原因でセクシュアル・ハラスメントが発生した場合は、使用者は原則として労働者に対し債務不履行責任若しくは不法行為責任を負うことになろう（反対に企業がこのような事前措置を尽くしていたとしても、それだけでは免責されるものではなく、後に述べる事後措置を尽くすことが必要とされることになろう）。

このような「義務」が問題となった裁判例として三重セクシュアル・ハラスメント（厚生農協連合会）事件（津地判平九・一一・五―裁判例23）では、看護婦として勤務する原告女性二名が、男性上司Aから日頃よりセクシュアル・ハラスメントを受けていたとして病院側に善処を申し入れていたにもかかわらず、何ら適切な処置がとられずに放置された結果、同様の事件が起きたとして連合会を訴えたところ、判決は、「被告連合会は、平成六年二月一日以降被告Aの行為について対策をとったものの、それ以前には監督義務者らは何の対応策をとらずに被告Aの行為を見逃して、同日早朝の被告Aの原告らに対する行為を招いたと認められる。尚、被告連合会は、（平成六年二月一日以降は）婦長・主任・副主任らの責任態勢を確立し、毎月定期の院内勉強会、職員の研修会等を行うなど、職員に対する指導監督を尽くした旨主張するが、右の次第で職場環境配慮義務を尽くしたとは認められない。したがって、被告連合会は原告らに対し、債務不履行責任を負う」旨判示している。右事案における事業者の対応は事前措置としての環境整備義務を尽くしておらず、使用者責任が肯定されたものであるが、同時に均等法違反（行政措置）も構成するものであり、企業が負うセクシュアル・ハラスメント防止義務の内容としてこのような義務が当然含まれており、均等法の規定の整備とあわせて今後このような傾向は一層強まっていくことであろう。

② 施設整備義務　使用者が民事上負う事前措置義務としては、この他にセクシュアル・ハラスメントの防止に配慮した施設を整備すべき義務があり、この義務内容としてはプライバシーに配慮して従業員が安全に使用できる施設であること、具体的に言えば、例えば外部からの侵入や窃視（のぞき穴、ビデオカメラ）防止等が整備されたものであることが要請されよう。均等法の「配慮義務」としてはこのような内容は規定されていないが、このような義務に関連する裁判例として、例えば京都セクシュアル・ハラスメント（呉服販売会社）事件（京地判平九・四・一七）では、被告会社の男性社員がビデオ・カメラを使って女子更衣室で原告ら女性社員を隠し撮りしていたところ、当初会社側は十分な対応措置をとらなかったため、再び同様の撮影が続けられたことに起因する等して原告女性が退職を余儀なくされた事案について、判決は会社の職場環境配慮義違反の事実を肯定し、「被告会社は女子更衣室でビデオ撮影されていることに気付いたのであるから、被告会社は何人がビデオ撮影したかなどの真相を解明する努力をして、再び同じようなことがないようにする義務があったというべきである。それにも関わらず、被告会社は、ビデオカメラの向きを逆さにしただけで、ビデオカメラが撤去されるとその後何の措置も取らなかったため、再び女子更衣室でビデオ撮影される事態になったのであるから被告会社は、債務不履行により、平成七年六月頃に気付いた以降のビデオ撮影によって生じた原告の損害を賠償する責任を負う」として、会社がビデオの隠し撮りに気付いた後の責任を認定している（もっとも右判決は厳密には使用者の施設整備義務違反それ自体が問題とされたのではなく、使用者の事後措置である被害回復・再発防止を問題としたものと言えよう）。使用者が負っている職場環境配慮義務の基本の一つは物的設備の整備であり、均等法の「配慮義務」の内容としても早急に導入されるべきものであろう。

ちなみに改正均等法と同時に施行された労基法では、女性に対する深夜業務の規制が解除されたが（平成一一年四月一日施行）、その際出された指針（平成一〇年労働省告示二一号、平成一〇年六月一一日女発第一七〇号）によると、事業主に対し女子労働者の通勤の際の送迎手段、防犯設備、女性の一人勤務の回避等の通勤及び業務遂行に

おける安全確保の「努力義務」を課すと共に（指針2の(1)、労働安全衛生法二三条の規定に従って、仮眠室、睡眠室、便所、休養室等を男女別に区分して設置する等の整備を義務づけているが、これらは、セクシュアル・ハラスメント防止のための使用者の物的施設整備義務を確認するものと位置づけることができ、使用者はこれらの設置義務を怠った場合、民事上も職場環境配慮義務違反として使用者責任を負うことになろう（労安衛法違反は罰則の制裁もある）。

セクシュアル・ハラスメント防止義務として事前措置義務は、使用者の帰責事由や予見可能性との関連でその内容・程度が問題とされることになるが、少なくとも改正均等法等に規定された規定整備義務や職場環境配慮義務の根幹をなく物的施設整備義務は、これらに違反した場合使用者の義務違反が推定され、使用者は契約責任若しくは不法行為責任を問われることになろう。

(ii) **事後措置義務**　セクシュアル・ハラスメントが発生した場合に使用者に要請されるのは誠実かつ適切な事後措置であり、その具体的内容としては、事実調査、被害拡大回避、回復措置等が問題となるが、均等法は概ねこれらについて「配慮義務」の内容として規定しているといえよう。

① **調査義務**　職場等においてセクシュアル・ハラスメントが発生した場合、使用者には迅速かつ適切な事実調査が要請される。使用者のセクシュアル・ハラスメント防止義務が労働者の利益を害さない義務（＝相手方保護義務）である以上当然のことであり、セクシュアル・ハラスメントが使用者自ら認知したものであれ、従業員からの申立てによるものであれ、セクシュアル・ハラスメント被害の拡大を阻止し被害回復を図るためには、使用者はまず迅速かつ適切な調査義務を負うことになる。このようにセクシュアル・ハラスメントに対する迅速かつ適切な調査義務は使用者の職場環境配慮義務の内容をなすものであるが、この点について改正均等法は「指針」で、事実関係を迅速かつ正確に確認することについて配慮をしていると認められる例として、①相談・苦情に対応する担当者が事実関係の確認を行うこと、②人事部門が直接事実関係の確認を行うこと、③相談・苦情に

対応する担当者と連携を図りつつ、専門の委員会が事実確認の関係を行うことをあげているが、それらは使用者の職場環境配慮義務の一内容としての調査義務を確認する規定と言えよう。

(a)　**迅速な調査義務**　このような義務違反が問題となった裁判例としては、まず迅速な調査義務について、前述した京都セクシュアル・ハラスメント事件の判決は「被告会社は、女子更衣室でビデオ撮影されていることに気付いたのであるから、被告会社は何人がビデオ撮影したかなどの真相を解明する努力をして、再び同じことがないようにする義務があったというべきである」旨述べており、また三重セクシュアル・ハラスメント事件の判決も「男性上司Aには従前から日常勤務中特にひわいな言動が認められたところ、被告連合会はAに対し何も注意しなかったこと、B主任は平成五年一二月の時点で原告からAとの深夜勤をやりたくないと聞きながら、その理由を尋ねず、何ら対応等をとらなかったこと、平成六年一二月八日B主任は原告からAの休憩室での行為を聞いたにもかかわらず、直ちに婦長らに伝えようとせず、Aにも注意することもしなかったこと、その結果同年一二月一日深夜、Aの原告に対する休憩室での行為が行われたことが認められる」旨述べており、これらの裁判例は、いずれも使用者が事後措置としての迅速な調査を怠った事例とみることができよう。

(b)　**適切な調査義務**　次に使用者が行う調査は迅速であると共に適切なものでなければならず、その具体的内容としては、(ア)当事者双方の言い分を確認したうえで、(イ)当事者双方の言い分が食い違った場合には、当事者以外の第三者（職場の同僚、取引先など）の調査可能性の有無を確認する等し、これらの当事者間の発言内容に対する適切な判断をすることが要求されよう（具体的には、セクシュアル・ハラスメントがしばしば「密室」で行われることから、当事者双方の言い分が食い違うのが通常であることを前提として、当事者の日常態度——例えば「加害者」が「被害者」以外の女性にもセクシュアル・ハラスメントをしていなかったか？　「被害者」に日頃からセクシュアル・ハラスメントをしていなかったか？　「被害者」が「加害者」に個人的な恨みを有していないか？——や、調査の際の当事者の発言内容——当事者の発言が一貫した発言か？　発言に矛盾がないか？　抽象的か具体的か？——等が問題とされるこ

とになろう。この点で人事院規則は調査につき指針で詳細な規定をおいている)。

このような義務が問題となった裁判例として(ア)についてみると、例えば福岡セクシュアル・ハラスメント事件（福岡地判平四・四・一六）の判決は、「専務らは、原告と編集長との間の確執の存在を十分に理解し、これが職場環境に悪影響を及ぼしていることを熟知していながら、これをあくまで個人間の問題としてとらえ、同年三月に原告について昇給措置を行った以外は、両者の話し合いによる解決を指示するに止まった。（中略）このように、専務らは、早期に事実関係を確認する等して問題の性質に見合った他の適切な職場環境調整の方途を探り、いずれかの退職という最悪の事態の発生を極力回避する方向で努力することに十分でないところがあった」と判示しており、また沼津セクシュアル・ハラスメント事件（静岡地沼津支判平一一・二・二六）の判決は、「Y会社は、原告やS支店長に機会を与えてその言い分を聴取するなどして原告とS支店長とが特別な関係にあるかどうかを慎重に調査し、人間関係がぎくしゃくすることを防止するなどの職場環境を調整すべき義務があったのに、十分な調査を怠り、上司らの報告のみで判断して適切な措置を執らなかった」旨判示している。これらの事案は、いずれも使用者が当事者双方の言い分を聞かなかったり、一方の言い分のみを聞いて「個人的問題」として解決を図ったりしており、適切な事実調査を怠ったことが明白な事案であったが、このように当事者双方の言い分を聴取することを怠ることは、均等法の「配慮義務」に違反すると共に、使用者の「セクシュアル・ハラスメント防止義務」違反の重要な要素となろう。

また(イ)については、東京セクシュアル・ハラスメント（M商事）事件（東京地判平一一・三・一二）で、女性社員が上司Aからセクシュアル・ハラスメントを受け、両者間に示談が成立した後上司Aと再び社内でトラブルを起こしたところ、会社代表者が加害者であるAの弁解を軽信し、両者が個人的争いを蒸し返して社内秩序を乱したものと解して原告を解雇した事案について、判決は「被告代表者は、セクシュアル・ハラスメント問題の本質を見抜くことができず、その加害者であるAの弁解を軽信し、原告とAとの間の問題は個人的な問題であるにす

ぎず、それが両者の間で私的ないさかいに発展したにすぎないととらえたために、両者が個人的な争いを蒸し返して社内秩序を乱したものと判断し、原告に対し、本来なら懲戒解雇であるが、将来を考えてAと一緒に同年四月末日限り依願退職の形で辞めてもらいたいと告げ、結局、本件解雇をするに至ったものである」として被告代表者の不法行為を認めて会社に慰藉料支払いを命じている。

(c) 事実調査の公平性確保

これらの裁判例からみてとることができるのは、事実調査の公平さの確保という問題である。セクシュアル・ハラスメントの被害回復・再発防止にとって、適切・迅速な事実調査が確保されなければならず、そのためには公正かつ公平な事実調査に関するルールが必要となってこよう。具体的には、調査担当者（機関）の独立性の確保が不可欠であり、少なくとも調査担当者から、「加害者」とされる者の利害関係人や所属部署の者が除外される必要があり、更に公平性を確保するためには弁護士等の部外の専門家等の第三者を入れるべきであろう。また調査手続に際しては、職場や教育現場におけるセクシュアル・ハラスメントが上下関係を利用・乱用して行われ、しばしば加害者側が「同意があった」とか「そのような事実はなかった」と「抗弁」することがあり、このような場合には加害者側にその根拠を示させるだけでなく（＝加害者側の「説明責任」！、例えば「アリバイ」など）、調査に協力することを義務づけるべきであろう（なお、労働者の調査協力義務について判例は、労働者が使用者の行う他の労働者の企業秩序違反事件の調査について協力義務を負うのは、当該労働者の職責に照らし、その職務内容となっていると認められる場合、または、調査対象である違反行為の性質・内容、右違反行為見聞の機会と職務執行との関連性、より適切な調査方法の有無等諸般の事情から総合的に判断して、労働契約上の基本的義務である労務提供義務を履行するうえで必要かつ合理的であると認められる場合に限られると、比較的厳格な解釈をしているが（富士重工業事件、最三小判昭五二・一二・一三判時八七三号一二頁）、労働者が職場内でのセクシュアル・ハラスメントに関連して当事者若しくは当事者から相談を受ける等した場合に調査に協力すべき義務を負うとすることは、右判例の立場からも是認されるものと言うべきであろう）。

② 被害拡大回避義務（＝解雇・退職回避義務など）

セクシュアル・ハラスメントが発生した場合、使用者はセクシュアル・ハラスメントに対する無理解から、セクシュアル・ハラスメントの「加害者」を懲戒や配転等にするだけでなく、セクシュアル・ハラスメントの申立てをした「被害者」に対しても、「協調性に欠ける」等と称して退職勧奨や解雇等の不利益取扱いをすることがしばしばある（いわば「ケンカ両成敗」！）。このような行為は、法的にみた場合、セクシュアル・ハラスメントを原因とした被害者の人的利益、職場環境に対する被害を拡大するものであり、使用者は「職場環境配慮義務」の一内容としてこのような被害拡大を回避する義務を負っているといえよう。このようにセクシュアル・ハラスメントをうけた「被害者」は、セクシュアル・ハラスメントにより雇用上種々の不利益を受けることがあり（「二次被害」！）、使用者はこのような被害を回避する義務を負っていると言わねばならず、改正均等法二一条を受けた指針4―⑵が、「事業主は、職場におけるセクシュアル・ハラスメントに関して、女性労働者が相談をし、又は苦情を申し出たこと等を理由として、当該女性労働者が不利益な取扱を受けないよう特に留意するとともに、その旨を女性労働者に対して周知する必要がある」としているのは、このような使用者が負うべき当然の義務を定めたものと言えよう。このようなセクシュアル・ハラスメントの被害を訴えたことによる不利益取扱の典型は、解雇・退職勧奨であるが、それにとどまらず雇用環境にもたらされるさまざまな職場環境の悪化要因が含まれることになる。そこで以下にいくつかの典型例を述べることにしよう。

(a) 解雇回避義務

セクシュアル・ハラスメントの被害者らがセクシュアル・ハラスメントの事実を訴えたことを理由として解雇された場合、当該解雇は合理的な理由のないものとして無効とされるだけではなく、使用者に債務不履行若しくは不法行為責任が認められることがあり、このような裁判例としては例えば徳島中央タクシー外事件（徳島地決平八・一〇・一五）では、上司から同僚の女性社員がセクシュアル・ハラスメントをうけたとして抗議した別の女性社員が解雇された事案について、判決は「債権者らに対する本件解雇は、いずれも債

務会社社長が、会社の就業規則も検討しないまま独断専行したものと言わざるを得ないもので、債務者会社の就業規則に定められた解雇事由のいずれにも該当しない不当な理由によるものであるから、無効であると言わざるを得ない」旨判示して解雇の意思表示を無効としており、また東京セクシュアル・ハラスメント（チラシ広告）事件（東京地判平九・二・二八）では、会社社長からセクシュアル・ハラスメントをされ、これを拒否したところ解雇された女性社員が、解雇を不法行為として会社に対し慰藉料請求をした事案について、判決は「右解雇は普通解雇を前提としても解雇権の濫用にあたる違法なものであると認められる。そして、原告は、被告代表者の違法な解雇により、結果的に被告会社で勤務を続けることができなくなったのであるから、被告代表者の右行為は不法行為を構成するものと認められ」る旨判示して違法解雇について会社の不法行為責任を認定している。このように使用者にはセクシュアル・ハラスメントに起因して解雇を行った場合、解雇回避義務違反として使用者責任を問われることになろう。

(b) **退職回避義務**　使用者には、職場環境配慮義務の一形態であるセクシュアル・ハラスメント防止義務に違反する行為（例えば調査義務違反）によって従業員を退職の余儀なくさせた場合に、右義務違反及び退職に伴う損害賠償義務が発生することがある。このような裁判例として、例えば福岡セクシュアル・ハラスメント事件（福岡地判平四・四・一六）では、編集長が会社内外の関係者に対し、対立関係にある部下の女子社員の異性関係等について非難の発言等を繰り返して右女子社員が退職を余儀なくされたという事案について、判決は「専務らは、早期に事実関係を確認する等して問題の性質に見合った他の適切な職場環境調整の方途を探り、いずれかの退職という最悪の事態発生を極力回避する方向で努力することに十分でないところがあったということができる。（中略）以上のとおり、専務らの行為についても、職場環境を調整するよう配慮する義務を怠り、また、憲法や関係法令上雇用関係において男女を平等に取り扱うべきであるにもかかわらず、主として女性である原告の譲歩、犠牲において職場関係を調整しようとした点において不法行為性が認められる」旨判示して使用者の不法行為責

任を認めている。

また京都セクシュアル・ハラスメントでも、ビデオの盗撮に起因して使用者からの退職勧奨ともあいまって原告が退職を余儀なくされたことについて、判決は「被告会社は、雇用契約に付随して原告がその意に反して退職することがないように職場環境を整える義務があるというべきである。（会社常務の）本件発言によって、社員が原告との関わり合いを避けるような態度を取るようになり、人間関係がぎくしゃくするようになったので、原告が被告会社に居づらい環境になっていたのであるから、被告会社は原告が退職以外に選択の余地のない状況に追い込まれることのないように本件発言に関する謝罪や、被告会社で勤務を続けるか否か考えてくること、今日は今すぐ帰ってもよい旨の原告に対して退職を示唆するような発言を撤回させるなどの措置を執るべき義務があったというべきである。それにもかかわらず、被告会社がなんの措置もとらなかったため、原告は被告会社に居づらくなって退職しているから、被告会社は原告の退職による損害を賠償する責任を負う」旨判示している。このようにセクシュアル・ハラスメントに起因した退職について使用者が負う職場環境配慮義務違反として構成していくことは、雇用契約における労使双方の権利義務関係を正面から論じその内容を構成していくものとして是認されるべきものであり、セクシュアル・ハラスメントに起因した退職については、均等法の整備ともあいまって今後の判例法理の発展が期待される（特に履行請求や差止請求など）。

(c)　**自宅待機、配転、プライバシーの保護**　改正均等法一一条に基づく指針は、事業主が雇用管理上配慮すべき事項として「事案の内容や状況に応じ、配置転換等の雇用管理上の措置を講ずること」と規定（3—(3)）、その具体的な内容として「当事者を引き離すための配置転換のほか、当事者間の関係の改善に向けて援助、被害者の労働条件上の不利益の回復等が考えられるものであること」が述べられている。このようにセクシュアル・ハラスメントが発生し、事実調査、被害回復措置等の検討期間中、使用者は被害拡大回避義務として、例えば加害者に対して自宅待機・配転を命ずることが考えられる。もちろん言うまでもないが、この場合の対象者はもっぱ

ら「加害者」側であり、「被害者」を対象とすることは被害者から申し出等特段の事情がない限り許されないと言えよう（同指針4―⑵「事業主は、職場におけるセクシュアル・ハラスメントに関して、女性労働者が相談をし、又は苦情を申し出たこと等を理由として、当該女性労働者が不利益な取扱を受けないよう特に留意するとともに、その旨を女性労働者に対して周知する必要がある。」としているのはこのような趣旨を確認するものと言えよう）。

このようなことが問題となった裁判例として、例えばネッスル静岡出張所事件（静岡地判平二・三・二三労判五六七号四七頁）では、セールス担当社員が女子派遣社員との不倫を理由に二年間に亘る自宅待機命令を受けたのち、更に転勤命令を受けた事案について判決は「取引先が、原告の男女関係のトラブルが原因で葉書が配布された件につき、原告に対して（中略）厳しい見方をしているように、原告の行為は不倫という社会的非難を免れない行為であり、かつ、被告会社にとって到底看過できない行為であるのにかかわらず、原告は（中略）現在に至るまで何ら反省の気持ちを持ち合わせていないのみならず、これが正当である旨の主張を固執する態度をとったため、このままの状態で、原告を業務上の必要から取引先へ訪問させあるいは静岡出張所の事務所などにおいて顧客又はデモンストレーターの女性などと応対させるとすれば、被告の男女間の倫理についての見識が疑われ、被告の対外的信用を一層損なう結果にもなりかねなかったのであるから、原告に対し長期間自宅待機を命ずる業務上の必要性があったというべきである」として二年間の自宅待機命令並びに転勤命令についていずれも適法としている。右判決の結論の妥当性はさておき、セクシュアル・ハラスメントに関連して「加害者」に自宅待機・配転等をなす場合の参考となる裁判例といえよう。

なお、右指針は、事業主は、職場におけるセクシュアル・ハラスメントにかかる女性労働者等の情報が当該女性労働者等のプライバシーに属するものであることから、その保護に得に留意するとともに、その旨を女性労働者に対しても周知する必要がある（4⑴旨述べているが、右プライバシー保護は「被害者」のみならず、「加害者」に対しても同様といえよう。通達が、「指針4⑴は、職場におけるセクシュアル・ハラスメントに係る事案

は被害者及び関係者の個人のプライバシーに関わる部分があるので、その保護には特に留意し、その旨を周知しておく必要があることを明らかにしたものであること」としているのはこのような趣旨を述べたものと言えよう。

③　再発防止義務

均等法は事業主の「配慮義務」の一つとして、セクシュアル・ハラスメントが生じた場合の事後の迅速・適切な対応をあげているが、ここではとりわけ再発防止の観点が重視されているといえよう（通達）。特にセクシュアル・ハラスメントは、それを放置することにより一層行為がエスカレートしたり、再発することが多いことから、事業主に対しこのような対応を求めているものであり、これらの事項は、使用者が民事上負う使用者責任の一内容である再発防止義務を確認するものといえよう。裁判例としてこのような義務が問題となったものとして、例えば前述の京都セクシュアル・ハラスメント事件（京都地判平九・三・二七）では、会社が女子更衣室での隠し撮りのビデオカメラを発見していながら十分な対応をしなかった点について、判決は「被告会社は、被告会社の女子更衣室でビデオ撮影されていることに気付いたのであるから、被告会社は、何人がビデオ撮影したかなどの真相を解明する努力をして、再び同じようなことがないようにする義務があったというべきである。それにもかかわらず、（中略）被告会社は、ビデオカメラが撤去されると、その後、何の措置もとらなかったため、再び女子更衣室でビデオ撮影される事態になったのであるから、被告会社は、債務不履行により、平成七年六月頃に気付いた以降のビデオ撮影によって生じた原告の損害を賠償する責任を負う」旨判示しており、使用者責任としてこのような義務違反を問題としたものであった。

更にこれに加えてセクシュアル・ハラスメントが継続している場合や被害が拡大する可能性がある場合には、既に発生した損害の回復のみでは被害者の救済は十分ではなく、かかるセクシュアル・ハラスメント行為の継続若しくは被害拡大を将来に向かって断絶する必要性が生じてくることになろう（＝差止請求権）。このような違法な侵害行為の予防・停止・排除を求める権利（「差止請求権」）は、わが国では既に北方ジャーナル事件（最大判昭六一・六・一一判時一一九四号三頁）において、人格権である名誉権侵害行為について「加害者に対し、現に行われ

ている侵害行為を排除し、又は将来生ずべき侵害を予防するため、侵害行為の差止を求めることができるものと解するのが相当である」として承認されており、更に下級審判決においても「生命・身体・財産等を侵害されることはなく平穏な日常生活を営む自由ないし権利」（一九一家組事務所事件、静岡地浜松支決昭六二・一〇・九判時一二五四号四五頁）を根拠として差止請求が認められるようになってきており、このような観点からは、セクシュアル・ハラスメントが継続して性的自由の侵害が継続している場合や、その被害拡大の蓋然性が高い場合には、差止請求が認められるべきであろう（性的自由は、生命・身体同様に「人間の尊厳を守るための基本的かつ重要不可欠な保護法益（右決定）」である）。このように差止請求権は、セクシュアル・ハラスメントの被害回復にとっては、その実効性確保の点で極めて重要な役割を果たすものと考えられるが、差止請求自体わが国では未成熟な権利であり、今後、裁判等で差止請求権の内容の充実が図られると共に、均等法上の「配慮義務」の内容としても検討されるべきであろう。

④　被害回復義務　会社は適切な事実調査をしたうえセクシュアル・ハラスメントの事実が確認された場合はその被害回復措置をとるべき義務があり、その具体的内容としては、(a)被害者への謝罪、損害賠償措置（慰藉料の支払いなど）、差止請求など、(b)責任の明確化（加害者本人、監督者等の処罰など）等が含まれていることになり、均等法の配慮義務にもその一部が規定されている。

(a)　**損害賠償措置**　使用者が「セクシュアル・ハラスメント防止義務」に違反した場合の法的効果としては前述した通り被害者の受けた精神的・身体的苦痛に対する謝罪、慰藉料支払義務がある他、被害者がそれによって退職、解雇等の雇用上の不利益を受けた場合には、現状回復（解雇無効・職場復帰など）、財産的損害に対する逸失利益・慰藉料の支払義務を負担することになる。

(b)　**責任の明確化**　セクシュアル・ハラスメントが発生した場合、事業主は懲戒権を行使して「加害者」を制裁することができることは当然であり、均等法二一条に基づく指針3—(3)で、事業主が職場におけるセクシュ

アル・ハラスメントが生じた場合の迅速かつ適切な対応例として、「就業規則に基づく措置を講ずること」を、事案に適正に対処することについて配慮していると認められる例として挙げ、通達では更にその具体例として、「懲戒規定により加害者に一定の制裁（口頭注意、配転、降格、解雇等）を課すこと等が考えられる」としているのはこの理を述べたものである。裁判例としては、セクシュアル・ハラスメントの「加害者」に対する懲戒処分が問題とされたコンピューター・メンテナンス・サービス事件（東京地判平一〇・一二・七労判七五一号一八頁）では、コンピューター管理業務の会社から派遣された男性社員が派遣先会社の女性従業員Aにセクシュアル・ハラスメントをしたとして、派遣元会社が就業規則の規定に従って、男性社員を懲戒解雇したところ、原告男性社員は懲戒権の濫用にあたると主張した事件で、判決は「原告のAに対する一連の行為は、Aが不快感を示していたにもかかわらずなされたもので、その態様は執拗かつ悪質であり、Aに相当程度の苦痛と恐怖を与えたものである。その結果ついにAは上司に訴えるところまで追いつめられたのであり、被告の顧客であるタツミ商店が、巽社長自ら被告会社に赴いて苦情を言わなければならない程度にまで至っていたのであるから、原告の行為がタツミ商店においてその職場内の風紀秩序を著しく乱し、ひいては被告の名誉・信用を著しく傷つけたことは否定できない」として懲戒処分を有効としており、妥当な判断と言えよう。セクシュアル・ハラスメントに関する使用者の対応については、就業規則・労働契約等で対処方法を明確にしておくことが必要であろう。

(iii)　**セクシュアル・ハラスメント行為防止義務**　均等法上の「配慮義務」は、職場におけるセクシュアル・ハラスメントについて、事業主に対し前述した通り事前若しくは事後に一定の措置を講ずることを求めているものであり、従業員や第三者等の行うセクシュアル・ハラスメントそのものについては何ら述べていない。これらの行為そのものについて使用者は契約上の「職場環境配慮義務違反」として債務不履行責任若しくは不法行為責任を負う場合がある（——特に「履行補助者」、第六章参照）。

以上の通り、事業主は均等法で規定するセクシュアル・ハラスメントの定義と具体的にいかなる性的言動につ

いて配慮しなければならないかを知り、それについての適切な措置を講ずる義務が課されており、これらが均等法の規定する「配慮義務」の内容とされるものである。ところで、これらの均等法が規定する事業主の「配慮義務」なるものは、実際にどの程度の効果（特に均等法が目ざしている予防、再発防止という抑止効果）を有するものであろうか？　少なくとも比較的規模の大きい事業所・企業に対してはこれらの規定はかなりの抑止効果をもつことが予想される。セクシュアル・ハラスメントを抑止するためには、何よりも企業におけるセクシュアル・ハラスメント予防・排除の方針の明確化が必要であり、比較的規模の大きい企業では、配慮義務に規定した措置を整備する人材・体制を確保することは比較的容易であり、かつ、実際にセクシュアル・ハラスメントの行為者（＝加害者）は中間管理職等であることが多いことから、企業・事業主がこれらの者に対して厳しい措置をとることは比較的容易であり、またこれらの企業等で上級管理者（社長・専務等）等もマスコミ等による社会的非難による企業のイメージダウンをおそれて「加害者」本人になる可能性を回避する行動をとるものと考えられる。しかしながら、比較的小規模の事業所・企業でセクシュアル・ハラスメント予防・排除の方針を明確化するのは、大企業と比して困難を伴うと言わざるを得ない。そもそもセクシュアル・ハラスメントの予防・排除については何よりも企業経営者の方針明確化にもとづく体制整備が求められるところ、小規模事業所にこれらを求めることは時間のかかることであろう。これまでの裁判例においてもセクシュアル・ハラスメントの加害者は、比較的小規模の事業場・企業の社長・専務等の事業主本人若しくはそれと同等のものであることが多く、これらの事業主に対して均等法の趣旨を理解させるのは正に「馬の耳に念仏」のようなものと言わざるを得ない。比較的小規模における事業所のセクシュアル・ハラスメントの排除は、裁判例ともあいまって、行政当局の行政指導、更には我々社会の性モラルの転換等ねばり強い努力が必要とされよう。

3　人事院規則

人事院規則は、職員、各省各庁の長、監督者、人事院それぞれにセクシュアル・ハラスメント防止対策の責務を課しているが、これらの責務の内容とその法的意味はどのようなものであろうか？　これを次にみてみよう（これに対し均等法は、セクシュアル・ハラスメント予防・防止等の責任主体を「事業主」に限定して「配慮義務」を規定しており、セクシュアル・ハラスメントの「加害者」本人は均等法上の責任主体とはされていない）。

(1)　職員の責務

職員の責務について人事院規則は指針で、(i)セクシュアル・ハラスメントをしないようにするために職員が認識すべき事項、(ii)職場の構成員として良好な職場環境を確保するために認識すべき事項、(iii)セクシュアル・ハラスメントに起因する問題が生じた場合において職員に望まれる事項の三点に亘って詳細に規定している。

(i)　職員の認識事項

セクシュアル・ハラスメントが個人の尊厳や名誉、プライバシーなどの人格権を侵害し、かつ公務職場の勤務環境等を侵害することから、指針は職員が右行為を「しないようにするため」の認識事項を列挙し（前述）、「セクシュアル・ハラスメントの態様等によっては信用失墜行為、国民全体の奉仕者たるにふさわしくない非行などに該当して、懲戒処分に付されることがある」旨述べている。人事院規則（指針）が規定するセクシュアル・ハラスメントの内容は既に述べた通り、均等法が述べるものよりも広範なものとなっており、その内容も法的にみて当然に違法不当とされるもの（例えば性的関係を強要したり、浴室や更衣室等をのぞき見する等刑事罰の対象となるもの）から、いわゆるジェンダー・ハラスメント（「男のくせに、根性がない」「女には仕事は任せられない」など）とされるものまで多様であるが、これらのうち少なくとも刑事法規に違反するものや民事上不法行為を構成する行為（図1）を職員が行った場合、当該個人は刑事・民事の法的責任を追及されるだけでなく、懲戒処分（場合によっては分限処分—国公法七八条など）を受けると共に、右行為について国等が契約上、若しくは

不法行為法上の使用者責任を問われることになる（民法四一五条・七〇九条・七一五条、国賠法一条）。職員個人の民事刑事の法的責任並びに国等の使用者責任については後述することにして、ここでは職員の組織内における責任（懲戒処分・分限処分）について述べておこう。

① 懲戒処分　本来公務員には職員として法令遵守義務、職務専念義務、信用・名誉尊重義務等があり（国公法九八条一項・一〇一条・九九条・一〇一条など）、セクシュアル・ハラスメントがこれらの義務違反となる場合に懲戒処分の対象とされることは当然であり、指針はこれらのことを確認する規定といえよう。従来からも職員によるわいせつ行為、強姦、のぞき見、卑わいあるいは不穏当な言動などは（職員間はもちろん非職員に対するものを含めて）いずれも非違行為として免職・停職・減給等極めて重い処分がなされる傾向にあるが、これは、公務職の特殊性から、このような職員の非行が公務秩序、ひいては国民の公務員に対する信頼をそこなうことが重視されていることによるものであり、この問題について例えば「このような非行をした職員は、そのために相当な責を負うべきものである。しかも、このような職員の存在が、公務秩序に相当な悪影響を及ぼすことは、特に困難な立証をしなくても明白なことである。しかも対象者は原則として非職員である部外者の女性であるから、このような非行を犯した職員が何らの措置もなされないで引き続いて公務を遂行すると、国民からの信頼と公務の廉潔性を著しく損なうこととなるのは自明である」と述べる論者もおり、このような観点からはセクシュアル・ハラスメント等の非違行為が懲戒処分とされることは当然視されてきていたといえよう（注6）。特に教育現場の公務従事者である教員に対しては、その職務の特殊性から裁判例は一貫して厳しい態度で望んでおり、例えば糸魚川高校事件（新潟地判昭五五・一・二八労判三四八号）では、酒気を帯びて出勤して授業を行い、更に当時高校生売春事件が露呈していたことから、女子生徒に売春云々の暴言を吐いたとして三ヵ月の停職処分に付された事案について、判決は「酒気を帯びて出勤し、かつ授業を担当すると言うことは、それが高校生を相手にした教育の場であるだけに、それ自体著しく不謹慎な行為であることは明らかである。右行為は、教師としての品性を問わなけれ

ばならない重大な非行である」「（当該教師による）売春云々の発言は、本件のような状況のもとでは、それ自体不謹慎極まりない発言であって、当日控訴人が飲酒していたことを考慮しても、教師の授業中の発言としては到底許容できるものではない」として右処分を有効としている（このような事案では他の公務員であっても懲戒処分の対象とされようが、行為態様からみて停職三ヵ月という量刑の重さを有効としているのは、教職という職務の特殊性によるものと思われる）。

また大阪府立池田高校事件（大阪地判平二・八・一〇労判一〇六号）では、妻子ある高校教師が教え子であった女子生徒と在学中から学校内外で人目をひく交際をし、卒業直後に性的関係をもつに至ったことを理由として、公務員の信用失墜行為（地公法三三条）に該当するとして懲戒免職処分に付された事案について、判決は、「地公法三三条は、地方公共団体の職員は、住民の信託を受けて、住民全体の奉仕者として公務に従事するものであるところ、職員の行為は、当該職員の信用を左右するのみならず、地方公共団体の行政執行そのものに対する住民の信託、信頼にも大きな影響を与えるとの観点から、職人に対し職責を果たすにふさわしくない行為を禁じたもの（それ故、教員たるものには教育者にふさわしい高度の倫理と厳しい自立心が要求されている）であるから、健全な社会通念に照らし、その職の信用を損ない若しくは職全体の不名誉とみられるような行為である限り、職の内外を問わず、また、犯罪に当たるか否かを問わず、同条に違反するものと解される」「原告は妻子ある高校教師でありながら教え子であった女子生徒とその在学中から親密な交際を始め、卒業後間もなく肉体関係をもつ至り、池田高校の生徒、保護者及び地域住民に動揺を与えたのである。そうすると、原告は社会生活上の倫理はもとより教員に要求される高度の倫理に反し、教員に対する社会の期待と信頼を著しく裏切ったものであり、池田高校の生徒をはじめ保護者及び地域住民に与えた不信感は容易に払拭しがたいといわざるをえない。したがって、原告は、法三三条が禁じる、その職の信用を傷つけ、職員の職全体の不名誉となるような行為を行ったものと言うべきである」と処分を有効と判示している（職場内「不倫」であれば、場合によっては秩序が乱されたという事情により処分

されることがありうるかも知れないが、この事案のように、職場外の全く私的生活の場における行為をもって懲戒処分が許されるとすることについては評価が分かれようが、本件では少なくとも教師という職務の特殊性が考慮されたものであると言えよう）。

② 分限処分

セクシュアル・ハラスメントの行為が公務員の職種、職務内容や地位に影響を与えると評価されるような場合、職務適格性の欠如にあたるとして分限処分の対象とされることもあり、そのような裁判例として犬田布中学校事件（鹿児島地判昭五〇・二・二八、同旨最判一小判昭五一・九・三〇、公労裁集五一年）では、妻子ある中学校教員が同僚の女性教員に恋情し、愛の詩をそえた下着を小包にして送ったり、誕生日に玄関前に手紙をつけた花を置いたり、はては寝室に忍び込み夫に発見されて校長・警察官に通知され始末書を提出させられるなどの破廉恥行為を繰り返し、校長の注意にもかかわらず改める傾向がみられなかったため、県教育委員会が、公立学校教員として必要な適格性を欠いていることを理由に免職処分とした事案について、判決は、「妻子があるものであっても、他の女性に対して恋情を抱くことがあることは、必ずしも稀有のことでないことは明らかであり、教員であるからといって右の感情の発生自体を抑制し得なければならないとまではいえないであろう。しかし、右の感情の赴くままに行動することが許されないこと、殊に妻子ある者にあっては、その行動を厳しく抑制しなければならないことが、社会構成員として当然遵守すべき道徳規範であることはいうまでもない。しかるに、原告が前記のとおりの各行為を行ったことは、右の道徳規範に違反したものであり、かつ各行為の具体的内容、反復執拗性を考えると、原告には右道徳規範を遵守しうる道徳性が欠如しており、かつその矯正は容易でないものと認められる。してみると、原告は教員として具備すべき資質を欠いている者、すなわち鹿児島県公立学校教員として、その職に必要な適格性を欠いている者といわなければならない。」としている（右判決は、同僚の女性教員の寝室に忍び込み夫に発見されて校長・警察官に通知され始末書を提出させられるなどの破廉恥行為を繰り返し、校長の注意にもかかわらず改める傾向がみられなかった行為について、「道徳規範に違反した」「道徳性が欠如してお

り」云々と述べているが、むしろ右行為の具体的態様や反復性から（今日では本件はいわゆるストーカー行為として違法とされるものであろう）、公務職としての職務適格性が欠けていると判断されたものと評価すべきであろう）。

この点について公務員の職務適格性と当該職員の具体的行動とを関連させて述べた日南消防署事件（宮崎地判昭五七・一一・一九判タ五〇三号一三五頁）では、消防署の男性職員がかつての部下の妻と性的関係を含む親密な関係におちいり、それを契機に部下夫婦は離婚したところ、このスキャンダルが消防署員や市民間に表面化し、市議会でもとりあげられ反省を求める要望が出されたり厳重処分を求める書面・電話なども寄せられたことから（この背景には、日南消防署が職員数が少なく職員の連帯意識が強く、また日南市が小都市で人間関係が緊密であることなどがあった）、日南市消防庁は原告に対し、消防署職員としての必要な適格性を欠くものとして分限免職処分にしたところ、これに対し原告職員は、右女性問題は職務外の行為であるとして処分の効力を争った。判決は、「一般に女性問題など私行上の不品行は分限制度の趣旨・目的に照らし当該職員の職種がとくに高い徳性と潔白性を要求されるものであるとか、それが公務の能率維持及びその適正な運営の確保に支障が生ずる場合でなければ、地公法二八条一項三号の『その職に必要な適格性を欠く場合』に該らないというべきである。そして、日南市消防職員の任免、服務に関する規則（中略）によると消防職員は廉恥を重じ、不名誉となるような行為をしてはならない旨定めているが、とくに消防職員の職種が高徳性と潔癖性を要求されているとまではいい難い。しかしながら、本件における原告の女性問題は部下職員（但し、直属の部下ではない）の妻との間の性的関係を含む長期間の継続的な不倫な関係であり、しかもそれが一因で部下職員夫婦が離婚するという衝撃的な結果が発生して、小都市である日南市の消防署員、消防団員、市民間にそのスキャンダルが広まり、厳重処分や反省を求める書面・電話、市議会の決議などもあり、しかも、消防職員の市民各戸への訪問、消火活動、消防団員との協力関係、日南消防署職員の緊密な人的関係と職場環境などに照らし、このような女性問題を引き起こした原告の性質、行動は公務たる消防業務の能率維持及びその適正な運営の確保に支障が生ずる場合に該るものというほかない。した

がって、本件女性問題を惹起した原告は、簡単に矯正することができない持続性を有する素質、能力、性格等に基因してその職務の円滑な遂行に支障があり、『その職に必要な適格性を欠く場合』に該るに至ったものというべきである」旨述べて分限免職処分を適法なものとしている（業務外の私的な行為についても、それが公務遂行に支障が生ずると判断された場合には、分限処分の対象とされることがあることを述べた判決といえよう）。このように、裁判例をみると公務の特殊性によっては分限処分がありうることが明らかとなっている。

(ii)　**職場構成員としての認識事項**　指針は、職場の構成員としての責務として、具体的には、(ア)職場内のセクシュアル・ハラスメントについて問題提起する職員をいわゆるトラブルメーカーと見たり、セクシュアル・ハラスメントに関する問題を当事者間の個人的な問題として片づけないこと、(イ)職場からセクシュアル・ハラスメントに関する問題の加害者や被害者を出さないようにするために、周囲に対する気配りをし、必要な行動をとること、(ウ)職場においてセクシュアル・ハラスメントがある場合には、第三者として気持ちよく勤務できる環境づくりをする上で、上司等に相談するなどの方法をとることをためらわないことなどをあげている。これらの事項は、主として職場における使用者が負うセクシュアル・ハラスメントの予防、発生の阻止について職員が「協力」すべき事項を規定しているといえよう。既に述べた通り、「セクシュアル・ハラスメント防止義務」は使用者が労働者に対して負う職場環境配慮義務の一内容をなすものであり、したがって当該職員が職務についての管理・監督的立場にある場合（＝監督者）は、使用者の履行補助者としての立場から右「協力」は職員自らの法的義務とされ、当該職員がこれらの義務を怠った場合には、監督者としての義務違反並びに使用者責任の根拠とされようが（これらについては⑵参照）、他方そうでない一般職員の場合には、これらの「協力」は何ら法的な義務を構成することはなく、いわばモラル上の問題とされ、一般職員がこれらの事項を怠ったとしても法的責任を問われることはなく、その意味でこれらの事項は、一般職員のモラル上の責務を定めた「訓示規定」といえよう（今日では、これらのモラル上の義務違反が直ちに懲戒分限処分の対象とされることはない——前述の犬田布中学校事件の判旨が

述べる「道徳規範に違反」することが、直ちに職員の法的責任に直結するものと考えるべきではないと思われる。なお監督者についてはこれらの事項に規定された内容は、法的義務とされよう）。

(iii) セクシュアル・ハラスメントに起因する問題に対する対応事項

指針は職員に望まれる事項として、セクシュアル・ハラスメントに起因する問題が生じた場合の対応事項として、(ア)基本的な心構え――職員はセクシュアル・ハラスメントを受けた場合にその被害を深刻にしないために、一人で我慢しているだけで問題は解決しないこと、セクシュアル・ハラスメントに対する行動をためらわないことを認識しておくことが望まれる、(イ)セクシュアル・ハラスメントによる被害を受けたと思うときに望まれる対応――職員はセクシュアル・ハラスメントを受けた場合、嫌なことは相手に対して明確に意思表示をすること、信頼できる人に相談するような行動をとるようつとめることが望まれる、などをあげている。これらの事項は、セクシュアル・ハラスメントが発生した場合に、主として被害拡大回避に関して「被害者」本人に「望まれる事項」として述べられているものであるが、これらは、職場環境配慮義務の一内容として、本来使用者が負うべき義務であり、ここに述べられている事項はいわば職員としての一般的な「心構え」を述べたものにすぎないといえよう。

では職員が右「望まれる」事項に反して（若しくは怠って）「被害を深刻に」した場合は、どのような問題が生ずるのであろうか？――「望まれる」事項によって職員が法的にいかなる義務を負うものではないとしても、「加害者」への不法行為責任や使用者責任が問題とされた場合、セクシュアル・ハラスメントによる損害賠償額の算定や（いわゆる過失相殺―民法七二二条）、事実認定（特に「合意」の有無）に際して、右「望まれる」事項に反した行動をとった職員が不利となる可能性があることは否定できず、そのような間接的な効果を持つ規定として職員に対して「教育的効果」をねらったものといえよう。このようなことが問題となった裁判例として例えば金沢セクシュアル・ハラスメント事件（名古屋高金沢支判平八・一〇・三〇）の判決は、家政婦（第一審原告）として会社に雇われていた女性社員に対する会社社長Aのセクシュアル・ハラスメントの違法性を認定しながら、慰謝料額

の算定について、「第一審原告は、就職当初から飲酒の上とはいえ、塗師とともに第一審被告Aとのきわめて卑わいな会話の中で容易に性的対象になると誤解させる余地もある会話をし、さらには第一審被告Aの下心を早期に容易にわかった筈であり、かつ他にいくらも方法があったにもかかわらず、夜間第一審被告Aが留守であったとはいうものの、降雪を理由に一度ならず第一審被告A宅に宿泊し入浴するなど、自ら第一審被告Aの違法行為を招いた責めなしとは言えない本件では、第一審被告Aにおいて反省もなく、終始違法行為を否定している事情を参酌しても、第一審被告Aの本件各不法行為による第一審原告の精神的苦痛を慰謝するには、第一審被告らは、第一審原告に対し、一二〇万円を支払うべきものと判断するのが相当である」旨判示して、被害者女性のセクシュアル・ハラスメント対する対応を慰謝料算定額の事情として斟酌している（右判決は、被害者の女性社員が、被告代表者Aによるセクシュアル・ハラスメントに対して、迅速かつ明確な対応をしていない（若しくは怠った）点を慰謝料算定額の減額事由としていると考えられるものであり、人事院規則が述べる職員の対応事項の具体例として参考になろう）。

またセクシュアル・ハラスメントは、第三者等の目撃者がいないいわば「密室」での行為が大半であることから、セクシュアル・ハラスメントの事実が争われた場合に被害者の対応が問題となることがあり、例えば京都セクハラ（A寺院）事件（京都地判平一〇・三・二〇）では、A寺で清掃炊事等の職務に就いていた原告女性が、同寺の代表役員（事務長）Bから、ひわいなざれ歌を記した書面を交付されたり、背後から突如抱きつかれて太股を撫でられたり、筆おろしと称して筆先で腕等を撫でられる等のセクシュアル・ハラスメントを受けたとして寺と代表役員Bを訴えたところ、判決は、Bからのセクシュアル・ハラスメントに対する原告の対応について、原告女性がBからのセクハラがあった後に、Bを介してネックレスを買い受けたり、絵画をもらったお礼にBにスリッパをあげたり、バレンタインデーのプレゼントをしたり、Bが原告の肩に手をかけた写真撮影を許容するなどしており、右のセクシュアル・ハラスメント後の原告のとった一連の行為からみて、原告が主張する「各不法

行為については、原告や同僚の供述には疑問点があるうえ、本件不法行為の状況からすると、原告や同僚の供述は全体としても信用性に乏し」く、「他方被告Bの供述は、被告Bが筆で原告ら女性職員の手を触ったことは認めるなど自己に不利益な事実も認めており、供述に矛盾した点は見いだしがたく全体として信用することができる」旨判示し、Bによるセクシュアル・ハラスメントの事実を否定している（判決の結論の当否はさておき、セクシュアル・ハラスメントに対する被害者の対応（特に事後）に着目したものであり、セクシュアル・ハラスメントに対する被害者の対応によっては、セクシュアル・ハラスメントの事実認定に影響を与える事例として参考になろう）。

(2)　各省各庁の責務

各省各庁の責務について通達、指針は、(ア)セクシュアル・ハラスメントの防止等に関する方針の明確化と職員への周知徹底、(イ)職員に対する研修等の実施、(ウ)勤務環境の整備、(エ)苦情・相談体制の整備、(オ)苦情・相談に対する迅速・適切な対処をあげ、とりわけ(エ)(オ)の苦情・相談に対して留意すべき事項を指針で詳細に規定している。本来各省各庁は、職員に対する「使用者」（最終的には国が使用者責任を負う）として、職場環境配慮義務の一内容としてのセクシュアル・ハラスメント防止義務を負っており、また職員が非職員に対して加えたセクシュアル・ハラスメントについても不法行為法上の使用者責任を負っていることから（民法七一五条、国賠法一条―この場合は免責規定もない）、これらの事項は使用者が負う右義務を確認するものであり、セクシュアル・ハラスメント防止義務の中でもとりわけ事後措置としての調査義務、被害回復拡大回避義務を怠ることによる使用者責任の重さから、(エ)(オ)の事項を詳細なものとしているといえよう。したがって少なくとも各省庁が、これらの事項に述べられていることを無視若しくは怠っている場合、あるいはそれによって職員（若しくは非職員）に対してセクシュアル・ハラスメントが行われた場合、職員（若しくは非職員）は各省庁に対し慰謝料等の損害賠償（国の債務不履行若しくは不法行為責任）、行政措置要求（国公法八六条）、不服申立て（同九〇条）等を行うことができ、他方、各省庁がこれらの事項を遵守したにもかかわらず、職員（若しくは非職員）に対してセクシュアル・ハラスメントが行

われた場合、職員からの前記申立てに対する帰責事由不存在の重要な判断要素とされることになろう。

このように各省庁は職員に対し、職場環境配慮義務の一内容としての「セクシュアル・ハラスメント防止義務」を負っており、公務職場でセクシュアル・ハラスメントが発生した場合、職員（若しくは非職員）は、使用者である各省庁（国）に対し債務不履行若しくは不法行為上の使用者責任を追及することになるが、この場合、「加害者」本人の不法行為責任と国が負う使用者責任とは不真正連帯債務とされていることから、「被害者」は通常使用者である国と「加害者」である公務員を同時に訴えることになろう。ところで国家賠償法は、「国又は公共団体（以下では「国等」という）の公権力の行使に当たる公務員が」「その職務を行うについて」「故意又は過失によって」「違法に他人に損害を加えたとき」に、国等は賠償義務を負う（一条一項）と規定しているが、この規定は民法七一五条と類似しているものの、国等の免責の規定（民法七一五条一項但書に照応する）がなく、直接加害者たる公務員に対する国等の求償権は、公務員に故意または重過失があるときに限って認められていることから（一条二項）、これに対応して、公務員に故意または重過失がない限り、直接加害者たる公務員への被害者の直接の賠償請求の許されないこととなるはずであるが、判例は一貫して国賠法の規定が適用される場合には、公務員個人は凡そ責任を負わないものとしている（最三小判昭三〇・四・一九判時五一号四頁、最二小判昭五三・一〇・二〇判時九〇二八号三頁など）[注7]。

したがって、セクシュアル・ハラスメントにおける裁判においては、多くの場合、被害者側は(i)国に対しては民法七一五条若しくは契約責任を追及し、加害者個人に対しては不法行為責任を追及することによって、国と加害者本人との法的責任を同時に追及する方法か、(ii)加害者個人のみの不法行為責任を追及し、国に対しては「社会的」責任を追及する方法がとられているのが実情といえよう（実際の実務では、民法七一五条に基づく訴訟でも、民法七一五条但書にいう使用者の選任監督上の免責が認められることはほとんどないことから、「被害者」の立証責任の程度に限ってみた場合、国賠法に基づく場合とはほとんど変わらないといえよう）。そこで、以下に(i)国等に対する民法

七一五条（若しくは債務不履行責任）と公務員個人の不法行為責任を同時に請求した裁判例と、(ii)公務員個人の不法行為責任のみを請求した裁判例とをみてみよう。

(i)　民法七一五条（若しくは使用者の債務不履行責任）による使用者責任と公務員個人に対する不法行為責任とを同時に請求した裁判例　このような裁判例としては兵庫セクハラ（国立病院）事件（神戸地判平九・七・二九―裁判例21）があり、同事件では国立病院で洗濯係として勤務している原告女性が、原告の直属の上司であり、同病院の洗濯長として原告ら職員の勤務割表を作成する等原告を指揮・監督する立場にあった被告Aから、作業中に「胸をさわらせてくれ」と言われたり、現実に胸をさわられたり、もまれるなどの行為をくり返され、これに対して原告が拒絶の態度をとると、被告Aは原告と口をきかなくなり仕事の指示も与えず、長年従事していたプレス作業から外す等の嫌がらせをしたとして、被告A個人に対し不法行為責任（民法七〇九条）を、被告国に対し、Aの行為が職務の執行につき行われたものであるとして使用者責任（七一五条）若しくは労働環境配慮義務違反に基づく債務不履行責任を追及した。これに対し被告らはセクシュアル・ハラスメントの事実を否認した他、被告国はセクシュアル・ハラスメントの発生を予測することができず、Aの選任・監督につき相当な注意を払っていたとして免責の主張（七一五条但書）をしたが、判決は、Aのセクシュアル・ハラスメントの事実を認めてA個人に対する不法行為責任を肯定すると共に、国の使用者責任につき「被告Aの原告に対する性的嫌がらせ行為及び職場におけるいじめは、勤務場所において、勤務時間内に、職場の上司であるという立場から、その職務行為を契機としてされたものであるから、右一連の行為は、外形上、被告国の事業の執行につき行われたものと認められ」るとしたうえで、国の選任監督上の注意についても、「確かに、性的嫌がらせ行為については、その行為の性質上密室的な場所で行われることが多く、被害者も羞恥心等から被害の申告をためらうことが少なくないなどの事情があるといえ、管理者にとってはその発生の把握及び適切な対処について困難があることは否定できない。しかしながら、前記の通り、病院の洗濯場においては他の職場に比して男性定員内職員である洗濯長の地位の優

越性が認められること、早出における乾燥室での作業等男女職員が接近し共同して作業する状況があり、職員が性的嫌がらせ行為をする機会が少なくないと考えられること、被告Aは従前から勤務時間中に職場の女性の体型等について不適切な言動に出ることがあり、それが職場の女性間では相当程度認識されていたことなどの事情に照らすと、病院として、被告Aの性的嫌がらせ行為を予見することが不可能であったとまではいえ」ず、「病院は、平成六年三月二日に原告から被害申告を受けた後、（中略）原告ないし原告の夫が再三にわたり性的嫌がらせ及びこれに引き続く原告個人に対するいじめの存在を訴えこれに対する処置を求めていたのに対し、性的嫌がらせについては事実の確定が困難であるとして特別の措置をとらず、いじめの問題についても原告個人に向けられた不利益として直接対処せず、むしろ、洗濯場の業務全体の改善の問題として捉えた結果、（同年一一月までの八ヵ月に亘って）被告Aの原告に対する態度には顕著な変化が見られず、原告を取り巻く職場環境は平成六年一一月までの間特段の改善がなかったと言わざるをいない。そうすると、病院が行った対応策によって、被告Aの原告に対する職場でのいじめ行為について、被告国が被告Aの選任・監督について相当の注意をしたとまでは認められない」と判示して国の免責の主張を斥けて使用者責任を肯定し、被告Aと国に対し連帯して原告に対し一二〇万円の慰藉料支払いを命じた（性的嫌がらせ行為八〇万円、いじめ行為二〇万円、弁護士費用二〇万円）。右事案は人事院規則との関連でみると、一般職員というよりも「監督者（後述⑶参照）」によるセクシュアル・ハラスメント行為であり、しかも国（病院）は「セクシュアル・ハラスメントに起因する問題が生じた場合において必要な措置を迅速かつ適切に講じなければならない」にもかかわらず八ヵ月間に亘ってそれを怠っていたと認定されるものであり、国の使用者責任が明白な事案であったといえよう。

(ii)　公務員個人のみの不法行為責任を請求した裁判例　このような裁判例はいくつかのものがあるが、その大半は教育現場での上司（校長・指導教官など）による部下や院生に対するセクシュアル・ハラスメントに関するものであり、例えば八王子小学校事件（東京地八王子支判平八・四・一五―裁判例8）では、小学校教師である原告

女性が、以前に勤務していた小学校の校長であった被告から卑猥な行為ないし性的要求を受け、これを原告が拒絶する態度をとったことから、クラス担任を外される等されて甚大な精神的苦痛を被ったとして、被告に対し不法行為に基づく損害賠償を求めたところ、判決は、被告が原告と都内の中学校視察後の飲み会の帰りに、暗がりで原告の手を取り自己の下半身にすりつける等の性的嫌がらせ行為をした事実は認めたものの、原告が主張するように被告が原告をモーテルに誘ったことや、退職教師の歓送会の終了後に被告が原告の肩をつかみ首に熱い息を吹きかけるなどの性的嫌がらせをしたこと、原告が被告に右行為を拒絶する態度をとったことから人事上不利益な措置をとった事実は認めることはできないとしたうえで、被告に対し慰藉料五〇万円の支払いを命じている（なお、本件については判例のコメントで「本件は、小学校の校長が部下の女性教師に対して職務上の優遇を暗にほのめかしてなした性的嫌がらせの行為を違法として損害賠償責任を認めたもので、いわゆるセクシュアル・ハラスメントの対価型の認容例である」（判時一五七七号一〇〇頁）とするものがあるが、本判決で認定された事実からは、「対価型」ではなく、「環境型」セクシュアル・ハラスメントの事案であった）。右事案は中学校視察後の飲み会での帰宅途中でのセクシュアル・ハラスメントであり、校長がその「職務を行うについて」行った違法行為として使用者責任を問題とすることが可能な事案であったと言えよう。

また鳴門教育大学事件（徳島地判平一〇・七・一二、裁判例32）は、元大学院生が、所属していた研究室の指導教官から手紙などによる度重なるセクシュアル・ハラスメントを受け博士課程への進学を断念させられたとして、同教授に対し民法七〇九条に基づく不法行為責任を追及した事案である。同事件では、元大学院生が同大学院修士課程に在学中に一年数ヵ月に亘って、指導教官から重要な用事もないのに自宅に頻繁に電話をかけられ、これに対して原告は被告に対し、原告の行動を監視するようなことをしないで欲しいと申し入れたのにもかかわらず、これを無視して私用で被告の送迎をさせるまでになり、更に、被告は原告を毎日にように食事に誘い、原告がこれを断ると不機嫌になって仕事を命ずる等の嫌がらせをくり返したり、原告を助手に推薦するのと引き替えに愛

人関係になることを要求するような内容や、原告が乱れた男性関係をもっていたかのような性的な事柄に関する内容の手紙を約八〇通を、原告と原告の両親にくり返し送り続け、これら一連の行為によって被告は神経疾慪状態に陥り博士課程進学を断念させられたとして、被告に対し不法行為に基づく損害賠償請求をしたというものである。判決は原告の主張をほぼ全面的に認めて被告教授の不法行為責任を認定したが、その際被告の不法行為責任について、「学生の（国立）大学在学関係は双務有償の無名契約であると解することができるが、大学は右契約の付随義務として、学生に対し研究教育環境を整える義務を負っており、学生は良好な環境の中で研究し教育を受ける利益を有していると言うべきである。大学教授は、大学の履行補助者として学生の右利益を侵害してはならない義務を負っているから、いやしくも学生に学問教育の現場において（性的）不快感を与えるような言動をしてはならないことは当然である。しかるに、被告は、原告の指導教授として、前記一連の行為により、原告に対し性的なものやそうでないものも含めて繰り返し強い不快感を与えたのであるから、原告が有していた、大学においていたずらに（性的）不快感を与えられずに学問し教育を受ける利益を侵害したことは明らかである」旨判示している。右判旨は、国（鳴門教育大学）が在学契約上の義務として学生に対して研究環境整備義務を負っているとして右義務違反についても論じており、本件事案は国の責任（債務不履行責任若しくは不法行為法上の使用者責任または不法行為責任）を問題とすることが可能なものであった（秋田県立農業短大事件、大阪市立中学校事件、東北大学助教授事件なども同様の事案と位置づけることができよう。なお、やや特殊事案としては、国会議員セクハラ事件、横山ノック事件も国・県の使用者責任を問題とすることが可能なものであった）。

(3)　監督者の責務

人事院規則は監督者（職員を監督する地位にある者――他の職員を事実上監督していると認められる地位にある者を含む）の責務として、「良好な勤務環境を確保するため、日常の執務を通じた指導等によりセクシュアル・ハラスメントの防止及び排除に努めるとともに、セクシュアル・ハラスメントに起因する問題が生じた場合には、迅速

かつ適切に処理しなければならない（規則第五条二項）」と規定して、公務職場におけるセクシュアル・ハラスメント防止対策の中心的担い手と位置づけている。このことは、規則制定のタタキ台となった「公務職場におけるセクシュアル・ハラスメント防止対策検討会報告」でも監督者の役割について、「監督者は、職員の日々の職務遂行を指揮監督し、公務の円滑な運営に直接の責任を負っている。したがって、各職場の監督者には、職員が職務に専念できる良好な勤務環境を確保するために、勤務環境を害するセクシュアル・ハラスメントを未然に防止するとともに、発生したセクシュアル・ハラスメント問題の迅速な処理にあたるという重要な役割が求められる。

(1)　基本的な心構え　セクシュアル・ハラスメントについては、使用者責任が問われることがある。各職場の責任は組織体の使用者責任につながるということを常に念頭において対応する必要がある。

(2)　監督者に具体的に求められること　(ア)職場でのミィーティング等の機会を利用した職員への注意喚起、指導、さらには研修を通して職員の意識を啓発すること、(イ)セクシュアル・ハラスメントが職場に生じていないか、または生じるおそれがないか勤務環境に十分な注意を払い、勤務環境を害する言動を見逃さないように努めること（中略）、(エ)セクシュアル・ハラスメントに起因する問題が生じた場合には事態を深刻なものにしないよう迅速かつ適切に対応すること、(オ)職員が職務の遂行に当たり行政サービスの相手方からセクシュアル・ハラスメントを受けた場合などには、特に監督者としての対応が問題処理のうえで重要となるので、良好な勤務環境を確保すべく監督者として適切な対応をとること」等と規定していることからも明らかである。(注8)

右のように、「監督者」は、国等が雇用契約や在学契約上若しくは不法行為法上負う職場環境配慮義務の一内容をなくす「セクシュアル・ハラスメント防止義務」の現実的な履行義務を負う履行補助者であることから、これらの者が右義務を怠った場合には、監督者個人のみならず国等がセクシュアル・ハラスメント防止義務違反として契約責任若しくは不法行為責任を問われることになり、人事院規則はそのような監督者の義務を確認的に規定したものといえよう（ちなみに前記(2)—②にあげた裁判例は、いずれも監督的立場にある公務員が、自らの地位・権限

を濫用して行ったセクシュアル・ハラスメントであり（＝セクシュアル・ハラスメントの典型！）、人事院規則が述べる監督者の義務が問題となった事案ではなかった）。(注9)

人事院規則にいう監督者の義務違反に基づく使用者責任が問題となった事案としては、民間企業の例として例えば福岡セクハラ事件（福岡地判平四・四・一六―裁判例2）では、雑誌の編集出版をしていた女性社員（原告）が、上司である編集長から会社内外の関係者に対し男性関係等に関する悪評を振りまかれ、女性社員がこれに抗議したところ、編集長は女性社員に対して種々のいやがらせや退職強要をし、これに対して会社の専務や代表者はこれらの行為を知りながらなんら適切な措置を講じることなく、原告女性と編集長との対立原因を最終的には原告の責任にしたうえで原告女性を退職させて問題の解決を図ったとして、原告女性は、編集長に対し民法七〇九条に基づく不法行為責任を追及すると共に、監督職立場にある専務が適切な措置を講ずる義務を怠ったとして、被告会社に対しては民法七一五条・民法七〇九条等に基づく損害賠償の請求をした。判決は原告の主張を概ね認めたうえ、監督的立場にある専務らの責任について、「使用者は被用者との関係において社会通念上伴う義務として、被用者は労務に服する過程で生命及び健康を害しないよう職場環境等につき配慮すべき注意義務を負うが、そのほかにも、労務遂行に関連して被用者の人格尊厳を侵しその労務遂行に重大な支障を来す事由が発生することを防ぎ、又はこれに適切に対処して、職場が被用者にとって働きやすい環境を保つよう配慮する注意義務もあると解されるところ、被用者を選任・監督する立場にある者（＝監督的立場の者）が右注意義務を怠った場合には、右の立場にある者に被用者に対する不法行為が成立することがあり、使用者にも民法七一五条により不法行為責任を負うことがあると解するべきであ」り、「専務は、代表権はないものの被告会社の実質上の最高責任者の地位にあったし、被告代表者は、文字どおり代表取締役であるから、いずれも原告の上司として、その職場環境を良好に調整すべき義務を負う立場にあったものといえる」として監督的立場にある専務・代表者が負うべき職場環境配慮義務を肯定したうえで、「専務らは、原告と編集長との間の確執の存在を十分に認識し、これが職場環

境に悪影響を及ぼしていることを熟知していながら、これをあくまで個人間の問題として捉え、同年三月に原告について昇給措置を行った以外は、両者の話し合いによる解決を指示するに止まった。（中略）このように、専務らは、早期に事実関係を確認する等して問題の性質に見合った他の適切な職場環境調整の方途を探り、いずれかの退職という最悪の事態の発生を極力回避する方向で努力することに十分でないところがあった」「以上の通り、専務らの行為についても、職場環境を調整する配慮義務を怠り、また、憲法や関係法令上雇用関係において男女平等に取り扱うべきであるにもかかわらず、主として女性である原告の譲歩、犠牲において職場関係を調整しようとした点において不法行為性が認められるから、被告会社は右不法行為についても使用者責任を負うものというべきである」として会社の使用者責任を認める根拠としている。

また京都セクシュアル・ハラスメント（呉服販売会社）事件（京都地判平九・四・一七—裁判例19）では、呉服販売会社の男性社員がビデオカメラを使って女子更衣室の原告女性らを隠し撮りしていたが、これに対し会社は当初十分な対応をとらなかったため再び同様の撮影が続けられ最終的に会社はビデオカメラを撤去し、事件を調査して加害行為者を割り出し、男性社員を懲戒解雇にした。このような状況の下で、会社の専務は、加害者と原告が男女関係にあるかのような不用意な発言等をし、これがために女子社員は退職を余儀なくされたとして、女性社員は会社並びに専務らに対し不法行為若しくは債務不履行を理由とする損害賠償請求をしたところ、判決は専務については不法行為責任、会社については債務不履行並びに不法行為責任を認めた。判決は監督的立場にあった専務の責任について、「専務は被告会社の取締役であって、代表取締役の親族でもあり、その発言は社員に大きな影響を与えるから、被告専務は、不用意な発言を差し控える義務があるというべきである。また、不用意な発言をした場合には、その発言を撤回し、謝罪するなどの措置を取る義務があるというべきである。それにもかかわらず、（中略）被告専務は、朝礼において、原告は被告会社で勤務を続けるか否か考えてくること、今日は今すぐ帰ってもよい旨発言して、原告に対して退職を示唆するような発言をしたうえ、そのため社員が原告との関

わり合いを避けるようになり、人間関係がぎくしゃくするようになったことから、原告にとって被告会社に居づらい環境になっていたのに、なんの措置も取らなかったため、被告専務は、原告の退職による損害を賠償する責任を負う」旨述べて被告専務個人の不法行為責任を認めると共に、被告会社の責任を認めるに際しても、「右専務発言によって、社員が原告との関わり合いを避けるような態度を取るようになり、人間関係がぎくしゃくするようになったので、原告が被告会社に居づらい環境になっていたのであるから、被告会社は、原告が退職以外に選択の余地のない状況に追い込まれることがないように本件専務発言に対する謝罪や、原告は被告会社で勤務を続けるか否か考えてくること、今日は今すぐ帰っても良い旨の原告に対して退職を示唆するような発言を撤回させるなどの措置を取るべき義務があったというべきである。それにもかかわらず、（中略）被告会社が何の措置も取らなかったため、原告は被告会社に居づらくなって退職しているから、被告会社は、原告の退職による損害を賠償する責任を負う」旨述べて会社の債務不履行責任の根拠としている。

このようにセクシュアル・ハラスメントとはどのような行為なのか、法的な意味での定義やその法的効果等について、改正均等法・人事院規則の規定に沿って検討を加えてきた。では実際にどのような行為が法的にみてセクシュアル・ハラスメントとして違法不当なものとされているのだろうか？　それを次章で裁判例に沿って検討してみよう。

（注1）　労働省女性局監修『改正男女雇用機会均等法、労働基準法、育児・介護休業法』（労働基準調査会、九八年）参照。

（注2）　例えば、スーパー最大手のダイエーは、改正均等法施行前である九八年一一月一日、労組との間で、セクハラ防止の労使協定を締結し、その中で、セクハラを「意に反する性的な言動で従業員が雇用上不利益を受け、就業環境が害されること」と定義し、そのうえで「会社は、全ての従業員に性的ないやがらせを行わせないよう必要な配慮をしなくてはならない」と使用者責任を明記している（一九九八年一一月一日朝日新聞）。またゼンセン同盟は、セクシュアル・ハラスメントに関するモデル協定案を作成しており、それによると「会社は以下の行為をセクシュアル・ハラスメントと規定し、その発生を防止す

る。(1)利益、不利益を条件にした性的要求をすること、(2)性的な行為または、態度の要求、誘いかけに応じ、応じなかったことを理由に雇用上の利益、不利益に影響を与えること、(3)労働者の望まない性的接触または性的要求を行うこと、(4)性的言動により労働者に不快な念を抱かせるような職場環境を醸成すること」と定義づけしている（日本労働弁護団編「労働弁護団通信」No.二一七）。

（注3）　人事院セクシュアル・ハラスメント研究会編『公務職場におけるセクシュアル・ハラスメント防止対策のてびき』㈶公務研修協議会、九八年）参照。

（注4）　例えば文部省が定めたセクシュアル・ハラスメントの防止等に関する規定（文部省訓令第三号平成一一年三月三〇日）では、セクシュアル・ハラスメントを「一、セクシュアル・ハラスメント――職員が他の職員、学生等及び関係者を不快にさせる性的な言動並びに学生等及び関係者が職員を不快にさせる性的な言動　二、セクシュアル・ハラスメントに起因する問題――セクシュアル・ハラスメントのための職員の就労上又は学生の修学上の環境が害されること及びセクシュアル・ハラスメントへの対応に起因して職員が就労上の又は学生等が修学上の不利益を受けること」（第二条）と定義している。これを受けて国公私立の大学、各都道府県等の小中高校でもセクシュアル・ハラスメント防止のガイドラインが作成されており、例えばある国立大学におけるガイドラインでは「セクシュアル・ハラスメントとは、次に挙げる行為をいう。1、相手の意に反する性的な言動を行い、その言動に対する相手の対応によって、自己の影響力を行使し、修学・就労・教育・研究等において、一定の利益又は不利益を与えること、若しくは、与えようとすること　2、相手の意に反する性的な言動により、修学・就労・教育・研究等の環境を損なうこと」（東北大学におけるセクシュアル・ハラスメントの防止等に関する指針第三）と定義しており、セクシュアル・ハラスメントの定義自体は同工異曲といえよう（問題はむしろその実効性の確保である―後述）。

（注5）　日本労働法学会ミニ・シンポジウム『セクシュアル・ハラスメント』（日本労働法学会誌九四号、一九九九年）参照。

（注6）　中村博『公務員懲戒の研究』（有斐閣、一九九〇年）二〇〇頁参照。

（注7）　国賠法一条一項の規定が適用される場合、公務員個人は凡そ賠償責任を負わないとする判例の立場に対しては、学説では、国賠法の条文上の解釈（加害者である公務員個人に対する国等の求償権は、公務員に故意または重過失があるときにかぎって認められる（一条二項）→公務員に故意または重過失がないかぎり、直接、加害者である公務員への被害者の賠償請求は許されない→公務員に故意または重過失があるかぎり、直接、加害者である公務員への被害者の賠償請求も認められる）、

更に損害賠償の補填の観点からは不要であるとしても（国に支払い能力がないということは考えられない）、被害者の被害感情や公権力の適正な行使の確保という観点からは必要であるとする考え方が提示されている（例えば広中俊雄『債権各論講義』（第六版）四七五頁）。また下級審の裁判例の中でも、共産党幹部宅盗聴事件で、国・県の賠償責任と共に盗聴を実行した警察官の個人責任を認めた裁判例（東京地判平六・九・六判時一五〇四号四〇頁）や、道交法違反等の被疑者を違法逮捕した警察官が友人と共謀して偽装工作等を行った事件で、都、友人の他警察官個人に対する損害賠償責任を認めた裁判例（東京高判昭六一・八・六判時一二〇〇号四二頁）などがある。なお、星野雅紀「公務員の個人責任」山田卓生・國井和郎編『新現代損害賠償法講座4』（日本評論社、一九九七年）一九四頁以下参照。

（注8）　前掲（注1）一〇五頁参照。

（注9）　公務職場における監督者の注意義務が問題とされた事案としては、いわゆる「安全配慮義務」をめぐって多数の裁判例があり、例えば自衛隊機の墜落事故に関して、東京地判昭五三・一一・二七判時九三八号五七頁（編隊訓練中の自衛隊墜落事故が、国の履行補助者たる編隊長の指揮統率に関する過誤によるとして安全配慮義務違反を認めた事例）、東京高判昭五六・四・二七判時一〇〇五号一〇一頁（救護訓練飛行中の海上自衛隊機が山腹に衝突して搭乗者七名が死亡した事故につき、事故原因は無視界飛行中の機位誤認であり、機位誤認が事故機クルーの練度不足によるものである以上、練度不足を知りまたは知りえた所属航空隊司令が事故機クルーを訓練に参加させて差し支えない旨訓練隊司令に回答したことは国の安全配慮義務違反にあたるとした事例）等の裁判例や、学校災害事故に関して、山形地判昭五二・三・三〇判時八七三号八三頁（高校クラブ活動の一環として体操部に所属していた学生が、先輩学生の勧めで吊り輪の二回宙返りを試みて失敗し、マット上に首から落下して首から下の神経麻酔により寝たきりの生活となった事故につき、履行補助者としての体操部指導担当教諭の過失を認めて、学校設置者に債務不履行責任を認めた）、福岡地甘木支判昭六二・九・二五判時一二六七号一三〇頁（公立中学校の技術の授業に代えて生徒の気分転換を兼ねて実施された体育の際に、生徒がラクビーによく似た球技（芳野式トライボール）をして負傷した事故につき、履行補助者たる教諭が適切な指導や準備なしに右球技をすることを認識しつつ禁じなかったこと等において履行補助者の過失を認め、市の安全配慮義務違反を認めた）、浦和地判平三・一二・一三判時一四三五号一〇九頁（県立高校二年生の体操部の練習中、前方二回宙返りを試みて失敗し、全身麻酔の重度障害を負った事故につき、履行補助者たる顧問教諭に危険な練習を行わせないよう指導する義務があったとした）等の裁判例がある。

第四章　セクシュアル・ハラスメントの事実認定

——裁判例の解説を中心に——

一　裁判例の概観

1　はじめに

第三章で述べた通り、日常我々は、一般にセクシュアル・ハラスメントを「相手方の意に反する不快な性的言動」と理解しており、法的概念としては、これらの日常用語上の概念の中から一定範囲のもの（法的にみて違法・有責とされるもの）が抽出されることになるが、セクシュアル・ハラスメント被害の拡大に対する人々の認識の深まりの中で、セクシュアル・ハラスメントに対する法律上特別な対策・救済策の必要から、昨年（一九九九年）四月相次いで制定・施行された改正均等法・人事院規則ではセクシュアル・ハラスメントに関する概念（＝定義）が明確にされることになった。

これに対してわが国の裁判例ではセクシュアル・ハラスメントという言葉が用いられることがあるものの、その法律上の定義については明確にされることなく、一部の例外を除いてセクシュアル・ハラスメントの定義づけがなされることなく、当該行為の違法性の有無・程度について判断がなされてきた（もっとも「セクシュアル・ハ

ラスメント」という言葉が名誉毀損に該当するか否かが争われた事案――前掲京都大学セクハラ事件――では、セクシュアル・ハラスメントの日常用語としての定義づけがなされている）。わが国では今日までセクシュアル・ハラスメントを定義づけした法令が存在せず、職場や大学等で発生するセクシュアル・ハラスメントに関して、民事責任が問われる場合は、「被害者（すべて女性）」から「加害者（すべて男性）」本人若しくは使用者に対して、不法行為若しくは契約責任を問う形で訴訟が提起されており、そこでは、セクシュアル・ハラスメント行為の存否、並びに責任原因としての不法行為法上の違法性の有無・程度若しくは契約法上の債務不履行責任の有無が問題とされてきており、また刑事責任や懲戒処分の対象が争われる場合は、それぞれの法令若しくは懲戒事由の適用の有無が争われることになり、セクシュアル・ハラスメントを定義づけする必要性も必然性のなかったことによるものであろう。

しかしながら均等法・人事院規則等で定義づけされたセクシュアル・ハラスメントの内容をみると、その多くが今日までの裁判において形成されつつある使用者の契約上若しくは不法行為上の「職場環境配慮義務」等を確認する内容となっており、裁判において形成されつつあるセクシュアル・ハラスメント法理の影響を見てとることができよう。他方、均等法、人事院規則等でセクシュアル・ハラスメントの定義づけがなされたことにより、今後は裁判においても、民事責任が問題とされる場合は、「加害者」本人や使用者の責任原因（不法行為若しくは契約責任）の判断基準の一要素として、均等法等の定義づけが一つの有力な判断材料とされることになろう。また刑事責任が問題とされる場合も（例えば、強姦、強制わいせつなど）、事実認定や刑事責任の有無に関して、均等法・人事院規則の定義が有力な判断材料となってこよう（特に「不快な性的言動」の有無について）。更に、企業等における懲戒処分の効力が争われる場合、懲戒事由の存否については均等法・人事院規則に規定されたセクシュアル・ハラスメントの定義・成立要件が極めて大きな意味を果たすことになろう。何故ならば、これらの法令は、民間事業所や公務職場における、良好な職場環境の保持を事業主や職員に「義務」づけ、事業主らはこれらの法

令に従って、セクシュアル・ハラスメント防止の義務（「配慮義務」等）を負い、それに従って懲戒処分を行った場合、当然、セクシュアル・ハラスメントの意味内容（＝定義）・成立要件が問題とされざるを得なくなるからである。

ところで、既に述べた通り、セクシュアル・ハラスメントを「相手方の意に反する不快な性的言動」と定義づけた場合に、セクシュアル・ハラスメントは、強姦、強制わいせつ等として従来からも刑事犯に該当するとされてきたものから、「男のくせに」「女のくせに」等のジェンダー・ハラスメントやいわゆる「不倫」とされてきた事案まで幅広く含まれることになり、「古くて新しい問題」であると同時に職場や大学等のみならず社会一般（例えば強姦、強制わいせつ、電車の中の痴漢、のぞきなど）に存在する広範な内容をもった問題でもある。そこで社会一般で発生する「相手方の意に反する不快な性的言動」を広義のセクシュアル・ハラスメントと定義し、職場や大学等、主として支配従属関係の存在するところで発生する「相手方の意に反する不快な性的言動」を狭義のセクシュアル・ハラスメントと定義して、裁判例をみてみよう。このような観点でみた場合、広義のセクシュアル・ハラスメントに関する裁判例は凡そ一般の性犯罪を含め極めて多数存在しているが（その大半は刑事事件）、他方狭義のセクシュアル・ハラスメントも、裁判例一覧表（本書巻頭）の通り、一九八九年以降の「セクシュアル・ハラスメント」という言葉の「上陸」以降でも、既に法律雑誌等に掲載されたものだけでも五十数件に達しており、今後も増加していくことが見込まれている。そこで本章では、大学や職場等上下の支配従属関係が存在するところにおける狭義のセクシュアル・ハラスメントに限定して裁判例をみることにしよう。何故ならば昨年四月施行された改正均等法・人事院規則はいずれも「職場」におけるセクシュアル・ハラスメント（＝狭義）を規制対象とするものであり、社会一般におけるセクシュアル・ハラスメント（＝広義）は、男女共同参画法に基づく地方自治体の条例（例えば出雲市）や、本年（二〇〇〇年）十一月から施行されているストーカー行為規制法などに規定されるようになってきており、セクシュアル・ハラスメントは一層広がりをもったものとなってきてい

るが、裁判における「事実認定」、当事者の立証責任、使用者責任における法理は、狭義のセクシュアル・ハラスメント（＝支配従属関係の存在するところ）において生成発展してきているからである。

裁判例の検討に際しては、セクシュアル・ハラスメント行為に関する「事実」の確定と、その「事実」についての法的判断（違法性若しくは責任）が問題とされることになる。前者については、セクシュアル・ハラスメント行為の事実認定に際しての「経験則」と、原告が主張・立証すべき「事実（特に使用者責任の場合問題となる）」が問題とされ、更に法的判断に際しては、不法行為責任の場合は違法性が、契約責任の場合は債務不履行についての使用者の帰責事由の有無それぞれの判断が問題とされることになる。

そこでここではこれらの議論をする前提として、狭義のセクシュアル・ハラスメントが問題とされた裁判例の中で、(i)訴訟形態、(ii)当事者、(iii)行為態様、(iv)被侵害利益について概観することにしよう（使用者責任については第五章参照）。

2　訴訟形態

職場や大学等で何らかの「意に反する不快な性的言動」が行われ、日常社会における性モラルに反するものとして、日常用語上のセクシュアル・ハラスメントに該当する行為であると共に、法的にみても違法不当なものとみなされる場合、セクシュアル・ハラスメントの行為者は民事上の責任だけでなく場合によっては刑事上の責任を問われたり、企業秩序違反として懲戒処分の対象とされたりするだけでなく、事業主や大学等は事業主としての均等法違反のみならず雇用主としての使用者責任が問われることになろう。このように裁判においてセクシュアル・ハラスメントの法的責任が問題とされる局面は、刑事責任、民事責任（不法行為若しくは契約責任）、懲戒等の組織上の責任等さまざまであり、これらは次章で詳しく検討することにして、ここでは民事責任に限定して検討を加えることにしよう。大学や職場等上下の支配従属関係が存在するところにおけるセクシュアル・ハラスメ

ントは、既にみてきた通り、セクシュアル・ハラスメントの被害を受けた者の性的自由（例えば身体接触、性的に不快な噂の流布など）、プライバシー等の人格的利益が侵害されるだけでなく、良好な職場・教育研究環境を享受する利益等が侵害されることになる。したがってセクシュアル・ハラスメントの被害者は、加害者個人に対して、このような利益侵害を理由として不法行為責任（民法七〇九条）を追及すると共に、使用者に対しては、加害者の行為が「事業ノ執行ニ付キ」行われたものである場合は使用者責任（七一五条、四四条）を追及したり、使用者が負う職場環境配慮義務違反として不法行為若しくは債務不履行責任を追及することになり（七〇九条・四一五条）、このような個人の不法行為責任と使用者責任の範囲を図示すると図1のようになるであろう（上掲図1参照）。今日までの大学や職場等でのセクシュアル・ハラスメントが裁判で争われた事件は、全て上司若しくは教員等が部下や学生に対して行ったものであり、しかも何らかの形で上司らが自らの地位・権限を濫用・悪用したものであって、一部の例外（裁判例15、20など）を除いて大半の事件は使用者責任も問われる可能性のあった事案であるといえよう。もっともいくつかの事案では個人責任のみが問題とされているが（裁判例判決結果「B」）、これは①公務員による不法行為責任を追及する事例において、国賠法に基づくことによる不都合を回避するためであったり（判例は一貫して、国賠法による使用者責任を追及する場合には凡そ個人責任を追及できないものとしている—第二章参照）、②そもそも使用者責任を追及することが困難な事案であった。

図1　個人の不法行為責任と使用者責任（不法行為若しくは契約責任）との範囲

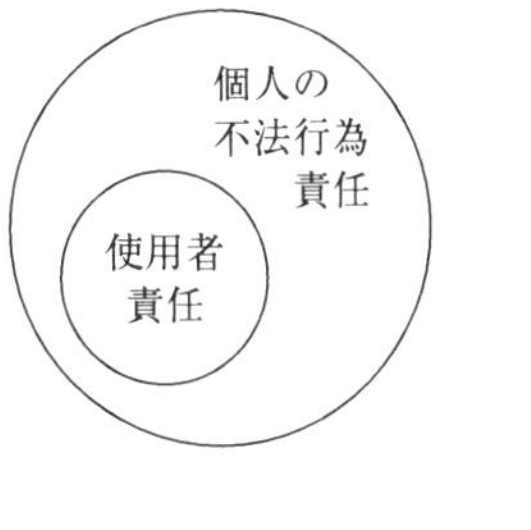

①の裁判例としては例えば鳴門教育大学事件（徳島地判平一〇・七・二二、裁判例32）は、元大学院生が所属していた研究室の指導教官から手紙などによる度重なるセクシュアル・ハラスメントを受け博士課程への進学を断念させられたとして、同教授個人に対し民法七〇九条に基づく不法行為責任を追及した事案について、判決は「学生の（国立）大学在学関係は双務有償の無

名契約であると解することができるが、大学は右契約の付随義務として、学生に対し研究教育環境を整える義務を負っており、学生は良好な環境の中で研究し教育を受ける利益を有しているというべきである。大学教授は、大学の履行補助者として学生の右利益を侵害してはならない義務を負っているから、いやしくも学生に学問教育の現場において（性的）不快感を与えるような言動をしてはならないことは当然である。しかるに、被告は、原告の指導教授として、前記一連の行為により、原告に対し性的なものやそうでないものも含めて繰り返し強い不快感を与えたのであるから、原告が有していた、大学においていたずらに（性的）不快感を与えられずに学問し教育を受ける利益を侵害したことは明らかである」旨判示して教授の不法行為責任を認定している。右判旨は、国（鳴門教育大学）が在学契約上の義務として学生に対して研究教育環境整備義務を負っているとして右義務違反についても論じており、本件事案は国の責任（債務不履行責任若しくは不法行為法上の使用者責任または不法行為責任）を問題とすることが可能なものであった（秋田県立農業短大事件、大阪市立中学校事件、東北大学助教授事件なども同様の事案と位置づけることができ、これらの事案では、同時に組織内における責任が問題とされることがあり、例えば東北大学助教授事件では、加害者の助教授は懲戒免職処分を受けている）。(注1)

②の裁判例としては、例えば熊本セクシュアル・ハラスメント事件（熊本地判平九・六・二五—裁判例20）では、実業団のバドミントン部の選手であった原告女性が、市議会議員（あるいは県議会議員）を務めバドミントン協会の役員の地位にあった被告から強姦され、その後も性関係を強要されたとして議員個人に対し不法行為に基づき損害賠償を請求した事件につき、判決は「被告は、平成五年九月当時、熊本市議会議員であり、熊本県と熊本市のバドミントン協会の役員の地位にあったが、同月二一日頃から二三日頃までの間、丁原電気のバドミントン部の選手であった原告を食事に誘った上、原告の被告に対する信頼を裏切り、無理矢理ホテルに連れ込み、原告の意に反して性行為に及んだのであって、この被告の行為は、刑法上の強姦又はこれに準じる行為というべきものである。また、被告は、その後も平成六年春ころまでの間、原告との性関係を継続したのであり、この関係は、

被告が意識するとしないとにかかわらず、原告に対し、結婚したいなどと甘言を弄し、あるいは自らの社会的地位と影響力を背景とし、原告の意向に逆らえば選手生命を断たれるかも知れないと思わせる関係の中において、形成され維持されたものであるから、結局、原告は、被告から強姦又はこれに準ずる行為によって辱められた上、その後も継続的に性関係を強要されたのであり、被告によって性的な自由を奪われたということができ、しかも、これが原因で恋人と別れた上、バドミントン部を辞め、会社も退職するに至ったのであり、多大な精神的苦痛を被ったといわなければならない。」と述べて被告の不法行為責任を認定している。右事案では、議員のセクシュアル・ハラスメント行為について、議員の「職務ノ執行ニ付キ」とされる可能性がなく、使用者（県）責任が問題となる余地はなかったものである。このように個人責任のみが追及された事案があるものの、大半の事案では個人責任と同時に使用者責任が追及されており（裁判例判決欄「A1、A2」）、セクシュアル・ハラスメントが職場や大学における上下の支配従属関係に基因して発生するという実態を反映したものとなっているといえよう（それ故に、加害者個人のみならず、使用者責任も問題とすべきである！）。

3　当事者

広義のセクシュアル・ハラスメントと狭義のセクシュアル・ハラスメントを区別する基準として「支配従属関係」の有無・程度を用いた場合、裁判例でその差がもっともよく表れるのは、セクシュアル・ハラスメントの「当事者」に関してである。大学や職場等でのセクシュアル・ハラスメントが裁判で争われた事件は、例外なく上司・教員（官）等が部下や学生に対して行ったセクシュアル・ハラスメント行為に関するものであり、あわせてかなりの事件で事業主の使用者責任が争われている。その特徴をみると、その大半は雇用関係上のものであるが、近年大学等における教育研究関係上のものも登場するようになってきており、その当事者に着目すると、大学院生が原告となっている裁判が大半を占めている。これは一般学生の場合、通常二ないし四年で大学を卒業してし

まい、学生時代に教員等からセクシュアル・ハラスメントを受けても「加害者」である教員を訴えずらいのに比し（その多くは泣き寝入り）、大学院生の場合、研究者への道を歩みはじめた時期と重なり、指導教官との支配従属関係は極めて強くなる時期で被害が発生しやすく、その被害も進路の断念等大きなものとなる傾向があり、近年の世論の広がりの中で、大学等の研究教育現場でのセクシュアル・ハラスメントが裁判例として登場するようになってきたものと思われる（東北大学事件、鳴門教育大学事件など）。これらのセクシュアル・ハラスメントの被害者は、解雇、退職、若しくは退学後にセクシュアル・ハラスメントの被害を訴えて争うことが多かったものの、近年は在学若しくは在職しながら争うことが多くなっている（東北大学事件など）。これは近年の企業におけるリストラの進行等により再就職が困難となっていることにもよろうが、セクシュアル・ハラスメントに対する認識の深まりの中で組織内での解決をめざすべきだとの意識の反映でもあろう。(注2)

次に企業・事業所の特性をみると、当初は民間企業での裁判例が多かったものの、近年は国公立を含む企業・事業所へと広がりをみせており、また事業規模においても当初は比較的小規模のものが多かったものの（例えば福岡セクハラ、金沢セクハラ事件など）、近年は比較的中規模（数十人～数百人単位）の企業・事務所でのセクシュアル・ハラスメントの裁判例も登場するようになってきており（例えば三重セクハラ事件、大阪セクハラ（佐川急便事件など）、セクシュアル・ハラスメントに対する社会的関心の広がりに呼応する形で裁判事例も広がりを見せていることとの反映と言えよう。しかしながら大半の裁判事例は中小企業（しかも加害者が経営者等）で占められており、セクシュアル・ハラスメント対策が、「MMMAショック」や改正均等法によって比較的進展している（その結果として裁判になる前に企業内で処理がなされることになる）大企業と、セクシュアル・ハラスメント対策が遅れている中小企業とに二極化していることの反映でもあろう。

当事者の属性としては、セクシュアル・ハラスメントの原告である「被害者」は全て女性、被告である「加害者」は全て男性であり、年齢は二〇歳代から五〇歳代まで広範囲に亘っている。被害者である原告女性は、生活

上（例えば、夫との離死別、別居、母子家庭など――金沢セクハラ、大阪セクハラ（運送会社）、大阪セクハラ（葬儀会社）事件など）、雇用上（例えば派遣やパート、入社直後など――金沢セクハラ、秋田県立農短など）不安定な立場に置かれていることが多く、セクシュアル・ハラスメントが、相手方の不安定な（生活上、労働等）環境につけ込む形で行われやすいことの反映といえよう（「ハラスメント」はもともと「侮る」という意味を含む語である）。他方「加害者」の大半は、企業の社長・専務等の経営者（例えば金沢セクハラ、旭川セクハラ事件など）や、職制上「被害者」に対して労務管理上の職務権限を行使しうる者（例えば横浜セクハラ、沼津セクハラ事件など）等であり、しかもこれらの大半は中小企業に集中しており、これらの経営者と共に使用者である企業責任が問われている。セクシュアル・ハラスメント防止が企業の中でも事業主を名宛人としてなされなければならないという証左となっているといえよう。

4　「加害」行為の具体的な行為態様

どのような行為を違法不当なものととらえているかについて、わが国では一般にセクシュアル・ハラスメントが裁判で争いとなる場合、まず加害者本人の「加害行為」の「違法性」（不法行為責任）が問題とされ、そのうえで使用者（不法行為もしくは契約）責任が問題とされているといえよう（この点例えば、アメリカの公民権法第七編は、加害者の個人責任でなく、使用者責任を追及する立法形式となっていることには大いに異なっている）。

セクシュアル・ハラスメントは「相手方の意に反する性的言動」であり、これによって相手方の性的自由等の人格的利益（＝人格権）や良好な雇用・教育・環境享受利益を侵害するものである。したがって裁判例では、このような場合について、例えば、

「職場において、男性の上司が部下の女性に対し、その地位を利用して、女性の意に反する性的言動に出た場合、これがすべて違法と評価されるものではなく、その行為の態様、行為者である男性の職務上の

地位、年齢、被害女性の年齢、婚姻歴の有無、両者のそれまでの関係、当該言動の行われた場所、その言動の反復・継続性、被害女性の対応等を総合的にみて、それが社会的見地から不相当とされる程度のものである場合には、性的自由ないし性的自己決定権の人格権を侵害するものとして、違法となるというべきである」（金沢セクハラ事件、名古屋高金沢支判平八・一〇・三〇、最判小二平一一・七・一六―裁判例12、52）

とされており、より具体的には、

「職場で行われる相手方の意思に反する性的言動の全てが違法性を有し、不法行為を構成するわけではない。社会的にみて許容される範囲内の行為も自からあろう。違法性の有無を決するためには、行為の具体的態様（時間、場所、内容、程度など）、当事者相互の関係、とられた対応等を総合的に吟味する必要がある。行為の態様は一見悪質でも悪ふざけの類として許される事案もあれば、行為の態様は軽微でも、被害者が置かれた状況等によっては、その人格を侵害し、重大な損害をもたらすものとして、厳しく指弾されなければならない事案もある」

ということになる（大阪セクハラ事件（葬儀会社）、大阪地判平八・四・二六判時一五八九号九二頁）。

これはセクシュアル・ハラスメントが相手方の受け止め方を出発点とすることから（＝相手方の意に反する不快な性的言動）、違法性の判断に際しても相手方の主観的な要素が入ることが避けられないことによるものであり、この場合、既に述べた通り当事者の関係（対応を含む）が大きなウェートを占めることになる。したがって、セクシュアル・ハラスメント行為の違法性判断に際しては、多くの裁判例も、①性的言動の具体的様態（時間・場所・内容・程度など）、②当事者相互の関係（行為者である男性の職務上の地位、両者のそれまでの関係など）・対応などを総合的にみて、③「社会的見解から不当とされる程度のものである場合」に、④「性的自由ないし性的自己決定権等の人格権を侵害」するものとして実質的な違法判断をしており（もっとも、金沢セクハラ事件の判決が、当事者双方の年齢や婚姻歴の有無も違法性の判断要素としているのは、違法性判断に際してどのような意味をもつのか不明であ

り疑問である）、このような不法行為の違法性判断における伝統的な手法は一般には是認することができるものであろう。

しかしながら当該性的言動が「社会的見地から不相当とされる程度」については、結局のところ社会通念によることになるわけであり、とりわけセクシュアル・ハラスメントの違法性判断は、その時代や社会の性モラルと深く結びつかざるを得ず、それだけに客観的な基準づくりが求められているといえよう。そこで具体的な行為態様については、いくつかのタイプに分類して違法性判断をしていくべきであり、具体的には⑴性関係強要（強姦、強制わいせつ等の暴行・脅迫を伴って相手方の身体に接触したり、姦淫したりする行為）、⑵不快な身体接触（キスや身体に抱きつく等、暴行・脅迫となるとはいえないものの相手方の同意のない不快な行為）、⑶不快な性的発言・態度（食事やデートの執拗な誘い、ヌードポスター等の貼付、トイレののぞきなどの行為――なお、「女のくせに」等のいわゆるジェンダー・ハラスメントも一応このタイプに分類することが可能であろう）、⑷報酬・報復を意味する発言を伴った性的言動や性的要求を拒絶したことに対する報復等、に分類してそれぞれの違法性判断をすることが有益であろう。なお、大学や職場等でのセクシュアル・ハラスメント行為について、「セクシュアル・ハラスメント」という言葉が登場する以前の従来の裁判例では、⑴ないし⑵は主として刑事事件として問題とされてきており（例えば、「春木」事件など）、⑶⑷はほとんど裁判例に登場することがなかったが、九〇年代に入って「セクシュアル・ハラスメント」裁判として問題とされたものの大半は、⑴⑵の類型に属するものである（詳細は二以下）。

5　被侵害利益（若しくは契約上の義務）

セクシュアル・ハラスメントが法的に違法不当なものと判断されるためには、当該行為が不法行為法上何らかの法的利益を侵害しているか、若しくは使用者が契約上負う義務に違反したものであるとの判断が必要である。理論的にはセクシュアル・ハラスメントに対する法的利益若しくは契約上の義務としては、⑴人格的利益（性的

自由、身体的・精神的自由、名誉、プライバシーなど）、⑵職場（教育研究）環境享受利益（おおむね使用者が負う不法行為若しくは契約上の職場環境配慮・整備・保持義務と対応すると言えよう）、⑶平等待遇享受利益が考えられ、セクシュアル・ハラスメント行為によってこれらの法的利益等が侵害された場合、当該セクシュアル・ハラスメント行為は不法行為とされ、加害者は不法行為責任を負うと共に、事業主等の使用者は不法行為もしくは契約上の責任を負う場合がでてこよう。

ところで、わが国の裁判例ではもっぱら⑴と⑵を問題としており、セクシュアル・ハラスメント行為が、⑴若しくは⑵を侵害した場合、違法不当なものと判断している（この点、アメリカにおける公民権法第七編違反行為が「（性）差別」として、⑶を問題としているのとは異なった法的処理がなされているといえよう）。そこで、以下にこの点についての裁判例を概観してみよう。

⑴　人格的利益

人は一般に性的自由（性（＝セックス、セクシュアリティ）に対する支配権、即ち、誰といつどこでどのようにしてセックスをするかという自由であり、性的自己決定権ともいう）、身体的自由（自らの身体に対する支配権、即ち、自己の意思なくして他人に自らの身体を触らせない自由）、精神的自由（精神に対する支配権、即ち、自らの意思を他者に支配されない自由）を有しており（これらはいわゆるプライバシーと重なりあっている）、セクシュアル・ハラスメントはこれらの自由（＝法的利益）を侵害するものとして違法不当なものと評価されることになる。セクシュアル・ハラスメントの違法性を認定した裁判例は、例外なくこのような法的利益を侵害するものとしており、例えば兵庫セクハラ（国立病院）事件（神戸地判平九・七・二九―裁判例21）では、国立病院で洗濯係として勤務している原告女性が、原告の直属の上司Aから作業中に「胸をさわらせてくれ」と言われたり、現実に胸をさわられたりもまれるなどの行為をくり返され、これに対して原告が拒絶の態度をとると、被告Aは原告と口をきかなくなり仕事の指示も与えず長年従事していたプレス作業から外す等の嫌がらせをしたとして、被告Aに対し不法行為責任

（民法七〇九条）等の請求をしたところ、判決は右事実を認めたうえで、被告Aの不法行為責任について「被告Aは、原告の意思を無視して性的嫌がらせ行為を繰り返し、原告が性的嫌がらせ行為に対して明確な拒否行動をとったところ、職場の統括者である地位を利用して原告の職場環境を悪化させたものである。被告Aの右一連の行為は、異性の部下を性的行為の対象として扱い、職場での上下関係を利用して自分の意にそわせようとする点で原告の人格権（性的決定の自由）を著しく侵害する行為である。そして、被告Aの右行為は、原告にとって精神的苦痛を与えたものであり、被告Aとしては、右行為により、原告に精神的苦痛を与えるものであることを予見できたといえる。したがって、被告Aは、原告に対し、右性的嫌がらせ行為及び職場でのいじめ行為について、不法行為責任を負うものというべきである」旨述べている。

もっとも、裁判例に登場する言葉は多様であり、例えば「性的自由を侵害」（金沢セクハラ、三重セクハラ事件など）、「人格権を侵害」（大阪セクハラ（運送会社）、東京セクハラ（チラシ広告）事件など）、「性的自己決定権を侵害」（兵庫セクハラ事件など）と述べたり、「女性としての尊厳を損ねる」（福岡セクハラ、兵庫セクハラ事件など）、「人権を踏みにじる」（東京セクハラ（広告代理店）事件）等と述べるものなどさまざまであるが、いずれもこのような趣旨で用いられているものと評価すべきものであろう。

(2) 職場（教育・研究）環境享受利益

企業や大学等の教育機関等は、従業員や学生等に対して雇用契約若しくは在学契約上の（付随）義務として、職場環境、研究教育環境を整える義務を負っており、これに対応して従業員や学生は良好な環境の中で就労し、研究・教育を受ける利益を有していると言うべきであり、使用者・大学当局は契約当事者として、また職場における職制上の上司や教授等はこれら使用者や大学の履行補助者としてこれらの利益を侵害してはならない義務を負っており、これらの者が意に反する不快な性的言動により従業員や学生のこれら利益を侵害した場合、加害者個人は不法行為責任を、使用者は不法行為若しくは契約上の責任を負うことになる。この点について既に述べた

通り、裁判例は被用者の不法行為につき、①不法行為上の使用者責任（民法七一五条）を認めるもの、②使用者自身に不法行為上の職場環境配慮義務を認めたうえで不法行為責任を認めるもの（民法七〇九条）、③使用者自身が契約上職場（教育）環境配慮義務を負っておりその違反として債務不履行責任認定を認めるもの（民法四一五条）等さまざまであるが（裁判例一覧参照）、裁判例はいずれも個別具体事案に即した法的判断を行っているものであり、これらの裁判例のうちどのような法的処理が妥当なのかという点については、その理論的・実践的な面から検討が必要であり、第五章で検討することにしよう。

(3)　平等待遇享受利益

人は誰でも同一条件において、同一待遇を受ける法的利益を有しており、このような要請に基づいて個人の尊厳を基礎的な価値とする近代法は、法の下の平等（憲法一四条）を原則的価値として承認している。このような「平等法理」は、わが国の労働法の分野では、例えば労基法が「女子であることを理由」とした賃金差別について罰則つきで禁止し（四条）、それ以外のさまざまな差別的雇用慣行（例えば結婚退職制、女子若年定年制等）も、判例法理の発展によって差別規定や行為は無効若しくは不法行為として損害賠償の対象とされ（例えば日ソ図書事件（東京地判平四・八・二七判時一四三三号三頁）など）、更に八〇年代に入り国連における女子差別撤廃条約の採択（一九九七年）、国内法の整備等により広く「平等法理」としての男女平等取扱いの原則が採用されているといえよう。

では雇用や教育の現場におけるセクシュアル・ハラスメントは男女平等取扱いの法理に抵触するものなのだろうか？　既に述べてきた通り、改正均等法二一条は性差別の禁止を規定するものではなく、事業主に対し、セクシュアル・ハラスメント防止の「配慮義務」を課したものである（＝「セクシュアル・ハラスメント防止法」）。しかしながら平等法理が禁止するところの雇用や教育の場における男女の差別的取扱いとは、性別により（あるいは女子であることを理由として）雇用や教育研究条件において、それがなかった場合に比して有利若しくは不利に扱

うことであり、これを雇用や教育の場における違法不当な性的言動に当てはめると、「相手方の意に反する不快な性的言動」は、「被害者」の「もっぱら性（女子であること、若しくは男子であること）」を理由として、良好な環境で雇用や教育・研究を享受する利益を侵害するものであり、雇用や教育の場において平等待遇を享受する利益を侵害するものであり、性差別として平等取扱法理に違反するものと言うべきであろう。

わが国のこれまでのセクシュアル・ハラスメント裁判例には、性差別に直接言及するものはほとんどみられないものの、本来平等法理は、個人の尊厳を基礎的な価値として不合理な差別待遇を禁止することを目指したものであり例えば、福岡セクシュアル・ハラスメント事件（福岡地判平四・四・一六）で、編集長が会社内外の関係者に対し、対立関係にある部下の女子社員の異性関係等について非難の発言を繰り返して右女子社員が退職を余儀なくされた事案について、判決が、「専務らの行為についても、職場環境を配慮する義務を怠り、また、憲法や関係法令上雇用関係において男女を平等に取り扱うべきであるにもかかわらず、主として女性である原告の譲歩、犠牲において職場間関係を調整しようとした点において不法行為性が認められるから、被告会社は、右不法行為についても使用者責任を負うものというべきである。（中略）働く女性にとって異性関係や性的関係をめぐる私生活上の性向についての噂や悪評を流布されることは、その職場において異端視され、精神的負担となり、心情の不安定ひいては勤労意欲の低下をもたらし、果ては職を失うに至るという結果を招来させるものであって、本件もこれに似た経緯にあり、原告は生きがいを感じて打ち込んでいた職場を失ったこと、本件被侵害利益が女性としての尊厳や性的平等につながる人格権に関わるものであることになどに鑑みると、その違法性の程度は軽視し得るものではなく、原告が被告らの行為により被った精神的苦痛は相当なものであったと窺われる」旨述べているのは、このような問題意識の反映とみることができよう。

このようにしてセクシュアル・ハラスメントは、性的言動によって、当該労働者や学生が良好な環境で教育、研究を享受する利益を侵害するものであり、「性」に着目して、他者との間に雇用や教育・研究条件について差別

的取扱をするものと言わざるを得ない。今日までのところ、わが国では性差別法制の不備等から、セクシュアル・ハラスメントに関する裁判例では、人格権侵害等を理由とした不法行為責任、契約責任を問うてきたが、法規制の整備（例えば雇用平等法の制定）に伴って、性差別を根拠とした訴訟が登場することが予想される。

二　セクシュアル・ハラスメントの事実認定

1　セクシュアル・ハラスメント行為の存在——事実認定

《セクシュアル・ハラスメントの「経験則」》

職場や大学等で、何らかの「意に反する不快な性的言動」、即ちセクシュアル・ハラスメント行為があったとの訴え——その大半は「被害者」からなされるであろう——がなされた場合、どのようにしてかかる訴えの真偽を判断するのであろうか？　これは、セクシュアル・ハラスメント行為、即ち「意に反する不快な性的言動」の事実認定にかかわる問題であり、職場の内外を問わず（広義）、セクシュアル・ハラスメントの中でも、とりわけ性的接触を伴う行為は、大半の性犯罪被害にみられるように、第三者等目撃者がいないいわば「密室」で行われ、しかもしばしば当事者間に性的関係が形成されたりすることから、性的言動の存在自体が裁判の争点となり、かつその事実認定には独特の困難さが伴うことになる（例えば、電車の中の痴漢行為でもその立証が難しいことは最近の裁判例でも明らかであろう[注3]）。

特にセクシュアル・ハラスメントが、職場や大学等での支配従属関係の利用・乱用によって発生した場合には（狭義）、事実認定の困難さはより増すことになる。このような場合、セクシュアル・ハラスメントの「加害者」は、当該行為が比較的短期間（裁判例では数分の場合もある）の場合には、性的強制等の「事実」自体を否定した

り、他方当該行為が比較的長期間に及ぶ（数年に及ぶこともある）場合には、性的「強制」の事実を否定（（「自由意思であった」「同意があった」「恋愛関係にあった」等）するのが通例であり、他方、セクシュアル・ハラスメントの「被害者」は、当該行為の際中抵抗をせず、またその後もしばらくの間被害を第三者に告げない等の行動をとることが多く、この傾向は、職場や教育現場等の支配従属関係がある場合には、より顕著なものとなる。このような場合、最終的には「加害者」と「被害者」のどちらの供述内容の信用性が高いかが裁判での争点となり、その判断基準として当事者の合理的行動に関する「経験則」が問題とされることになる。

言うまでもなく、裁判における事実の認定は、証拠によりなされなければならず（刑事訴訟法三一七条）、証拠の評価は裁判官の自由な判断にまかされているものの（同法三一八条、民事訴訟法二四七条）、その場合の判断は「経験則」に従ったものでなければならず、「経験則」違反の事実認定は適法に確定された事実とは言えず上告の理由とされている（民事訴訟法三二一条・三二二条、刑事訴訟法三七九条、最三小判昭二四・九・六民集一五巻七号二〇〇五頁など）。ここでいう「経験則」とは、日常生活上の事柄や科学的・専門的な事柄などについて我々が得る大量の経験的知識の中から、個人差を除去して、高度な蓋然性をもって一定の事実を推論させるような一般化された知識・法則のことを意味している。

このような場合、裁判では通常一般人の合理的行動に関する経験則として、まず当事者の供述態度（主張の一貫性があるか否か、例えば奈良セクハラ事件、八王子市立小学校事件、東北大セクハラ事件など）や日常の言動（「加害者」が「被害者」その他の者に日常的にセクシュアル・ハラスメント行為を行っていたか否か？　あるいは「被害者」が「加害者」に個人的な恨みを有していなかったか否か？、例えば兵庫セクハラ事件、三重セクハラ事件、横浜セクハラ事件、など）等により、当事者の主張の合理性が検討されることになる。しかしながら、性犯罪を含むセクシュアル・ハラスメントの「被害者」は、しばしば通常一般人の通常時における合理性行動に関する経験則では律し切れない行動をとるものであり（例えば被害者が「被害」に遇った最中に抵抗しなかったり、「被害」直後に周囲に訴えなかっ

たり（横浜セクハラ事件、秋田県立農短事件など）など、「被害」後も長期に亘って性関係を継続したりする（京都大学セクハラ事件、熊本セクハラ事件など）など）、このような場合の「被害者」の行動は合理的なものなのか否か？　が問題とされることになる。この点について従来の裁判例では、「通常一般人」（しかもそれは概ね「対等当事者間のもの）の合理的行動を前提とした経験則を「形式的」に適用して、「被害者」の主張を斥ける傾向にあった（例えばセントラル靴事件、横浜セクハラ事件一審判決、秋田県立農短事件一審判決、山本香料事件などでは、「被害者」が「被害」にあった際抵抗しなかったこと、「被害」後に直ちに周囲に訴えなかったこと、「被害」後も長期に亘って性関係を継続したことが、いずれもセクシュアル・ハラスメントの「被害者」の行動としては不合理なものとされて、セクシュアル・ハラスメントの事実が否定された）。

しかしながら近年職場や教育現場におけるセクシュアル・ハラスメントは、その本質が、支配従属関係を利用・乱用した性的言動であり、したがって「被害者」は対等当事者間での行動とは異なった行動をとらざるを得なくなるという事実が、社会心理学等の研究・分析が進むなかで明らかとされるにつれ、性被害や支配従属関係における「被害者」の合理的行動を前提とした「経験則」に基づいてセクシュアル・ハラスメントの事実の有無を認定する裁判例が登場するようになってきた（例えば横浜セクハラ事件二審判決、秋田県立農短事件二審判決、仙台地裁三判決――「被害者像」の転換！）[注4]セクシュアル・ハラスメントはその法的判断・事実認定いずれについても、従来の裁判法理が予想しないものであった――「新しい酒には新しい革袋」を用意しなければならなかったのである。このようにして、裁判においては、セクシュアル・ハラスメントに関する合理的な人間の行動を判断するという新たな「被害者像」の形成に努力してきており、今日までにこれらの裁判例の蓄積により、事実認定に関する判断基準・ルールが形成されつつあり、いわば事実認定に関する「経験則」として、セクシュアル・ハラスメント「法理」が形成されつつあると言えよう。

しかも、裁判所で形成されつつあるセクシュアル・ハラスメントの事実認定に関する判断基準・ルール（＝法

理）は、裁判所における事実認定に関する「経験則」上の法理としてとどまるものではない。均等法・人事院規則が昨年（一九九九年）四月一日から施行され、民間職場における事業主にはセクシュアル・ハラスメント「配慮義務」が課され、公務職場においては、各省各庁の長・監督者・職員それぞれにセクシュアル・ハラスメント防止等の「義務（内容・程度はさまざまである）」が課されたわけであるが、このような職場や大学等でセクシュアル・ハラスメントに関する申立てがなされた場合、事業主や監督者等は、どのようにして申立ての真偽を判断すべきかが問題とされることになる。言うまでもなく事業主や各省各庁の長や監督者らは裁判機関ではないことから、かかる訴えの真偽を判断する権限を有しておらず、しかも調査能力にも限界があり、したがってかかる訴えの真偽を確認することができないし、その必要もないとの考えもあろう。しかし均等法は、事業主に対し「その事案に係る事実関係を迅速かつ正確に確認することについて配慮しなければならない」と、事実の確認を配慮義務の内容として義務づけており（指針）、また人事院規則は、「相談員は、苦情相談に係る問題の事実関係の確認」を「迅速かつ適切に解決するように努めるもの」（第八条）と規定して、セクシュアル・ハラスメント行為の事実確認をその義務内容としている。したがって、セクシュアル・ハラスメント行為をいかなる方法・基準にもとづいて認定していくかは、事業主や各省各庁の長らにとっても重要な問題なのである。

そこで、以下にこの点についての裁判例を概観してみることにしよう。

《二つの視点》

セクシュアル・ハラスメントの裁判においては、まずセクシュアル・ハラスメント行為の存在を認定することが極めて重要な問題であり、この問題をめぐって、当事者双方は激しく争ってきた。セクシュアル・ハラスメントの中でも、とりわけ性的接触を伴う行為は、大半の性的被害がそうであるように、第三者等の目撃者がいないいわば「密室」で行なわれ、しかも、しばしば当事者間に性的関係が形成されることもあることから、裁判等で

争われた場合に、その事実認定には独特の困難さが伴ってきた。特にセクシュアル・ハラスメントが、職場や大学等上下関係による支配従属関係が存在するところで、その利用・乱用によって発生した場合には、被害者の明確な拒絶がない（明確な拒絶ができない！）ことが多く、「密室」性はより増すことになり、性的接触や性的関係に対する認定・評価がより困難となる。このような事実認定の困難さについては、二つの点が問題とされよう。第一は、「密室」の行為をどのように認定するか？　──性的接触や性的関係は果たして「存在」したのだろうか？　という問題であり、第二は、性的接触や性的関係があった場合、それは「意に反する」ものだったのだろうか？　──性的接触や性的関係はセクシュアル・ハラスメント「行為」なのだろうか？　という問題である。つまり第一の点は、「被害者」がセクシュアル・ハラスメント行為の「存在」を主張し、「加害者」がその「不存在」を主張した場合に、その判断基準・方法とは何か？　という問題であり、第二の点は、「被害者」がセクシュアル・ハラスメント──即ち「意に反する」性的言動──を主張し、「加害者」が「同意があった」「恋愛関係のもつれであった」等と主張した場合の判断基準・方法とは何か？　という問題でもある。わが国では、これらの事実認定に関する裁判例において、新たな「セクシュアル・ハラスメント法理」が生成されてきているといえよう。以下にこれら二点について、裁判例を手がかりに検討してみよう（以下には説明の便宜のため裁判事例を通し番号で紹介する）。

2　「密室」での行為をどのように判断するか？

性的接触等のセクシュアル・ハラスメント行為の大半は、第三者等の目撃者のいないいわば「密室」で行なわれることから、裁判では、セクシュアル・ハラスメントの「存在」自体が争いとなることが多い。このような場合、最終的には、当事者（「加害者」と「被害者」）のどちらの供述内容が信用性が高いかが争点とならざるを得ず、その判断基準として、当事者の合理的行動に関する経験則が問題とされることになる。

(1) セクシュアル・ハラスメント「当事者」の「一般的な」合理的行動に関する経験則

セクシュアル・ハラスメントの「当事者」(「被害者」若しくは「加害者」)の「一般的な」合理的行動に関する経験則としては、当事者の日常の言動(「加害者」が「被害者」その他の者に日常的にセクシュアル・ハラスメント行為を行なってきたか？「被害者」が「加害者」に個人的な恨みを有していたか？裁判をおこす必要性があったか？などど)や裁判における供述態度(主張の一貫性や詳細さ、具体性など)などが考えられ、これらの問題について当事者の主張の合理性が検討されることになる。これらの経験則はセクシュアル・ハラスメント以外の裁判例にも共通にみられる事実認定における採証法則といえるが、大学や職場等における上下関係を利用・乱用してのセクシュアル・ハラスメントにおいては、日常の言動のウエートはとりわけ大きなものといえよう。また、セクシュアル・ハラスメントがしばしば誘惑→性的接触・強要というプロセスをとることからも、当事者の日常の言動や主張の一貫性に対する評価は重要である。その具体例をあげてみよう。

(i) 当事者の人的関係、日頃の言動、性癖など

〈事例1〉 兵庫セクシュアル・ハラスメント(国立A病院)事件(神戸地判平九・七・二九)

(事件の概要) 国立病院で洗濯係として勤務している原告女性が男性上司からセクシュアル・ハラスメントを受けたとして、男性上司と雇用主である国を訴えた。原告女性の主張によると、被告男性は同病院の洗濯長として原告ら職員の勤務割表を作成する等、原告を指揮・監督する立場にあったが、こうした仕事の中で、被告は原告に対し、作業中に「胸をさわらせてくれ」と言ったり、現実に胸をさわったり、もむなどの行為をくり返し、これに対して原告が拒否の態度をとると、被告は原告と口をきかなくなり、仕事の指示も与えず、長年従事していたプレス作業から外す等のいやがらせをした。

被告男性はこれに対して、原告に対して恋愛感情とみられるものを抱いたことはなく、仮に性的興味を持ち、性的いやがらせをしようと考えたとすれば、原告と二人だけになるよう勤務割表を作る等したであろうが、そういうことは一切しておらず、仮に猥褻行為を継続的に強要したとすれば、職場の誰かが気がつきそうなものであるが、このようなことはなかったのであるから、原告の主張は事実無根であると主張した。

判決は、次のように述べてセクシュアル・ハラスメントの「存在」を認めた。

(i)　原告の供述内容が全くの虚偽であるとすると、原告が被告を陥れる目的を有していたとか、原告が虚言癖のある人物であることが考えられるが、そういうことは認められない。
(ii)　被告は、勤務時間中に（他の）女性職員の乳房の大きさや体型のことや、女性職員の配偶者との性交渉のことなどを話題にすることが度々あった（女性の乳房は大きいほうがよいとか、触ったら気持ちいいだろうなとか、性交渉の体位を尋ねるなど）。
(iii)　被告は(ii)の点につき、全く記憶がないと繰り返すのみであり、性的な事柄になると記憶が欠落するという不自然な供述態度に終始している。

〈事例2〉　三重セクシュアル・ハラスメント（厚生農協連合会）事件（津地判平九・一一・五）

（事件の概要）　厚生農協連合会が経営する病院に看護婦として勤務する原告女性二名が、被告である男性上司（准看護士副主任）からセクシュアル・ハラスメントを受けたとして男性上司と雇用主である連合会を訴えた。原告女性の主張によると、男性上司は半年以上に亘って、原告らに対し勤務中に臀部に触ったり、猥褻な言葉を発したりした他、深夜の休憩時間に休憩室で原告らの下半身に触る等の行為を繰り返した。

男性上司はこれに対して、病棟では日常的に入院患者や看護婦・看護士との間でスキンシップやひわいな冗談が飛び交っており、原告に対する言動も数名の看護婦・看護士のいる中での他意のない冗談であり、被告だけの行為ではない。原告らに対して数回に亘って大腿部、腰部、肩のあたりを触ったがほんの一瞬であり、看護婦に対する甘えと、この程度なら許されるとの誤解に基づくものであり他意はなかった、と反論した。

判決は次のように述べて、セクシュアル・ハラスメントの「存在」を認めた。

(i) 被告は原告らが病院に勤務して以来、勤務中すれ違いざまに突然原告らの臀部などをなでたり、「いいケツしとるな」「生理と違うか」「処女か」など、従前から日常勤務中特にひわいな言動があった。

(ii) 男性看護士と看護婦が勤務中にスキンシップする必要性は全く考えられず、原告らに対するひわいな行為は数回に亘る執拗なもので、他意がなかったと言えるものでなく、第三者からみても冗談の範囲を越えていた。

〈事例3〉　横浜セクシュアル・ハラスメント事件（東京高判平九・一一・二〇）

（事件の概要）　原告の女性従業員は、出向中の男性上司である営業所長からセクシュアル・ハラスメントを受けたとして、男性上司、出向元会社、出向先会社を訴えた。原告の主張によると、原告は男性上司から半年間に亘って、事務所で二人きりのときに肩を抱きよせられたり揉まれたり、腰を触られたり、髪を撫でられたりということをくり返されていたが、事務所で二人きりの際に、後ろから抱きつかれて首筋や唇にキスをされ、服のうえから胸や下腹部を触られたり、腰を身体に密着させて上下に動かす等約二〇分間に亘って強制わいせつ的行為をされた。

男性上司はこれに対し一貫して否定し、第三者の証言もなく、原告本人の供述自体具体性がない等として、一審判決は原告女性の訴えを斥けた（横浜地判平七・三・二九―**事例9**）。

控訴審判決は次のように述べてセクシュアル・ハラスメントの「存在」を認めた。

(i)　女性従業員の供述内容は男性上司が女性従業員の肩及び髪に触ったという日時やその回数を逐一特定するものではないものの、十分に具体的である。

(ii)　男性上司が肩等に触るのは、事務所に二人だけでいる時に限られ、これに対して女性従業員は、男性上司がスキンシップをしているのかもしれないと思い、まさか職場に性的欲求を持ち込むとは思いもよらなかったので、当時としては同人に抗議しようとは考えず、抗議したこともなかった。

(iii)　男性上司はそれ以前にも原告以外の他の女性従業員に同じように性的接触をくりかえし、それが原因で同女は退職したことがある。

(iv)　これらの事実は、男性上司の職場におけるこの種行動の傾向を示すものであって、原告女性の供述内容の真実性を補強する事情である。

〈事例4〉　東京セクシュアル・ハラスメント（広告代理店A社）事件（東京地判平八・一二・二五）

（事件の概要）　広告代理店の従業員であった原告女性は、在職中、被告会社の会長からセクシュアル・ハラスメントを受けて退職を余儀なくされたとして、会社と会長を訴えた。原告の主張によると、原告女性は入社して半年後頃より退職するまでの一年間に亘って、被告会社の会長から勤務時間中に、「ふたりで食事に行こう」「一緒に温泉に行こう」「私は好きな人にはのめり込む」等と連日のように言われ、原告が入院した折には、会長は原告を見舞いに訪れて原告にキスをした上、パジャマの下に手を入れて乳房を触る等の猥褻行

為を行なったり、退院後も原告をドライブに誘って強引にキスをする等したというものである。

会長はこれに対して、入院中の原告を見舞った際キスをしたのは、その場の雰囲気や成り行きで何となくキスをしたものにすぎず、またドライブに誘った際のキスは、両者が自然に行なったものでいずれも原告の意に反するものでなかったと主張し、その他の事実は全て否定した。

判決は次のように述べて原告の主張を認め、セクシュアル・ハラスメントの「存在」を認めた。

(i) 会長は、入社して半年後の平成四年四月ころから、原告が役員室に業務報告に行く度に、原告を食事に誘ったり、「あなたには面倒を見る人が必要だ」「私は好きな人にはのめり込む」等といった話を連日のように行なうようになった。更に会長は、平成五年一月末、原告に対し「一緒に温泉に行こう」と述べる等しており、このような言動を平成五年四月ころまで続けた。

(ii) 原告と被告とは、被告が入院の見舞いに行くまで特段の関係になく、二人で食事に行ったこともなく、密接な関係のない間柄であった。このように密接な関係のない間柄でありながら、被告が突然キスをしたことに対し、原告が「会長興奮してるぅ」と言って笑い、何ら驚きの態度を示さなかったという被告の主張はいかにも不自然である。

凡そ性的接触は、すぐれて個人的なものであり、それが「意に反する」「不快な」ものか否かの判断に際しては、当事者の人的関係が決定的な要素となることは言うまでもない。したがってセクシュアル・ハラスメントの判断要素として、当事者間の人的関係が重要な要素とされるのは当然であり、更に、当事者の日頃の言動・性癖が事実認定に際して判断要素とされるのも当然といえよう（日頃から被害者本人若しくは第三者にセクシュアル・ハラスメントをしていたことがセクシュアル・ハラスメントの事実認定に際して加害者に不利に働くのはやむを得ないといえよ

う)。このような観点からはこれらの裁判例はいずれも是認されよう。

(ii)　当事者の供述態度、特に主張の一貫性や具体性など

〈事例５〉　八王子小学校事件（東京地八王子支判平八・四・一五）

（事実の概要）　原告である小学校の女性教諭が、被告である同校の男性校長から中学校の見学会終了後の懇親会に参加し一緒に帰途についた際にセクシュアル・ハラスメント行為を受けたとして訴えた。原告の主張によると、原告女性は被告に誘われて居酒屋で飲食をし、その後、自分のオートバイで帰宅するため別れの挨拶をしたところ、被告は暗がりで彼女の正面に回ってズボンのチャックをおろして性器を露出し、彼女の手を取ってさわらせた。これに対して彼女は「やめてください」といったが、彼は同様の行為を繰り返し、「今日はあなたとの記念すべきいい日だったな。僕が校長でなかったら」などと述べて、その場を立ち去った。

被告はこれに対して、別れ際に、原告が述べているような卑猥な行為は全く行なっていないと全面的に事実を否認したが、判決は次のように述べて原告女性の主張を認め、セクシュアル・ハラスメントの「存在」を認めた。

(i)　原告と被告の各供述を比較すると、原告の供述は、授業を見学してから、被告が行ったとされる卑猥な行為及びその前後までの状況が具体的かつ詳細であり、終始一貫しているのに対し、被告の供述は、居酒屋を出るまでの供述が比較的詳細であるのに、原告と被告が別れたときの状況については具体的な供述がなく、不自然な感が否めない。

(ii)　特に被告は、原告がオートバイを置いていたことや帰宅方法について知らなかった等と述べるだけでなく、被告自身の帰宅方法についても「確かタクシーで帰ったと思います」と供述するのみで、原告と別れた時点のできごとについて、ことさらに供述を避けている傾向が窺われる。

〈事例6〉　大阪セクシュアル・ハラスメント（歯材販売会社）事件（大阪地判平一〇・一〇・三〇）

（事件の概要）　英語の翻訳兼貿易担当の中国人女性従業員であった原告は、その雇用主の被告会社社長と上海に出張した際、滞在中のホテルにおいて、セクシュアル・ハラスメントを受けたとして会社を訴えた。原告女性の主張によると、出張先のホテルで、社長から自室に呼び寄せられて仕事の打ち合わせをしていた際に、社長は、「A社の社長が中国人の女性を事務員として雇用している。その女性はA社の社長の女と違うか？」等と言いながら、ベッドに横になり、ベッドの半分空いているところを手で叩き、原告に対して、ここに横になれという態度を示す等の行為をした。

被告は、ホテルの部屋で原告をベッドに誘ったことはないとして右事実を全面的に否定したが、判決は、次のように述べて原告の主張を認めセクシュアル・ハラスメントの「存在」を認めた。

原告本人の供述は具体的かつ詳細であり、不自然な部分は全くなく、また、事実を誇張又は歪曲していると思われる部分も見当たらないから、信用できる。

〈事例7〉　東北大学セクシュアル・ハラスメント事件（仙台地判平一一・五・二四）

（事件の概要）　東北大学の元助手である原告女性が大学院博士課程に在学中、指導及び論文審査の担当教官であった被告助教授から継続的に性的接触や性関係を強要される等のセクシュアル・ハラスメントをされたとして訴えた事件である。原告の主張によると、被告は自らの指導及び審査教官としての地位を濫用して、研究室で密接指導に名を借りて不快な性的言動を行ない、学会で札幌に出張した際には「君に恋愛感情を抱い

ているから指導教官を降りたい」等、被告の意向に逆らえば指導を放棄されて、研究職の道を断たれるかも知れないと原告の不安をあおり、研究室で原告の胸や下半身等に触れるようになり、更に、原告から精神科への通院を打ち明けられるや、その治療にかこつけて「恋愛感情を持たないなら助言者になれない。君には気晴らしが必要だ。二人でどこかへ一泊しよう」などとホテルにつれだして性関係を強要したというものである。

被告はこれに対し、被告は三名いる指導教官の中で最年少の副指導教官にすぎず、原告が主張するような影響力はなく、また性的接触の有無についても当初大学での事情聴取の際には、論文指導中に不快な性的言動をしておらず、札幌出張の際にも恋愛感情を抱いているなどと言っていないと全面的に否認していた。しかしホテルでの宿泊の証拠を原告から提出された後は一転して性的関係を認めたものの、被告は原告から「先生が好きです」と告白されてキス及び抱擁をしたのであり、また性的接触や性関係はいずれも原告が言い出したことが契機となっており、あくまでも原告の自由意思に基づく恋愛関係の中でのことであって、被告が指導教官としての地位を背景に強引に性関係を迫ったものではないと主張した。

判決は当事者の主張の一貫性について次のように述べて、セクシュアル・ハラスメントの「存在」を認めた。

(i)　被告は、札幌出張の際に原告に恋愛感情を持っていると発言したことを否定するが、被告は、大学での調査と裁判所での被告本人の尋問の際に、原告に恋愛感情を抱いていたことを自認しており、被告の主張は信用できない。

(ii)　被告は、重要な点で大学での調査における弁明と裁判所での主張が相違しており、その相違の理由について何ら合理的な説明をなし得ていない。

(iii)　被告は、大学での調査に際して、当初、偽造の診断書を提出したり、他大学の教官に偽証の依頼をしてまで原告との性関係を否定する虚偽の弁解をしている。

(iv)　原告の供述については、断片的であるとはいえ、家族、友人あるいは原告の相談を受けた教官らの陳述書によってある程度裏付けられているのに対して、被告の供述についてはこのような裏付けが全くない。

(v)　原告が自分を責める部分もあり、当初被告との肉体関係についてまで告白できなかったことは、この種の問題の性質に顧みて十分に首肯でき、むしろ、右の点を除けば、原告の主張は大学への申し立ての時点からほぼ一貫しているということができ、被告の供述が不自然に変遷しているのと対照的であって、その信用性は高い。

〈事例8〉　神奈川県立外語短大事件（東京高判平一一・八・八）

（事件の概要）　原告である神奈川県立外語短大の男性教授は、セクシュアル・ハラスメントをしたとする虚偽の文書や発言で名誉を傷つけられたとして、同大の元女性講師を訴えた。原告の主張によると、元女性講師は一九九三年四月、県教育長に対し、「平成三年四月、職員歓送迎会で教授が女子職員二人の乳房をむんずと掴んだ。見かねて注意すると『こうすると女は喜ぶんだ。時々こうしないと女を忘れる』と暴言を吐いた。さらに『告訴されますよ』と注意すると『こちらからしてやる』と意味不明の暴言を続けた」などという内容の文書を送った他、翌年九四年一月の教授会では、「教授が（自分に）キスを強要した」という発言をしているが、右文書、発言にかかる事実は全くないというものであった。

一審判決（横浜地川崎支判平一〇・三・二〇―裁判例28）は「セクハラの事実を疑わせる行為があったと推認できる」として女性講師の主張を認めて、原告の訴えを斥けた。

これに対して控訴審判決は、次のように述べてセクシュアル・ハラスメントの「存在」を否定した。

(i) 右文書に記載された職員歓送迎会の時点が、被告の主張では、「平成四年五月ころ」（被告の一審での本人尋問）→「平成三年春」（被告の陳述書）→「平成三年六月」（被告の陳述書）と変遷している。

(ii) 右文書の内容についても、被告の主張では、教授は「なにくわぬ調子で女性職員の胸に触りました」（被告の一審での本人尋問）→「側にいた女子職員の胸に触ったりするのを見せられました」（同陳述書）→「『若い人はいいね』と何気ない調子で女子職員の乳房を掴んだ。女子職員が『先生ったら』と言って手を振り払いましたが、（教授は）にやにやしていた。（私が）『そんなことをすると訴えられますよ』というと（教授は）『逆にこちらから訴えてやる』とうそぶいていた」（同陳述書）と変遷している。

(iii) 右文書に記載されていた「こうすると女は喜ぶんだ」という記載は被告の陳述書には記載されていない。

(iv) 原告は一貫して右言動を否認している。

この裁判例はセクシュアル・ハラスメント行為についての当事者の主張の一貫性を、セクシュアル・ハラスメントの「不存在」の判断要素としているところに特色がある。

既に述べた通り、裁判における事実の認定は「経験則」に従ってなされなければならないところ、一つの「事実」について当事者の供述内容が全く対立している場合、その真実性を担保するものの一つは、当事者の主張の一貫性であることは争いようがないことであろう（本当のことを言っているならば、なぜに供述が変遷するのか？という経験則）。したがって当事者の主張が変遷する場合は、その特段の理由（例えば脅迫された等）を立証する必要があろう。このような観点からみた場合、〈事例8〉はセクシュアル・ハラスメントとされる日時、内容が変遷しており（特に日時が大幅に違う）、判決が認定した事実からは判旨のような判断はやむを得ないものと思われる。

(2) セクシュアル・ハラスメント「被害者」特有の行動に関する経験則

セクシュアル・ハラスメントが「密室」で行なわれた場合の事実認定について、(1)では当事者の日頃の言動や、

裁判における主張の一貫性という、セクシュアル・ハラスメントの「当事者」の通常一般的な合理的言動に基づく判断ルールをみてきた。しかしながら、セクシュアル・ハラスメントの事実認定の困難さはこれにとどまるものではない。特に職場や大学等の支配従属関係が存在するところで、その地位を利用・濫用しておこされるセクシュアル・ハラスメントの場合、その「被害者」は性犯罪（強制わいせつや強姦など）の「被害者」がしばしばそうであるように、通常一般人の一般的な状況における合理的行動における「経験則」では解し切れない行動をとるものである。その典型とされる例として、前述したようにセクシュアル・ハラスメントの「被害者」が不快な身体的接触等をされていながら、その際に、ほとんど「抵抗」しないことがあるが、それは何故か？　その後直ちに周囲の友人や同僚に被害の事実を告げないことがあるがそれは何故か？　当初レイプ等の性的被害を受けたと主張しながら、その後、性的関係を継続したりすることがあるが、それは何故か？　このような場合、前述した合理的通常人の一般的な状況における「経験則」からは、どのような判断がなされることになるのであろうか？このような行動は、「存在」しなかったかあるいは当事者間に「合意」があったと推定されるのであろうか？

既に述べた通り、事実認定における「経験則」は、人間の行動について、個人差を除去して高度の蓋然性をもって一定の事実を推測される法則を意味するものであり、このような「経験則」をセクシュアル・ハラスメントの当事者の行動にあてはめた場合、どのような「法則」が導かれるかが問題とされることになる。ここで問題とされるべき「経験則」は、セクシュアル・ハラスメント、性被害者の行動に関する「経験則」なのである（通常一般人の通常の状況における「経験則」ではない！）。ここでは、人がセクシュアル・ハラスメント（性被害を含む）を受けた場合、どのような心理状態となり、どのような行動をとるものかについて、社会学・心理学等の知見を含めた、「経験則」が裁判の事実認定において必要とされるのである。

わが国のセクシュアル・ハラスメント裁判において当初の裁判例では、このような知見の不足もあって、セクシュアル・ハラスメントに関する「経験則」が裁判所の事実認定に反映されることがなかったが、やがて、これ

らの知見と共に、セクシュアル・ハラスメントの「経験則」が裁判所の事実認定に反映されるようになってきた――セクシュアル・ハラスメントの被害を無視した「経験則」→セクシュアル・ハラスメント被害を直視した「経験則」へと転換してきた――と言えよう。

そこで、以下にこれらの「被害」の「最中」「直後」「継続」について、(i)セクシュアル・ハラスメント被害を無視した「経験則」を前提とした裁判例→(ii)セクシュアル・ハラスメントの被害を直視した「経験則」を前提とした裁判例について検討を加えることにしよう。何故ならば、セクシュアル・ハラスメントの事実認定の独特の困難さはこの点にあり、(i)→(ii)への裁判例の推移の中に、事実認定における「セクシュアル・ハラスメント法理」の形成をみてとることができるからである――しかも、今だに、(i)の立場に立ってセクシュアル・ハラスメントの事実を「否定」する当事者が（代理人も含めて）数多く見られるのであり、このような立場を克服することこそが、セクシュアル・ハラスメント問題を正しく解決する方策であると思われる。

(i)　セクシュアル・ハラスメント被害特有の行動を無視した「経験則」(?)を前提とした裁判例　セクシュアル・ハラスメントに関する裁判例が登場するようになって最近に至るまで、いくつかの裁判例では、被害者が「被害」に遇った際「抵抗」しなかったこと、「被害」後に直ちに周囲に訴えなかったことは、「被害者」の行動としては不合理・不自然なものとして、セクシュアル・ハラスメントの事実を否定するものがあった（もっともこれらの裁判例のうち、控訴された事案ではいずれも(ii)の立場に立ってセクシュアル・ハラスメントの事実が認められている）。

〈事例9〉　横浜セクシュアル・ハラスメント事件（横浜地判平七・三・二四）

（事件の概要）　原告の女性従業員は男性上司である被告の営業所長から約半年間に亘って、職場で肩や髪にさわられたりしたうえ、事務所で二人だけの際に、約二〇分間に亘って下腹部を押しつけられる等の強制

わいせつ的行為をされたとして訴えたが、裁判では、事務所で二人きりの際に約二〇分間に亘って強制わいせつ的行為をされたか否かが最大の争点となった。原告の主張によると、被告は突然「一度抱きしめたかった」「かわいいから」などと言って彼女に抱きついて首筋や頬に何度も唇を押しつけ、舌を彼女の口中に入れようとしたり、コートや作業着の下に手を入れ、ブラウスの上から胸を、ズボンの上から下腹部を触るなどした。これに対して彼女は、腰や肘で男性上司を払いのけようと抵抗したものの、上司は執拗に行為を継続し、彼女がやっとの思いで「お昼過ぎちゃいますよ」「だめですよ」等と言ったところ、上司はにやにやしながら「ああ気持ちよかった」「いい子だと気持ちいい」「仕事辞めないでね」「悪かったね」等と言って、約二〇分後に漸くやめた。男性上司は三日後に彼女に事実を認めて謝罪したものの、その後再び事実を否定するようになり反省の態度も見られなかったことから、彼女は約一ヵ月後に右行為を社長に報告したところ、叱責を受けた男性上司がその後彼女に仕事をさせないよう報復をするようになり、女性は退職を余儀なくされた。

男性上司は、これに対して自らが手がけていた商品の売上げ向上やテレビ取材直後で気分が高揚しており、一緒に取材陣に応対した原告と喜びを分かち合おうとして、思わず原告の肩を瞬間的に抱き締めたものであり、後日原告に謝罪したのは職場の平穏を乱したことについてであり、原告の主張を事実と認めてのものではない。原告に仕事を与えないなどの嫌がらせをしたことはなく、原告が自ら仕事をしなくなって孤立してゆき、退社したにすぎないと反論した。

一審判決は次のように述べて被告の主張を認め、セクシュアル・ハラスメントの「存在」を否定した（↓事例11）。

(i)　二〇分もの長時間の間、原告が被告の為すがままにされていたということ自体考え難い。強制わいせ

つ行為とも言うべき行為に対して、抵抗したり外へ逃げるとか、事務所の外に助けを求めたりすることもできたにもかかわらず、原告はそのような行動をとらなかったばかりか、むしろ冷静な思考及び対応のあったことさえ窺われ、そのような言動は不自然といわざるを得ない。

(ii)　原告が抵抗して逃げなかった理由として、「よけい相手を煽り立てることになっても困る」、「被告に対する尊敬の気持ちと恩があった」旨の供述は、性的自由を著しく侵害する強制わいせつ行為に比類すべきものに対する対応としては余りに冷静・沈着な思慮及び対応に基づくものであり、納得し難い。

(iii)　原告が反射的に悲鳴を上げるなどの行動をとらなかった理由として、「大声を出しても無駄だ」とか、「騒いで外部の人が入ってきたら事が公になるので、声を出すつもりがなかった」と供述自体変遷し一貫しておらず、その日の夕方同僚に被告から受けた何らかの行為について公表していることや、その後出入業者や近所の人々に対していやらしいことをされた旨のことを述べていることとも矛盾し、悲鳴を上げるなどの行動をとらなかった理由としては信用できない。

(iv)　原告は、被告から右行為をされた直後普段と変わらず二人きりで事務所内で昼食をとっており、不自然である。

(v)　原告はその日の夕方、同僚に話しをしているがその話の内容は、被告から抱きつかれたことを窺わせる行動を示したものの、それ以上に具体的な話を何らしておらず、約一ヵ月後に上司に直訴して事情聴取を受けた際も、原告主張に沿うような具体的な事実は何も話していない。

(vi)　原告が主張するような状況があったのであれば、原告には、その直後直ちに被告の状況を同僚及び上司に伝える格好な機会が一度となくあったのであるから、被害の中核部分についての若しくは少なくともそれがあったことを窺わせる言動等が同僚らに対してあって然るべきなのに、そのような言動が全くないというのも、まことに不自然なことである。

〈事例10〉 秋田県立農業短大事件（秋田地判平九・一・二八）

（事件の概要） 秋田県立農業短期大学の研究所で研究補助員として勤務する原告女性が、上司である被告男性教授と共に国際会議に参加した際、宿泊先のホテルで被告から強制わいせつ行為をされたとして、被告に慰藉料の支払いを求めた事件である。原告の主張によると、宿泊していたホテルの彼女の部屋に被告が「ちょっといい」と言って訪ねてきて、突然原告の二の腕を強い力でつかみ、彼女の体を被告に引き寄せてベッドに押し倒し、彼女の衣服の上から胸などを触り、被告の下腹部を彼女の下腹部に押しつけてきた。彼女は両手で抵抗しながら、必死の思いで被告から逃れるためベッド左側の床に転げ落ち、急いでテーブルの向こう側に回ったところ、被告はそれ以上の行為をしなかった。その後被告が要求する紙片を渡したところ、被告は口外しないよう述べて部屋を出て行った。

これに対して被告は、ホテルをチェックアウトする際原告がふだん遅れぎみなことを知っていたので、宿泊確認書を受け取って先に支払いを済まそうと原告の部屋を訪ねたが、その際彼女の日頃の仕事に対する協力への感謝と励ましの気持ちを伝えるつもりで、原告の肩に軽く両手をかけたにすぎず、これに対して彼女は少し驚いた様子で横に身を引いたので、「違うんだ」と言って手を放し、そのまま部屋を出たにすぎないと主張した。

一審判決は次のように述べて被告上司の主張を認め、セクシュアル・ハラスメントの「存在」を否定した（**事例25**）。（↓

(i)　原告の供述内容は不自然・不合理なもので信用できないと断定することまではできないが、強制わいせつ行為に対する原告の対応及びその直後の言動についての供述内容には、通常でない点、不自然な点が多々あり重大な疑念がある。

(ii)　原告が主張するような強制わいせつ行為があったならば、反射的に助けを求める声をあげたり、何らかの抵抗があるのが通常であるのに、声をあげることもせず、被告のなすがままにされ、両肩を押さえつけられるまで抵抗をしていないのは、原告と被告との関係、原告の年齢、原告の経歴を考えれば、通常のものとはいえない。

(iii)　強制わいせつ行為にあった被害者は、無我夢中で逃げようとするか、反射的に抵抗したりするのが通常であるし、また畏怖心に終始してまったく抵抗できない場合も考えられるが、原告の対応はそのいずれにも当たらず、強制わいせつ行為の被害者の態度にはおよそそぐわない冷静な思考に基づく対応であり、不自然である。

(iv)　強制わいせつ行為から逃れた被害者は、まず相手の退去を求めるとか、相手を非難する言動にでるのが通常であるのに、原告はそのようなことをせず、逆に、被告が口ごもっていたのにたいし、原告は、「つまり、誰にも言うなということですか」と冷静な思考に基づいて対応しており、また被告からの要請に基づいて二度に亘って紙片を差し出すなど、暴力的な強制わいせつ行為の被害にあった直後の被害者の態度として極めて不自然である。

(v)　事件のその後の事情についてみても、事件後に雑誌に掲載された原告と被告との電話での会話を録音したテープの反訳は、原告が供述するような強制わいせつがなかったことを裏づけると共に、原告の両肩に両手をかける行為しかなかったとする被告の供述を裏付けるのに十分な客観的証拠である。

このような裁判例に対しては既に述べた通り、性被害者の行動と、通常一般人の通常の状況における行動とを混同するものであるとの批判が加えられると共に、やがて、性被害における被害者の行動について、主としてアメリカにおける心理学・社会学等の知見が知られるようになり、(特に近年いわゆる「被害者」学の進展と共にPTSDについて議論が深められつつある)、やがてこれらの知見に立って、セクシュアル・ハラスメント被害の「経験

則」を前提とした裁判例が登場するようになった。（注5）

(ii)　セクシュアル・ハラスメント被害者の「特殊な状況」の合理的行動を前提とした裁判例　近時の裁判例では、セクシュアル・ハラスメント被害という「特殊な状況」における被害者の合理的行動を前提とした事実認定を行ない、セクシュアル・ハラスメントの「存在」を認定するようになってきている。

〈事例11〉　横浜セクシュアル・ハラスメント事件（東京高判平九・一一・二〇）

一審判決では、セクシュアル・ハラスメントの「存在」を認めなかったが（**〈事例9〉**）、控訴審判決は次のように述べてセクシュアル・ハラスメントの「存在」を認めた。

(i)　原告は被告からの約二〇分に亘るわいせつな行為に対して、何の抵抗も示さなかったというわけではなく、被告が原告の防御の姿勢に合わせて執拗に右行為を続けたものであり、原告の対応は必ずしも不自然なものとは言い難い。

(ii)　米国における強姦被害者の対処行動に関する研究によれば、強姦される時点において、逃げたり、声を上げるという直接的行動をとる者は被害者の一部であり、身体的・心理的麻痺状況に陥る者、どうすれば安全に逃げられるか、加害者をどうやって落ち着かせるか等選択可能な対処方法について考えを巡らすにとどまる者、その状況から逃れるために加害者と会話を続けようとしたり、説得しようとする者があると言われ、逃げたり、声を上げたりすることが一般的な対応であるとは限らないと言われており、強制わいせつ行為の被害者についても程度の差はあれ同様に考えることができる。

(iii)　特に職場における性的自由の侵害行為の場合には、職場での上下関係や同僚との支配関係を保つための抑圧が働き、原告が事務所外へ逃げたり、悲鳴を上げて助けを求めなかったからと言って直ちに、原告本人の供述が不自然であると断定できない。

(iv)　原告は右行為の直後同僚に具体的に説明していないが、右行為により心理的に深刻なショックを受け

て何も考えることができなくなっていたのであり、男性の同僚に具体的に説明することには精神的に抵抗があり、必ずしも不自然とは言えない。

(v) 男性の営業所長が、仮に瞬間的にせよ他に人のいない営業所内において両手を若い女性従業員の背中に回して無言で抱きしめるという行為は、気分が極めて高揚していたとはいえ、上司と部下が仕事上の「喜びを分かち合う」行為としては極めて不自然である。

〈事例12〉　秋田県立農業短大事件（仙台高秋田支判平一〇・一二・一〇）

〈事例11〉と同じく、一審判決はセクシュアル・ハラスメントの「存在」を認めなかったが（**〈事例10〉**）、控訴審判決は**〈事例11〉**と同様の理を述べたうえで、セクシュアル・ハラスメントの「存在」を認めた。

(i) 性的被害者の行動のパターンを一義的に経験則化し、それに合致しない行動が架空のものであるとして排斥することは到底できない。

(ii) 原告は、被告に対し個人的にかなりの悪感情を抱いていたとしても、少なくとも被告が職場の上司であり、仕事を続けるかぎり、今後も日常的に被告とつきあって行かねばならないことや、被害を公にし難いのが性的な被害の特色であることに照らせば、強制わいせつ行為は受けたものの、ことを荒だてずにその場を取り繕う方向で行動し、第三者に悟られないように行動するということも十分にありうる。

(iii) 原告は事件後間もなく身近な者に被害体験を抽象的にではあるが話しており、職場においても第三者からみて不自然なものを感じさせたり、転職を依頼する等、職場における原被告の関係が著しく変化しているように見えること等、原告が事件によって実際に性的被害を受けたと推認しても無理のないような間接証拠も存在する。

(iv) 被告は、チェックアウトの際提出する書類を受けとり、日頃の仕事に対する感謝と励ましの目的を達

成するために、原告の部屋の中にまで入る必要はなかったし、部屋に入る前にその目的を説明した形跡も認められない。

(v)　事件の前、二晩に亘って、被告は原告を自分の部屋に誘い入れ深夜まで長時間に亘って話しの相手をさせた行動も、職場の上司と部下という間柄としては相当な行為とは思われず、被告の供述の信用性を評価するうえで、マイナスに傾く要素となる。

このようなセクシャル・ハラスメントの「被害者」特有の合理的行動についての経験則に関する立場が、(i)→(ii)へと転換しつつあることは、いわば「被害者」像の転換と言うべきものであり、セクシュアル・ハラスメント裁判における適切な事実認定として評価されるべきものであり、このように性被害や支配従属関係が存在する中における当事者の合理的行動を判断基準とすることが、今後のセクシュアル・ハラスメント裁判における事実認定の流れとなっていくものと思われる。

(3)　セクシュアル・ハラスメントの「事実」が否定された例

ところでセクシュアル・ハラスメントの「事実」自体が否定された裁判例も既に述べた通り散見される。まずセントラル靴事件（東京地判平六・四・一一）では、女性社員が会社専務から休日に職場に出勤を命ぜられたうえ二度（平成元年一〇月一日、同月一〇日—いずれも休日）に亘って抱きつかれる等のわいせつ行為を受けたとして訴えた事件で、判決は、「原告の被告会社におけるタイムカードには、平成元年一〇月一日（日曜日）、同月一〇日（祝日）に出勤した旨の打刻はなされていないことが認められ、このことからすると、原告が右両日被告会社に出勤したと認めることは困難である」とし、更に一〇月一日には専務は妻と健康センターにいったとの「アリバイ」があり、一〇月一〇日についても、原告が出社したと主張している同僚が出社していなかった事実から、セクシュアル・ハラスメントの事実を否定した。判決が認定した事実関係（原告主張事実と矛盾する事実が認定される）

からはやむを得ない結論と言えよう。また前述の神奈川県立外語短大事件（東京高判平一一・八・八）も、原告の主張するセクシュアル・ハラスメントの日時・内容が裁判の過程で変遷しており（特に日時が大幅に違う）、その変遷についての合理的な説明がなされないという事実関係の中ではやむを得ない結論と思われる。

ところが京都セクハラ（A寺院）事件（京都地判平一〇・三・二〇）では、宗教法人A寺で清掃炊事等の職務についていた原告女性が、同寺の代表役員（事務長）Bから、①卑猥なざれ歌を記した書面を交付されたり、②背後から突如抱きつかれたり太股を撫でられたり、③筆おろしと称して筆先で腕等を撫でられる等のセクシュアル・ハラスメントを受けたとして、寺と代表役員Bを訴えたところ、判決はもっぱら原告が主張するセクシュアル・ハラスメント行為後の行動を問題とし、原告がBを介してネックレスを買い受けたり、絵画を貰ったお礼にスリッパをあげたり、バレンタインデーのプレゼントをしたり、Bが原告の肩に手をかけた二人での写真撮影を許容するなど、「第一ないし第三の各不法行為については、原告や同僚Cの供述には疑問点があるうえ、本件不法行為の状況からすると、原告やCの供述は、全体としても信用性に乏しい」「他方、被告Bの供述は、被告Bが筆で原告ら女性職員の手を触ったことは認めるなど、自己に不利益な事実も認めており、供述に矛盾した点は見いだしがたく、全体として信用することができる。よって、第一ないし第三の各不法行為は認定できない」旨判示している（また判決は被告Bが「冗談で甲一号証（卑猥なされ歌と記した書面）の書面を作成し、貼り紙用に書いた他の書面とともに、原告やC、Dら台所関係の仕事をしている女性職員に見せたこと、被告Bは、筆を洗い場で洗っているときに、近くにいた原告ら女性職員に対し、「筆下ろし」などと言いながら、筆先で肘から手首あたりを触ったりしたことが数回あり、Eから「先生やめとき」と一度注意されたことがあること、被告Bは、原告の肩を一回か二回程度、「お加持やで」（触るとお陰があるという意味）と言いながら触ったりしたことについては、認めることができる（被告Bも、これらの事実は概ね認める旨の供述をしている）」「しかし、こうした行為は、その行為がされた状況や行為態様等からすると、社会的にみて許容される範囲を逸脱しているということはできないのであって、違法な行為とはいえない」旨述べて

いる)。しかしながら右判決は、もっぱらセクシュアル・ハラスメントがあったとする時期以降の当事者の言動にウェートをおいて事実認定をしており、逆に加害者の(カッコ内で認定している)日頃の言動や供述の一貫性(それほど一貫したものではなく矛盾が見出し難いとは言えないと思われる)等からみたとき、逆の結論(セクシュアル・ハラスメントの「事実」を認める)もあり得た事案と思われる。

いずれにせよセクシュアル・ハラスメントは通常「密室」で行われ、第三者等の目撃者もいないことから、事実認定においては「経験則」が問題とならざるを得ない。その意味ではセクシュアル・ハラスメントの「事実認定」における裁判所の心証形成に備えて、セクシュアル・ハラスメントのおそれがある場合やセクシュアル・ハラスメントを受けた場合には、「被害者」は直ちに日記に記載したり、親しい人(親、兄弟、友人)に相談する等して、争いとなった場合に備えておく必要があろう。

3　性的言動・性的関係をどのように評価するか?

セクシュアル・ハラスメントは「相手方の意に反する性的言動」であるが、「合意」にもとづく性的言動とはどのように区別されているのだろうか?　セクシュアル・ハラスメント、即ち、「相手方の意に反する」(「合意」にもとづかない)性的言動」と「相手方との合意にもとづく性的言動」とは質的には全く異なるものであるにもかかわらず、実際の場面ではこの区別はしばしば困難を伴うものとなっている。第三章で述べた通り、理論的には相手方に対するレイプや強制わいせつ等の物理的な暴力や、相手方の明確な拒絶がある場合は、凡そ「合意」の存在する余地はなく、また相手方の拒絶の意志が不明確なまま性的接触や性的関係がもたれた場合でも、当該性的言動関係が当事者双方の自由な意思形成を阻害して形成されたと認められるかぎり、「合意」が成立したものとはみなされず、相手方の意に反する性的言動(関係)、即ちセクシュアル・ハラスメントとして違法不当な行為とされることになる。

ところが、職場や大学等の支配従属関係を利用・乱用したセクシュアル・ハラスメントは、「密室」で行なわれるだけでなく、しばしば部下や学生が、上司や指導教官の性的要求を拒絶できずにそれを受け入れて性的関係が形成されるだけではなく、レイプや強制わいせつ等の暴力を伴った性的関係も発生しており、このような場合学生や部下が「被害」を訴えても、「合意があった」「恋愛関係だった」等と「加害者」側から「抗弁」されて、被害の顕在化を阻む要因ともなってきた。このような場合について、裁判例はどのような判断基準・経験則に基づいて「合意」か否か？　意に反する性的言動か否か？　を判断しているのであろうか？　職場や大学等の上下関係、継続的な人的関係が存在するところでの性的関係は、レイプや強制わいせつ行為の後にも、「被害者」が雇用を継続したり、被害事実を周囲に訴えないという、通常一般人の「通常の状況」における合理的行動に関する経験則とは異なった行動をとることが多く、これらの行動についての経験則が問題となる。

(1)　当事者の人的関係・日頃の言動など

職場や大学等で、強姦等の暴力を伴うものであれ、地位や権限による威迫等地位利用を伴うものであれ、性的関係が形成された場合、「加害者」は「合意」があった、「恋愛関係」にあったと抗弁するが、このような場合について裁判例では、当事者が「合意」や「恋愛関係」にもとづく性的関係を形成する人的関係であったか否か、日頃の言動を判断基準の要素としている。

〈事例13〉　東北生活文化大学事件（仙台地判平一一・六・三）

（事件の概要）　東北生活文化大学の副手である原告女性は、同大学在学中から、被告である同大学教授の指導を受け、副手に採用されてからは、被告が原告の直属上司の立場にあった。原告の主張によると、被告から夜九時すぎに「合宿のことで話しがあるから地下鉄の駅まで車で迎えにきて欲しい」と電話で呼びだされ、途中暗がりに車を止めさせられたところ、被告は原告に対し急に、原告が交際中の男性の話を車中で持ち出

し、「何故交際するのだ！　お前が職員になれたのは、俺が推薦したからだろう！」等と詰問し、原告の髪を引っぱったり、ほおを平手打ちたりして強姦した。

被告はこれに対して、原告が副手になった後も教え子として熱心に指導し、原告もこれに応えて被告の家に交際相手と共に宿泊したり、プレゼントをする等家庭的な付き合いをして原被告双方ともに親密な感情を抱いていた。このようなことが下地になって、原告は車中での被告の叱責に対して、「先生すみません」と言いながら被告にしなだれかかるように身体を寄せてきたので、被告はこれに応えて原告と性的関係を持ったもので、「合意」に基づく性行為であると主張した。

判決は原告の主張を認め、強姦によるセクシュアル・ハラスメントの「存在」を認定した。

(i)　原告は、既に結婚を前提として性的関係を有していた恋人がおり、本件行為の前日には原告が恋人を家族に紹介しており、原告が被告に親密な感情を抱く事情はなかった。

(ii)　被告本人も、被告と原告との関係はかつての教授と教え子であり、その後も教授と副手以上のものでないと供述しており、原被告の関係は単なる師弟関係に基づく交流の範囲を出ないものであって、本件性的関係が、いわゆる男女間の愛情に基づく感情の表れと認めることができないことは明らかである。

〈事例14〉　千葉セクシュアル・ハラスメント事件（千葉地判平一〇・三・二六）

（事件の概要）　原告女性は協議離婚した後事務員として不動産会社に就職したところ、職場で社長から日常的にセクシュアル・ハラスメントを繰り返されたうえ、強姦されたとして会社と社長を訴えた。原告の主張によると入社直後から被告会社の事務所内で、同社社長である被告より、パソコンを操作して男女の裸の姿

を見せられたり、事務所の台所で洗い物をしているとき後ろから抱きつかれて胸や腰を触られたり、スカートの中に手を入れられたり、キスを求められる等の性的行為を受けるようになり、原告が抗議しても次第にエスカレートしていった。そこで原告は退社を申し出たところ被告が謝罪したので思いとどまって、入社後約三週間経過したころ、原告は社長から飲食に誘われ、その帰途モーテルに連れていかれ、ベッドに押さえ込まれて衣服を脱がされる等して強引に性交渉を持たされた。

被告社長はこれに対して、飲食の最中原告が擦り寄ってきたりし、モーテルに行くことも原告は車中で事前に同意しており、原告は積極的に被告とキスをしたり、性交渉の際も口淫をしたり、性交渉が終わった直後は「社長としちゃった」と発言する等しており、性交渉は「合意」であったと主張した。

判決は次のように述べて、原告の意に反する性交渉であると認定した。

(i)　原告は被告会社に勤め始めたばかりで被告とは仕事上の用件以外には格別の話もしていない間柄であり、他の上司も同席している場所で、被告の膝に乗らんばかりに擦り寄って、股間にまで手を伸ばす等の破廉恥な態度をとることはにわかに首肯しがたい。

(ii)　仮に被告に対して好意を持っていると受けとられる態度が原告に見られたとしても、両者の年齢（当時原告は二二歳、被告は四一歳）や立場、勤務を始めてからまだ三週間足らずにすぎないことを考慮すると、原告が遊びたい気持ちでいると受けとめて、モーテルに行こうと考えることは飛躍に過ぎる。

(iii)　モーテル内で原告が被告の言いなりになった部分があるからといって、原告の年齢、被告との関係、両者の立場や性別、体格等の相違といった事情を考慮すると、原告が徹底して抵抗するのが当然というように考えることはできず、原告が被告との性交渉を求めていたとか、同意していたとは評価できない。

〈事例15〉　熊本セクシュアル・ハラスメント事件（熊本地判平九・六・二五）

（事件の概要）　実業団のバドミントン部の選手であった原告女性が、市議会議員（後に県議会議員）を務め、バドミントン協会の役員の地位にあった被告から強姦され、その後も性関係を強要され続けたとして被告を訴えた事件である。原告の主張によると、原告は被告から「国体前に激励の意味で食事をしよう」と誘われて飲食を共にした後ホテルに連れ込まれて強姦され、更に驚愕して泣いている原告に対し、被告は「前からお前のことが好きだった」「俺は真剣だ」等と言って立ち去った。原告は強姦された事実を周囲の人に告げたり、告訴したりすると選手生命を奪われることになるかも知れないと思いそのままにしていたところ、数日後再び被告から電話が来て会ったところ、被告から「妻とは離婚している」「結婚を前提につき合いたい」等と虚偽の言葉を言われ、その後約半年に亘って性関係を継続した。

被告はこれに対して、原告が主張する日時の際には、原告から突然「たまに食事にでも誘ってください。」と声を掛けられ、原告を食事に誘って食事をし、そのまま原告を送って帰っており、原告と性関係をもったことも強姦した事実もない。その一カ月後に、被告が国民体育大会のバドミントン競技のため香川県坂出市所在のホテルに宿泊した際、原告が被告に「明日の試合が怖い」と涙を流しながら訴えて抱き付いたことから、そのような原告に同情して激励するうちに原告に愛情を抱くようになって性関係を持つに至り、原告に誘われるまま約半年間性関係を継続したが、原告と被告は互いに愛し合っていたのであり、原告に結婚したいと言ったことはなく、原告も被告に妻子がいることを承知の上で被告との交際を続けたものであると争った。

判決は次のように述べて原告の意に反する性交渉であると認定した。

(i)　原告の性格からみて、被告に声をかけたり、強姦されたと嘘を言って被告を陥れたりするとは考え難

い。

(ii)　原告がバドミントン選手として、国体の選手選考に関与していない被告に近づいても利益になることがない。

(iii)　被告が国体の際に意図的に原告と同じホテルに宿泊していたと考えられる。

(iv)　原告はバドミントンについて悩みがあったのであれば、監督や他の選手に相談することができたのに、それまで話したこともない被告に相談したのは不自然さを拭い難い。

(v)　被告は妻子があるにもかかわらず原告と付き合ったうえ、同じ頃他の女性にもキスをする等の性的言動をしており、原告と愛し合っていて、性関係の継続を精神的に強要したことはないという主張は信用し難い。

〈事例16〉　東北大学セクシュアル・ハラスメント事件（仙台地判平一一・五・二四）

（事件の概要）　東北大学の元助手である原告女性が大学院博士課程に在学中、指導及び論文審査の担当教官であった被告の助教授から性的接触、性関係を強要されたとして訴えた事件である。

（判決）　判決は次のように述べて原告の意に反する性的言動・内容を認定した。

(i)　原告の修士論文作成以後博士課程一年次まで、実際に原告を指導していたのはもっぱら被告であり、他の二教官は原告を指導・評価するに当たって被告の意思に従っていたとも窺われ、被告は原告の成績を評価し、その研究者としての将来を左右できる立場にあったということができ、原告と被告との関係は、教育上の支配従属関係があった。

(ii)　被告は、大学での調査では、原告に対して恋愛感情を持っていて危険だから別な教官の指導を受けるよう提案した等、重要な部分で裁判での主張と矛盾する主張をしており、その相違の理由について何ら合理的な説明をしていない。

(iii)　被告は大学での調査の当初、偽造の診断書を提出したり、他大学の教官に偽証の依頼までして、原告との性的関係を否定する虚偽の弁解をしており、被告の主張は信用できない。

性的関係の形成は一般に極めて主観的・個人的な事柄であり、それ故、当事者間の人間関係が、性的関係の形成が当事者双方の自由な意思形成（＝合意）に基づいたものなのか否かを判断する際の重大な判断要素とされることになり、裁判例がこのような要素をセクシュアル・ハラスメントの成否の判断要素としているのは当然のことであり、その結論においても妥当なものといえよう。

(2)　性的関係前後の「被害者」の行動

強姦やレイプ等暴力行為や地位利用により性的関係が形成された場合、被害者はしばしば行為の最中に「抵抗」しなかったり、「被害」を直ちに周囲に訴えなかったり、その後も性関係を継続することがあり、このような「事実」をとらえて、「加害者」は「合意」があったとか「恋愛関係」であった等「抗弁」する。このような「事実」について裁判所はどのような判断をしてるのであろうか？

〈事案17〉　京都大学セクシュアル・ハラスメント事件（京都地判平九・三・二七）

〈事件の概要〉　京都大学教授であった原告が自分の研究室の私設秘書等にセクシュアル・ハラスメントをしたとして、私設秘書等を支援するグループの代表的地位にあった被告が、「元教授のセクシュアル・ハラスメントといわれるものについて調査を行なった。そして三件の比較的軽微なセクハラの事実が出てきたのだが、その過程で浮かび上がってきたのが、一人の女性の、レイプに始まるすさまじいまでのセクハラの証言であった。」等という内容の手記を新聞に寄稿したり、公開シンポジウムで配布した。これに対し原告は、被告が事実無根の手記を配布したことにより名誉を棄損されたとして訴えたものである。原告の主張によると、女性とは同郷であり、女性が原告と性的関係を継続しはじめた当初は、原告宅を幾度となく訪ね原告の妻か

らプレゼント等を受けており、女性は自らの意思でホテルの原告の部屋に来て性交渉をし、その後は六年間に亘り原告の研究室に勤務し、この間原告との性的関係を継続しており、女性は原告とのことを親しい者にも訴えず、原告を告発したのは、女性が研究室を退去してから五年以上後のことであり、原告との性関係が女性の「意に反した関係であった」という主張は虚偽である（「意に反している」なら直ちに告発するのが経験則である）。原告は、女性と合意で性的関係を持ったものであり、被告が主張するように「レイプに始まるすさまじいまでのセクハラ」に及んだことはなく、原告がセクシュアル・ハラスメントをした事実はない。

被告はこれに対し、大学内に設置された調査委員会の調査の過程で、以下の内容を含むいくつかの証言を行った。それによると原告は昭和五七年一月末ないし二月始めに京都市内のホテルの部屋において当時学生であった女性に対し性的関係を強要したが、これは東南アジアの研究者を目指していた女性に対し、原告が学会におけるその地位と影響力を誇示し、暴行脅迫を用いて強要したもので、女性の意思に反しておりレイプと評すべきものであり、その後同年四月に女性が原告の研究室に勤務してから退職する昭和六三年三月まで約六年間にも亘って、同人に対し性的関係を強要し続けた。原告は、更に平成五年、秘書に応募して来た女性に対し採用面接の際に「添い寝することも秘書の仕事である」等と発言したり、出張先の原告のホテルで、出張に同行していた採用まもない秘書に抱きつく等の行為をくり返しており、これらはいずれも雇用の場におけるセクシュアル・ハラスメントに該当すると主張した。

判決は、次のように述べて原告の主張を斥け、原告の強姦等のセクシュアル・ハラスメントの事実を認定した。

(i)　女性が原告と同郷であったとか、原告宅を訪れてプレゼントを受けたりした事実は認められない。

(ii)　原告は当初は極めて紳士的に学生であった女性と対応しており、女性がホテルに行ったのも、興味深い「東南アジア」の話を原告から聞かされたり食事を出してもらったこともあって断るのは失礼だと考えて部

屋に行ったものであり、このような行為は不自然な行動とはいえず、これをもって原告との性的関係を望んだ、あるいは承諾したとは言えない。

(iii)　女性がホテルの部屋から逃げ出さなかったのは、原告がそれまでの紳士的な対応とうってかわって突然の粗暴な対応に出たため、驚愕混乱して冷静な対応をとることができなかったこと等によるものであり、不合理とは言えない。

(iv)　女性が性交渉のあった翌日、次に会う日時の約束をして原告と別れ、再び約束の日時にその場に赴いたとしても、意に反する性交渉をしてしまった自分が惨めに感じられ、恥ずかしく、誰にも相談できず、呆然として日々を過ごしたという女性の証言に照らすと、これをもって性交渉に合意していたとはいえない。

(v)　女性がその数ヵ月後の昭和五七年四月から六年間にわたり原告の研究室に勤務し、現在の夫と結婚するまでマンションから転居しなかったことは、原告との関係を肯認し、原告について東南アジア研究をしたいという意思の表れとみることもできなくはない。しかしながら女性は何回か原告の研究室の勤務を辞めたい旨原告に申し入れたが、その度に原告が激怒し、殴るなどして辞意を撤回させられたり、勤務中に自分に批判的な言動をする研究者に対し人事上の嫌がらせを執拗にする原告の様を目の当たりにしていたことも考え合わせると、研究者の道に進みたいという将来の希望をつなぐため、原告の求める性的関係をもはや明確に拒むことができない精神状態になってしまっていたことによるものとみるのが合理的である。

(vi)　強姦の被害者が意に反した性交渉をもった惨めさ、恥ずかしさ、そして自らの非を逆に責められることを恐れ、告発しないことも決して少なくないのが実情であって、自分で悩み、誰にも相談できないなかで葛藤する症例（いわゆるレイプ・トラウマ・シンドローム等）もつとに指摘されるとこであるから、原告と性交渉を持った直後あるいは原告の研究室を退職した直後に女性が原告を告発しなかったことをもって原告との性的関係がその意に反したものではなかったということはできない。

〈事例18〉　熊本セクシュアル・ハラスメント事件（熊本地判平九・六・二五）

（事件の概要）　実業団のバドミントン部の選手であった原告女性が、バドミントン協会の役員の地位にあった被告から強姦され、その後も性関係を強要され続けたとして被告を訴えた事件である。

（判決）　判決は次のように述べて原告の意に反する性的言動を認めた。

(i)　原告は、強姦によるショックが非常に大きいため、被害の事実を否認しようとしても心因性の健忘により記憶が断片的になっているので、被害の日にちを特定できなかったと考えられ、特異なものではない。

(ii)　原告が外見的には被害を受ける前と同様の日常生活を送っていたのは、被害の事実と直面するのを避け、ショックを和らげるための防御反応であり、強姦の被害者に共通してみられるものである。

(iii)　原告は被告から結婚したいなどと言われ、被告の言葉を信じようとして、被告との性関係を継続したにすぎない。

(iv)　性的被害者は恥ずかしさに加え、合意のうえではないか、落度があったのではないか等の理由から、警察への届出をためらうことも多い。

(v)　原告は、被告の社会的地位からみて、被告との関係を公にすると選手生命を奪われるかもしれないとの恐怖心から、口外しなかったものである。

(vi)　原告の以上のような行動は、性的な被害者の言動として十分了解が可能であり、自然なものであり、被告との性関係に合意していたということはできない。

〈事例19〉　東北生活文化大学事件（仙台地判平一一・六・三）

（事件の概要）　東北生活文化大学の副手である原告女性が、同大学教授から強姦されたとして訴えた事件である。

（判決）　判決は次のように述べて原告の意に反する性的言動を認めた。

(i)　原告が車中でシートベルトを外したのは単なる習慣に基づく行為であり、原告と被告との体力差や原告の恐怖心、予想もつかない異常な事態の発生により、（原告が）抵抗らしい抵抗ができなかったことは容易に推測され、原告の身体や衣服に損傷等がないとしても不自然でない。

(ii)　合宿での原告の振るまいは、原告が周囲に事件のことを知られないようにしていた結果であり、なんら不合理なものではない。

(iii)　本件メモは外形的な記載からは原被告の性行為が合意に基づくものであるかのような記載となっているが、事件後の被告の虚偽の言辞により、恋人らから強姦でない旨責められるなどして孤立無援の状態になった原告が、気力も失せ、自らも恋人の言うように強姦ではないのではとの気持にさえとらわれるような混乱した精神状態となり、自らを責め、原告が謝りさえすれば全て収まると考えたうえで、恋人から投げかけられた言葉等を踏まえて、メモを作成するに至ったとする原告の主張は、十分に理解が可能である。

〈事例20〉　ピアノ教師（宮城学院女子大学）セクシュアル・ハラスメント事件（仙台地判平一一・七・二九）

（事件の概要）　原告女性は被告であるピアノ教師に、少女時期から長期間に亘ってセクシュアル・ハラスメントを受けたとして訴えた事件である。原告の主張によると、一〇歳のころから被告にピアノの個人レッスンを受け、また、原告が大学在学中には、その講師としてもピアノの指導を受けてきたが、被告は、原告が中学三年生の時に原告にキスをしたことを初めとして、高校入学後は、下着の中に手を入れたり性器を弄ぶ等のわいせつ行為に及び、さらに大学入学後には、遂に性交渉を強いるところとなり、その後も、原告が大学を卒業するまで、複数回に亘り同様の関係を持たされた。

被告はこれに対して、原告は最初のキスの際は「驚き」の表情を浮かべたが、その後の性的接触の際はいささ

かも嫌悪その他拒否する方向の感情はなく、その間被告の旅行にたびたび同行する等しており、いわば性的接触を受容していたものであり、大学入学後の性交渉の後も、被告にプレゼントや見舞品を送った他、被告の指導を受け続け、一緒に旅行したりしており、更に、原告は被告との性的関係に疑問を持って学生相談室に相談に行った後は、約一年に亘って性的関係を中断しており、その後再び被告との性交渉を持つに至っており、これらの事情から原告の同意にもとづく性的関係であったと主張した。

判決は次のように述べて被告の主張を斥けた。

(i) 原告が中学三年の頃の被告からのキスにはじまる性的行為は、原告にとってはありうるべからざる事態の意味を理解できずに混乱状態に陥り、畏怖心とも相俟って拒絶する術もなく、なされるままに経過したものであり、被告の行為は原告に対する性的虐待である

(ii) 高校時の泊まりがけの旅行等は、被告の他の弟子達も同行しており、当時、原告は被告からの性的行為を両親にも話しておらず、性的に無知なことから被告に対して明確な被害感情をもっていなかったことによるものであり、被告の性的行為等を受容していたとは言えない。

(iii) 原告の被告へのプレゼント等は、師弟間では恋愛関係の有無にかかわりなく十分ありえるのであり、しかもその一部は妹と一緒にプレゼントしている。

(iv) 原被告間で一時性交渉が途絶えたといっても、レッスン中に被告による性的行為は継続されていた。

(v) 原被告間の性的行為は、常に原告からの一方的都合や要求の下になされ、原告はそれにしたがってきたに過ぎないものであり、原告の合意にもとづくものとはいえない。

セクシュアル・ハラスメント（性暴力も含む）被害において、被害者が抵抗できなかったり、被害を第三者に訴えなかったりすることは、加害者との支配従属関係や性暴力という特殊な状況において通常おこりうることであ

るという「経験則」を前提としたこれらの裁判例は、セクシュアル・ハラスメント被害の経験則に即したものであり、是認することのできるものである。

三　セクシュアル・ハラスメントの成立要件

1　はじめに

何らかの「意に反する不快な性的言動」即ち、日常用語上のセクシュアル・ハラスメントに該当する行為が認定されたとしても、既に述べたとおり、それだけでは当該セクシュアル・ハラスメント行為が法的にも違法不当なものとして、加害者（若しくは使用者）が何らかの法的責任を問われるということにはならない――同じように均等法・人事院規則に定義するセクシュアル・ハラスメントに該当するとしても、民事・刑事上も直ちに違法不当な行為とされるわけでもない。当該セクシュアル・ハラスメント行為が、日常社会における性モラルに反するものであるだけでなく、法的にみても違法不当なものとみなされる場合にはじめて、刑事・民事の法的責任が問題とされることになり、このようなものが裁判例に登場することになる。

わが国では今日までの裁判例では職場や大学等で発生するセクシュアル・ハラスメントに関して（狭義）、民事責任が問われる場合は、「被害者」（すべて女性）から「加害者」（すべて男性）本人若しくは使用者に対して、不法行為若しくは契約責任を問う形で訴訟が提起されており、そこでは、セクシュアル・ハラスメント行為の存否、並びに責任原因としての不法行為若しくは契約上の責任が問題とされてきており、また刑事責任や懲戒処分の適否が争われる場合は、それぞれの法令の適用若しくは懲戒事由の存否が問題とされてきている（本書巻頭裁判例一覧表参照）。このようにわが国の裁判例においては、セクシュアル・ハラスメントの加害者本人が、個人として

刑事・民事（懲戒処分も含む）上の法的責任を問われる場合と、事業主である使用者（企業や大学等）が使用者責任を問われる場合があり、本章では、セクシュアル・ハラスメントの個人責任（民事）について論じ、次章で残りの個人責任（刑事、懲戒など）並びに使用者責任について論ずることにしよう。

2　セクシュアル・ハラスメントの成立要件

職場や大学等で何らかの「不快な性的言動」が行なわれた場合、民事上、当該行為を行った者（＝加害者）本人は不法行為責任を問われると共に、事業主や大学等は雇用主としての使用者責任（不法行為若しくは契約責任）を問われることになるが、「加害者」本人はどのような「性的言動」をした場合に不法行為責任を問われることになるであろうか？　周知の通り一般に不法行為の成立要件としては、⑴加害者の故意又は過失、⑵加害行為の違法性、⑶損害の発生と行為との因果関係が必要とされており、以下にこれらを裁判例に即してみていくことにしよう。

⑴　故意（又は過失）

セクシュアル・ハラスメントの加害者が不法行為責任を問われるためには、セクシュアル・ハラスメントに対する故意（＝セクシュアル・ハラスメントの結果発生の認識ないし予見）若しくは過失（セクシュアル・ハラスメントの結果を認識ないし予見すべきであるのに、不注意により認識ないし予見しない）が必要であるが、一般に、セクシュアル・ハラスメントの加害者本人は当該行為について故意を有しているといえよう（過失は、一般に使用者責任が問題とされた場合の事業主の行為状態といえる）。セクシュアル・ハラスメント裁判においてはしばしば、「加害者」本人は、「冗談であった」「他意はない」等と「抗弁」する――これは特に不快な身体接触や言辞・態度の場合に多い――が、これらは、セクシュアル・ハラスメントの故意を否定する主張といえるが、裁判例では、以下にみられるとおり、いずれも行為態様等の客観的状況から故意を判断している。

〈事例21〉 大阪セクシュアル・ハラスメント（葬儀会社）事件（大阪地判平八・四・二六）

（事件の概要）　原告である女性従業員が、勤務する葬儀会社の会長からセクシュアル・ハラスメントを受けたとして会長個人の不法行為責任と会社の使用者責任を求めた。原告の主張によると、原告が被告会社に採用されて一週間ぐらいして、会長は顧客を訪問中の原告の自動車に乗り込んで、「明日デートしてくれませんか」、「一七、八の小娘じゃないんだからわかるでしょう」等と言って原告をデートに誘い、原告はこれに不快感を覚えたものの、相手が会社の会長であることから断り切れずに承諾したところ、「うれしいな、うれしいな」といって原告の太ももの上に手を置いて触りはじめたが、原告は運転中で身をかわすこともできず、また相手が会社の会長であり、今後の仕事のことも考えると払いのけることもできず約十分間に亘って触られ続けたというものである。

会長はこれに対して、デートを求めたのは原告の緊張を解きほぐしてあげようとの老婆心から行ったものであり、性的交際を求めたのではなく、原告の太ももに手を触れたのはたまたま手が揺れて手があたった程度であると反論した。

判決は次のように述べて、会長個人の不法行為責任を認めた（会社の使用者責任も認められている）。

(i)　仕事についての悩みを聞き、アドバイスを与えるだけであれば、会社への帰途だけでもかなりの時間があったと認められ、さらに、喫茶店に誘う必要性まではなかったはずであって、被告会長には、単にアドバイスを与える等にとどまらない目的があったと見るべきである。

(ii)　いくら運転中であるとはいえ、原告が供述するように長時間撫で続けたというのはいささか不自然であり（被告会長の行為が、長時間、継続的に続けられたのなら、貞節な女性としてなんらかの拒絶反応が示さ

れていてよいはずであるが、それはない）、原告の供述にも誇張があるといえなくないが、被告会長のたまたま当たったかもしれない、あるいはぽんと叩いたなどといった弁解は、いかにも不自然である。

〈事例22〉　札幌セクシュアル・ハラスメント事件（札地判平八・五・一六）

（事件の概要）　原告女性は被告会社に入社直後から、同社の社長に、事務所で「そろそろやらせろ」等と執拗に交際を迫られたり抱きつかれたりし、更には、「やめるか、やらせるかどっちだ」等と性的な発言を繰返される等のセクシュアル・ハラスメントを受け、一ヵ月半後に退職を余儀なくされたとして、代表者個人と会社の不法行為責任を追及した。

（判決）　判決は、「被告代表者が原告に対し継続的に性的嫌がらせ行為等を行うことにより、故意に原告の性的自由を侵害し、かつ、その結果原告を被告会社から退職することを余儀なくさせたことが認められるので、被告代表者は原告に対する責任を免れない」として被告代表者の不法行為責任を認めた。

〈事例23〉　京都セクシュアル・ハラスメント（呉服販売会社）事件（京都地判平九・四・一七）

（事件の概要）　呉服販売会社の男性社員Aが、ビデオカメラを使って女子更衣室を隠し撮りし、原告らを撮影していたが、(a)平成七年六月ころ、それに気づいた被告会社代表取締役Bは、とりあえずビデオカメラのむきを逆さにして撮影できないようにしたところ、翌日カメラは撤去されていたのでそれ以上の措置をとらないでいた。ところが、同年九月下旬、再びAは女子更衣室の撮影をひそかに続けており、これに気づいたBは、ビデオカメラを回収したうえ、Aを懲戒解雇した。原告はビデオの隠し撮りの件があって被告会社の雰囲気が悪くなったと感じ、平成七年一〇月五日、朝礼の場でBに対し、今の会社を好きになれない状態

になっていると発言した。これに対してBは翌一〇月六日、朝礼の場で会社を好きになれない人は辞めてもらっても良い旨の発言をした。(b)更に専務取締役Cは、同年一一月一日、朝礼の場で、原告がAと男女の関係にあるかのような発言をすると共に、原告に対し、被告会社で勤務を続けるか否か一日考えてくること、今日は今すぐ帰ってもよい旨発言をした。(c)C専務の発言以降、被告会社の従業員は原告との関わり合いを避けるようになり、人間関係が悪化したため、原告は被告会社を退職せざるを得なくなった。

原告は代表者Bに対し、(a)につき、女子更衣室でビデオ撮影されていることに気付きながら、ビデオカメラを撤去したり、何人がビデオ撮影したかなどの真相を解明したりせず、また、女子社員に対し、何の注意も促さずに事実を隠していた注意義務違反があるとして民法七〇九条による不法行為責任、またAの選任監督に過失があるとして民法七一五条の使用者責任、(b)につき、事前に本件Cによる発言の内容を知っていたにもかかわらず、Cに発言を許し、右発言によって原告の名誉を毀損しており、共謀又は幇助による共同不法行為として民法七一九条による不法行為責任、(c)につき、Cが一一月一日原告に対して発言した後、何の措置も取らずに原告を退職せしめた点につき民法七〇九条の責任を負うと主張。更に原告はCに対し、(a)につき、女子更衣室でビデオ撮影されていることに気付きながら、ビデオカメラを撤去したり、何人がビデオ撮影したかなどの真相を解明したりせず、また、女子社員に対し、何の注意も促さずに事実を隠していた注意義務違反があるとして民法七〇九条による不法行為責任、またAの選任監督に過失があるとして民法七一五条の使用者責任、(b)につき一一月一日の発言をして原告の名誉を毀損しており、民法七〇九条の不法行為責任があり、(c)につき、(b)の発言の後、何の措置も取らず原告を退職せしめており右の点につき民法七〇九条の責任を負うと主張した（原告は会社の不法行為・債務不履行責任も追及）。

被告らは、(a)の事実については認めたものの責任を負ういわれはなく、(b)については、発言の事実は認めたも

ののその趣旨は職場秩序維持のためであり、違法な行為として非難される程度のものでなく、(c)についても、原告の退職は自己都合によるものであり本件(a)(b)の発言と何ら関係がないと争った。

判決は次に述べるとおり、Bに関しては、右三点全ての責任を否定し、Cに関しては(b)(c)について不法行為責任を肯定した（被告会社に対しては右三点全てにつき契約責任を肯定した）。

①　代表取締役Bの責任

(i)　(a)につき、Bがビデオ撮影に関わったことや、原告と契約関係にあることが認められないので、Bが個人としてビデオ撮影を防止するまでの義務を負うとはいえない。またAによるビデオ撮影は「事業の執行に付き」なされたものといえないから、BはAの行為について（不法行為）責任を負わない。なお、Bの発言は、原告が被告会社を好きになれない旨の発言を受けてなされたもので、Bの被告会社を好きになって勤務して欲しいという願いに基づくものであり、原告が被告会社に好意を持っている場合にまで辞めても良いという趣旨のものとは認められないから、Bの発言自体は、退職を強要するものとはいえず、原告の退職との因果関係はないというべきである

(ii)　(b)について、Bが事前にCの発言内容を知っていたとは認められないから、Bは（不法行為）責任を負わない。

(iii)　(c)について、Bが原告を退職させる意思や原告と契約関係があることが認められないから、Bが個人として職場の環境を整えるまでの義務を負うことはない。

②　専務取締役Cの責任

(i)　(a)について、Bと同様の理由でCには責任がない。

(ii)　(b)について、Cは右発言によって原告の名誉を毀損しているから、これによって生じた原告の損害について責任を負う。

(iii)　(c)について、Cは被告会社の取締役であって、代表取締役であるBの親族でもあり、その発言は社員に大きな影響を与えるから、Cは不用意な発言を差し控える義務があるというべきである。また、不用意な発言をした場合には、その発言を撤回し、謝罪するなどの措置をとる義務があるというべきである。それにもかかわらず、Cは朝礼において、本件C発言に引き続いて、原告は被告会社で勤務を続けるか否か考えてくること、今日は今すぐ帰っても良い旨発言して、原告に対して退職を示唆するような発言をしたうえ、そのため社員が原告との関わり合いを避けるような態度をとるようになり人間関係がぎくしゃくするようになったことから、原告にとって被告会社に居づらい環境になっていたのに何の措置も取らなかったため、原告は退職しているから、Cは原告の退職による損害を賠償する責任を負う。

〈事例24〉 旭川セクシュアル・ハラスメント事件（旭川地判平九・三・一八）

（事件の概要）　土木建築会社に勤務していた原告女性は、市議会議員である同社社長からセクシュアル・ハラスメントを受けたとして、同社と社長を訴えた。判決の認定した事実によると、原告が同社に勤務していた平成元年八月から四年九月までの約三年間に亘って、社長は、打ち合わせと称して改築中の社長宅に原告を誘って、突然原告に抱きついたり、被告会社が管理している別荘の外壁見分と称して原告を同行させ、仰向けに寝て腹の下を指で押して欲しいと言い、原告が「誰かが入って来たら誤解される。奥さんにしてもらったらいいでしょう」と言うと、社長は原告の手を引いたりし、更に、営業をしていた被告の車を、仕事の話があると称して空地で止めさせたうえ、被告の車に乗るよう指示し、これに従って乗り移った原告に対し、いきなり抱きついたりし、その他にも原告の腕、腰、胸を触ったり、抱きついたり、腰に頭を埋める等の行為を繰り返した。

（判決）　判決は次のように述べて被告の不法行為責任を認めた。

(i) 原告は右行為の際、被告に当該行為をやめるように言ったり、その場から逃れたりするなど、原告にとって不快であり、これを許容する意思のないことを言葉又は態度によって明確に示しており、被告の行為は原告の意志に反するものである。

(ii) 右の行為は原告に対する身体的接触を内容とするものであるし、いずれも、その態様自体に性的意味合いが認められ、相手方の意思に反してこれを行うことが許容されるものでないことは明らかである。

(iii) 被告社長は、これらの行為が原告の意思に反するものであることを認識しつつ行為を継続したものである。また被告は、被告会社の代表取締役として従業員の就労環境を維持改善すべき立場にあり、女性従業員が右のような行為を受けた場合、精神的に就労を継続すること自体困難となる場合のあり得ることを十分予見しえた。

(iv) 原告は被告社長の右行為によって羞恥、不安、嫌悪などの精神的苦痛を経験すると共に、被告会社での就労を継続して被告会社の右行為を甘受するか、被告会社を辞める等のいずれかを選択せざるを得なくなり、最終的に後者を選択したものである。

(v) そうすると、被告社長の右各行為は、原告の、性的領域における人格の尊厳を故意に侵害する不法行為にあたると同様に、原告の雇用関係継続に対する権利をも不当に侵害する行為というべきである。

〈事例25〉 兵庫セクシュアル・ハラスメント（国立A病院）事件（神戸地判平九・七・二九）

（事件の概要） 国立病院で洗濯係として勤務している原告女性が男性上司からセクシュアル・ハラスメントを受けたとして、男性上司と雇用主である国を訴えた。

（判決） 男性上司は原告に性的接触をしたことも、いじめをしたことも一切ないと主張したが、判決は次のように述べて、男性上司の故意を認定した。

(i)　被告男性上司は、原告の意思を無視して性的いやがらせ行為を繰り返し、原告が性的嫌がらせ行為に対して明確な拒否行動を取ったところ、職場の統括者である地位を利用して原告の職場環境を悪化させたものである。被告男性上司の右一連の行為は、異性の部下を性的行為の対象として扱い、職場での上下関係を利用して自分の意にそわせようとする点で原告の人格権（性的決定の自由）を著しく侵害する行為である。

(ii)　そして、被告男性上司の右各行為は、原告にとって精神的な苦痛を与えたものであり、男性上司としては、右各行為により、原告に精神的苦痛を与えるものであることを予見できたといえる。

したがって、男性上司は、原告に対し、右性的嫌がらせ行為及び職場でのいじめ行為について、不法行為責任を負うものというべきである。

〈事例26〉　鳴門教育大学事件（徳島地判平一〇・九・二九）

（事件の概要）　鳴門教育大学の元大学院生が、所属していた研究室の指導教官から手紙などによる度重なるセクシュアル・ハラスメントを受け、博士課程への進学を断念させられたとして同教授に対し、民法七〇九条に基づく不法行為責任を追及した。

原告の主張によると、平成六年四月から平成八年三月まで同大学院修士課程に在学中に、被告は原告の指導教授としての立場を利用して、平成七年一月ころから重要な用事もないのに原告の自宅に頻繁に架電をするようになり、同年四月二三日頃、原告は被告に対し原告の行動を監視するようなことをしないで欲しいと申し入れたのにもかかわらず、これを無視して私用で被告の送迎をさせるまでになり、更に、同年七月ころからは毎日のように食事に誘い、原告がこれを断ると不機嫌になって仕事を命ずる等の嫌がらせをくり返し、更に翌年五月までの間に、原告を助手に推薦するのと引き換えに愛人関係になることを要求するような内容や、原告が乱れた男性関係を持っていたかのような性的な事柄に関する内容の手紙を約八〇通、原告と原告

の両親にくり返し送り続けたというものである。

被告教授はこれに対して、右の言動について概ね事実を認めたものの、その趣旨は、いずれも原告の指導教官として、原告を一人前の研究者に育てたいとの熱情からでた叱咤激励であり、研究指導の一環としてなしたものであると主張して不法行為責任を争った。

判決は次のように述べて原告の主張を認め、被告教授の不法行為の故意並びに責任を認定した。

(i)　被告は、原告の指導教官という地位を利用し、原告に対し性的な内容のものを含む多数の手紙を差し出したり、ほとんど毎日のように頻繁に架電して原告の所在確認をしたりした他、私用の送迎や食事に付き合うことを命じたりして原告の私生活に過度に干渉し、これにより著しく困惑し不快感を募らせた原告が神経疲憊状態に陥り、念願の博士課程進学を断念せざるを得なくなったのであるから、被告の一連の行為は違法と言うべきである。

(ii)　原告は、平成七年四月二三日頃、原告の行動を監視するようなことをしないで欲しいと申入れたにも拘わらず、被告はこれを原告の拒絶の意志に理解せずその後も電話をかけ続けたばかりか、私用で送迎させたり食事に付き合わせたりし、七月頃からは多数の手紙を差し出すようになった。さらに原告は同年八月三〇日頃、被告に対し博士課程への進学を断念するとの意志を明確に表明したにも拘わらず、その後も、手紙を出し続けた。

(iii)　このように、被告は、原告から拒絶の意志を明確にされた後も、原告に対する一連の行為をやめなかったばかりか、手紙の内容も原告に対する嫌がらせや脅迫の度合いを強めているのであるが、少なくとも、原告が右拒絶の意志を明確にしたとき以後は、被告において一連の行為が原告の意に反していることを認識しえたはずである。そもそも、被告は心理学者として一連の行為を受ける原告の気持ち、受け止め方を理解

し分析することに長けているはずであるから、もっと早期に原告の気持ちを理解し、その発する信号を正確にキャッチし、原告への過度の干渉行為を中止すべきであったというべきである。

なお、被告は、償いの名目で一〇〇万円を送付しているが、これは被告自身に違法行為の認識があったことを窺わせる事実である。

(2)「加害行為」の違法性

(i)「加害行為」の違法性判断の一般的基準

職場や大学等における不快な性的言動が、全て不法行為をして違法不当とされるものでないことは既に述べてきた――ではどのような行為が違法とされるのであろうか？その一般的基準とは何か？　裁判例では次のように述べている。

〈事例27〉　金沢セクシュアル・ハラスメント事件（名古屋高金沢支判平八・一〇・三〇、最判小二平一一・七・一六）

(i)　職場において、男性の上司が部下の女性に対し、その地位を利用して、女性の意に反する性的言動にでた場合、これが全て違法と評価されるものではない。

(ii)　右の行為が違法と評価されるためには、その行為の態様、行為者である男性の職務上の地位、年齢、被害女性の年齢、婚姻歴の有無、両者のそれまでの関係、当該言動の行なわれた場所、その言動の反復継続性、被害女性の対応等を総合的にみて、社会的見地から不相当とされる程度のものと認められる必要がある。

(iii)　当該性的言動が、社会的見地から不相当とされる程度のものと認められる場合には、性的自由ないし性的自己決定権等の人格権を侵害するものとして違法とされる。

右の裁判例は、加害行為の態様、被侵害利益等を総合的に考慮したうえで実質的な違法判断をしようとする伝統的な考え方にたつものであるが、より具体的には、「職場で行われる相手方の意に反する性的言動の全てが違

法性を有し、不法行為を構成するわけではない。社会的にみて、許容される範囲内の行為も自らあろう。違法性の有無を決するためには、行為の具体的態様（時間、場所、内容、程度など）、当事者相互の関係、とられた対応等を総合的に吟味する必要がある。行為の態様は一見悪質でも悪ふざけの類として許される事案もあれば、行為の態様は軽微でも、被害者が置かれた状況等によっては、その人格を侵害し、重大な損害をもたらすものとして、厳しく指弾されなければならない事案もある」ということになる（大阪セクハラ事件（葬儀会社）大阪地判平八・四・二六判時一五八九号九二頁）。これはセクシュアル・ハラスメントは相手方の受け止め方を出発点とすることから（＝相手方の意に反する不快な性的言動）、違法性の判断に際して、相手方の主観的な要素が入ることが避けられないことによるものであり、当事者の関係（対応を含む）が大きなウェートを占めることによるものである。したがって、セクシュアル・ハラスメント行為の違法性判断に際しては多くの裁判例も、①性的言動の具体的様態、②当事者相互の関係（行為者である男性の職務上の地位、両者のそれまでの関係など）、対応などを総合的にみて、③「社会的見解から不当とされる程度のものである場合」、④「性的自由ないし性的自己決定権等の人格権を侵害」するものとして違法としている（金沢セクハラ事件の判決が、当事者双方の年齢や婚姻歴の有無も違法性の判断要素としているのは疑問である）。(注6)

このように、加害行為の行為態様、被侵害利益等を総合的に考慮して実質的な違法判断をしていこうとする裁判所の考え方は、セクシュアル・ハラスメントの違法性判断を客観的に把握しようとするものであり、一般的には妥当な態度といえよう。

むしろ問題なのは、右の事例にみられる裁判所の判断基準があまりに一般的すぎ、結局は個別具体的な裁判によって違法性判断をしていかざるを得ないということになり、右のような判断ワク組みは違法性判断の基準となり得ていないのではないか？　という問題であろう。

この問題については、改正均等法が述べている通り、「性的言動」を行為の外形により、「性的な発言」と「性

図２　行為「類型」と違法性

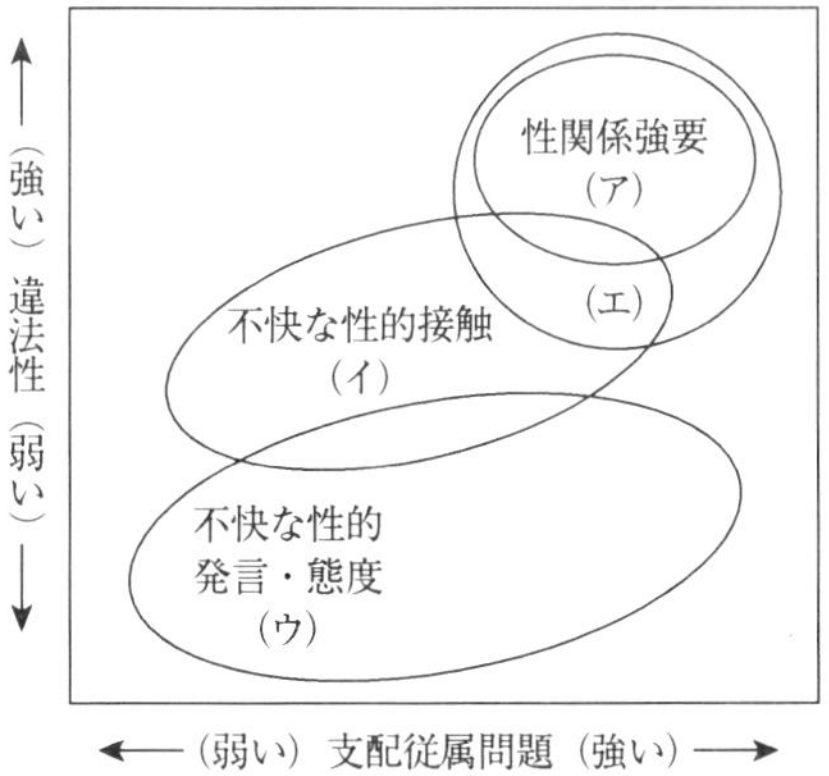

的な行動」に分類したうえで、「性的な言動」（及び「就業環境が害される」）の判断基準として、基本的には相手方である「女性労働者の主観を重視しつつも」「一定の客観性が必要であ」り、「具体的には、セクシュアル・ハラスメントが男女の認識の違いにより生じている面があることを考慮すると、『平均的な女性労働者の感じ方』を基準とすることが適当である」（通達）とするのは参考になろう。そこで、本書での違法性判断の基準として、まずセクシュアル・ハラスメントの行為形態（外形）に着目して、裁判例を(ア)性関係強要（強姦、強制わいせつ等の暴行・脅迫を伴って相手方の身体に接触したり姦淫したりする行為）型、(イ)身体接触（キスや身体に抱きつく等、暴行・脅迫となるとはいえないものの相手方の同意のない不快な行為）型、(ウ)性的発言・態度（食事やデートの執拗な誘い、ヌードポスター等の貼付、トイレののぞきなどの行為――なお、「女のくせに」等のいわゆるジェンダー・ハラスメントも一応このタイプに分類することが可能であろう）型、(エ)報酬・報復を意味する発言を伴った性的言動や性的要求を拒絶したことに対する報復型、に分類してセクシュアル・ハラスメントの類型化を試みてみよう（図２）。

(ii)　**セクシュアル・ハラスメント行為の「類型」**　セクシュアル・ハラスメントは加害行為の態様により、概ね以下の四つに分類することが可能であろう。

(ア)　**「性関係強要」型**　加害行為の態様が、レイプ、強制わいせつ

等の暴行・脅迫を伴って相手方の身体に接触したり、姦淫したりした場合には、相手方の性的自由ないし性的自己決定権等の人格権を侵害するものであり、加害者は加害行為に対する認識を有しており、「それ自体違法」「著しく違法性が強い」とされ、不法行為が認定されている。

〈事例28〉 金沢セクシュアル・ハラスメント事件（名古屋高金沢支判平八・一〇・三〇）

（事件の概要） 原告の女性が、建設会社の社長からセクシュアル・ハラスメントを受けたとして、社長個人と会社を訴えた事件である。原告の主張によると、原告女性は、平成三年一月に建設会社の社員として入社し、社長の自宅で家政婦の仕事に従事したところ、二月上旬ころから四月上旬までの二ヵ月間に亘って、妻と別居中であった社長から、背中や胸等身体のあちこちを触られたりするようになり、三月二七日には力づくで押さえ込まれ、原告がはいていたスラックスを下着もろとも引き下ろされて姦淫されそうになった。原告がこれらの被告の性的要求を拒絶すると、それ以降は被告は昼食を拒絶したり八月七日には暴行を振う等のいやがらせをし、九月には原告を解雇した。

（一審判決） 一審判決は次のように述べて被告の一連の行為を違法なものとしたが、三月二七日の強制わいせつ行為については認めるに足る証拠がないとした。

(i) 被告の個々の言動の中には、世間話や冗談、飲酒の上での猥談にすぎず、許される範囲のものもあり、すべてが違法となるものではない。

(ii) 被告は、原告の体に触ったり、胸に触ろうとしたり、抱きついたりしており、右行為は、原告に不快感を与え、また一般の女性であれば不愉快に感じる行為であって、原告の仕事が家政婦的仕事であり、被告の自宅で被告と一対一の仕事であることを考えると、被告の右行為は、その労働環境を悪化させるものでもあり、セクシュアル・ハラスメントとして違法というべきである（金沢地輪島支判平六・五・二六—4）。

（控訴審判決） 控訴審判決は、三月二七日の強制わいせつ行為についても原告の主張を認め、被告の不法

行為責任を認めた。
(i) 原告の年齢、経歴、婚姻歴等に、性的言動の行なわれた場所、原告の対応等からすると、三月二七日の強制わいせつ行為はそれ自体違法である。
(ii) その前後の二月三日以降四月上旬までの被告の原告に対する言動は、社会的見地から不相当とされる程度のものと認められ、これらの行為は、原告の人格の尊厳性を損なうものであることが明らかであるから違法というべきである。
(iii) また八月七日の殴打は、その理由は何であれ、それ自体違法な行為であることは明らかである。

控訴審の判断は、上告審において「被上告人（原告）の被った精神的損害に対する慰藉料の額は一二〇万円が相当であるとして被上告人の上告人らに対する本件損害賠償請求の一部を認容した原審の認定判断は、原判決挙示の証拠関係に照らし、正当として是認することができる。原判決に所論の違法はない」として是認されている（最判二小平一一・七・一六判決）。

〈事例29〉　熊本セクシュアル・ハラスメント事件（熊本地判平九・六・二五）

（事件の概要）　実業団のバドミントン部の選手であった原告女性が、バドミントン協会の役員の地位にあった被告から強姦され、その後も性関係を強要され続けたとして被告を訴えた事件である。
（判決）　判決は次のように述べて被告の不法行為を認定した。
(i) 被告は、原告の被告に対する信頼を裏切り、無理矢理ホテルに連れ込み、原告の意に反して性行為に及んだのであって、この被告の行為は、刑法上の強姦又はこれに準ずる行為というべきものである。
(ii) 被告はその後も原告との性関係を継続したが、この関係は被告が意識するとしないとにかかわらず、原告に対し、結婚したいなど甘言を弄し、あるいは自らの社会的地位と影響力を背景とし、被告の意向に逆

らえば選手生命を断たれるかも知れないと原告に思わせる関係の中において形成され、維持されたものである。

(iii)　原告は、被告から強姦又はこれに準ずる行為によって辱められた上、その後も継続的に性関係を強要されたのであり、被告によって性的な自由を奪われたということができる。

〈事例30〉　東北大学セクシュアル・ハラスメント事件（仙台地判平一一・五・二四）

（事件の概要）　東北大学の元助手である原告女性が大学院博士課程に在学中、指導及び論文審査の担当教官であった被告の助教授から性的接触、性関係を強要されたとして訴えた事件である。

（判決）　判決は次のように述べて被告の一連の行為（性的言辞、性的接触、性的関係）を不法行為と認定した。

(i)　被告は教育上の支配従属関係を背景として、原告が不快感を抱いていることを知りながら、原告に抱きついたり、手を握るといった直接の身体的接触に及んだうえ、自分の研究室で原告に背後から抱きつくといった性的接触を繰り返すなど、原告に対する性的言動を直接行動にまでエスカレートさせ、その結果、原告の性的自由を侵害した。

(ii)　被告は、原告から不安神経症で通院していることを打ち明けられるや、これを奇貨として、その治療を名目に、大胆にも自分の研究室において、キスをしたり抱きつくといった性的接触を重ねただけではなく、ついには原告の病気に対する不安感を利用して、交際相手と別れて自分と恋愛関係に入るよう迫り、三回にわたってホテルで肉体関係まで結ばせたもので、このような被告の行為が原告の性的自由を侵害するものであることは明らかである。

〈事例31〉　ピアノ教師（宮城学院女子大学）セクシュアル・ハラスメント事件（仙台地判平一一・七・二九）

（事件の概要）　原告女性が被告であるピアノ教師に少女時期から長期間に亘ってセクシュアル・ハラスメントを受けたとして訴えた事件である。

（判決）　判決は次のように述べて被告の不法行為責任を認定した。

(i)　被告は、ピアノ教師とその教え子との関係を通じて、常に被告に対し、指導し指示する立場にあり、他方原告は、常にこれに従わざるを得ない立場にあったところ、被告は、このような関係に乗じて継続的に性交渉を含む性的行為を行ってきたものである。

(ii)　原告が大学に入学する以前に行われた性的行為は、犯罪行為にも該当し得るものであって、このようにして、八年間にわたり、原告の人格権や女性としての尊厳、あるいは性的自由決定権を侵害し続けてきた被告の行為の違法性は著しく強いものであるといわざるを得ない。

(iii)　被告の原告に対する性的行為は、原告の大学入学以前のものは、刑法上の強制わいせつ罪にも該当する行為であって、著しく違法性が強いものといわなければならないし、大学入学後の行為についても、その延長上にあって、原告が十分な意思決定をできない状態にあったのに乗じて、原告の意に反する性的関係を継続したものであって、これらは、一連の行為として不法行為に該当する。

〈事例32〉　旭川セクシュアル・ハラスメント事件（旭川地判平九・三・一八）

（事件の概要）　土木建築会社に勤務していた原告女性は、市議会議員である同社社長からセクシュアル・ハラスメントを受けたとして、同社と社長を訴えた事件である。

（判決）　判決は次のように述べて被告の不法行為責任を認めた。

(i)　原告は右行為の際、被告に当該行為をやめるように言ったり、その場から逃れたりするなど、原告にとって不快であり、これを許容する意思のないことを言葉又は態度によって明確に示しており、被告の行為は原告の意思に反するものであった。

(ii)　右の行為は原告に対する身体的接触を内容とするものであるし、いずれも、その態様自体に性的意味あいが認められ、相手方の意思に反してこれを行うことが許容されるものでないことは明らかである。

(iii)　被告社長は、これらの行為が原告の意思に反するものであることを認識しつつ行為を継続したものである。また被告は、被告会社の代表取締役として、従業員の就労環境を、維持改善すべき立場にあり、女性従業員が右のような行為を受けた場合、精神的に就労を継続すること自体困難となる場合のあり得ることを十分予見しえた。

(iv)　原告は被告社長の右行為によって羞恥、不安、嫌悪などの精神的苦痛を経験すると共に、被告会社での就労を継続して被告社長の右行為を甘受するか、被告会社を辞める等のいずれかを選択せざるを得なくなり、最終的に後者を選択したものである。

(v)　そうすると、被告社長の右各行為は、原告の、性的領域における人格の尊厳を故意に侵害する不法行為にあたると同様に、原告の雇用関係継続に対する権利をも不当に侵害する行為というべきである。

これらの行為はいずれも「外形」上、「刑法上の強姦又はこれに準ずる行為」であり、性的自由を侵害するものとして違法性が明白な事案に関するものであり、裁判例にみられる判断は妥当なものである。もっとも、「性的自由」の侵害が性的関係の強要という形態をとる場合、その大半は接触部位（例えば胸や下腹部、陰部など）等行為の「外形」から明らかとなるものであり、事実認定に際しても被害者の抵抗の度合などは問題とならないし、すべきことではないと言えよう（北京会議の「行動綱領」にいう「セクシュアル・ライツ」の趣旨はこのようなものとして理解すべきであろう）。

(イ)　「身体接触」型

「意に反する不快な性的言動」の行為態様が、(ア)に述べたように刑法犯に該当（若しくはそれに準ずる）する行為であったり、性関係の強要等の性的強制とまでは言えない身体接触行為である場合はどうだろうか？　このような場合、特に「加害者」はしばしば、「冗談であった」「そんなつもりではなかった」「他意はなかった」などと「抗弁」することがあるが、このような行為についても、裁判例では「社会的にみて不相当」な行為と判断されるものであるかぎり違法不当なものとしている。ではどのような行為が「社会的にみて不相当」な行為とされているのであろうか？　裁判例では特段の事情がないかぎり、身体に接触する行為は性的自由等人格的利害を侵害するものであり、「社会的に不相当なもの」として違法判断をしていると言ってよいであろう。

〈事例33〉　大阪セクシュアル・ハラスメント（葬儀会社）事件（大阪地判平八・四・二六）

（事件の概要）　原告である女性従業員が、勤務する葬儀会社の会長からセクシュアル・ハラスメントを受けたとして会社と会長を訴えた事件である。

（判決）　判決は次のように述べて、被告の不法行為責任を肯定した。

(i)　職場で行われる相手方の意思に反する性的言動のすべてが違法性を有し不法行為を構成するわけではない。社会的にみて許容される範囲内の行為もあろう。違法性の有無を決するためには、行為の具体的態様（時間、場所、内容、程度など）、当事者相互の関係、とられた対応等を総合的に吟味する必要がある。

(ii)　行為の態様は一見悪質でも悪ふざけの類として許される事案もあれば、行為の態様は軽微でも被害者が置かれた状況等によれば、その人格を侵害し、重大な損害をもたらすものとして、厳しく指弾されなければならない事案もある。

(iii)　被告会長の行為は、行為の態様自体はさして悪質ではないものの、偶発的なものではなく、原告に対して再発の危惧を抱かれるものであり、その人格を踏みにじるものであるから、社会的にみて許容される範囲を越え、不法行為を構成する。

(iv)　被告会長の行為は、一回的なもので、反復・継続的なものではなく（ただし、原告が会社を辞めない限り、同様の行為が繰り返される不安はあった）、また、原告の明示的な拒絶を無視してなされたものではなく、態様も必ずしも悪質ではないが、原告と被告とはそれまで交際していたわけではなく、したがって本件行為は、原告に対する余程の侮りがなければなし得なかったものであり、原告が受けた精神的苦痛は甚大である。

〈事例34〉　三重セクシュアル・ハラスメント事件（津地判平九・一一・五）

（事件の概要）　病院に看護婦として勤務する原告女性二名が、男性上司（准看護士副主任）からセクシュアル・ハラスメントを受けたとして上司と使用者を訴えた事件である。

（判決）　判決は次のように述べて、被告の行為を不法行為と認定した。

(i)　男性看護士と看護婦が勤務中にスキンシップする必要性は全く考えられない。特に深夜勤務の休憩室における被告の行為は、原告に対し数回に亘る執拗なものであって、短時間の行為とはいえ他意はなかったとすませることはできない。

(ii)　被告のひわいな言動は、原告らにとって嫌悪感をもよおすものであり、第三者からみても冗談の範囲を越えていた。

(iii)　被告の行為は、原告らに対しいわゆる環境型セクシュアル・ハラスメントに当たり、不法行為に該当する。

〈事例35〉　横浜セクシュアル・ハラスメント事件（東京高判平九・一一・二〇）

（事件の概要）　原告の女性従業員は、出向中の男性上司である営業所長からセクシュアル・ハラスメント

を受けたとして、男性上司、出向元会社、出向先会社を訴えた事件である。控訴審判決の認定した事実によると、原告は平成二年五月にアルバイトとして入社し、同年十一月に正社員に採用されたが、①同年秋ころから、男性上司は事務所で原告と二人きりの際、原告の席の後ろを通る際に、ぽんと肩を叩くようになり、次第に、肩に手を置いている時間が長くなり、肩を揉んだりし、また髪をなでたり束ねたり指ですくうとして、原告の髪に触るようになった。②同年一一月初めころ、原告は実験用の大きな鏡を持ち上げた拍子に腰を痛めたことがあったが、その際、被告上司は「私の手は人の手よりも熱いんだよ。どう、良くなってきた」と言いながら原告の腰に触った。原告は①②の行為をされて不快感をもったが、上司に特に他意はなく、スキンシップをしているのかも知れないと思い、抵抗をせず、それとなく回避していたが上司の行動は止まらなかった。③平成三年二月六日、原告は上司から接待のため付きあって欲しいと誘われてレストラン等で飲食した帰り際に、上司は原告に対し、「今日はどうもありがとうね」と言いながら肩に手を回して抱きよせるようにしたが、原告は上司の手を振りほどいて帰宅した。④平成三年二月一九日、事務所で二人きりの時に原告は上司から、後ろから抱きつかれて首筋や唇にキスをされ、服のうえから胸や下腹部を触られたり、腰を身体に密着させて上下に動かす等約二〇分間に亘って強制わいせつ的行為をされた。

（判決）　控訴審判決は次のように述べて上司の不法行為責任を認めた。

④の事実について

その外形や目的に照らし、原告に対する性的意味を有する身体的な接触行為であり、社会通念上許容される限度を超えるものであることは明らかであるから、優に原告の性的自由及び人格権を侵害した不法行為である。

①②の事実について、

(i)　接触の対象となった部位は、肩、髪及び腰であるところ、肩及び髪については、一概に接触が許容されない部位とまではいえない。

(ii)　（しかし）平成八年秋ころ以降、被告上司は部下である原告が事務所で席にいる時に繰り返し触るように

なり、次第にその時間が長くなり、腰の接触行為も含めて原告は不快感を持ち回避行動をとっており、しかも他の従業員のいない時に限り行なわれており、④の事実のような重大なわいせつ行為を行なうに至った者による行為であることを考慮すると、①②の行為は継続的に行なわれた性的意味を有する身体的な接触行為である。

(iii) 右一連の行為は、その態様、反復性、行為の状況、両者の職務上の関係等に照らし、社会通念上許容される限度を越えていたものとして、原告の性的自由及び人格権を侵害した違法な行為である。

(iv) 更に①②と④の行為とは、いずれも勤務時間中に部下である原告と上司である男性上司とが事務所内で二人きりでいる際に、自席にいた原告に対し、男性上司が敢えて行った行為であって、原告の性的自由及び人格権を侵害する一連の不法行為を構成するものと解するのが相当である。

③の事実について、

(i) 行為の外形上、感謝の意とともに親愛の情を表そうとしたものとみることができ、①②④の行為とは異質なものである。

(ii) 不快に感じた原告が、さりげなく被告の手を振りほどいて帰宅したという事後の経緯に照らし、執拗な行為でもなかったとみられる。

(iii) 右行為のみで社会通念上許容される限度を超えるものとして不法行為に当たるものとは言えない。

凡そ自らの身体に対する支配・自由は、人が有する最も基本的な権利であり、他者からの接触は、それが社会通念上許容されているもの（例えば、スポーツ、医師の触診、自由刑など）や自己の明示若しくは黙示の承諾がある場合（あいさつの際の抱擁など）以外は原則として許されないものと解すべきである。個人が自らの身体に対して他から何らの干渉を受けることなく自らの意思によって支配することは、基本的人権の核心をなすものだからである。したがって、身体接触についての違法性判断に際して、裁判例がいう「社会的に不相当なもの」とは、こ

のような観点から理解されるべきである（行為が反復される場合は、違法性の程度が高くなると理解すべきであろう）。

(ウ)　**「性的発言・態度」型**　セクシュアル・ハラスメントの行為態様が、食事やデート等への誘い、性的内容の情報（うわさ等）の意図的な流布、ヌードポスターなどのわいせつ図画等の配布、いじめ等の態度により、相手方に精神的な苦痛等を与えた場合などは、その内容や程度、当事者双方の関係等からみて「社会不相当」とされる場合には、性的自由・性的自己決定権等の人格的利益やプライバシー等を侵害するものとして違法とされる。

〈事例36〉　東京セクシュアル・ハラスメント（広告代理店A社）事件（東京地判平八・一二・二五）

（事件の概要）　広告代理店の従業員であった原告女性は、在職中、被告会社の会長からセクシュアル・ハラスメントを受けて退職を余儀なくされたとして、会社と会長を訴えた事件である。

（判決）　判決は、次のように述べて被告の主張を斥けて、不法行為責任を認めた。

(i)　被告の話の内容はそれ自体、遠回しではあるが、対価を支払うから愛人になるよう求めた内容であったり、当然、肉体関係を結ぶことを前提とすると考えられる温泉旅行への誘いといった内容である上、本件においては、単なる冗談ではなく、実行を予定した話であると十分推認できるものであるから、これが社会的に見て許容される範囲を逸脱していることは明らかである。

(ii)　被告の原告に対する一連の言動は、①肉体関係や交際を求めるといった、主に性に関わる内容であり、②その行為態様は、見舞いやドライブの際の行動に明瞭に表れているように、強引且つ執拗で、時間的にも、平成四年四月ないし平成五年四月までの間の長期間に及んでおり、③被告は、原告に対し、「好きな人にはのめり込む。」等と述べてはいるものの、原告に対する愛情を感じさせる事情は証拠上全く窺えず、逆に、原告が病み上がりであり、嫌がっているにもかかわらずドライブに連れていき、寒空の中を歩かせるなど、原告の体調や迷惑を顧みず、自己の気の向くままに行っているもので、悪質である。

(iii)　右のような言動は、被告が会社の会長であり、原告の上司であることから、原告が被告の要求にあか

らさまに逆らえないことを利用して行われたものである。

(iv)　被告のかかる行為は、原告に対し、性的に激しい不快感を与え、同人の人格を踏みにじるものであり、社会的にみて許容される範囲を明らかに越えているから、不法行為を構成する。

本件は事案の性質としては、(ア)と(ウ)の混合型といえよう（特に見舞いやドライブの際の行為はそれ自体強制わいせつ行為として違法性を帯びたものである）。

〈事例37〉　旭川セクシュアル・ハラスメント事件（旭川地判平九・三・一八）

〔事件の概要〕　土木建築会社に勤務していた原告女性は、市議会議員である同社社長からセクシュアル・ハラスメントを受けたとして同社と社長を訴えた事件である。

〔判決〕　判決は次のように述べて右の行為について不法行為の成立を認定した。

(i)　右各行為は、原告に対する直接の身体的接触を伴わないものであるが、①の行為は、暗に性的関係を要求する趣旨と解しうるものであり、②の行為は、その場の状況及びそれ以前の被告の不法行為に照らし、原告に対し、自分の性的自由、身体的自由が侵害される危惧を感じさせるのに十分なものと解されるから、被告の右各行為は、原告の性的領域における人格の尊厳を故意に侵害する不法行為にあたると同時に、原告の雇用関係継続に対する権利を不当に侵害する行為というべきであり、不法行為の成立を認めることができる。

(ii)　③の行為は、夜、車で待ち伏せをした上、会いたかった旨を告げたというものであるが、原告がその翌日、このことを特に同社常務に訴えていたことが認めることからも、原告にとって重要な意味を持つものであり、原告の立場においては右のような行為は被告と特別な関係又は親密な関係にあることを同人から強要されることにほかならず、それ以前の被告の不法行為等があった経緯に照らすと、やはり、原告の性的自

科学の試み／30　経済学について／31　ドイツ産業の体質／32　教養学科の四十年・あとがき／33　教養学科案内
D　駒場図書館とともに
34　教養学部図書館の歴史・現状・展望／35　図書館の「すごさ」／36　読書と図書館／37　教養学部図書館の四十年／38　「二十一世紀の図書館」見学記／39　一高・駒場・図書館／40　新山春子さんを送る
三　私事あれこれ
41　北一輝の誤謬／42　父の「在満最後の日記」／43　晩年の孔子／44　迷子になった話／45　私が孤児であったなら／46　ヤルタとポツダムと私／47　私の学生時代／48　受験時代／49　「星離去」考／50　私の哲学入門／51　最高齢の合格者／52　飼犬リキ／53　運命との和解／54　私の死生観

されど、アメリカ　本体価格 2,700円

主要目次
一　アメリカ滞在記
1　アメリカの法廷体験記／2　アメリカ東と西／3　エマソンのことなど／4　ユダヤ人と黒人と現代アメリカ／5　日記──滞米2週間
二　アメリカと極東
1　ある感傷の終り／2　ある復讐の物語／3　アメリカ思想と湾岸戦争／4　「アメリカの世紀」は幕切れ近く

古代中国思想ノート　本体価格 2,400円

主要目次
第1章　孔子ノート
第2章　孟子ノート
第3章　老荘思想ノート
第1節　隠者／第2節　「老子」／第3節　荘子
第4章　荀子ノート
第5章　墨家ノート
第6章　韓非子ノート
附録　江戸思想ノート
1　江戸思想における政治と知性／2　国学について──真淵、宣長及びその後
巻末　あとがき

ケルゼン研究Ⅰ　本体価格 4,200円

主要目次
Ⅰ　伝記の周辺
Ⅱ　法理論における真理と価値
序論／第1編　「法の純粋理論」の哲学的基礎／第2編　「法の純粋理論」の体系と構造
Ⅲ　哲学と法学
Ⅳ　ケルゼンとシュミット
巻末　あとがき／索引

歴史重箱隅つつき　本体価格 2,800円

主要目次
Ⅰ　歩行と思索
Ⅱ　温故諷新
Ⅲ　歴史重箱隅つつき
Ⅳ　政治観察メモ
Ⅴ　雑事雑感
巻末　あとがき／索引

オーウェン・ラティモア伝　本体価格 2,900円

主要目次
第一部　真珠湾まで
1　野人学者の誕生／2　太平洋問題調査会（IPR）の結成／3　ラティモア編集長／4　『アメレジア』／5　蒋介石の顧問
第二部　対日戦争
6　戦時情報局（OWI）／7　ウォレス訪中／8　パトリック・ハーリー／9　延安の日本人
第三部　対日終戦
10　『アジアにおける解決』／11　グルーとポツダム宣言／12　マッカーサーと占領／13　日本民主化の「失敗」
第四部　魔女狩りの中で
14　マッカーシー／15　マッカラン委員会／16　『アメレジア』グループと戦後日本
附録　十五年後に

由の侵害にあたるというべきであるから、不法行為の成立が認められる。

〈事例38〉 大阪セクシュアル・ハラスメント事件（大阪地判平一〇・一〇・三〇）

（事件の概要） 中国人女性従業員であった原告は、その雇用主である被告会社の社長からセクシュアル・ハラスメントを受けたとして会社を訴えた事件である。原告女性の主張によると①社長は、香港に主張中のホテルで、原告をセーフティーボックスの開け方がわからないと言って自室に呼び寄せ、その面前でズボンを下げ、防犯ベルトの中から金やパスポートを出し、原告が抗議をしてもやめず、②上海に主張中のホテルでは、社長から自室に呼び寄せられて仕事の打ち合わせをしていた際に、社長は、「A社の社長が中国人の女性を事務員として雇用している。その女性はA社の社長の女と違うか？」等と言いながら、ベッドに横になり、ベッドの半分空いているところを手で叩き、原告に対して、ここに横になれという仕草をし、③更に顧客を夕食に招待した席上、社長から「あなたは昨晩どうやって私の部屋に入ってきましたか」と回りに聞こえるような声で言って原告を困惑させたというものである。

被告はこれに対して、①被告が原告と香港に出張した際、ホテルの自室でズボンのベルトをゆるめてキャッシュベルトを取りだしたことはあるが、原告の後ろ側で行っており、原告に不快な思いをさせていないし、原告から抗議されたこともない。②原告と上海に滞在中ホテルの自室で原告をベッドに誘ったことや、③夕食の席上、原告が指摘するような発言をした事実はないと争った。

判決は次のように述べて、①②の事実についてはその「存在」を認め、そのうち①については不法行為の成立を認めず、②について不法行為の成立を認めた。また③については、仮にそのような事実が「存在」するとしても、「いかなる趣旨でなされていたのか明らかでな」いとして、不法行為の成立を認めなかった。

①の事実について

(i)　社長の右行為は、確かに近くにいた原告に不快感を与える行為であり、無神経な行為として非難されるべきものである。

(ii)　右のような性的不快感を与えるにすぎない行為が不法行為と評価されるためには、原告に対し性的不快感を与えることをことさらに意図して行われたものであることを要する。

(iii)　被告がかかる意図をもって故意に行ったとは認められないので、不法行為に該当しない。

②の事実について

(i)　社長の右行為は、女性でありかつ一従業員にすぎない原告と、ホテルの一室で二人きりでいる状況のもとで、明らかに原告をベッドに誘うような行動をとったもので、社長と一従業員という両者の関係、ホテルの一室で二人きりであったという状況等に鑑みると、右行為は原告に対して、雇用契約上の地位を利用して性的関係を求めた行為として、いわゆるセクシュアル・ハラスメントに該当し、不法行為を構成する。

(ii)　社長の右行為は不法行為を構成するものの、手の動きでベッドに誘うような行為をしただけであって、原告の身体に触れたこともなく、また原告が誘いに応じないとわかると直ちに行為をやめており、その違法性の程度はそれほど高くない。

③の事実について

(i)　性的不快感を与える発言は、常に不法行為となるのではなく、雇用関係上の地位を利用し、ことさらせいてき不快感を与えたり、あるいは性的関係を強要したりした場合に不法行為となると解すべきである。

(ii)　しかし、原告主張のとおりであるとしても、右発言がいかなる趣旨でなされたものか明らかでなく、雇用関係上の地位を利用し、ことさら性的不快感を与えたり、あるいは性的関係を強要したりする意図でなされた発言とは認められず、不法行為を構成しない。

〈事例39〉　福岡セクシュアル・ハラスメント事件（福岡地平四・四・一六）

（事件の概要）　雑誌の編集出版をしている会社に勤務していた女性職員が、異性関係のうわさを流布される等して退職を余儀なくされたとして、編集長と会社を訴えた。判決の認定した事実によると、編集長は、原告女性が同社の正社員となった昭和六一年六月ころから翌年一二月ころにかけて、会社の内外の関係者らに、「○○（原告のこと）は結構遊んでいる。おさかんらしい」、「○○と××が怪しい仲にある」と発言をしたり、「知っているか、○○はおさかんだぜ。今度は△△係長をくわえこんだみたいだぜ」と述べたり、会社に入社したばかりの社員に「○○はボーイフレンドがたくさんいて、もっと夜の仕事が向いている人だから。彼女はミズ……まぁ、いいか」等の発言をくり返し、昭和六三年三月には原告に対して、「君は私生活が派手なんじゃないか。随分男性たちとも付き合いが派手なようだ。そういう女性はこの業界に向いていないと思う」等と、このままでは会社の業務に差支えが生ずる旨言って原告に退職を求めた。

（判決）　判決は次のように述べて、編集長の不法行為責任を認定した。

(i)　編集長が、被告会社の職場又は被告会社の外ではあるが職務に関連する場において、原告又は職場関係者に対し、原告の個人的な性生活や性向を窺わせる事項について発言を行い、その結果、原告を職場に居づらくさせる状況を作り出し、しかも、右状況の出現について意図していたか、又は少なくとも予見していた場合には、原告にとって働きやすい職場環境のなかで働く利益を害するものであるから、同被告は原告に対して民法七〇九条の不法行為責任を負うものと解すべきことはもとよりである。

(ii)　編集長の一連の私生活ことに異性関係に言及して、それが乱脈であるかのようにその性向を非難する発言をして働く女性としての評価を低下させた行為、二つは、原告の異性関係者の個人名を具体的に挙げて（特にそれらの者はすべて被告会社の関係者であった。）、被告会社の内外の関係者に噂するなどし、原告に対する評価を低下させた行為であって、直接原告に対してその私生活の在り方をゆする行為と併せて、いずれも異性関係等の原告の個人的性生活をめぐるもので、働く女性としての原告の評価を低下させる行為であり、

しかも、これらを上司である専務に真実であるかのように報告することによって、最終的には原告を被告会社から退職せしめる結果にまで及んでいる。これらが、原告の意思に反し、その名誉感情その他の人格権を害するものであることは言うまでもない。

(iii)　現代社会の中における働く女性地位や職場管理層を占める男性の間での女性観等に鑑みれば、本件においては、原告の異性関係を中心とした私生活に関する非難等が対立関係の解決や相手方放逐の手段ないしは方途として用いられたことに、その不法行為性を認めざるを得ない。

〈事例40〉　鳴門教育大学事件（徳島地判平一〇・九・二九）

（事件の概要）　鳴門教育大学の元大学院生が、所属していた研究室の指導教官から手紙などによる度重なるセクシュアル・ハラスメントを受け、博士課程への進学を断念させられたとして同教授を訴えた事件である。

（判決）　判決は、次のように述べて原告の主張を認め、被告教授の不法行為責任を認定した。

(i)　原告と被告の関係は、教育上の支配従属関係にあるということができる。なお、教育現場における支配従属関係は、これまで明確な問題意識をもって語られることがなかったが、企業の雇用関係等のそれに較べ強い場合があり得る。

(ii)　被告は、原告の指導教官という地位を利用し、原告に対し性的な内容のものを含む多数の手紙を差し出したり、ほとんど毎日のように頻繁に架電して原告の所在確認をしたりした他、私用の送迎や食事に付き合うことを命じたりして原告の私生活に過度に干渉し、これにより著しく困惑し不快感を募らせられ原告が神経疲憊状態に陥り、念願の博士課程進学を断念せざるを得なくなったのであるから、被告の一連の行為は違法と言うべきである。

(iii)　被告の手紙の中には性的な内容のものがあり、これにより原告が不快感を受け良好な環境の中で研究

し教育を受ける利益を侵害されたという点で、被告の手紙差出行為の一部は、労働省告示にいうセクハラの概念に該当するが、これを直ちに不法行為とみることには疑問が残る。したがって、右セクハラ行為を含む被告の一連の行為を不法行為とみるのが相当である。

(iv)　右手紙には、暗に原告に愛人関係を求めるような内容のもの、原告の異性関係を詮索する内容のもの、原告が妊娠したのではないかと詮索する内容のもの、その他性的事柄に関するものが含まれており、これらが「性的な言動」にあたることは否定できない。

(v)　そして、本件で特徴的なのは、このような手紙が約一年余りの間、反復継続して多数交付されており、その数は約八〇通にも上り、しかも、原告の両親にまで異性関係を詮索するような内容の手紙を送り付けるという執拗なものであることである。

(vi)　原告は、平成七年四月二三日頃、原告の行動を監視するようなことをしないでほしいと申し入れたにも拘わらず、被告は、これを原告の拒絶の意思に理解せず、その後も電話をかけ続けたばかりか、私用で送迎させたり食事に付き合わせたりし、七月頃からは多数の手紙を差し出すようになった。さらに原告は同年八月三〇日頃、被告に対し博士課程への進学を断念するとの意思を明確に表明したにも拘わらず、その後も、手紙を出し続けた。

このように、被告は、原告から拒絶の意志を明確にされた後も、原告に対する一連の行為を止めなかったばかりか、手紙の内容も原告に対する嫌がらせや脅迫も度合いを強めているのであるが、少なくとも、原告が右拒絶の意思を明確にしたとき以後は、被告において一連の行為が原告の意に反していることを認識しえたはずである。

(vii)　人は誰でも他者から自己の欲しない刺激により心の静穏を乱されない利益（人格的利益、あるいは広義のプライバシー権）を有しているというべきであるが、本件で、被告が行った一連の行為は、まさに原告のこの権利を侵害しているということができる。

(viii)　学生の大学在学関係は双務有償の無名契約であると解することができるが、大学は右契約の付随義務

として、学生に対し研究教育環境を整える義務を負っており、学生は良好な環境の中で研究し教育を受ける利益を有しているというべきである。大学教授は、大学の履行補助者として学生の右利益を侵害してはならない義務を負っているから、いやしくも学生に学問教育の現場において（性的）不快感を与えるような言動をしてはならないことは当然である。しかるに、被告は、原告の指導教授として、前記一連の行為により、原告に対し性的なものやそうでないものも含めて、繰り返し強い不快感を与えたものであるから、原告が有していた大学においていたずらに（性的）不快感を与えられずに学問し教育を受ける権利を侵害したことは明らかである。なお、これは右人格的利益の内容と重なる面があるが、在学関係を前提とする利益である。

ところで相手にとって不快な性的発言や態度はそれが相手の生命身体への直接の害悪の告知になるようなもの（例えば、「俺とホテルに行かなければ殺してやる」等）は(ア)の類型に含まれようが、個人の身体的自由、精神的（名誉感情を含む）自由、プライバシーに対する侵害となる行為も原則として違法性を有するものと判断すべきであろう（図3）。したがって、例えば前記裁判例で、「処女か」等の発言や、多数の手紙を自宅に送ったり、ベッドに誘う等の行為は個人の自由やプライバシーを侵害する行為として違法性を有するものとされるべきであり、裁判例がいう「社会的に不相当」が否かの判断もこのような観点でなされるべきものであろう。

図3　人格的利益の諸相

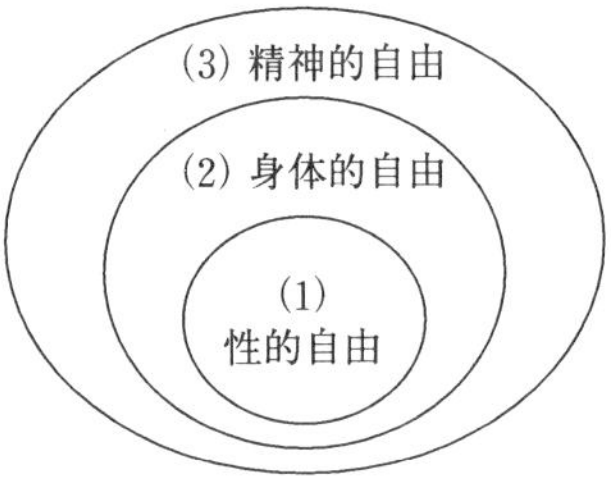

(エ)　「報酬・報復」型　職場や大学等の支配従属関係の存在するところにおけるセクシュアル・ハラスメント（狭義）は、一般に上司・教師が部下・学生に対して行う場合、潜在的に何らかの職場や大学に置ける地位・権限の利用・乱用を伴うものであり、これは同僚が行う場合でも同じように、職場における何らかの地位・権限の利用・乱用が伴っているといえよう。(エ)の場合は、このような地位・権限を明示

的若しくは黙示的に行使するところに特徴があり、報酬・報復を示唆する発言を伴った性的要求や、当該性的要求を拒絶したことに対する報復若しくは不利益を伴ったものである（いわゆる「対価」型）。わが国で裁判例として登場した事例としては①報酬若しくは報復を示唆して性的要求をするもの、②性的要求を拒絶された報復として使用者である「加害者」が「被害者」を解雇等の不利益処分とするもの、③被害者である従業員が性的行為に抗議した「事実」をとらえて会社が「被害者」を解雇等の不利益処分とするものがあり、③はこのタイプの変形といえようが、近年このような裁判例が増加する傾向にある。①の裁判例はわが国では今日までのところ次の裁判例のみである。

〈事例41〉　東北大学セクシュアル・ハラスメント事件（仙台地判平一一・五・二四）

（事件の概要）　東北大学の元助教授である原告女性が大学院博士課程に在学中、指導及び論文審査の担当教官であった被告教授から継続的に性的接触や性的関係を強要される等のセクシュアル・ハラスメントをされたとして訴えた事件である。

（判決）　判決は次のように述べて被告の不法行為責任を認定している。

(i)　被告は原告が博士課程に進学後の札幌出張の際には、原告に恋愛感情を表明して指導教官を降りたいと発言し、原告から指導の継続を懇願されると、原告が指導を放棄されることを恐れて強い拒絶ができないことに乗じて、原告が不快感を抱いていることを知りながら（この点は、行為後に被告が謝罪している点から明らかである）、洞爺湖で原告に抱きついたり、帰りの飛行機の中で手を握るといった直後の身体接触に及んだ上、札幌出張から帰ってからは、自分の研究室で原告に背後から抱きつくといった性的接触を繰り返すなど、原告に対する性的言動を直接行為にまでエスカレートさせ、その結果、原告の性的自由を侵害したものである。

(ii)　被告は、平成七年九月に入って、原告から距離を置いて欲しいと明言されるや従前の評価を一変させ

て締切り間際の論文の書き直しを命じており、これは指導教官としての権限を濫用した報復と認める外ない。加えて、被告は、原告の指導を離れた後においても、平成八年二月頃までは、原告に自殺をほのめかすような異様な電話を掛けたり、用もないのに院生室に出入りするなど、原告に不快感を与える行為を続け、その私生活及び研究教育環境の平穏を害し、その結果、原告の人格権を侵害したものである。以上によれば、被告のこれら一連の行為が不法行為を構成することは明らかである。

②③の裁判例は、使用者責任の問題でもあるので第五章で詳述する。

（注1）二〇〇〇年九月二二日付毎日新聞。
（注2）大学や学校等におけるセクシュアル・ハラスメントについて、渡辺和子他編著『キャンパス・セクシュアル・ハラスメント―調査、分析、対象』（啓文社、九七年）、上野千鶴子編『キャンパス性差別事情』（三省堂、九七年）、江原由美子＋栗原彬（対談）「セクシュアル・ハラスメントの権力構造」現代思想二〇〇〇年二月四〇頁、上野千鶴子「キャンパス・セクシュアル・ハラスメント」現代思想二〇〇〇年二月五六頁、江原由美子「キャンパスにはびこるジェンダー・ハラスメント」論座二〇〇〇年二月号等参照。
（注3）二〇〇〇年八月二九日河北新報、同年九月二八日付朝日新聞「論壇」欄参照。
（注4）C. Caruth（ed）, Trauma : Explorations in Memory（The Johns Hopkins U. Press, 1995）（邦訳）下河辺美知子監訳『トラウマへの探求―証言の不可能性と可能性』（作品社、二〇〇〇年）、西澤哲『トラウマの臨床心理学』（金剛出版、一九九九年）、小西聖子『インパクトオブトラウマ―被害者相談の現場から』（朝日新聞社、一九九九年）参照。
（注5）前掲（注4）書参照。
（注6）ここで問題とされている「違法性」判断に際しての諸要素（特に当事者の関係や対応など）は、セクシュアル・ハラスメントの「事実認定」に際しても重要な要素として働いている（例えば「不快な性的言動」の存在自体が争いとなる場合――行為の最中に騒がなかったのは何故か？　何故逃げなかったのか等――の「経験則」について）。

第五章　セクシュアル・ハラスメントの法的責任

一　セクシュアル・ハラスメントの法的責任の諸相

職場や大学等でなんらかの「意に反する不快な性的言動」が行われ、日常社会における性モラルに反するものとして、日常用語上のセクシュアル・ハラスメントに該当する行為であると共に、法的にみても違法不当なものとみなされる場合、次に述べる通り当該行為者は民事上の責任だけでなく、場合によっては刑事上の責任を問われることになり、事業主や大学等は雇用主としての使用者責任が問われることになろう。またセクシュアル・ハラスメントの行為者本人は、企業秩序違反として懲戒処分の対象とされたり、事業主も均等法違反に問われることになろう。このように裁判例において、セクシュアル・ハラスメントの法的責任が問題とされた局面を責任の性質によりみると、(i)刑事責任が問われた裁判例、(ii)民事責任（不法行為若しくは契約責任）が問われた裁判例、(iii)懲戒等の組織上の責任が問われた裁判例、(iv)離婚等の家族法上の責任が問われた裁判例に分類することが可能である。

(1)　刑事責任

わが国ではセクシュアル・ハラスメントの刑事責任が問題とされる場合は、性的接触が伴うものは強姦罪（刑法一七七条）、強制わいせつ罪（一七六条）等が、性的うわさ等の性的言辞は名誉毀損罪（二三〇条）が問題とされ、

従来からこれらの罪の構成要件に該当するものについては刑事犯として処罰の対象とされてきた。しかしながら大学や職場における上下関係を利用・乱用して、主として上司や指導教官から部下や学生等に加えられる「意に反する不快な性的言動」は、既に述べた通り、拒絶の意思が明確であったか否かが不明であったり、第三者等の目撃者のいないいわば「密室」で行なわれることが大半である。ところが強姦、強制わいせつ罪等の構成要件である「暴行又は脅迫」について、わが国の判例・通説は「客観的にみて相手方の抵抗を著しく困難にする程度」であることを必要としており（例えば最三小判昭二四・五・一〇刑集三巻六号七一一頁参照）、また名誉毀損罪も「公然」性が必要とされており、しかもいずれも親告罪で告訴期間が六ヵ月と短期間となっていた（刑法一八〇条（もっとも強姦、強制わいせつ等の性犯罪については、刑訴法の改正により本年（二〇〇〇年）六月八日から告訴期間が撤廃されている）・二三二条、刑訴法二三五条）。このような事情から、従来刑罰法規は、職場等における不快な性的言動の処罰としてはほとんど機能を果たすことがなく、従って、職場におけるセクシュアル・ハラスメントに関する裁判例として刑法上の犯罪の成否が問題とされることはほとんどなかったのである（もっとも後述する通り、大学教授や小学校教諭、警察官が自らの地位を利用・乱用して強姦、強制わいせつ罪等に問われた事例はある）。

もっとも職場の女子トイレをのぞき見するとか、同僚職員に対してつきまとう等のいわゆるストーカー行為は、軽犯罪法（「正当な理由がなくて人の住居、浴場、更衣室、便所その他他人が通常衣服をつけないでいるような場所をひそかにのぞき見た者」や「不安若しくは迷惑を覚えさせるような仕方で他人につきまとった者」は拘留または科料に処せられる――一条二三号、二八号）に該当する行為であり、かつ職場等におけるセクシュアル・ハラスメント行為の典型でもあるが、軽犯罪法の処罰規定が「拘留又は科料」となっていることから、裁判例として登場することはほとんどなかった。この種事案はしばしば新聞記事等でとりあげられることがあるものの、それらの大半は職場における懲戒処分等で処理されてきたといえよう。

ちなみに前述したストーカー被害については、近年その被害の深刻さと広汎さがようやくにして認識されるよ

うになり、全国の警察への相談件数は昨年（九九年）一年間で、前年（九八年）より三割も増加して八〇〇〇件に達し社会問題化するようになり、各地の自治体は罰則を強化した条例によりストーカー行為の取締りに乗り出し（例えば鹿児島県・岩手県・宮崎県などでは、いずれも処罰として懲役刑も含んでいる）、更に本年（二〇〇〇年）五月このようなストーカー・つきまとい行為を規制する法律が制定された（「ストーカー行為規制法」――同法は本年一一月から施行された。同法は、待ち伏せや、交際強要など八つの行為を「つきまとい等」として例示し、同一人にこれらを繰り返すことを「ストーカー行為」と規定し、被害者の告訴により「六ヵ月以下の懲役又は五〇万円以下の罰金」の刑事処分を科すことができることとされている。また同法では「つきまとい等」を「特定の者に対する恋愛感情その他の好意感情またはそれが満たされなかったことに対する怨恨の感情を意とする目的」で行う行為に限定し、被害者の相談を受けた都道府県警は、「つきまとい等」をした者に「警告」し、これに従わない場合には公安委員会が「禁止命令」を発するなどの行政処分を行うことができ、この「命令」に従わずに更にストーカー行為をした場合には、「一年以下の懲役又は百万円以下の罰金」の加重刑を科すことができることとされている）。(注1)

(2) 民事責任

わが国では、セクシュアル・ハラスメントの民事責任が問題とされる際、まず「加害者」本人の不法行為責任（民法七〇九条）については、当該性的言動が不法行為として違法性を有するものか否かの判断がなされることになり、その場合、裁判例では既にみてきた通り伝統的手法である当該性的言動の行為態様、被侵害利益の両面からみた実質的な違法性的判断を行っている（第四章参照）。

次に使用者責任についてみると、法的にみて違法不当な性的言動が存在した場合、セクシュアル・ハラスメントの「加害者」本人が不法行為責任（民法七〇九条）を問われることは異論がないものの、使用者責任が問題とされる際の責任原因については、不法行為責任（七一五条・四四条等）と契約責任（四一五条）が考えられ、どちらのアプローチをとるかについては、その法的処理の妥当性ともあいまって論者によって種々の議論がなされてい

るが、大半の裁判例においては、従来いずれかのアプローチをとっても同様の結論を導いてきたといってよいであろう[注2]。即ち、セクシュアル・ハラスメントの法的効果として、(ア)当該行為の「加害者」は、「被害者」の人格的利益、性的自己決定権等の法的利益を侵害したものとして損害賠償（民法七〇九条、七一〇条）を負い、また使用者も、労働契約若しくは不法行為法上の「職場環境整備（配慮）義務違反」による損害賠償（七一五条・四四条・四一五条等）を負い、また(イ)「被害者」が「加害者」の性的要求を拒否したことから、解雇・退職や配転等の労働契約上の不利益を受けた場合（いわゆる「対価型」セクシュアル・ハラスメント）は、当該行為は無効とされると共に損害賠償が認められ、更に(ウ)「被害者」は、裁判所に対し当該性的言動の差止、謝罪文の掲載等の原状回復措置等を求めることも可能とされよう（七二三条等）。これらの方策の中で今日、わが国の裁判で最も多く争われているのは(ア)である。

ところで、セクシュアル・ハラスメントにおける使用者責任については、二つの視点からの検討が必要であろう。第一点はセクシュアル・ハラスメントの法的根拠とそれに伴う成立要件・法的効果の差異である。既に述べた通り、使用者責任の法的根拠としては、(1)民法七一五条を根拠とするもの、(2)民法七〇九条を根拠とするもの、(3)民法四一五条を根拠とするものが考えられ、裁判所においては(1)～(3)いずれのアプローチも取り上げられているが、これらのアプローチによって、セクシュアル・ハラスメントに関する使用者責任の成立要件にどのような差異があらわれるか？　ひいてはそれによってどのような法的効果の差が表れるかという問題である。

第二点は、このような法的根拠のアプローチの相違にかかわらず、セクシュアル・ハラスメントに関する使用者責任につき統一的構成はできないのだろうか？　という問題である。第一点については本章で詳しく述べることにして、第二点に関して若干の説明をしておこう。

従来使用者の「セクシュアル・ハラスメント防止義務」については、裁判例においてさまざまな法的アプローチがとられてきているが（民法七〇九条・七一五条・四一五条など――特に民法七一五条による不法行為法上の使用者

責任を追及する事案が比較的多かったといえよう）、個別事案の法的処理を使命とする我が国の裁判所としてはこのような態度は妥当なものといえようが、いずれの事案もセクシュアル・ハラスメントの「加害者」は、使用者自身若しくは上司などの使用者の「履行補助者」であり、使用者の「セクシュアル・ハラスメント防止義務」違反として処理することが可能なものであった。

既に述べた通り、元来従業員が雇用契約においてその義務として労務を提供するためには、その一身が使用者の指揮命令に服さざるを得ず、したがって、労働者の身体や労働環境も使用者の配慮いかんによっては深刻な影響を受けざるを得ないことになる（いわゆる「安全配慮義務」についての裁判例参照）。したがって、使用者は、雇用契約上、従業員に対し労務の提供に関して良好な職場環境の維持確保に配慮すべき義務（＝職場環境配慮義務）を負っており、このような義務の一内容をなすものとして、使用者の「セクシュアル・ハラスメント防止義務」（＝労働者の労働条件・環境がセクシュアル・ハラスメントにより害されないよう防止・配慮すべき義務）が存すると言えよう。使用者がこのような義務に違反して職場においてセクシュアル・ハラスメントを発生させている場合には（例えば職場にヌードポスターが貼られて従業員にとって不快な職場環境になっている）、使用者は是正義務を負い、また右義務に違反して従業員の労働条件等に不利益が及んだり、人的被害が発生した場合には、使用者は損害賠償義務等を負うことになろう。したがってこのような使用者が負う「セクシュアル・ハラスメント防止義務」は、雇用契約と類似した使用従属、指揮命令関係のあるところでも同様に問題とされることになり、例えば教育の場において学校当局が在学契約上学生や生徒に負う「教育・研究環境整備義務」もこのような性質の義務ということになる。また法的には直接の契約関係が存しない場合でも、実際には雇用と類似した指揮命令関係が存するときには、同様の義務が存することとなり、例えば、派遣社員や出向社員、取引先に対するセクシュアル・ハラスメントについても同様の義務が妥当することになろう。

このように、セクシュアル・ハラスメントに関する使用者責任の統一的構成として、昨年（一九九九年）四月に

図１　使用者の「セクシュアル・ハラスメント防止義務」と「法的根拠」

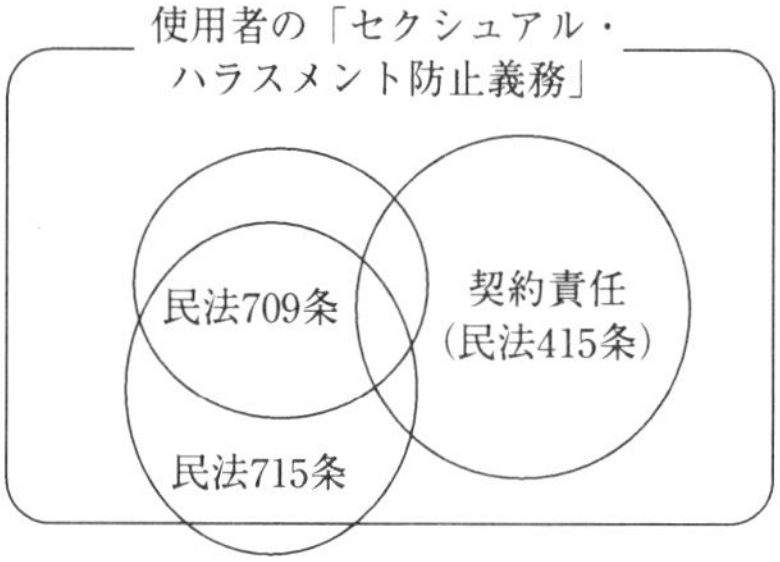

施行された改正均等法、人事院規則等のいわば「セクシュアル・ハラスメント防止法」ともあいまって、今日においては裁判例の蓄積の中で、使用者の「セクシュアル・ハラスメント防止義務」の輪郭や具体的内容が明らかになりつつあるといえよう。使用者が負う「セクシュアル・ハラスメント防止義務」の詳細については次章で述べることにして、ここでは第一点に関して、使用者責任の法的根拠と成立要件・法的効果の差異について述べることにするが、それぞれのアプローチにより、セクシュアル・ハラスメントの成立要件・法的効果が微妙に異なり、それによって結論の差をもたらしたとされる裁判例もあることから、やや詳しくみていくことにしよう（図１）。

(3)　懲戒処分

職場や大学内でセクシュアル・ハラスメント行為が行われた場合、使用者や大学当局は、当該行為の「加害者」を職場秩序違反行為等を理由として懲戒処分することになろう。近時このような処分の効力が争いとなる裁判例も登場している。

(4)　「不貞行為」

セクシュアル・ハラスメントが行われた場合、当事者の一方若しくは双方が、しばしば当事者の配偶者から「不貞行為」を根拠として損害賠償請求を起こされることがあり、特に、セクシュアル・ハラスメントの「被害者」が、当該行為を長期に亘って継続していた場合が問題とされる。

(5) 均等法と民事責任

均等法二一条には裁判規範性がないものの、二一条並びに指針・通達が規定する個々の行為(例えば「性的な内容の発言」とは「性的な冗談やからかい」「意図的に性的な噂を流布すること」等)は、今日までの裁判例で、使用者責任の責任原因として形成されてきた不法行若しくは契約上の使用者の「職場環境配慮(保持、整備等)義務」の内容を概ね確認するものと言えよう(もっとも二一条並びに指針等が規定する具体的な事実は性モラルのレベルのものから法規範性を有するものまで広範な内容となっている)。したがって事業主が均等法上の配慮義務を尽くしていない場合には、使用者は「職場環境配慮義務(若しくは契約上不法行為上)」違反として使用者責任を問われる可能性が高くなるであろう。他方、事業主が均等法に規定する事項についての配慮義務をつくしている場合には、使用者責任が免責される判断材料の一つとされることになろう。このような意味で、均等法上の配慮義務の内容は、具体的な裁判において、セクシュアル・ハラスメントの「被害者」が、企業等使用者責任を追及する場合の立証責任の軽減要素として働くことになろう(この関連性については第三章で詳述した)。

二　セクシュアル・ハラスメントと刑事責任

1　はじめに

セクシュアル・ハラスメントは、一般にその行為態様が暴行・脅迫等の性的強制を伴う場合、加害者本人は強制わいせつ、強姦罪等の刑事責任が問われることになり、このような場合既に述べた通り、わが国の刑法は性的強制の手段として、原則として暴行・脅迫を要件としている(但し、一三歳未満を相手とする場合は、性的行為の意味を十分に理解し得ないものとして、被害者の同意の有無や暴行・脅迫にかかわりなく性的強制があるものとしている

――一七六・一七七等）。これらの刑罰規定は、個人に対する性的侵害行為に対する処罰の一般規定といえ、従来はこれらの規定によって、社会の健全な性風俗を守り、一般人の性的感情を保護する社会的法益に資するものと考えられてきていたが、近時における個人の人格的利益を保持すべきという社会的要請や女性の人格権の保障の強まりの中で（日本国憲法第一三条、ドイツ憲法第一条、女子差別撤廃条約、世界女性会議――特に北京会議における行動綱領など）、これらの規定は直接的には、個人の精神的・身体的自由を含む性的自由を保護法益とするものとの考えが強くなってきた。[注3]こうした考えは性的強制の「程度」にも反映されるようになってきており、従来、強姦罪、強制わいせつ罪いずれについても、暴行・脅迫の程度は「相手方の抵抗を著しく困難な状態にすること」とされ（最三小判昭二四・五・一〇刑集三巻六〇号七一一頁）、その認定に際しても比較的厳格な解釈・運用がなされる傾向にあった（例えば、知り合いの未亡人に恋慕した被告人が、同女を詐言をもって人家のない場所へ誘い出して、恋慕の情を打ち明けたものの同女に拒絶されたことから、同女を口説きつつ、車内で同女を姦淫したという事案につき、裁判所は、右姦淫が同女の意に反するものであることは認めながらも、その際被告人は、通常の性交の場合に用いられる程度の有形力の行使を用いたにすぎないとして、強姦罪の成立を否定して無罪を言い渡したものとして、広島高判昭五三・一一・二〇判時九二二号一一一頁がある）。しかしながら近時、女性に対する暴力を社会から排除すべきであるとの社会的要請に応える形で、女性の性的自由、性的自己決定権等の人格的利益を一層尊重すべきであるとの主張が有力となってきており、このような流れの中で、強制わいせつ罪における性的強制（＝暴行又は脅迫）の程度は、わいせつ行為を行うのに必要な程度に抗拒を抑圧するものでよいとする考えが有力となってきており（例えば、仙台高判昭四九・一二・一〇高検速報四九年九号）、また強姦罪についても、「相手方の抵抗を著しく困難な状態にすること」には、身体のみならず、心理的に抵抗ができない状態も含まれるとの解釈・運用がなされるようになってきており、例えば被害者が、暴行・脅迫行為により心理的に抵抗する気力を失っている状態に乗じて強制わいせつや強姦をしたような場合のように、被害者が（物理的若しくは心理的）抵抗ができない状態にあることが

認定されれば、具体的に抵抗したか否かは直接犯罪の成否にかかりがないものとされるようになってきている。(注4)

もっとも、これらが職場や大学等において行われた場合には、既に述べた通り、その大半が上司や教官等であり、かつその行為が第三者等の目撃者のいない「密室」で行われること等から、被害が顕在化することが困難であり、一部の例外を除いて、従来刑事責任が問題とされることはほとんどなかった。しかしながら、従来の刑事事件に関する裁判例の中にも、職場におけるセクシュアル・ハラスメントと共通の指標である「支配従属」や「上下」関係に着目すると、いくつかの裁判例を見出すことができ、これらの裁判例で形成されてきた事実認定に関する経験則は、セクシュアル・ハラスメントの事実認定に際しても少なからぬ影響を与えていることが注目されよう（「硬直した被害者像」→「柔軟な被害者像」へ！）。特にセクシュアル・ハラスメントにおいて問題とされる、職場や大学等での地位・身分関係が、これらの犯罪の成否に与えた影響をみてみるといくつかの興味深い点が指摘できる。そこでこれらの犯罪について、物理的に抗拒不能な状態にされた場合と、心理的に抗拒不能な状態にされた場合とに分けてみてみよう。

2　「物理的」に「抗拒不能」な状態とされた場合

職場や教育環境等において、暴行等の性的強制行為によりわいせつ行為や姦淫等を行ったものとしては、大学教授や小学校教諭、現職警察官等が、研究・教育、捜査等の際に、学生、児童、被疑者等に対し姦淫等を行ったものがある。これらの事例はいずれも、我が国でセクシュアル・ハラスメントという社会的・法的概念が問題とされるに至った一九九〇年以前のものであるが、加害者がその地位や権限を乱用して、強制わいせつ、強姦等の性的強制行為を行ったものであり、いわばセクシュアル・ハラスメントとして最も極端な違法行為と位置づけることができよう。例えば、小学教諭が知恵遅れの小学六年生の女子児童の下着を脱がせて乳を触る等したり（岸和田市小学校教諭事件、大阪地堺支判昭三六・四・一二判時二六七号三二頁）、大学教授が自分の研究室で女子学生を

ソファーに押し倒してレイプしたり（「春木」事件、最一小決昭五三・七・一二判タ三六八号二一八頁）、現職警察官が職務遂行中に、所持品検査を装って一五歳の少女に対しパトカー内でわいせつ行為に及んだ（大阪地判平五・三・二五判タ八三一号二四六頁）等の事件があり、これらの事件ではいずれも行為の態様それ自体が、「相手方の抗拒を著しく困難にする程度」の暴行・脅迫であり、強姦、強制わいせつ罪に該当することは明白なものであった。

〈事例42〉「春木」事件（最一小決昭五三・七・一二、東京高判昭五〇・一〇・一三判タ三六八〇号二一八頁）

（事件の概要）　青山学院大学教授（当時）が自己の講座を受講していた女子学生（当時）に対して、研究室等で①強制わいせつ、②強姦致傷、③強姦行為をなしたとして起訴された事件である。一審では教授側は、①乃至③の事実について、女子学生とのある程度の性的接触行為を認めたものの、それらは全て女子学生との合意によるものであり、性的行為の際も、同女の方から積極的に接吻、抱擁、性器の接触を求めてきた等として無罪を主張した。一審判決は次のように述べて、①②については有罪、③については無罪とした。即ち、昭和四八年二月一一日午後三時ころ、青山学院大学スピーチクリニックオフィスにおいて、教授が女子学生に強制的にわいせつ行為をし（①）、ひき続き同日午後四時ころ、同大学春木研究室で強姦して傷害を負わせた（②）事実については、女子学生の供述が首尾一貫していて不自然さがなく信用に値するとして、教授を有罪とした。教授が同月一三日に春木研究室で同女を強姦した事実（③）については、②の犯行後に同女が春木研究室に行った動機が不明確であり、春木研究室にいた時間も、実際には二時間いたにもかかわらず、同女は二〇分と供述し、しかもその後同月一四日に、教授にバレンタインカードを送っており、これは明らかに親愛の情をあらわすものであり、これらの事実についての同女の供述は、不自然に欠落している部分や客観的事実に符合せず、事実を誇張したり歪曲した部分があるとして、同女の供述の信用性に疑いがあるとして無罪とした。

教授側は二審で、女子学生の右証言は、同教授の前記①乃至③の行為が計画的に行った暴力による一連の性的犯行であるとの趣旨で述べているのであり、③に関する女子学生の供述に信用性がないとすれば、①②に関する供述にも疑いを及ぼすべきであり、更に、二四歳の独身女性が①のようなはずかしめを受けながら、その直後に教授について研究室に行って、②の行為が行われたというのは経験則に反する等と争った。二審判決は次のように述べて教授の主張を斥け、最高裁も二審判決を支持する決定をした。

(i)　③についての女子学生の供述の信用性に対する疑いが、同女の証人としての信用性に影響を及ぼし、ひいては①あるいは②についての供述の信用性に影響を及ぼすことも考えられるが、それは必然的なものではなく、①②についての女子学生の供述部分を措信し、③についての供述部分を採用しないとしても、証拠の採否に関する経験則に反し違法とはいえない。

(ii)　二四歳の未婚の女性が、男性から①のようなはずかしめを受けながら、さらにその直後その男性について②の春木研究室へ行く筈はないという経験則も、一定の条件のもとでは肯認できるとしても、それは可能的経験則であって、他の条件が加われば異なる結論も可能であり、女子学生は原審証言の中で、右の他の条件に当る事実（後述iv、v）を一応供述しているのであるから、この点に関する女子学生の原審証言中の供述内容が直ちに経験則に反し、これを採用するのが採証法違反であるとはいえない。

(iii)　①について、女子学生が青山学院大学における英語部門の権威であると聞いていた被告人に教室以外でも接し、個人的に指導を受ける機会が得られたこと、被告人との間ではすでに私事にわたることまでも話題にしたことから、被告人に対し個人的な敬愛の情を抱くに至っていたことが窺われるが、被告人及び女子学生の年齢、経歴、身分、経験、個人的な交際の経緯、状況から考えると、まだ同女が被告人を性愛の対象として意識するような関係にあったというのは困難であり、二人の間にはなお乗り越えられない障壁があったものと認められ、同女が被告人の性的行為を受け容れ、これを承諾したというのには、他に特段の事情が

なければならないと考えられる。

(iv)　②について、女子学生の原審証言によると、①の性的行為後、被告人が今したようなことはしないから、レポートの採点を手伝って欲しいというのでこれを信じ、被告人に連れられて被告人の研究室に行った旨供述しており、原審証言中の女子学生の供述は、他の供述部分と離れても十分信用することができ、同女がさらに関係されることはないと思ったのも無理からぬところである。このようにみてくると、被告人の①の性的行為が女子学生の意思に反するものであったばかりでなく、②の性交も同女の意思に反するものであったというべきである。

(v)　同女は①②の際、被告人から逃れようとして、一生懸命できる限りの抵抗をしたと供述しているところ、その抵抗行為が被告人あるいは現場の状況に痕跡を残したことは証拠上窺われないので、その表現には若干の誇張が感じられるが、右各行為の場所がいわば密室といってよいところであること、被告人と同女との身分的及び体力的関係から、同女が容易に抵抗を断念したものとも推認され、同女が被告人の①、②の行為に対する不承諾の意思を表現する意味の抵抗を行ったことを否定するまでの事情は見出せない。

(vi)　③について、女子学生が②の性交の後、被告人に次に会う日を約束するメモを渡したこと、同女が二月十三日被告人の研究室に行き、長時間同所にいて、B弁護士と会う約束の経緯を話し、次に会う日を約束したこと、同女が同月一四日被告人に対しバレンタインカード等を贈ったこととの関係を考察すると、これらは被告人と同女との宥和的な関係或いはさらに親密な関係を窺わせる事柄である点で、①の性的行為及び性交が同女の意思に反するものであったとすると、一見矛盾するように考えられるが、被告人と同女が、②の際研究室にいた時間に一時間以上の空白の時間があることを併せて考えると、②の性交後、被告人と、すでに貞操を失い、前記のような障壁もなくなった女子学生との間に融和的な会話が交わされたのではないかと推察され、（中略）これによって、同女の被告人に対する心情が宥和し、親密な方向に進んだものと見れば、前記の一見矛盾と考えられた点も合理的に理解することができる。

3 「心理的」に「抗拒不能」な状態とされた場合

一般に強制わいせいや強姦行為が、しばしば知人、友人等顔見知りの者によって引き起こされることはよく知られているが(Confidencial Rape)、このような場合、被害者はさまざまな思惑から、抵抗できない(あるいはしない)状態におかれることが指摘されてきており、しかもそれが職場や大学等の支配従属関係の中で上司・指導教授等によって引き起こされた場合には、一層その傾向が助長されることになる(事例42参照)。しかもこの種事案においては、大半の加害者は、被害者と「同意があった」若しくは「恋愛関係にあった」等と「抗弁」しており、セクシュアル・ハラスメント行為がしばしば「密室」で、しかも優越的地位の利用・乱用によって引き起こされるという構造と共通した問題点が争点とされ、罪刑法定主義のもと、一般に厳格な事実認定が要請される刑事事件で、しかも性犯罪の構成要件が特に厳しい我が国の刑事裁判においては、従来、性犯罪の捜査・立証活動は容易なものではなかった(被害を受けた女性が告訴をすることにより、世間から好奇の目で見られるという、いわゆる「セカンド・レイプ」もしばしば指摘されるところである)。

このように、職場や大学等における上下関係の存するところで、支配従属関係を利用・乱用して相手方を「心理的」に抵抗できない状態に陥し入れて、姦淫やわいせつ行為に及んだ場合はどうなるのだろうか? 既に述べた通りわが国の刑法では、準強制わいせつ及び準強姦罪の構成要件は「人の心神喪失若しくは抗拒不能」の状態を利用若しくは作出してわいせつ又は姦淫することとされているが、支配従属関係を利用・乱用して、相手方を心理的に抑圧して性的行為に及んだ場合については、諸外国の立法例と異なり、我が国の立法例は、基本的には暴行・脅迫等の物理的強制による意思抑圧を刑事処分の対象としているとして、従来学説の中では刑事処分の対象とすることに否定的な見解がみられた。(注5) しかしながら、刑法が強姦罪等によって保護しようとしてる法益は、性的自由等の人格的利益であり、これらの刑罰法規の趣旨は、相手方の任意的意思によらずその身体にわいせつ

行為に及ぶことを禁止することにあることからしても、暴行等の「物理的」手段のみならず、相手方に対して甚だしい不利益を及ぼしうる立場にある者（例えば、上司・教授・医師など）が、地位・身分を利用・乱用して、相手方の意思を抑圧する行為も、「心理的」手段の一態様として刑事処分の対象とされるべきである。（注6）

近時の裁判例は、このような「心理的」抗拒不能の状態の場合（主として欺罔や錯誤の場合であるが）にも、準強制わいせつ、準強姦罪の成立を認める傾向にあり、注目すべきものと言えよう。裁判例を検討するに際しては、心理的抗拒不能を利用して性的行為については、行為を認識していない場合と、認識している場合とに分けてみていく必要がある。

(1)　性的行為の認識がない場合

相手方の姦淫等の性的行為を認識していない場合については、裁判例は一致して抗拒不能による準強制わいせつ、準強姦を認めており、例えば患者が医師を信頼して治療に必要な施術をするものと誤信した事例（東京高判昭三三・一〇・三一判タ八五号七五頁等）や、祈禱師によるわいせつ行為を祈禱に必要な行為と誤信した事例（広島地三次支判昭四〇・一一・七下刑七・一一・四三等）等がある。

(2)　性的行為の認識がある場合

相手方が性的行為を認識していても、性的行為の相手方を誤信した場合は、性的行為において、相手方が誰であるかは本質的な要素であり、相手方を誤信することにより性的行為に及んだとしても、任意的意思によるものでないことは明白であり、裁判例では心理的に抗拒不能の状態を利用したものとして、準強制わいせつ、準強姦罪の成立を認めている（例えば、睡気や暗さなどから自己の夫又は情夫と誤信した例として、仙台高判昭三一・四・一八高刑集一〇巻六号四九一頁、広島高判昭三三・一二・二四判時一七六号三四頁等）。次に欺罔や誘惑による性的行為については、姦淫等の性的行為が認識できたとしても、加害者からの言動により、驚愕不安の余り冷静な判断力・批判力を欠いて極めて不安定な心理状態におかれ、自由な意思の下に行動する精神的余裕が失われ、姦淫行

為に対して抗拒することが期待できないような場合には、任意的意思によるものでないことから、裁判例では心理的に抗拒不能な状態にしたものとして、準強制わいせつ、準強姦罪が成立するとしている（例えば、就職に焦心する被害者が、就職斡旋するとの甘言に乗せられ、性的不能の状態にあったことを認定した例として、東京高判昭三一・九・一七　高刑集九巻九号九四九頁、東京高判昭五六・一・二七東京高検速報二四八五等。また医師を自称する加害者から、性病診療を依頼された等虚言を弄されて、驚愕と不安から性行為に応じたことは抗拒不能の状態にあったものとした例として、名古屋地判昭五五・七・二八判時一〇〇七号一四〇頁、東京地判昭六二・四・一五判時一三〇四号一四七頁等。なお、自称霊感師が、霊感治療のためと称して性的行為をした例につき、「暴行、脅迫と同程度に相手方の自由意思を無視したものと認めざるを得ない特段の事情の存することが必要」として、準強姦罪の成立を否定した裁判例として東京地判昭五八・三・一判時一〇九六号一四五頁がある。この事件は準強制わいせつ、準強姦罪の構成要件である「抗拒不能」の要件を厳格に解釈したものであるが、既に述べた通り、強姦罪等の刑罰法規が主として女性の性的自由等の人格利益を保護法益とし、相手方の自由意思抑圧を禁止することに趣旨があることからは、狭きに失する解釈と言えよう――このような厳格な解釈をした場合、「心理的」抗拒不能が認められる場合はほとんどないこととなろう）。

このような被害者が心理的・精神的に抗拒不能に追い込まれたか否かの判断につき、「当該被害者に即し、その際の心理や精神状態を基準として判断すべきであり、一般平均人を想定し、その通常の心理や精神状態を基準として判断すべきものではない」とした裁判例は、次のようなものであった。

〈事例43〉　偽医師事件（東京地判昭六二・四・一五判時一三〇四号一四七頁）

〈事件の概要〉　判決が認定した事実は次のようなものであった。強姦で五回の服役をくり返している学習塾の経営者が、二〇歳の性経験のない女性に電話をして「わたしは警察に依頼された医師だ」等と称して呼び出し、「あなたは売春の容疑と性病にかかっている可能性がある」などと虚偽の事実を述べ、「売春の容疑を晴

らし、性病にかかったか否かを確かめるためには、性器に指を入れて反応を見た後、僕と性行為をして性体験のないことが分かれば容疑は晴れる」等と申し向けて、ホテルのトイレや部屋で、同女の性器に手指を入れたり、性行為をしたというものであった。

被告は女性の性的行為の事実は認めたものの、これはいずれも女性が恋愛感情から同意してくれたためのものである等として無罪を主張した。

（判決）　判決は次のように述べて被告の主張を斥け、有罪とした。

(i)　被告人の主張は、性経験のない女性が、性経験の有無を聞き出すようないたずら電話をかけてくる者にたちまち恋愛感情を覚え、名前も素性も知らないまま、二、三時間後には男便所の中で性器へ手指を挿入することを許し、さらに処女を与えたというものであって、およそ荒唐無稽というほかはない。

(ii)　刑法一七八条にいう抗拒不能は、物理的、身体的な抗拒不能のみならず、心理的、精神的な抗拒不能を含み、たとえ物理的、身体的には抗拒不能といえない場合であっても、わいせつ、姦淫行為を抗拒することにより被り又は続くと予想される危難を避けるため、その行為を受け容れるほかはないとの心理的、精神的状態に被害者を追い込んだときには、心理的、精神的な抗拒不能陥れた場合にあたるということができる。

(iii)　そのような心理的、精神的状態に追い込んだか否かは、危難の内容、行為者及び被害者の特徴、行為の状況等の具体的事情を資料とし、当該被害者に即し、そのさいの心理や精神状態を基準として判断すべきであり、一般的平均を想定し、その通常の心理や精神状態を基準として判断すべきものではない。刑法一七八条は、個々の被害者の性的自由をそれぞれに保護するための規定であるから、犯人が当該被害者にとって抗拒不能といいうる状態を作出してわいせつ、姦淫行為に及び、もってその性的自由を侵害したときは、当然その規定の適用があると解すべきである。

(iv)　これを本件についてみると、被告人は、警察から依頼された医師であると名乗ったうえ、言葉巧みに売春と性病の検査を受ける必要があることを説き、その検査を拒否すれば警察に不利な報告をしたり、警察による公の捜査が行われたりして名誉や信用は失墜することを告げ、さらに、最悪の場合には逮捕されるこ

ともありうるを暗示し、そのため被害者は、ひたすら被告人の言葉を信じ、これに従うほかないと観念して検査に応じたものであるから、被害者が被る危難の性質、程度、被告人の言動の巧妙さ、被害者の年齢、性知識、家庭環境などを考え合わせると、被害者が心理的、精神的な抗拒不能に陥っていたと認めるに十分である。

このような裁判例の傾向は、本章のテーマであるセクシュアル・ハラスメントの違法性判断を検討するうえでも注目すべきものと言えよう。即ち、セクシュアル・ハラスメントの裁判例が登場する以前に、既に欺罔や誘惑、地位利用等による姦淫行為につき、被害者が姦淫行為自体を認識することが十分期待できない場合の他、姦淫行為自体を認識できたとしても、自由な意思のもとに行動する精神的余裕が失われ、姦淫行為に対して抗拒することが期待できない場合についても、準強制わいせつ、準強姦罪の構成要件とされる「抗拒不能」に該当し、その判断基準は一般的平均人ではなく、「当該被害者に即して」判断すべきとする裁判例が登場していたという事実である。今日のセクシュアル・ハラスメントに関する我が国の判例法理は、このような裁判例の蓄積の中から生成形成されていったものと言えよう。

三　セクシュアル・ハラスメントと懲戒処分

セクシュアル・ハラスメントは既に述べたとおり、市民社会の一般的法的秩序に違反するものとして刑事・民事の法的責任が問われることは明らかとなったが、では、雇用や教育・研究等の現場の組織秩序にも違反する行為なのだろうか？　その場合、どのような責任が問われることになるのだろうか？

企業や大学等の構成員（従業員、職員、学生等）が、他の構成員や構成員以外の第三者にセクシュアル・ハラス

メント行為を行ない、それによって人格的利益や職場（教育研究）秩序を侵害した場合、職場秩序違反としての懲戒若しくは契約上の義務（当該構成員が雇用契約や在学契約上負っている職場や教育研究環境を維持する義務）違反を問われることになろう。この場合具体的には、雇用の現場では、使用者の業務命令や従業員の行う労務提供等を円滑かつ画一的に処理するために就業規則が制定されており（労基法八九条等）、また教育・研究の現場でも、教育研究の円滑な遂行のために学生規則等が制定されており、これらを通して企業活動や教育・研究活動の円滑な遂行が図られており、企業や大学等でセクシュアル・ハラスメント行為を行った「加害者」は、これらの諸規定に基づいて懲戒処分に付されたり、あるいは契約違反を理由として解雇等の対象とされることになろう。したがってこれらの処分の無効・取消が裁判所で争われることにより、セクシュアル・ハラスメントの組織秩序違反行為としての法的責任が問題とされることになる。

ところで、わが国の企業では、従来職場における従業員同士の性的関係について、当該行為がセクシュアル・ハラスメントに該当するか否かに関わりなく、一般に就業規則上、「素行不良」や「風紀紊乱」行為に該当するとして懲戒処分の対象とされる傾向にあり、教育現場においても同様（後述する通りそれ以上に厳格な場合もある）であった。したがって、これらの企業内における従業員同士の性的関係を理由とした懲戒処分等の事例を検討するに際しては、当該行為がセクシュアル・ハラスメントに該当する行為か否かの観点から見直していく必要がある。

1　当事者の性的言動がセクシュアル・ハラスメントに該当する場合

セクシュアル・ハラスメントが職場や大学等で行われ、企業秩序や信用名誉を傷つけた場合、セクシュアル・ハラスメントを行った者は懲戒事由若しくは解雇事由に該当するものとして処分の対象とされてきており、このような例として次のような裁判例がある。

〈事例44〉　コンピュータ・メンテナンス・サービス事件（東地判平一〇・一二・七）

（事件の概要）　原告は平成元年、コンピューターの管理及び保守等の請負を主たる業務とする被告会社に入社した後、A商店に派遣されて、被告会社がA商店から請負っているコンピューター管理業務に従事してきた。ところが被告会社は平成八年五月、原告がA商店の女性従業員に対し職場内で強制わいせつ行為を繰返したことが原因でA商店から派遣を拒否されるに至ったとして、原告の右行為が職場の風紀・秩序を著しく乱すとともに、原告を派遣した被告会社の信用を著しく傷つけたことを理由に就業規則の規定に従って原告を懲戒解雇した。

原告はこれに対し、被告の主張する事実をいずれも否認したうえで、被告会社は前記行為について十分な調査をせず、原告に弁明の機会も与えずに一方的に懲戒解雇したものであり、懲戒権の濫用にあたり無効であると争った。判決は次のように述べて被告会社の主張を採用し、原告の請求を棄却した。

①　原告のセクシュアル・ハラスメント行為

(i)　原告は平成七年末ころから、A商店に勤務するB女に対し、残業時に肩をさわったりブラジャーに手をかける行為をするなどし、更に平成八年三月中旬ころには、B女が残業を終えて帰ろうとしていたところ会社内のエレベーター内で抱きついて胸にさわり、同年四月中旬ころには、残業を終えて事務室を出ようとしたB女に抱きつく等の行為をくり返したことから、B女はやむなくその直後、上司に原告の行為を報告するに至った。

(ii)　右のとおり、原告のB女に対する一連の行為は、B女が不快感を示していたにもかかわらずなされたもので、その態様も執拗かつ悪質であり、B女に相当程度の苦痛と恐怖を与えたものである。

② 懲戒処分事由

(i) 原告の右行為の結果、ついにB女は上司に訴えるところまで追いつめられたのであり、被告会社の顧客であるA商店が、社長自ら被告会社に赴いて苦情を言わなければならない程度にまで至っていたのであるから、原告の行為が、A商店においてその職場内の風紀秩序を著しく乱し、ひいては被告会社の名誉・信用を著しく傷つけたことは否定できないというべきである。

(ii) なお原告の行為は、被告からの派遣先の職場におけるものであるが、原告は、被告会社の従業員であり、A商店は被告から指定された就労場所であるから、派遣先においても被告会社の指揮命令に服さなければならないことはもとより、原告には懲戒処分も含めて被告会社の就業規則が適用されることは当然である。

③ 懲戒解雇手続

被告会社は原告に対し、具体的な事実を指摘して弁明の機会を与えており、手続は相当であって有効である。

《その他の裁判例》

裁判例として以下に述べる事案は、いずれも職場におけるセクシュアル・ハラスメントに該当する行為と言えるものであり、処分も概ね妥当なものといえよう。例えば、①観光バス会社の妻子あるバス運転手が、未成年の女子車掌と宿泊先で性的関係を持ち、妊娠させたことを理由とする懲戒解雇処分の効力が争われた事案について、観光バス事業の業務の特殊性や、バス運転手が通常車掌より年長で、職務の特質上車掌に対して強い影響力を行使することから、かかる立場にある男子運転手の行為は、「それ自体既に会社の従業員間の風紀を紊し、職場の秩序を破ること著しいものである」として、懲戒解雇を有効とした例（長野電鉄事件・長野地判昭四五・三・二四判時六〇〇号一一一頁。なお、仮処分事件は東京高判昭四一・七・三〇労民集一七巻四号九一四頁）、同様に、②観光バス会社の妻子あるバス運転手が、二〇歳の未婚のバスガイドと宿泊先で性的関係をもったことを理由とする懲戒

解雇処分の効力が争われた事案について、「会社の営む観光バスの乗務にあっては、通常男子運転手一名と女子ガイドとが一組となって同じ自動車に乗務し、また遠距離等の場合には、その乗務の途中で同一宿舎において宿泊もしなければならぬという特殊の勤務形態にあるため、運転手とガイドの間に風紀上の問題が生じ易い環境にあり、かつ強い影響力を有していること、若し運転手とガイドとの間に不純な関係が生じるときは、乗務態度に影響を及ぼし、職場規律の保持が困難となるばかりか、世間一般の不信を招き、ひいては会社の女子ガイド求人の面にも支障を与える虞れのあることを認めることができる。従って、運転手とガイドとの間の不純な情交関係は、少なくとも会社の職場秩序を紊すものであると認めるのが相当である」として懲戒解雇を有効とした例（イースタン観光事件・東京地判昭四五・七・二七労判一〇七号四七頁。もっとも同判決では、バスガイドの論旨解雇も有効とされているが、前述した通り、バスガイドはセクシュアル・ハラスメントの「被害者」と言うべきであり、バスガイドの論旨解雇は運転手の懲戒処分と同列に論ずるべきではなく、その限りで判決は不当なものと言うべきものである）、③観光バス会社の妻子あるバス運転手が、未成年（一八歳）のバスガイドと勤務時間外にホテルで性的関係を持ったことを理由とする解雇の効力が争われた事案につき、運転手が「勤務時間中に、被告会社内において、運転手とバスガイドという職務上の関係を利用したり、脅迫的な文言を使用する等して、バスガイドを誘っていること（もとより、本件は男女間の事柄であって、女性が任意に原告と情交関係を持った側面があることを完全に否定することはできないが、最初に情交関係を持った当時、女性は一八歳の独身女性で、被告会社に入社して四ヵ月程度しか経っていない新人バスガイドであったのに対し、原告は当時既に四〇歳を越えた妻子を有する男性であり、被告会社に入社して一〇年を経過したベテラン運転手であったことを考えると、女性において原告の誘いを断固として断ることが期待できたかどうかは疑問であり、全く任意に情交関係を持ったケースと本件とを同一視することは相当ではない。）」として解雇を有効とした例（ケイエム観光事件・東京地判平五・一二・一六労判六四七号四八頁。なお、同事件はその後東京高裁にて、「本件解雇の事由とされた控訴人と女性との情交関係の事実は、これを認定するに足りず」、「本件解雇は、その解雇事実が

存在しないから無効である」として原判決が取り消されている――東京高判平七・二・二八労判六七八号六九頁）、④親会社の従業員が、事業場内下請の労働者である精神薄弱者（女性）を寮から連れ出して強制わいせつ行為をしたことを理由とした懲戒解雇が有効とされた例（大久保製壜事件・東京地判昭五九・四・二六労判四三五号六七頁）、⑤観光バス会社の運転手が宿泊先で同行していたスチュワーデスに対して強制わいせつ行為をしたこと理由とする懲戒解雇が有効とされた例（中央観光バス事件・大阪地判昭六一・二・二〇労判四七〇号八八頁）、⑥妻子あるセールスマンが、自己の担当するスーパーマーケットの女子社員と、仕事上の立場を利用して性的関係をもち、その結果会社の取引先の信用を損なったことから自宅待機処分にしたことが「相当の理由がある」とした例（ネッスル事件・静岡地判平二・三・二三労判五六七号四七頁。もっとも、この事案では二年間に及んだ自宅待機命令が「業務上の必要上」から「違法なものとは認められない」としているが、そのような「業務上の必要」性があったか否か疑問であり、二年間もの自宅待機は違法とすべきであったと思われる）等がある。

2　当事者の性的言動がセクシュアル・ハラスメントに該当しない場合

職場や大学等での当事者間の性的言動がセクシュアル・ハラスメントとして違法とはみなされない場合は、原則として当事者のプライバシーの領域に属するものとして、企業秩序や信用名誉を毀損する等特段の事情がない限り懲戒若しくは解雇事由に該当しないものと言えよう。例えば、従業員間の性的関係が、当事者間の自由意思に基づくものである場合（例えば「不倫」など）や、従業員の性的言動が「社会通念上」違法不当なものとはみなされない場合（例えば、自分の机の上にヌード写真数枚貼っている）等は、そのことによって企業の業務遂行や社会的評価の低下を招く等特段のことがないかぎり、懲戒事由にも解雇事由にも該当しないものとされよう。このような裁判例として、例えば、①バス会社の妻子ある運転手が、妻子が出産のため帰郷して不在中、自宅で勤務時間外に同僚であるバスガイドと性的関係をもったことを理由とする解雇が争われた事案につき、「道義的に非難

に値する行為であるが、職場外の行為であって、行為の性質上職務の遂行とは直接の関係を有」せず、企業の「業務が妨害される程の風紀・紊乱とは見られないし」、同人らの「職務遂行に支障を及ぼした」わけでもなく、また「当該当事者自身の被る不名誉はともかくとして、社会通念上、当然には」「会社の信用を害し、または体面を汚すものと解することはできない」とした例（国際興業事件・東京地判昭三一・八・二二労民集七巻四号六六〇頁）、②バス会社のバスガイドが、同僚である男性従業員と会社外で性的関係をもち、その後結婚したことを理由とする懲戒解雇処分が争われた事案について、「当該行為は全く私行上の問題であり、会社の運営と何ら関係がなく、懲戒解雇事由には該当しない」とした例（石見交通事件・松江地益田判昭四四・一一・一八労民集二〇巻六号一五二七頁）、③夫と離婚していた女性従業員が、会社の妻子ある同僚男性従業員と会社外で性的関係をもち、会社内外で噂の種にさらされるようになったとして解雇された事案につき、当事者の「地位、職務内容、交際の態様、会社の規模、態様に照らしても」、当事者間の交際が、会社の「職場の風紀・秩序を乱し、その企業運営に具体的な影響を与えた」とは認められないとして解雇を無効とした例（繁機工設備事件・旭川地判平元・一二・二七労判五五四号一七頁）、④キリスト教系の女子短期大学の独身の英語科専任講師が、妻子と別居中の男性と結婚を前提に交際し、男性との間に婚外子を出産したが、その後男性との間が不仲となり、男性が大学内で女性を付け回して暴力沙汰に及ぶようになったことから、大学の品位を著しく損ない、学生に対して悪影響を及ぼしているとして解雇された事案について、同人の「婚外子の出産という行為は」、大学の「教育方針に悖るものであるばかりか、その品位を著しく低下させ、明らかに学生らに対し悪影響を及ぼす事柄であって、これを単に私生活上の行為であるとして看過することのできないものである」とした例（大阪女学院事件・大阪地判昭五五・二・一三労判三六二号四六頁。しかしながら同判決が「婚外子の出産という行為」自体を解雇理由に該当するとしている点は、個人のプライバシーと職場の秩序の関連性の吟味を怠ったものであり妥当的なものとは言えないと思われる）、⑤妻子ある高校教諭が、教え子であった女子生徒とその在学中から親密な交際を始め、卒業後間もなく性的関係をもつに至ったことを理由とす

る懲戒免責処分につき、当該教諭の行為が「社会生活上の倫理はもとより、教員に要求される高度の倫理に反し、教員に対する社会の期待と信頼を著しく裏切ったものであり、池田高校の生徒をはじめ保護者及び地域住民に与えた不信感は容易に払拭しがたいと言わざるを得ない。したがって、原告は、法三三条が禁じる、その職の信用を傷つけ、職員の職全体の不名誉となるような行為を行ったものというべきである」として当該処分を有効とした例（池田高校事件・大阪地判平二・八・一〇労判五七二号一〇六頁）、等がある。この中で、④⑤は教育現場におけるものであり、判決には教員（職）という地位・職務内容に対する非難が前面にでているが、教員（師）であっても、人としての性的自由・プライバシーによって保持されるべき利益を有しており、裁判においても認定された事実からは、性的自由・プライバシーが優越する事案であったと思われる。

3　「職場恋愛禁止」規定は許されるか？

では、企業や大学等の「政策」として、あるいは将来企業秩序を侵害する可能性をあらかじめ除去する（例えば現在恋愛中の男女が、将来「破局」を迎えた際に当事者間で争いとなったり、軽微なセクシュアル・ハラスメント行為を放置することにより、将来企業の信用・名誉を侵害する可能性等）目的のもとに、これらの行為を「禁止」することは許されるであろうか？

(1)　「軽微」な性的言動

性的言動がセクシュアル・ハラスメントとして刑事・民事上、また職場秩序違反行為等として違法不当なものとされるのは、既に述べた通り当該行為によって相手方の性的自由等人格的利益や職場環境を侵害する行為に該当する場合であるが、それに該当するか否かは、当該状況や性差・年齢差等さまざまな要素により各人のとらえ方によって差がでてくることがあり（もっとも、暴行・脅迫や地位・権限を利用・乱用した場合には、これらのとらえ方の「差」は、単なる「いいわけ」にすぎないことが大半であることは既に述べた通りである）、とりわけ性的言辞の場

合にはその判断が微妙なことがあり得よう。例えば上司が自分の女性部下に「今日はきれいだね」、「すてきな服を着ているね」等と発言する行為は、それ自体は何ら「不快な性的言動」でないかも知れないが、それらの発言に加えて「ボインが目立っていいね」等と身体的特徴を言ったり、あるいはじろじろと身体全体を眺めまわしながらこのような発言をしていた場合は、全体として「不快な性的言動」として違法不当なるものと評価されることになろう。何よりもかかる言辞は職務や教育・研究の遂行に何らかかわりのないものであり、一般にプライバシーに関することを対象としたものなのである。したがって、このような個人の容貌や服装等のプライバシーに属する事柄や職務遂行に関わりのない行為を禁止することは、性に価値中立的な職場・教育環境をめざすものとして、合理性をもったものといえよう。均等法に定められた事業主の「配慮義務（同法二一条）」は、このような内容を確認するものでなのである。

では、このような「禁止」規定に違反した場合、企業や大学等は当該違反者を処罰することが可能であろうか？　前述の例で、上司が女性部下に対して「今日はきれいだね」「すてきな服を着ているね」等と容貌や服装に関する発言をすることは、それ自体は女性部下の人格的利益を侵害するものではなく、企業等の業務阻害や信用・名誉を損ねるものでもなく、かかる言辞を理由として懲戒処分をすることはできないであろう。このような場合、右「禁止」規定は、当該企業・研究機関等のセクシュアル・ハラスメントに関する、いわば「政策」を表明したものとも言えようが、かかる「禁止規定」が何らの法的権利業務内容を発生させないのではなく、むしろ使用者等は、かかる「政策」を実現すべく、広報・教育・救済手続き等の職場環境を整備をする契約上の義務を負うことになり、このような禁止規定を定めながら、右規定違反を理由とする何らかの救済手続きを求められながらそれを怠った場合は、使用者責任が発生することになろう。

(2)　「合意」による性的言動

性的言動が「意に反する不快な性的言動」の場合、セクシュアル・ハラスメントとして法的に違法不当なもの

とされるが、当事者の性的言動が、双方の自由な意思形成にもとづくもの、即ち「合意」によるものである場合、セクシュアル・ハラスメントに該当しないことは明らかであろう。例えば①大学の指導教官と大学院生が恋愛関係にあり、将来結婚を約束し合っていた場合、②会社の男子従業員が夫のある同僚の女子従業員と恋愛関係（いわゆる不倫）にあるものの、女子従業員は将来夫と離婚して男子従業員と結婚することを約束していた場合、③男女の従業員が恋愛関係にあり、将来結婚することを約束し合っている場合――等々。しかしながら、これらのケースについて次のようなことが起こったらどのように考えるべきなのだろうか？　例えば、①大学院生が所属する指導教官のゼミの他の女子学生達が、成績等で差別されている可能性があるとして大学当局に苦情を持ちこんだ場合、②女子従業員の夫に二人の仲が発覚し、夫は離婚に応じず、会社に「何とかしてくれ」と苦情を持ち込んで来た場合、③恋愛関係にあった男女の従業員の仲がやがて「破局」した後に、男子従業員が女子従業員にしつこくつきまとい、女子従業員が会社に「何とかしてくれ」と苦情を持ち込んだ場合――これらのケースはいずれも、当事者の「自由な」意思形成に基づく「合意」を前提とした（性的）関係であり、それ自体はプライバシーに属するものとして、会社や大学等の組織はこれらの行為に対してあれこれと干渉することは、法的にも社会的にも許されないものであろう。したがって、①の場合は同じゼミの学生達から苦情が持ち込まれた段階で、②や③の場合は夫や女子従業員から苦情が持ちこまれた段階で、それぞれ具体的に当該行為が企業や大学等の職場・研究環境等の秩序を侵害するものか否かを判断することにより、秩序違反行為の有無を問うことが可能であろう。

では、あらかじめ、これらの行為を「禁止」することは可能なのであろうか？　本来これらの行為はいずれも当事者の「自由な」意思形成に基づいて行われている、言わば個々人のプライバシーに属するものであり、原則としてそれらが企業や大学等の秩序や他人の人格的利益に対する危険性を現実化しない限り、これらの行為を「禁止」する合理性は存在しないと言わざるを得ないであろう。しかしながら他方、良好な雇用や教育研究条件を整備する義務を負っている企業や大学当局は、そのような蓋然性のある行為を阻止する権限も有していると言え

よう。このような観点からは①は、支配従属関係に立つ指導教官と学生との間の（性的）関係であり、このような関係がたとえ当事者の「自由」な意思形成に基づくものであるとしても、指導教官と支配従属関係にある他の学生に対して研究・教育上さまざまな影響を与えざるを得ないものであり、このような目的のもとに、指導教官と学生との性的関係を「禁止」することは合理性をもったものと言えよう。もっともこのような「禁止規定」も、(A)と同様に当事者の「合意」に基づく性的関係を直接禁止し、処罰する効力を有するものではなく、そのような行為を回避することを「政策」とするものであり、使用者は、かかる状況が出現した場合には、それを除去する努力義務を負い、それらを怠った場合には、使用者責任が発生することになろう。これは雇用の場において直属の上司と部下という支配従属関係のある当事者同士の性的関係についても同様であろう。

これに反して、②、③はこのような「禁止規定」を設けることには合理的を見いだすことは困難であろう。何故ならば、同僚である男女の恋愛関係については、たとえ一方に配偶者がいた場合であっても、配偶者と他方当事者とのトラブルは当事者間の問題であり、それ自体が雇用や教育等の環境を悪化させる蓋然性を有するものではなく、配偶者とのトラブルや破綻後のトラブル等が現実に企業等の秩序を侵害する可能性を有するに至った場合に対処すれば十分だからである（このような観点から(2)に述べた裁判例の中では④の裁判例は明らかに問題をはらむものと言えよう。）。

四　セクシュアル・ハラスメントと「不貞行為」

1　はじめに

セクシュアル・ハラスメントは市民社会の一般的法秩序並びに組織の秩序に違反するものであることが明らか

図２　不法行為請求の成否

(1)

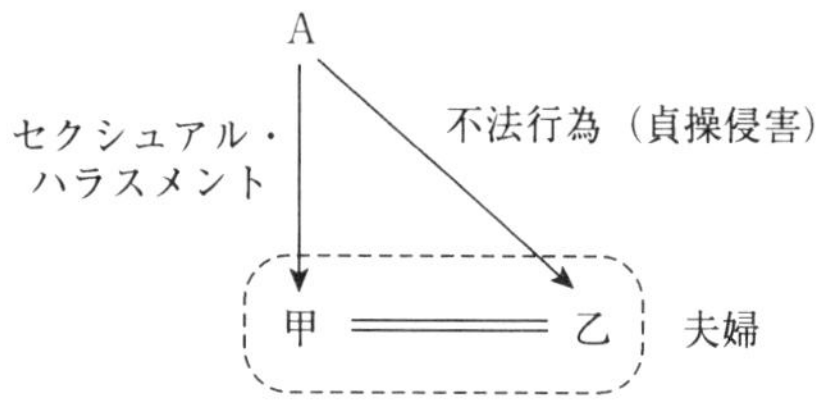

(2)

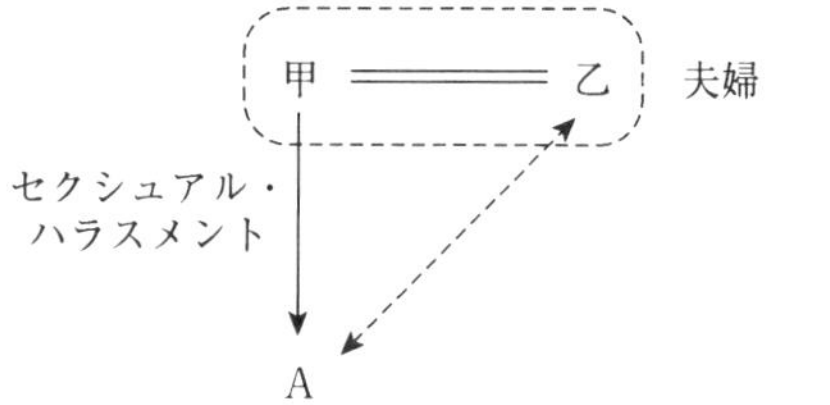

となったが、このような行為は「家族（夫婦）秩序」にも違反するものなのだろうか？

「家族秩序」とは、主として夫婦並びにその間の未成熟若しくは未成年の子からなる「共同体」のことであり、わが民法もこのような共同体に対してさまざまな権利義務関係を付与しており（民法七二五条以下）、その中でも中心的位置を占める夫婦間には、身上的義務として同居・協力・扶助義務が定められており（民法七五二条）、更に配偶者の「不貞行為」が離婚原因とされていることから（民法七七〇条一号）、夫婦は相互に排他的性関係を保つ義務（いわゆる「貞操義務」）を負うものとされており——巷間これらの義務のことは、夫婦の三大義務——「食卓・財布・ベッドの『共有』！」と呼ばれている——、このようなものからなる法秩序を「家族（夫婦）秩序」と呼ぶことにしよう。この中でも、夫婦間の貞操義務は、夫婦関係が破綻しないかぎり夫婦間では相互に有しているものと理解されており（東京高判昭五二・八・二五判時八七二号八八頁）、夫婦間の性的結合を第三者が侵害した場合は、このような夫婦間の排他的利益（「貞操権」）を侵害するものとして当該第三者は不法行為責任を負うことになる。ところで、最高裁は、このような場合の貞操権侵害行為について、「夫

婦の一方の配偶者と肉体関係をもった第三者は、（そのような行為について）故意又は過失があるかぎり、右配偶者を誘惑するなどして肉体関係を持つに至らせたかどうか、両名の関係が自然の愛情によって生じたかどうかにかかわらず、他方の配偶者の夫または妻としての権利を侵害し、その行為は違法性を帯び、右他方の配偶者の被った精神上の苦痛を慰謝すべき義務にある」（最二小判昭五四・三・三〇判時九二二号三頁）と判断しているため、セクシュアル・ハラスメントの当事者双方（「加害者」も「被害者も」）が、相手方の配偶者に対して不法行為責任を負う可能性が残されることとされ、現実にセクシュアル・ハラスメントの「被害者」は、周囲の人からしばしば「加害者の妻からも慰謝料請求をされることになるかも知れない」等と言われることがあり、従来このようなことが理由となって、セクシュアル・ハラスメントの訴え提起をためらうこともあった。果たしてそうなのであろうか？　結論からいうと答えは「NO！」である。そこでこの問題を、⑴セクシュアル・ハラスメントの「加害者」と「被害者（概ね女性）」の配偶者との関係と、⑵セクシュアル・ハラスメントの「被害者」と「加害者」の配偶者との関係とに分けて検討してみよう。

裁判例では⑴の場合、セクシュアル・ハラスメントの「加害者」は、「被害者」の性的自由のみならず、「被害者」の配偶者の利益（＝貞操権）をも侵害したものとして両者に対して不法行為責任を認め、⑵の場合、セクシュアル・ハラスメントの「被害者」は、加害者並びに加害者の配偶者に対し何らの責任を負わないものとされている（図２）。

2　セクシュアル・ハラスメントの「加害者」と「被害者」の配偶者との法的関係

セクシュアル・ハラスメントが、その「被害者」の性的自由等の人格的利益を侵害する違法不当なものであることは、「加害者」に配偶者がいるか否か、「被害者」がそのことを知っていたか否かには何ら関わりのないことである。このような法理を述べる裁判例として、まずセクシュアル・ハラスメントの当事者間の事例として、①

妻子ある男性上司が、未成年の女性部下に対し、妻と別れる意思がないのに結婚しよう等と甘言を弄して一年余に亘って性的関係を持ち、女性が妊娠したとたんに交際を断った事案について、「女性が情交関係を結んだ当時、男性に妻のあることを知っていたとしても」、「その情交関係の動機が、（女性が）主として男性の詐言を信じたことに原因している場合において、男性側の情交関係を結んだ動機や、その詐言の内容、程度およびその内容についての女性の認識等諸般の事情を斟酌し、右情交関係を誘起した責任が主として男性にあり、女性の側におけるその動機に内在する不法の程度に比し、男性の側における違法性が著しく大きいものと評価できるときには、女性の男性に対する貞操権の侵害を理由とする慰謝料請求は許容されるべきであ」るとした例（最二小判昭四四・九・二六判時五七三号六〇頁）がある。

次にセクシュアル・ハラスメントの「加害者」と「被害者」の配偶者との関係について、②美容院を経営する妻子ある男性Aは、従業員である独身女性Bが生活に困窮していたことから合計五五万余円のお金を貸していたが、B女が退職した後貸金の返済を迫ると共に、性的関係をもつなら一回五万円の貸金の返済したことにする等執拗に性的関係を迫って性的関係をもち、再び自己の美容院に勤務させて性的関係を継続していた。B女はこの間C男と結婚したが、Aは、そのことを知りながらBに金員を与える等して、B女が夫に告白して美容院を退職するまでの二年余に亘って性的関係、わいせつ行為を強要し続けたことから、B女と夫C男が美容院経営者Aの不法行為責任を追及して訴えた事案で、被告Aの本件行為は「被告Aから金員を借り受け、その返済を迫られていた原告B女に対し、右債務の履行及び経営者の地位を利用して、原告B女に対し情交関係を求め、更に右情交関係の反復とわいせつ行為の反復を求めたもの」であり、「原告B女は昭和六三年七月原告C男と婚姻したところ、その後も被告Aは原告B女との情交関係、わいせつ行為を継続したというものであり、少なくとも右婚姻後の右行為は、原告C男に対する関係でも不法行為を構成するものと解される」（被告Aが主張した過失相殺の主張についても、「もっとも確かに、情交関係等は被告A単独ではできず、原告B女の『同意』がなければ成立しないものであるが、

前記のとおり原告B女が自発的に情交関係を承諾したものではないのであり、単に被告Aとの間に情交関係があったからといって、当然に原告らに過失を認めることはできない」）とした裁判例（名古屋地判平四・一二・一六判タ八一一号一七二頁）、③勤務先の上司からの誘いで性的関係を持ったパートタイマーの女性が、それがために前夫と離婚した後上司と結婚した事案につき、前夫からの上司に対する慰謝料請求を認めた裁判例（福岡高判昭五五・四・一六判タ四二三号一〇三頁）、④A女は、妻子ある男性上司B男から誘われて性的関係を継続していたが、このような関係に嫌気がさしてB男に関係を断つことを申し入れたのにそれを拒絶されてそのまま性的関係を継続し、これがためにA女は夫Cと離婚し、会社も退職に追い込まれたところ、前夫Cが上司Bに対し慰謝料請求をした事案につき、「A女が昭和四七年一一月中旬頃に別れ話を持ち出して以来徐々に従前の態度を変え、B男から遠ざかろうと努めたけれども、B男がA女を離そうとしなかったことが認められるところであるから、少なくとも同年一一月中旬頃から翌年一月下旬に至るまでの不倫関係継続の責任はB男にあるものとみることができる」旨判示し、前夫Cの上司Bに対する慰謝料請求を認めた裁判例（仙台地判昭五〇・一二・二六判時八〇一号。もっともこの事案では、上司の妻からのA女に対する慰謝料請求も認定しているが、A女がB男に別れ話を持ち出すまでの間については、裁判所の判断は妥当なものと言えよう）、⑤妻と不貞行為を働き、婚姻関係を破綻させた相手方の男性に対する夫からの慰謝料請求につき、「合意による貞操侵害の類型においては、自己の地位や相手方の弱点を利用するなど悪質な手段を用いて相手方の意志決定を拘束したような場合でない限り、不貞あるいは婚姻破綻についての主たる責任は不貞を働いた配偶者にあり、不貞の相手方の責任は副次的なものとみるべきである。けだし、婚姻関係の平穏は第一次的には配偶者相互間の守操義務、協力義務によって維持されるべきものであり、この義務は配偶者以外のものの負う婚姻秩序尊重義務とは質的に異なるからである」と判示した例（東京高判昭六〇・一一・二〇判時一七四号七三頁）等があり、いずれも妥当なものであろう。

3　セクシュアル・ハラスメントの「被害者」と「加害者」の配偶者との関係

セクシュアル・ハラスメントの「被害者」は、たとえ当該行為が性的関係を伴うものであり、それによって「加害者」の夫婦関係が破綻したとしても、「加害者」の配偶者に対して不法行為責任を問われることはない。そのような裁判事例として、例えば、妻子ある男性A男が仕事上で知り合った夫ある女性B女に対し、当初は、モーテルに連れ込んでレイプをした後、暴行・脅迫を繰り返す等して性的関係を継続し、それが為に妻と離婚・再婚を繰り返したが、この間引き続き、当初の女性B女との性的関係は継続し、この期間は七年余に亘ったことから、妻がB女に対して慰謝料請求をした事案につき、「再び肉体関係を結ぶに至る発端については、A男が被告B女を再々強引に呼び出して暴行・脅迫を加えたうえ関係を強要したことによるものであり、さらに、右関係継続の点についても、その後も絶えず、酒乱の気のあるA男の暴行・脅迫にさらされながら続けられたものと言えるのであるから（そもそも二人の最初の肉体関係は、先に認定したとおり、前記復縁の五年前にA男の偽りと暴行によって持たれたもので、このことがその後の二人の関係に影響していることは明らかであろう）、被告B女にはA男との肉体関係の端緒及び継続について責任はなく、A男こそが全面的にその責任を負うものと言うべきであ」り、「原告とA男との婚姻関係がほぼ破綻に瀕し、原告が夫たるA男に対し貞操を要求し難いような状況下において、専らA男の暴力と脅迫によって被告B女が同人と肉体関係を結んだことをもって、社会的相当性を欠く違法があるものとし、原告がA男との（再婚後の）婚姻・家族生活を破壊し、貞操要求権を侵害した違法行為と断ずるのは当を得ないと言わざるを得ない」と判示して妻の請求を棄却したものがあるが（横浜地判平元・八・三〇判時一三四七号七八頁）、妥当な判断である。

五　セクシュアル・ハラスメントと民事（使用者）責任

1　使用者責任の根拠――「セクシュアル・ハラスメント防止義務」

セクシュアル・ハラスメントによって相手方の人格的利益や雇用契約上の利益等何らかの法的利益が侵害された場合、加害者本人が不法行為責任（民法七〇九条）を問われるだけでなく、雇用や教育現場等で行われた場合には、企業や大学等の使用者責任が問題とされることになる。

ところで従業員が第三者（その大半は部下）に加える（若しくは取引先や顧客から加えられる）セクシュアル・ハラスメントは、本来職務とは無縁の私的行為であるにも関わらず、使用者責任が問題とされるのは何故なのだろうか？　元来、従業員が雇用契約において、その義務として労務を提供するためには、その一身が使用者の指揮命令に服さざるを得ず、従って労働者の身体や労働環境も、使用者の配慮いかんによっては深刻な影響を受けざるを得ないことになる（この点につき判例は、自衛隊車輌整備工場事件最三小判昭五〇・二・二五において、「ある法律関係に基づいて特別な社会的接触に入った当事者間において、当該法律関係の付随義務として当事者の一方又は双方が相手方に対して信義則上負う義務として一般的に認められるべきもの」が安全配慮義務であり、この義務を怠って相手方が損害を負った場合には損害賠償がなされなければならないとして、国が公務員に対し安全配慮義務を負っていることを肯定しており、雇用契約については川義事件最三小判昭五九・四・一〇において、宿直勤務の場所に十分な防犯設備がないために、入って来た元従業員に宿直員が殴殺された事案につき、「使用者は（中略）労働者が労務提供のため設置する場所、設備もしくは器具等を使用し又は使用者の指示のもとに労務を提供する過程において、労働者の生命及び身体等を危険から保護するよう配慮すべき義務を負っている」として会社の責任を認めている）。

したがって使用者は、雇用契約上、従業員に対し労務の提供に関して良好な職場環境の維持確保に配慮すべき義務（＝職場環境配慮義務）を負っており、このような義務の一内容をなすものとして「セクシュアル・ハラスメント防止義務」（＝労働者の労働条件、環境がセクシュアル・ハラスメントにより害されないよう防止・配慮すべき義務）が存するといえよう。使用者がこのような義務に違反して職場においてセクシュアル・ハラスメントを発生させている場合には（例えば職場にヌードポスターが貼られて従業員にとって不快な職場環境になっている）、使用者は是正義務を負い、また右義務に違反して従業員の労働条件等に不利益が及んだり、人的被害が発生した場合には損害賠償義務等を負うことになろう。したがってこのような使用者が負う「セクシュアル・ハラスメント防止義務」は、雇用契約と類似した使用従属・指揮命令関係のあるところでも同様に問題とされることになり、例えば教育の場において学校当局が在学契約上学生や生徒に負う「教育・研究環境整備義務」もこのような性質の義務ということになる。また法的には直接の契約関係が存しない場合でも、実際には雇用と類似した指揮命令関係が存するときには、同様の義務が存することになり、例えば、派遣社員や出向社員、取引先に対するセクシュアル・ハラスメントについても同様の義務が妥当することになろう。従来使用者の「セクシュアル・ハラスメント防止義務」については、裁判例においてさまざまな法的アプローチがとられてきているが（民法七〇九条・七一五条・四一五条など）、いずれの事案においても、セクシュアル・ハラスメントの「加害者」は、使用者自身若しくは上司など使用者の「履行補助者」によるものであり、使用者の「セクシュアル・ハラスメント防止義務」違反を構成するものでもあった。

2　使用者責任についての三つのアプローチ

(1)　三つのアプローチ

企業や大学等でセクシュアル・ハラスメントが発生し、企業や大学等の法的責任が問題とされた場合に、裁判

所が使用者責任の法的根拠として用いてきたアプローチには三つのものがあった。

(i)　民法七一五条を法的根拠とするアプローチ

まず最も伝統的なアプローチとして、使用者である企業や大学等が、従業員や教職員等の「被用者」が行ったセクシュアル・ハラスメント行為について、民法七一五条を法的根拠として不法行為法上の使用者責任を負うとする考えがある。即ち、この考えでは、企業や大学等が、従業員や教職員等の行った個々的な不法行為全てについて責任を負うのは、近代法の原則（=「自己責任の原則」=「人は自己の行為についてのみ責任を負う！」）に反するとして、これら従業員や教職員の行為のうち、使用者の業務執行に関連した不法行為についてのみ企業や大学等は使用者責任を負うとするものである。このアプローチでは、使用者自身の従業員や教職員、顧客等の「第三者」に対する直接的なセクシュアル・ハラスメント防止義務等を問題とすることなく（それは(ii)(iii)のアプローチ）、使用者の「雇用」している「被用者」が、「其ノ事業ノ執行ニ付キ」、「第三者」（従業員や学生またはこれ以外の第三者含む）にセクシュアル・ハラスメント行為を行って、「第三者」の性的自由や職場（教育研究）環境享受利益等の法的利益を侵害した場合、使用者が不法行為法上の責任を負うことになる（この責任は一般に「代位責任」とされている――民法七一五条一項。但し使用者が、「被用者」の選任・監督について「相当ノ注意」を尽くした場合は免責されることになっているが、この立証が著しく困難であり、ほとんど不可能とされている。もっとも、直接の加害行為者が法人の代表者等の場合は免責規定もない――民法四四条一項、商法七八条二項・六九〇条等）。

(ii)　民法七〇九条を法的根拠とするアプローチ

次のアプローチとして、使用者である企業や大学等が、従業員や教職員等が行なったセクシュアル・ハラスメント行為について、民法七〇九条を法的根拠として直接不法行為法上の責任を負うとする考えがある。即ち、この考えでは、企業や大学等は多数の従業員や教職員等によって一定の目的のもとに集団的・統一的に運営されており、このような企業や大学等の集団的・統一的運営の特質に着目するならば、被用者の行ったセクシュアル・ハラスメント等の不法行為を個々の被用者の行為に分解する

のではなく、その社会的・統一的実態に着目して企業や大学自身が不法行為責任を負うとするものである。このアプローチでは、企業や大学等の組織において、特にセクシュアル・ハラスメントのように、他者の性的自由等の人格的利益や良好な職場（教育研究）環境享受利益を侵害する行為は、従業員等個々人の不法行為責任に尽きるものではなく、企業や大学等が自らが組織運営においてかかる利益を侵害しないようにすべき義務を負っており、使用者にかかる責任を負わせても何ら自己責任の原則に反しないというものである。この場合、使用者である大学や企業等は、一定の範囲の「第三者」（従業員や学生またはこれ以外の第三者も含む）に対して、直接セクシュアル・ハラスメント防止等の注意義務を負い、従業員や教職員等が「第三者」の性的自由や職場（教育研究）環境享受利益等の法的利益を侵害した場合、使用者はこの義務に違反するものとして民法七〇九条を法的根拠として不法行為法上の責任を負うことになる（この責任は「自己責任」である）。

(iii)　**契約責任（民法四一五条）を法的根拠とするアプローチ**　最後に近時有力になってきているアプローチであり、企業や大学等が契約上（雇用契約・在学契約）従業員や学生に対して負っている義務を法的根拠として、契約上の責任を負うとする考えである。即ち、この考えでは、企業や大学等は雇用契約や在学契約上の義務として、従業員や学生等の職場（教育研究）環境を整備する義務を負っており、職場等でセクシュアル・ハラスメントが行われて従業員や学生が被害を受けた場合、企業や大学等は、この義務違反による契約上の責任を負うことになる（民法四一五条）。この義務の法的性格については、雇用契約や在学契約に内在する本来的義務とする考え方と、信義則上導かれる付随的義務とする考え方があるが、前者の場合、その法的根拠は民法四一五条二項となり、後者の場合は、民法一条二項ということになろう。

なお、(i)〜(iii)いずれについても、セクシュアル・ハラスメントの「加害者」本人と企業や大学等の使用者とが「被害者」に対して負う損害賠償義務は、不真正連帯債務の関係となろう。本年四月一日から施行された改正均等法、人事院規制のセクシュアル・ハラスメントに関する規定は、(ii)(iii)のアプローチからは、使用者の右義務を確

図3　セクシュアル・ハラスメント――問題状況と法的責任

〈セクシュアル・ハラスメントの問題状況〉

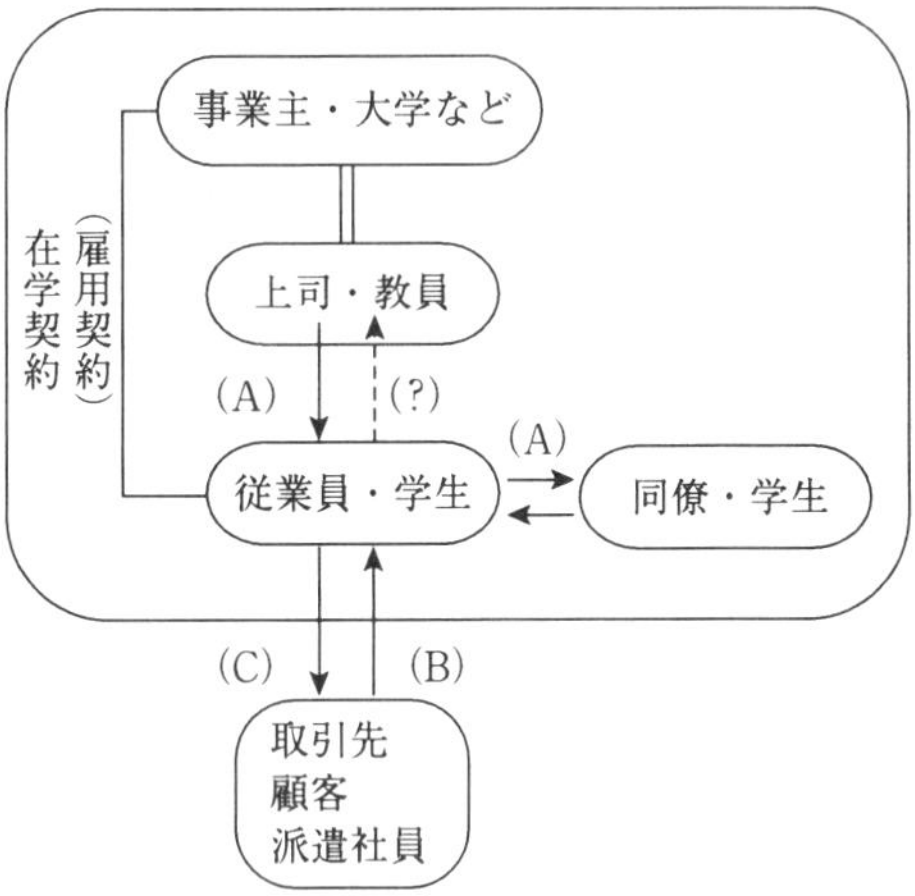

〈使用者責任と法的根拠〉

被害者＼加害者	組織内（従業員，学生など）	組織外（取引先，顧客，派遣社員 出向社員など）
組織内（従業員，学生など）	有り（A）⇨(1)～(3)	有り（B）⇨(2)，(3)
組織外（取引先，顧客，派遣社員 出向社員など）	有り（C）⇨(1)，(2)	なし（D）

認する内容となっているといえよう。

これらの問題状況を表にすると図3の通りとなるが、今日までの裁判例で問題とされてきたのはもっぱら(A)の場合である。なお、(i)のアプローチからは(A)と(C)が、(ii)のアプローチからは(A)〜(C)が、(iii)のアプローチからは(A)(B)がカバーされることになる。

セクシュアル・ハラスメントに対する使用者責任の成立要件は、前述した(i)〜(iii)アプローチにより微妙に異なっている。即ち、(i)民法七一五条を法的根拠とする場合は、①被用者が、②使用者の事業を執行するにつき、③第三者に、④加害行為(セクシュアル・ハラスメント)をすることが要件とされ、ここではとりわけ被用者によるセクシュアル・ハラスメント行為が、使用者責任の「事業の執行することにつき」なされたものか否かが最大の争点となり、(ii)民法七〇九条を法的根拠とする場合は、①使用者の故意又は過失によって、②第三者に、③加害行為(セクシュアル・ハラスメント)がなされたことが要件とされ、ここでは使用者の故意又は過失即ち使用者の「注意義務」(=セクシュアル・ハラスメント防止義務)の内容・程度が最大の争点とされ、(iii)民法四一五条を法的根拠とする場合は、①使用者の責に帰すべき事由により、②加害行為がなされたことが要件とされ、ここでは使用者の帰責事由(=職場環境配慮義務)が最大の争点とされることになる。

またセクシュアル・ハラスメントに対する使用者責任の法的効果についてみると、裁判例では使用者の「セクシュアル・ハラスメント防止義務」の「事後措置」としての被害回復義務(解雇・退職無効、慰謝料、逸失利益など)が問題とされており、これらの法的効果は、(i)〜(iii)いずれのアプローチによっても差のないものであった。しかしながら使用者の「セクシュアル・ハラスメント防止義務」の「事前措置」としての規定整備義務や施設整備義務等や、「事後措置」としての調査義務・被害拡大回避義務等を使用者が怠っている場合に、従業員が右義務の履行請求を行うについては、(iii)のアプローチが有効なものとなってこよう(後述――もっともこれらの義務について、将来差止請求が広く認められるようになれば、(i)〜(iii)いずれのアプローチでも大差がないこととされよう)。そこ

でこれら三つのアプローチによる使用者責任の根拠づけ等について裁判例に沿ってみていくことにしよう。

(2) 民法七一五条を法的根拠とするアプローチ

職場におけるセクシュアル・ハラスメントに関して使用者責任を肯定した裁判例の中で、最も多用されるアプローチである。企業や大学等は、従業員や教職員が同僚や学生に不快な性的言動をした場合、その全てについて責任を負うわけではないものの（例えば勤務時間外に、同僚の男性職員が日頃から片思いをしている同僚の女性職員の自宅でののぞき見等のストーカー行為をする等）、「被用者」が「其事業ノ執行ニ付キ」第三者に損害を加えた場合には、使用者としての損害賠償義務を負うとする考え方は、セクシュアル・ハラスメントにおける使用者責任を追及する場合にもなじみやすいことから、このようなアプローチが多用されてきたといえよう。しかも、民法七一五条によると、使用者責任を追及する場合には、直接の「加害者」本人が法人の代表者である場合、使用者は選任・監督について免責されず（民法四四条一項、商法七八条二項等）、また「被用者」は、使用者が実質的に指揮命令関係にあればよいとされている（最判昭三七・一二・一四判時三二五号一七頁など）。更に「事業ノ執行ニ付キ」は、一般に非常に広く解されており、「被用者」が職務執行行為の遂行過程で付随しておこした加害行為のみならず、職務執行行為を逸脱・乱用しておこした加害行為であっても、「その行為の外形から観察してあたかも被用者の職務の範囲内の行為に属するものとみられる場合」（いわゆる「外形標準」説、最判昭四〇・一一・三〇判時四三三号二八頁）には使用者は民法七一五条の使用者責任を負うものと解されており、また喧嘩などの事実行為についても「事業の執行行為を契機とし、これと密接な関連を有すると認められる」ものについては使用者責任が認められている（被用者同士の勤務時間中の喧嘩について、最判昭四六・六・二二判時六三八号六九頁）。

ところで使用者責任の実質的根拠とされるところのものは、使用者を使用することによって自己の社会的活動を拡大して利益を得るとともに社会的危険を作り出している者（使用者）に対し、その見かえりとして、自己の事業活動に関連して被用者が他人に与えた損害について賠償義務を負うべきとする、いわゆる「報酬責任」、「危

険責任」の原則に基づくものであると理解されている。従ってセクシュアル・ハラスメントのようないわゆる実質的不法行為が、「事業ノ執行ニ付キ」に該当する行為か否かは、一般的には「事業の執行行為を契機とし、これと密接な関連を有すると認められるもの」即ち、当該セクシュアル・ハラスメント行為と使用者の事業との関連性の有無・程度によって判断されることになり、その際、当該セクシュアル・ハラスメント行為に対する使用者の関与度や防止努力の有無・程度、セクシュアル・ハラスメント行為が勤務時間内か外か、企業施設内か外か等が総合的に考慮されることになろう。

職場や大学等におけるセクシュアル・ハラスメント行為は、職場等の上下関係、支配従属関係を利用・乱用したり、職務に付随若しくは藉口して相手方の意に反する不快な性的言動を行うものであり、このようなセクシュアル・ハラスメントの特性に着目した場合、法的に使用者責任が問題とされる際の「事業ノ執行ニ付キ」の具体的指標としては、①セクシュアル・ハラスメントの「加害者」と「被害者」との上下関係、支配従属関係が相当程度あるか否か、若しくは②セクシュアル・ハラスメント行為と「事業」との関連性が相当程度あるか否か、即ちセクシュアル・ハラスメント行為が事業と時間的・場所的に近接し、事業の遂行過程でなされたか否か、を問題とすべきであろう。したがって例えば、会社の社長等の幹部職員が、部下の女子従業員を執拗にデートに誘ったり、身体に触る等の不快な性的言動をした場合のように、当事者間に支配従属・上下関係がある場合には、当該行為が勤務時間や施設の内外で行われていたか否か、を問わず、地位利用・乱用したものとして、「事業の執行に付き」の行為として使用者責任が認められることになろう。他方、男性社員が同僚の女性社員に、執拗にデートに誘ったり、身体に触る等の不快な性的言動をした場合のように、当事者間に支配従属関係が存在しない場合には、地位利用・乱用したものとは言えないことから、当該行為が勤務時間中や職務の遂行過程の行為とみとめられる場合に、「業務の執行に付き」の行為とされることになろう。職場や大学等のセクシュアル・ハラスメントは、これらの二つの事例の中間形態として多様な形態をとってあらわれることになるが、今日までの裁判例

の大半は前者に属するものである。そこで以下にこの点に着目して、裁判例をみていくことにしよう。

《① 支配従属・上下関係の相当性》

職場や大学等で行なわれるセクシュアル・ハラスメントは、既に述べているように社会学的にみると、性差別・性蔑視を背景とし、上司と部下、教官と学生等の組織内における指揮命令関係や、上下関係を利用・乱用したり、職務遂行に付随したり藉口したりして行なうものであることから、まず第一に企業や大学等の使用者責任は、当該組織内での、セクシュアル・ハラスメント行為の「加害者」と「被害者」の上下関係、支配従属関係の有無・程度が問題とされることになる。支配従属関係の有無・程度は、相手方の意に反する性的言動か否かの判断指標ともなるものであるが、同時に当該行為が「事業の執行行為を契機とし、これと密接な関連を有する」ものであるか否かの重要な判断要素ともなってくる。次に述べる裁判例にみられるように、会社の社長、上司、教官等の幹部職員が、従業員、部下、学生等にセクシュアル・ハラスメント行為を行なった場合は、当事者間の支配従属・上下関係が強い関係にあり、勤務時間や施設の内外に行なわれたか否かを問わず、自らの地位、権限を利用・乱用して行なったものとして、「事業の執行に付き」なされた行為とされる傾向にある。

(i) 会社の代表者によるセクシュアル・ハラスメント行為

〈事例45〉 金沢セクシュアル・ハラスメント事件（名古屋高裁金沢支判平八・一〇・三〇）

〈事件の概要〉 建設会社の社長宅で電話番、炊事等の家政婦的仕事に従事していた女性社員が、会社の代表者である社長から性的関係を迫られ、これを拒否したところ社長から仕事にかこつけて種々のいやがらせを受け解雇されたとして、社長個人の不法行為責任と会社の使用者責任を追及した。原告女性は社長の右行為は、会社社長としての地位を利用して原告に対し性的関係を迫ったものであり、社長個人の行為であると

共に被告代表者として従業員に強要した行為であり、社長は民法七〇九条による不法行為責任を、会社は機関である社長の行為につき民法四四条（商法による準用）により、また社長の使用者として民法七一五条による使用者責任を負い、更に被告会社は労働契約上の信義則の具体化として認められる配慮義務の一環として労働環境整備義務を負っており、被告会社は社長の行為に対して何等の措置も取らなかったのであるから、民法四一五条による債務不履行責任も負う、と主張した。

（二審判決）　判決は一、二審ともに原告主張のうち解雇の部分を除き概ね認め、社長並びに被告会社の責任を認めた。

①　社長の民法七〇九条に基づく個人責任

社長が原告女性に対してした強制わいせつ行為を含む性的言動及び殴打行為はいずれも違法であるから、社長は民法七〇九条に基づき右違法行為によって原告が被った損害を賠償すべき義務を負っている（但し、嫌がらせや解雇については違法とはいえないとした）。

②　会社の民法七一五条に基づく使用者責任

被告会社は、本店所在地でもあり、種々電話連絡等もある代表取締役宅の家政を一手に委ねるために原告を採用したものであり、社長が原告から食事等の家政の提供を受けることは、妻の家出後であること、社長自らがそれを受けて昼夜を問わぬ被告会社の役務を現実に担っていた等の特殊な事情を考慮すれば、社長の職務とは別の職務とは認めることはできず、むしろ職務行為ないしこれと牽連する行為と認めるのが相当である。そうすれば、この間になされた代表取締役である社長の前記違法行為について、被告会社は原告に対し、民法四四条一項によって損害賠償すべき義務を負うものと解するのが相当である。

代表者ではないものの、代表者と同視しうる者のセクシュアル・ハラスメントについて使用者責任が認められた事例として次のものがある。

〈事例46〉　大阪セクシュアル・ハラスメント（葬儀会社）事件（大阪地判平八・四・二六）

（事件の概要）　原告である女性従業員が、勤務する葬儀会社の会長からセクシュアル・ハラスメントを受けたとして会長個人の不法行為責任と会社の使用者責任を求めた事件である。

（判決）　判決は次のように述べて、会長個人の不法行為責任を認めると共に会社の使用者責任も認めた。

①　会長の不法行為責任

会長の行為は、行為の態様自体はさして悪質ではないものの、偶発的なものではなく、原告に対して再発の危惧を抱かれるものであり、その人格を踏みにじるものであるから、社会的にみて許容される範囲を越え、不法行為を構成する。

②　会社の使用者責任

(i)　会長は、外形上、原告が職務を遂行中、少なくとも「被告会社の会長として、原告が早く業務に慣れてくれるようにと親切心から、アドバイスのつもりで同乗し」（答弁書）て本件行為を行なったものであって、本件における会長の行為は会社の会長の職務とは無縁ではなく、しかも、同行為は被告会社の会長としての地位を利用して行われたものであるから、職務との密接な関連性があり、事業の執行につき行われたと認めるべきである。

(ii)　なお、被告会社は、会長が名目的な会長であったことから、原告に対して有する優越的な地位を利用したものではないと主張するが、会長は被告会社にほとんど毎日出社しており、朝の朝礼にも参加するほか、社員の行儀等の教育も行っていたものであり、本件についても、会長が原告に対し道順を教えた帰途に行われたものであるから、被告会社の主張は採り得ない。

〈事例47〉　東京セクシュアル・ハラスメント（広告代理店A社）事件（東京地判平八・一二・二五）

（事件の概要）　広告代理店の従業員であった原告女性は、在職中、被告会社の会長からセクシュアル・ハラスメントを受けて退職を余儀なくされたとして、会社と会長を訴えた事件である。

（判決）　判決は次のように述べて、会長個人の不法行為責任だけでなく、会社の使用者責任も認めた。

①　会長個人の不法行為責任

会長が原告に対する肉体関係や交際を求めるといった数次に亘る言動は悪質であり、このような言動は、会長が会社の会長であり、原告の上司であることから、原告が会長の要求にあからさまに逆らえないことを利用して行われたものであり、原告に対し、性的に激しい不快感を与え、同人の人格を踏みにじるものであり、社会的にみて許容される範囲を明らかに超えているから、不法行為を構成する。

②　会社の使用者責任

(i)　会長は、社長に経営方法や営業方法についての指導はしていたものの、業務遂行一般については、被告会社や社長の指揮の下に行っていたことが認められ、実際にも会長が被告会社から賃金カットの処分を受けていることからすれば、被告会社は、実質的に会長に対する指揮監督関係が存していたことが認められる。したがって、被告会社は、会長の使用者であるといえる。

(ii)　また、会長は、勤務時間中、被告会社内部において、原告に対し、肉体関係や交際を求める話をし、原告への見舞いは会長の勤務時間中に行われ、被告会社の業務に関する会話がなされていた他、会長の一連の行為は、被告会社の会長ないし原告の上司としての地位を利用して行われていたものであるから、右一連の言動は、被告会社の職務との密接な関連性が認められ、事業の執行につき行われたものと認められ、被告会社は、民法七一五条の使用者責任を免れない。

(ii) 上司によるセクシュアル・ハラスメント行為

〈事例48〉 福岡セクシュアル・ハラスメント事件（福岡地判平四・四・一六）

（事件の概要） 雑誌の編集出版をしている会社に勤務していた女性社員（原告）が、上司である編集長から会社の内外の関係者に対し、男性関係等に関する悪評を振りまかれ、女性社員がこれに抗議したところ、編集長は女性社員に対して種々のいやがらせや退職強要をした。これに対して、会社の専務や代表者はこれらの行為を知りながら、なんら適切な措置を講じることなく、原告女性と編集長との対立の原因を、最終的には原告の責任にしたうえで、原告女性を退職させて問題の解決を図ったとして、原告女性は、編集長に対し民法七〇九条に基づく不法行為責任を、会社に対しては、編集長、専務並びに代表者が会社の「事業ノ執行ニ付キ」原告女性に対して共同不法行為をしたことを理由に、民法七一五条に基づき使用者責任を追及した（原告は、その他にも被告会社自身の不法行為責任、契約上の債務不履行責任も予備的に主張した）。

（判決） 判決は、次のように述べて、原告の主張を概ね認め、編集長の不法行為責任を認めると共に被告会社の使用者責任も認めた（但し、原告の予備的主張である被告会社自身の民法七〇九条に基づく不法行為責任、契約上の債務不履行責任については判断していない）。

① 編集長の不法行為責任

(i) 編集長が、被告会社の職場又は被告会社の社外ではあるが職務に関連する場において、原告又は職場の関係者に対し、原告の個人的な性生活や性向を窺わせる事項について発言を行い、その結果、原告を職場に居づらくさせる状況を作り出し、しかも、右状況の出現について意図していたか又は少なくとも予見していた場合には、それは原告の人格を損なってその感情を害し、原告にとって働きやすい職場環境のなかで働く利益を害するものであるから、同被告は原告に対して民法七〇九条の不法行為責任を負うものと解すべきである。

(ii) 編集長の右一連の行為は、原告職場の上司としての立場からの職務の一環又はこれに関連するものと

してされたもので、その対象者も、原告本人のほかは、同被告の上司、部下にあたる社員やアルバイト学生又は被告会社の取引先の社員であるから、右一連の行為は、被告会社の「事業ノ執行ニ付キ」行われたものと認められ、被告会社は編集長の使用者として不法行為責任を負うことを免れない。

② 専務ら被用者を選任・監督する立場の者の行為についての被告会社の責任

(i) 使用者は被用者との関係において社会通念上伴う義務として、被用者が労務に服する過程で生命及び健康を害しないよう職場環境等につき配慮すべき注意義務を負うが、そのほかにも、労務遂行に関連して被用者の人格的尊厳を侵しその労務遂行に重大な支障を来す事由が発生することを防ぎ、又はこれに適切に対処して、職場が被用者にとって働きやすい環境を保つよう配慮する注意義務もあると解されるところ、被用者を選任・監督する立場にある者が右注意義務を怠った場合には、右の立場にある者に被用者に対する不法行為が成立することがあり、使用者も民法七一五条により不法行為責任を負うことがあると解するべきである。

(ii) 専務は、代表権はないものの被告会社の実質上の最高責任者の地位にあったし、被告代表者は、文字どおり代表取締役であるから、いずれも原告の上司として、その職場環境を良好に調整すべき義務を負う立場にあったものといえる。

(iii) 専務らは、原告と編集長との間の確執の存在を十分に認識し、これが職場環境に悪影響を及ぼしていることを熟知していながら、これをあくまで個人間の問題として把え、同年三月に原告について昇給措置を行った以外は、両者の話合いによる解決を指示するに止まった。（中略）このように、専務らは、早期に事実関係を確認する等して問題の性質に見合った他の適切な職場環境調整の方途を探り、いずれかの退職という最悪の事態の発生を極力回避する方向で努力することに十分でないところがあった。

(iv) 以上の通り、専務らの行為についても、職場環境を調整するよう配慮する義務を怠り、また、憲法や関係法令上雇用関係において男女を平等に取り扱うべきであるにもかかわらず、主として女性である原告の譲歩、犠牲において職場関係を調整しようとした点において不法行為性が認められるから、被告会社は右不

法行為についても使用者責任を負うものというべきである。

〈事例49〉　大阪セクシュアル・ハラスメント（佐川急便）事件（大阪地判平一〇・一二・二一）

（事件の概要）　大手運送会社の従業員である原告女性が、会社主催の懇親会の終了後の二次会で、男性上司Aからセクシュアル・ハラスメントを受けたとして、Aの不法行為責任並びに会社の使用者責任を追及した（原告は、被告会社の責に帰すべき事由により出勤できない状態になったとして、未払い賃金の請求もしている）。原告は平成九年九月一日、被告会社にオフィスコミュニケーター（男性ドライバーと共にチームを組んで、オフィスを回って軽荷物、書類等を集配する業務であり、原告を含め八名の女性が第一期生として採用された）として採用され、大阪支店営業二課に配属された。被告Aは同課にドライバーとして勤務し、原告の上司の立場にあった。原告の主張によると、原告は入社して一ヵ月後に、同僚B（男性）から、職場の上司である被告Aが原告らを対象とした歓迎会の参加者を募っている旨の連絡を受けたので参加することにした。歓迎会終了して原告は帰宅しようとしたところ、被告Aから二次会のカラオケに行くことを懇願され、やむなくこれに参加することにしたところ、二次会場で被告Aは原告に隣に着席するように命じ、突然原告をソファーに押し倒し、倒れた原告の上に乗りかかって顔を近づけ、原告の左手甲にキスをしたり、原告の額にキスをし、原告のスカートをめくろうとしたため、原告は逃げようとした。これに対し、被告Aは原告に対し、「何で逃げるの」「そんなんやったらこの会社でやっていけへんで、まじめすぎんねん。」等と仕事の話をしながら、原告のジャケットをめくろうとするなどの行為を繰り返した。このようなことから原告は被告会社への出勤ができなくなったというものである。

被告Aは原告に対するセクシュアル・ハラスメント行為の事実を否定した。また被告会社は、本件歓迎会当時、

既に原告は他部所に配転されており、被告Aは原告の直接の上司でなくなっていたこと、被告Aが開催した歓迎会を会社は一切知らされておらず、また費用の負担もしていなかったこと、会社は原告らを採用時に男性ドライバーとの飲み会を厳禁する旨周知徹底していたこと、本件飲み会は土曜日であり、原告らは出勤日でもなく、あくまで私的な飲み会であり、会社は一切関係がないこと、したがって、本件飲み会は参加者の自発的意思により私的に開催されたもので、原告もこのことを承知していたというべきであるから、被告Aの行為は、被告会社の事業の執行につきなされたものではないと争った。

判決は原告の主張を概ね認めて、被告Aの不法行為責任並びに会社の使用者責任を認定した。

①　被告Aの不法行為責任

被告Aが二次会において原告に対してなした一連の行為は性的いやがらせということができ、原告に対する不法行為に該当するというべきである。

②　被告会社の使用者責任

(i)　被告Aは、ドライバーとオフィスコミュニケーターとの懇親を図るために本件飲み会を企画し、Bを通じて原告に誘いかけ、原告が一次会で帰宅しようとすると「カラオケに行こう」と二次会に誘い、嫌がる原告に対し仕事の話に絡ませながら性的いやがらせを繰り返したのであるから、右性的いやがらせは、職務に関連させて上司たる地位を利用して行ったもの、すなわち、事業の執行につきされたものであると認められる。

(ii)　原告は、オフィスコミュニケーターとしての仕事が体力的にきついため、平成九年九月二五日から一時的に事務作業に従事していたが、被告会社にはその際に原告に配置転換する旨の辞令を交付したわけでなく、原告は九月二七日には被告会社主催の第一期オフィスコミュニケーター歓迎会にも招待されており、これらの事実から被告Aと原告との上下関係が完全に切断されていたとは言い難い。

(iii)　被告会社は、男性ドライバーとオフィスコミュニケーターとの私的な飲み会をしないよう通知していたと認められるが、単に口頭で右通知を繰り返したにとどまるもので、現に一二名もの従業員が本件飲み会に参加したことに照らせば、被告会社の右通知は従業員にはさほどの重みを持って受け止められていなかったものと認められる。

してみれば、単に被告会社の通知に反して飲み会が開催されたというだけで、右飲み会において行われたAの行為が被告会社の業務執行性を失うと解すべきではない。

次に出向（在籍）社員のセクシュアル・ハラスメントにつき、出向先会社の使用者責任が認められた事例がある。

〈事例50〉　横浜セクシュアル・ハラスメント事件（東京高判平九・一一・二〇）

（事件の概要）　A社（B社の全額出資による子会社）に勤務していた女子社員（原告）は、B社からA社に出向（在籍出向）中の上司Cから、一連のセクシュアル・ハラスメントを受け退職を余儀なくされたとして、上司Cの不法行為責任、出向元であるB社、出向先であるA社の使用者責任、不法行為責任を追及した事件である。

（判決）　一審判決は、原告が主張するCの行為を認めることができず、平成三年一月一九日の行為も、行為自体極めて軽微で不法行為を構成するほどのものでないとして原告の請求を棄却した。

これに対して二審判決は次のように述べて、被告Cの不法行為責任並びにA社の使用者責任を認めた（不法行為責任については事例45を参照）。

（二審判決）

①　上司Cの不法行為責任

上司Cの性的行為はいずれも勤務時間中に、部下と二人きりの際敢えて行った行為であって、原告の性的自由及び人格権を侵害する一連の不法行為を構成し、民法七〇九条に基づき損害賠償責任がある。

② A社の民法七一五条に基づく使用者責任

(i) CはB社からA社への在籍出向を命じられ、機電事業部長兼横浜営業所長として、A社の事業を執行していた者であり、事業の執行に当たっては、A社の指揮監督を受けていたというべきであるから、民法七一五条の適用上は、A社の被用者に当たるものと解される。

(ii) Cの原告女性に対する前記不法行為は、いずれも、事務所内において、営業所長であるCによりその部下である原告に対し、勤務時間内に行われ、又は開始された行為であり、原告の上司としての地位を利用して行われたものというべきであり、Cの右不法行為は、A社の事業の執行行為を契機とし、これと密接な関連を有する行為というべきであり、A社は民法七一五条に基づき、Cの使用者として損害賠償責任を負うというべきである。

(iii) A社は、Cの行為は個人的な行為で、職務と何ら関係なく行われたものでる旨主張するけれども、右に判示したようなCの行為の外形から見て、事業の執行行為を契機として、これと密接な関連を有する行為と判断すべきものである以上、そのような行為に出た動機がCの個人的な満足のためのものであったとしても、そのことは右認定を左右するものではない。

③ B社の民法七一五条に基づく使用者責任

(i) 民法七一五条にいう使用関係の存否については、当該事業について使用者と被用者との間に実質上の指揮監督関係が存在するか否かを考慮して判断すべきものであり、前述のとおり、CがA社の事業執行については A社の指揮監督を受けていたものである。Cは、B社の社員であって、B社から給与の支給を受けていたものの、B社からは出向期間の定めなくA社に出向し、その間休職を命ぜられており、B社から日常の業務の遂行について指示を受けることはなく、A社がCに対する業務命令権及び配転命令権を有していたということができる。（中略）右のような事情の下では、B社がCに対する実質上の指揮監督と有していたと認

めることはできない。

(ii)　右に判示したところによれば、民法七一五条の適用の上では、CがB社の被用者であったということはできず、B社は、Cによる不法行為について、使用者責任を負うものではないというべきである。

《②　事業との関係の相当性》

職場や大学等の上司や教官等が部下や学生等に対して上下・支配従属関係を利用してセクシュアル・ハラスメントを行った場合は、原則として「事業ノ執行ニ付キ」なされたものとして事業主は使用者責任を問われることになるが、職場や大学等で職制上の上下・支配従属関係がなかったり、あるいはそのような関係がほとんどない同僚や先輩などが、他の同僚や後輩などにセクシュアル・ハラスメントを行った場合の使用者責任はどのようになるであろうか？　この場合は、セクシュアル・ハラスメントと事業との関係性が相当程度あることが必要であり、その具体的な指標としては、当該セクシュアル・ハラスメント行為が、勤務時間・勤務場所と近接しており、かつ、業務の一部若しくは全部を遂行する過程でなされたことが必要とされよう。何故ならば、使用者責任は、使用者の事業活動に関連して被用者が他人に与えた損害について使用者が負う責任であり、事業活動と関連性がなかったり希薄なものについては責任を問うべきでないからである。このような観点から被用者のセクシュアル・ハラスメントを認定しつつ、民法七一五条による使用者責任を否定したものとして次の裁判例がある（但し、使用者の債務不履行責任は認めた）。

〈事例51〉　三重セクシュアル・ハラスメント（厚生農協連合会）事件（津地判平九・一一・五）

（事件の概要）　厚生農協連合会（被告）が経営する病院に看護婦として勤務する原告女性二名が、平成四年

五月頃より平成六年二月一日迄、男性上司Ａ（准看護士副主任）から、勤務中に、すれ違いざまに臀部に触られたり、「いいケツをしているな」「生理と違うか」「処女か」などとわいせつな言葉を言われたり、同僚と深夜勤務をして休憩室で休憩中に、突然肩から腰のあたりを触られたり大腿部をさわられたりし、その都度原告らは逃げたり、手で払いのける等拒絶の態度を示していたが、平成六年二月一日深夜の休憩時間中に、休憩室で仮眠していたところを、下半身に触られるなどのわいせつ行為を受けた。この間原告らは、Ａの上司であるＢ主任に対し善処を申し入れていたにもかかわらず、Ｂ主任は「あいつは病気や」「最後に何とかする。注意する」等とくり返すのみで適切な措置をとらず、また被告連合会も、Ａが日常的に他の看護婦達に対してもひわいな言動をしていたにもかかわらず、本人に何の注意もしなかった。これにいたたまれなくなった原告らは、二月一日、Ａの行為の直後に婦長に対しＡの行為を訴えたところ、病院側は、Ａや看護婦らから事情聴取を行い、その結果Ａを懲戒処分に付すると共に副主任の職を解き、Ａを他の病棟に配置換えすると共に、原告らに対し謝罪書を提出した。しかしながら、原告らは、Ａが従来から日常勤務中に特にひわいな言動をしていたにもかかわらず、病院は何も注意をせず、この間原告らが再三に亘って上司に訴えても何ら対応等をとらず、その結果平成六年二月一日深夜の前記行為に至ったものであるとして、Ａに対して不法行為に基づく損害賠償を請求した他、使用者である連合会に対しても、不法行為法上の使用者責任あるいは契約上の職場環境配慮義務違反の債務不履行を理由として損害賠償請求をした。

これに対しＡは、原告らが主張する行為は瞬時に近く、目的としても原告らに対する職務上の注意を与えたり、冗談又は仲間同士の馴れ合い感や近親感の表れにすぎず、本件においては、原告らに対し、叱責・威嚇・無視等の不利益や嫌がらせ、その他の差別的言動は一切なかった。したがって、Ａの前記行為には違法性がなく、その程度の行為では原告らに対する権利侵害性もなかったと反論した。また被害連合会は、研修会等を日常的に実施しており、施設・人的配置・日常業務についてできるかぎり指導監督を行なってきた他、本件が発覚するや速や

かに事後指導をとっており、民法七一五条一項但書にいう事業の監督につき相当の注意をなしており、また職場環境配慮義務を尽くしてきており責任はないと争った。

判決はAの不法行為責任を認めたうえ、被告連合会の責任については、不法行為法上の使用者責任を否定したものの、契約上の職場環境配慮義務違反に基づく債務不履行責任を認定した。そこでここでは、Aの不法行為責任と被告連合会の民法七一五条に基づく不法行為責任を述べた部分につき引用しよう。

〔判決〕

① Aの不法行為責任

(i) 深夜勤の休憩室におけるAの行為は、原告らに対し数回にわたる執拗なものであって、短時間の行為とはいえ他意はなかったとすませることはできない。このようなAのひわいな言動は原告らにとって嫌悪感をもよおすものであり、第三者からみても冗談の範囲を越えていたと思われるが、Aは副主任の准看護士であり、原告らにとって上司にあたることもあって、原告らは監督責任者に対し早期に訴えることができなかった。

(ii) Aの前記行為は原告らに対し、いわゆる環境型セクシュアル・ハラスメントに当たり、不法行為に該当する。

② Aの不法行為と被告連合会の使用者責任

(i) Aは被告連合会の被用者であり、Aの本件行為が業務中に行われたことには争いがない。

(ii) しかし、本件の深夜勤務中の行為は、業務中、休憩室において行われたものとはいえ、原告らを起こしたり呼び掛けるための行為とは認められず、被告の個人的な行為であるから、業務を契機としてなされたものではなく業務との密接な関連性は認められない。また、Aの日常勤務中のひわいな言動は、やはりAの個人的な行為と認められる上、右深夜勤務中の行為と相まって不法行為となるものであると考えられるので、

右言動のみについて被告連合会の使用者責任を認めることもできない。したがって、被用者であるAの不法行為に基づいて、被告連合会の使用者責任を認めることはできない。

右の裁判例は、男性上司Aが准看護士副主任という立場であり、原告女性（看護婦）達との上下・指揮命令関係が稀薄があることから（監督責任者は病院長、事務長、婦長、主任とされている——①のケースとは言えない）、更に「事業」とセクシュアル・ハラスメントの関連性について検討を加え、本件事案では、男性上司Aのセクシュアル・ハラスメント行為が「業務中、休憩室で行われた」（Aの勤務時間中、施設内）ものであるものの、男性上司Aの行った行為は、「原告らを起こしたり呼び掛けるための行為とは認められず、被告Aの個人的な行為である」（業務の一部若しくは全部を遂行する過程の行為でない）として、「業務との密接な関連性は認められ」ず、使用者の「事業ノ執行ニ付キ」行った行為ではないとして、使用者責任を認めなかったものである。

民法七一五条による使用者責任の法的効果としては、理論的には事後措置としての被害拡大回避義務・被害回復義務に伴う、損害賠償・謝罪文・差止請求等が問題とされようが実際に裁判例で問題となったものは、被害者に対する損害賠償（逸失利益・慰謝料）のみである。

(3) 民法七〇九条に基づく「職場環境配慮義務」を法的根拠とするアプローチ

(2)のアプローチは職場や大学等におけるセクシュアル・ハラスメントについて、まず加害者本人の不法行為責任を問題とし、そのうえで当該行為が事業執行行為という要件に該当する場合に使用者の責任を問題とするというものである。それに対して、職場や大学におけるセクシュアル・ハラスメントが、主として当該組織における上司や教員等による、組織内の支配従属関係を利用・乱用して、部下や学生あるいは取引先や顧客等にたいして行う違法不当な行為であるという認識が広がるにつれて、(2)のようにセクシュアル・ハラスメントを企業や大学等の従業員や個々人の違法不当な行為に還元したうえで、事後的に使用者責任を追及するのではなく、セクシュ

アル・ハラスメントは、社会的には、企業や大学が構造的に抱える問題であり、法的には、企業や大学自身が事前、事後に自らの責任においてこのような違法不当な行為を排除すべきであるとの考えが広がるようになってきた。特にセクシュアル・ハラスメント行為が「加害者」個々人の身体接触等の性的言動にとどまらず、「被害者」がそれを拒絶したことに対する報復として、「加害者」が上下関係を利用してさまざまないやがらせをしたり、「被害者」が会社にセクシュアル・ハラスメント被害を訴えたにもかかわらず放置されたり、逆に解雇、退職勧奨等の不利益を受けた場合などは、端的に会社自身の組織的責任を問うべきであるとする要請が強まることになる。この傾向は、昨年（一九九九年）四月改正均等法が施行され、事業主の「配慮義務」として、セクシュアル・ハラスメントに関する事前・事後の対応が求められるようになったことからより強まってきていると言えよう——少なくとも、企業や大学等の事業主の責任を民法七〇九条の不法行為責任としてとらえることにより、セクシュアル・ハラスメントに関する使用者の事前・事後の対応についての法的責任を追及することがより容易になるものと思われる。

この場合の使用者の不法行為責任（民法七〇九条による）の成立要件としては、①使用者の故意又は過失によって、②第三者に、③加害行為（セクシュアル・ハラスメント）がなされたことが要件とされる。使用者の故意又は過失としては、セクシュアル・ハラスメントの報復として解雇等の不利益取扱いをなした場合は故意が認定されることになるが、仮に使用者の使用者の故意がなくとも、使用者は、(i)職場におけるセクシュアル・ハラスメントを防止し、これが発生した場合には適切な措置を執る注意義務を負っており、(ii)使用者がこのような注意義務に違反して、セクシュアル・ハラスメントを防止するための措置を怠って従業員・学生・顧客等に被害が及んだ場合には、使用者には「過失」があるものとして企業や大学自身が民法七〇九条に基づく不法行為責任を負うことになる。セクシュアル・ハラスメントに関する裁判例をみると、当初から、当事者（原告）が会社の使用者責任について、民法七一五条（四四条）のみならず、七〇九条の不法行為責任を追及するものは数多くみられたが、

裁判所はなかなか右主張を正面から認めようとはしてこなかった。例えば、わが国のセクシュアル・ハラスメント裁判の嚆矢となった福岡セクハラ事件で裁判所は次のように述べている。

〈事例52〉　福岡セクシュアル・ハラスメント事件（福岡地判平四・四・一六）

（事件の概要）　雑誌の編集出版をしている会社に勤務していた女性社員（原告）が、上司である編集長から会社の内外の関係者に対し、男性関係等に関する悪評を振りまかれ、女性社員がこれに抗議したところ、編集長は女性社員に対して種々のいやがらせや退職強要をした。これに対して、会社の専務や代表者はこれらの行為を知りながら、なんら適切な措置を講じることなく、原告女性と編集長との対立の原因を、最終的には原告の責任にしたうえで、原告女性を退職させて問題の解決を図ったとして、原告女性は、編集長に対し民法七〇九条に基づく不法行為責任を追求すると共に被告会社に対しては民法七一五条、民法七〇九条等に基づく損害賠償義務を請求した。

（判決）　判決は、被告会社の責任につき、次のように述べている。

(i)　使用者は被用者との関係において社会通念上伴う義務として、被用者が労務に服する過程で生命及び健康を害しないよう職場環境等につき配慮すべき注意義務を負うが、そのほかにも、労務遂行に関連して被用者の人格的尊厳を侵しその労務遂行に重大な支障を来す事由が発生することを防ぎ、又はこれに適切に対処して、職場が被用者にとって働きやすい環境を保つよう配慮する注意義務もあると解される。

(ii)　被用者を選任・監督する立場にある者が右注意義務を怠った場合には、右の立場にある者に被用者に対する不法行為が成立することがあり、使用者も民法七一五条により不法行為責任を負うことがあると解するべきである。

(iii)　専務は、代表権はないものの被告会社の実質上の最高責任者の地位にあったし、被告代表者は、文字どおり代表取締役であるから、いずれも原告の上司として、その職場環境を良好に調整すべき義務を負う立

場にあったものといえる。

(iv)　専務らは、原告と編集長との間の確執の存在を十分に認識し、これが職場環境に悪影響を及ぼしていることを熟知していながら、これをあくまで個人間の問題として捉え、同年三月に原告について昇給措置を行った以外は、両者の話合いによる解決を指示するに止まった。（中略）このように、専務らは、早期に事実関係を確認する等して問題の性質に見合った他の適切な職場環境調整の方途を探り、いずれかの退職という最悪の事態の発生を極力回避する方向で努力することに十分でないところがあった。

(v)　以上の通り、専務らの行為についても、職場環境を調整するよう配慮する義務を怠り、また、憲法や関係法令上雇用関係において男女を平等に取り扱うべきであるにもかかわらず、主として女性である原告の譲歩、犠牲において職場関係を調整しようとした点において不法行為性が認められるから、被告会社は右不法行為についても使用者責任を負うものというべきである。

右の判旨は、会社の不法行為責任を認める根拠として「使用者には被用者との関係において社会通念上伴う義務として」、「労務遂行に関連して被用者の人格的尊厳を侵しその労務遂行に重大な支障を来す自由が発生することを防ぎ、又はこれに適切に対処して、職場が被用者にとって働きやすい環境を保つよう配慮する注意義務」があるとしつつ、他方で「被用者を選任・監督する立場にある者が右注意義務を怠った場合には、右の立場にある者に被用者に対する不法行為が成立することがあ」り、本件においては専務らは右注意義務を怠ったとして、それを媒介として民法七一五条に基づく会社の使用者責任を問う構造となっている。ここでは「職場で被用者にとって働きやすい環境を保つよう配慮する注意義務」が会社にも存することを前提とし、当事者が求めた主位的請求（民法七一五条に基づく使用者責任）に応える形で、被用者を選任・監督する立場にある者にも同じ「注意義務」を課して、民法七一五条に基づく会社の使用者責任を認めたものであり、従来のいわゆる会社の「安全配慮

義務」に関する裁判例にも登場する法的処理ではあった。(注7)

同じく使用者責任として企業自身の民法七〇九条に基づく責任を前提とした次の裁判例では、原告が上司からセクシュアル・ハラスメント行為を受けたという被害報告を会社代表者にしていたのに、会社代表者が調査等適切な対応を怠ったとして、上司の不法行為責任と共に、会社自身の不法行為責任を追及したものである。

〈事例53〉横浜セクシュアル・ハラスメント事件（東京高判平九・一一・二〇）

〈事件の概要〉　A社（B社の全額出資による子会社）に勤務していた女子社員（原告）は、B社からA社に出向（在籍出向）中の上司Cから一連のセクシュアル・ハラスメントを受けたとして、上司Cの不法行為責任、出向元であるB社、出向先であるA社の使用者責任、不法行為責任を追及した。

特にA社、B社自身の不法行為責任について、原告は、A社代表取締役Dが、平成三年二月一五日原告から直接被害報告を受けたにもかかわらず、その事実関係について何ら調査することなく、Cに対して原告に謝罪するよう命じただけで、Cの配置転換等適切な処分を行わなかったため、Cは原告に対して仕事上の嫌がらせなどを行うようになり、また、他の従業員に対する正確な事実の公表等の適切な処分を行わなかったため、A社内に原告の方に何らかの問題があったのではないかという憶測を生じさせ、原告は自分の取り巻く職場環境が悪化しただけでなく、自分の所属する職場の秩序を破壊した者との評価を下されて、退社せざるを得なくなったものであり、A社の右対応は原告の働く権利と名誉を侵害するものであるとして、A社に対し民法七〇九条に基づく損害賠償と謝罪広告を求めた（B社に対しても同様）。

これに対し、A社は、原告が主張する平成三年二月一九日の事実について、原告及びCの言い分が全く齟齬している上、これが婚姻前の女性の性的な問題であったことから慎重かつ隠密裡に対応することが要請されるという状況のもとでは、CをA本社に呼び出して叱責し、原告に謝罪するよう指導する以上のことはできなかったの

であり、たとえCに対する配置転換等の処分及び他の従業員に対する事実の公表等の措置を採らなかったとしても、何ら非難することはできない。したがって、A社は、原告の働く権利及び名誉等の人格権を侵害したものとはいえず、何ら不法行為責任を負うものではないと反論した。

〔一審判決〕

一審判決は、平成三年二月一九日のCの原告に対する行為は、行為自体が極めて軽微であって、不法行為を構成する程のものでなかった上、原告から直訴を受けたD社長は、原告の言い分を十分に聴き、さらにCから事情を聴取した後、Cに対し、原告への再三の謝罪を命じてこれを履行させているのであるから、A社らがこれ以上に、Cに対する何らかの処分及び事実の公表等の措置を採らなかったとしても、そのことが違法であるとは到底いえない。したがって、A社らに原告指摘に係る不法行為責任を認めることはできないと判示した。

〔二審判決〕

二審は次のように述べてA社（B社も）自身の不法行為責任を否定した。

(i)　控訴人（原告）の右主張は、使用者において、上司が職場で部下に対していわゆるセクシュアル・ハラスメントに係る不法行為を行ったため、部下の労務の提供に重大な支障を来していたことを知りながら、当該上司の配置転換等の労務環境の改善のための措置を講じなかったことを問題とするものであるから、使用者がかかる措置を講ずる上で、当該不法行為及び右の支障に係る事実を確定できるだけの確実な証拠を有していることが前提になるものといわざるを得ない。

(ii)　しかし、本件においては、Cの不法行為に関しては、そもそも原告とCとの供述が大きく食い違っているため、右不法行為に係る事実の確定は使用者たるA社にとって極めて困難であったというべきであるし、原告の直訴を受けたA社社長としても、原告とCとの間において右両名しかいない場所で起きた事実に関しては、差し当たって右両名から事情を聞く以外には、事実を確定すべき手段を持っていなかったとみるべき

である。

(iii)　さらに、原告はDに対しCを横浜営業所から異動させてほしいと申し入れたものの、断られ、かつ、Dからの原告自身の本社への異動の提案も断っている。またDとしては、原告の提案を聞いてCから二回に亘り事情を聴取し、同人に厳重注意したうえ、原告に対し誠意をもって謝罪するように命じたものであり、その後Dに対しては原告からの苦情申し出をなされていない。

(iv)　これらの事情に照らすと、本件においては、A社はCの不法行為によって、原告の労務提供に重大な支障を来す事由が発生していたことを知っていたものとはいえないし、右不法行為及び右の支障に係る事実を確定できるだけの確実な証拠を有していたともいえないから、原告の右主張は採用することはできない（B社も同様に不法行為責任がないとした）。

ここでは、使用者の「注意義務」の判断に際して、使用者には、従業員の不法行為や職場環境悪化の「事実を確定できるだけの確実な証拠を有していることが前提」という厳格な要件を課していた（これでは、セクシュアル・ハラスメントの大半は、「密室」で第三者等の目撃者がいないところで行われることから、「加害者」本人が否定するかぎり、使用者がセクシュアル・ハラスメントの「事実を確定できるだけの確実な証拠を有」することは、事実上不可能となろう）。しかしながらこの間、平成九（一九九八年）年六月に、事業主の「配慮義務」を規定した改正均等法二一条が成立し（右横浜セクシュアル・ハラスメントの東京高裁判決は同年一一月二〇日である）、翌一〇（九九年）年三月と六月に、「配慮義務」の具体的内容を規定した省令・指針が相次いで出され、一一年（二〇〇〇年）四月から同法は施行されることとなった。特に平成一〇年三月に出された指針は、職場におけるセクシュアル・ハラスメントの発生後の迅速かつ適切な対応として、

「事業主は、職場におけるセクシュアル・ハラスメントが生じた場合において、その事案に係る事実関係を迅速かつ正確に確認することについて配慮をしなければならない。また、事業主は、その事案に適正

に対処することについて配慮をしなければならない。（事実関係を迅速かつ正確に確認することについて配慮をしていると認められる例）①相談・苦情に対応する担当者が事実関係の確認を行うこと、②人事部門が直接事実関係の確認を行うこと、③相談・苦情に対応する担当者と連携を図りつつ、専門の委員会が事実関係の確認を行うこと、（事案に適正に対処することについて配慮をしていると認められる例）①事案の内容や状況に応じ、配置転換等の雇用管理上の措置を講ずること、②就業規則に基づく措置を講ずること」と具体的な規定をおいた。

このような立法の動きは裁判例にも影響を与えずにはおかなかった。次の裁判例をみてみよう。

〈事例54〉　沼津セクシュアル・ハラスメント（F鉄道工業）事件（静岡地沼津支判平一一・二・二六）

（事件の概要）　土建会社に入社した女性社員が（原告）、入社直後から上司である副支店長A、支店事務次長Bの二人からしつように交際を迫られたり、支店の廊下や階段で抱きつかれたりし、これを拒否すると、AやBからS支店長と特別の関係があるかのような噂を流され、更に原告は人員整理を理由に退職を勧告され、これに応じなかったため解雇された。そこで原告女性は、A、Bに対しては、民法七〇九条の不法行為に基づく損害賠償を求めると共に、会社に対しては、A、Bのセクシュアル・ハラスメント行為を防止すべき義務を怠り、これに抗議した原告を制裁するため違法な解雇をしたとして、債務不履行若しくは不法行為法上の使用者責任に基づく損害賠償を請求したところ、判決はA、Bの不法行為を認めると共に、被告会社の不法行為責任も認めた。

（判決）

〈被告会社の不法行為責任〉

(i)　民法七一五条に基づく不法行為責任

被告会社は、被告B及び同Aの使用者であり、同被告らの前記不法行為は同被告らの職務と密接な関連性

があり、被告会社の事業の執行につき行われたものと認めるのが相当であるから、使用者として不法行為責任を負う。

(ii)　民法七〇九条に基づく不法行為責任

被告会社は、原告やS支店長に機会を与えてその言い分を聴取するなどして、原告とS支店長とが特別な関係にあるかどうかを慎重に調査し、人間関係がぎくしゃくすることを防止するなどの職場環境を調整すべき義務があったのに、十分な調査を怠り、被告Bらの報告のみで判断して適切な措置を執らず、しかも、本件解雇撤回後も被告Aの下で勤務させ、仕事の内容を制限するなどしたものであり、職場環境を調整する配慮を怠ったものであり、この点に不法行為があるというべきである。さらに被告会社は、解雇権を濫用して原告を解雇したもので、この点についても、不法行為責任を負う。

右判旨は、セクシュアル・ハラスメントに対する企業責任を端的に使用者自体の注意義務違反としてとらえ、使用者に対して民法七〇九条に基づく不法行為責任を認めていこうとすると共に、使用者自体の「注意義務」の内容として、均等法が規定した「配慮義務」、指針で定めた具体的な規定の影響をみてとることができよう。

民法七〇九条による使用者責任の法的効果としては、理論的には事前措置としての規定整備義務、施設整備義務に伴う事後措置としての被害拡大回避義務、被害回復義務に伴う損害賠償義務、謝罪文、差止請求等が問題とされようが、実際に裁判で問題となったものは、(2)と同様に被害者に対する損害賠償義務（逸失利益・慰謝料）のみである。ところでこのように、企業の使用者責任として民法七〇九条に基づく注意義務を認めていくことに対しては、企業や大学等の使用者と従業員という契約関係が存在する場においては、むしろセクシュアル・ハラスメントについて契約法理によって使用者責任を認めていくべきであり、それによって企業や大学等の使用者責任を事前に設計するという予防法学的見地の要請にもかなうものであり、とりわけ、セクシュアル・ハラスメントに対する事前防止、事後の適切な対処を具体的に設定することが可能となるとの考えが台頭してくることになる。

このような考えに基づいて次に述べるように、契約責任によってセクシュアル・ハラスメントの使用者責任を構成する考えが登場してくることになる。

(4) 雇用契約や在学契約上の「職場（教育研究）環境配慮義務」を法的根拠とするアプローチ

職場や大学等におけるセクシュアル・ハラスメントが、個人的なものでなく職場や大学等における支配従属関係を背景とした構造的な性格をもったものであるとの認識が広がるにつれ、使用者や大学等が従業員や学生に対して契約上負っている義務として、従業員や学生に対し良好な職場（教育研究）環境を享受させる義務が使用者に存在し、職場や大学等でひきおこされるセクシュアル・ハラスメント行為をこのような義務違反行為としてとらえようとする考えが台頭してくるようになった（改正均等法二一条が事業主の「配慮義務」として、セクシュアル・ハラスメントに関する方針の明確化、周知、啓発、相談・苦情への対応、事件の迅速かつ適切な対応等を上げているのはこうした考えの反映ともいえよう）。即ち、使用者等は、契約上の義務（この義務のとらえ方については契約に内在する本来的義務とする考えと、契約に付随する信義則上の義務とする二つの考え方がある）として、①職場等でセクシュアル・ハラスメントを防止し、適切に対処する契約上の義務を負っており、②使用者又はこの義務の履行補助者（上司等）が右義務を怠って、従業員や学生等にセクシュアル・ハラスメントを行い、人格的利益や職場環境を侵害した場合には、使用者等は契約違反（債務不履行）の責任を問われることになる、というものである。このアプローチは(3)とは異なり、使用者等の契約上の義務違反を問題とするものであるが、セクシュアル・ハラスメントの使用者責任の成立要件については多くの場合(3)と重複することになろう。特に実務的にも、セクシュアル・ハラスメントの「加害者」と「被害者」間に上下・支配従属関係が存しなかったりその程度が希薄な場合（「加害者」が、地位や権限を有していない同僚であったり、取引先や顧客の場合など）や、「加害者」が特定できない場合などでは、(2)のアプローチによる使用者責任の追及には限界があり（「事業の執行について」なされたことが成立要件となる）、(3)(4)のアプローチが有効なものとなってこよう。

このような法理に立って使用者の契約責任を認定した裁判例として、以下のものがある。

〈事例55〉　京都セクシュアル・ハラスメント（呉服販売会社）事件（京都地判平九・四・一七）

（事件の概要）　呉服販売会社の男性社員Aが、ビデオカメラを使って女子更衣室を隠し撮りし、原告らを撮影していたが、(a)　平成七年六月ころ、それに気づいた被告会社代表取締役Bは、とりあえずビデオカメラの向きを逆さにして撮影できないようにしたところ、翌日カメラは撤去されていたのでそれ以上の措置をとらないでいた。ところが、同年九月下旬、再びAは女子更衣室の撮影を秘かに続けており、これに気付いたBは、ビデオカメラを回収したうえ、ビデオ撮影者を調査した結果Aであることが判明したので、被告会社はAを懲戒解雇にした。原告は平成三年から同社に勤務していたが、ビデオの隠し取りの件があって被告会社の雰囲気が悪くなったと感じ、平成七年一〇月五日、朝礼の場でBに対し、今の会社を好きになれない状態になっていると発言した。これに対してBは翌一〇月六日、朝礼の場で会社を好きになれない人は辞めてもらっても良い旨の発言をした。

(b)　更に専務取締役Cは同年一一月一日、早くビデオの隠し撮りの件を忘れてもらいたいと考えて、朝礼の場で、原告がAと男女の関係にあるかのような発言をすると共に、原告に対し、被告会社で勤務を続けるか否か一日考えてくること、今日は今すぐ帰ってもよい旨発言をした。

(c)　C専務の発言以降、被告会社の従業員は原告との関わり合いを避けるようになり、人間関係が悪化したため、原告は被告会社を退職せざるを得なくなった。そこで原告は以上(a)～(c)の三点につき、B、C及び被告会社に対し、不法行為若しくは債務不履行を理由とする損害賠償の訴えをした。

被告らは、(a)については、その事実を認めたものの何ら違法なものでなく、また(b)については、発言の事実は認めたものの、その趣旨は職場秩序維持のためであり違法な行為として非難される程度のものでなく、(c)につい

ても、原告の退職は自己都合によるものであり、本件(a)(b)の発言と何ら関係がないと争った。

判決は、Bに対しては、(a)〜(c)三点全てについてその責任を否定し、Cに対しては(b)(c)について不法行為責任を肯定すると共に、被告会社に対しては、(a)(c)につき民法四一五条に基づく債務不履行責任を肯定し、(b)につき民法七一五条に基づく使用者責任を肯定した。

〔判決〕

〈被告会社の責任〉

(a)について、被告会社は、雇用契約に付随して、原告のプライバシーが侵害されることがないように職場の環境を整える義務があるというべきである。被告会社は何人がビデオ撮影したかなどの真相を解明する努力をして、再び同じようなことがないようにする義務があったというべきである。それにもかかわらず、被告会社は、ビデオカメラの向きを逆さにしただけで、ビデオカメラが撤去されるとその後、何の措置も取らなかったため、再び女子更衣室でビデオ撮影される事態になったのであるから、被告会社は、債務不履行により、平成七年六月ころに気付いた以降のビデオ撮影によって生じた原告の損害を賠償する責任を負う。

なお、平成七年六月ころ以前に女子更衣室の壁に穴が空いていたことを認めるに足りる証拠はないから、被告会社は、同月ころに気付く以前のビデオ撮影については、責任を負わない（穴のあいたダンボール箱が置いてあるだけでは民法七一七条の責任を負わない。）。

(b)について、被告会社の取締役であるCが、朝礼において、（原告の名誉を毀損する）発言をしているから、被告会社は、民法七一五条により、本件C発言によって生じた原告の損害を賠償する責任が負う。

(c)について、被告会社は、雇用契約に付随して原告がその意に反して退職することがないように職場の環境を整える義務があるというべきである。本件C発言によって、社員が原告との関わり合いを避けるような

態度を取るようになり、人間関係がぎくしゃくするようになったので、原告が被告会社に居づらい環境になっていたのであるから、被告会社が原告が退職以外に選択の余地のない状況に追い込まれることのないように本件C発言に対する謝罪や、原告は被告会社で勤務を続けるが否か考えてくること、今日は今すぐ帰っても良い旨の原告に対して退職を示唆するような発言を撤回させるなどの措置を取るべき義務があったというべきである。それにもかかわらず、被告会社が何の措置も取らなかったため、原告は被告会社に居づらくなって退職しているから、被告会社は原告の退職による損害を賠償する責任を負う。

右判旨においては、被告会社の雇用契約上の責任として「職場環境整備義務」を位置づけ、その内容として従業員のプライバシー侵害行為を回避すべき義務があるとして、本件ではビデオ撮影に対して適切な事実調査、再発防止の努力義務があったとし、更に従業員の意に反する退職を回避する義務があるとして、本件では、会社側はこれらの義務をいずれも怠っており、債務不履行責任を負うとしている。

本件では、特に(a)につき、男性社員Aのビデオ撮影と会社の「事業の執行につき」との関連性は、存在しないか稀薄なものとされる可能性が高く（判旨では「個人的行為」とされて「事業の執行につき」を否定している）、また平成七年六月ころは、ビデオ撮影が何者によってなされたか判明していなかったことから、民法七一五条に基づく会社の使用者責任を認めることは困難な事例であったと思われ、債務不履行構成による成立要件の相違をみてとることができよう。このことをより鮮明にしたものとして次の裁判例をあげることができよう。

〈事例56〉　三重セクシュアル・ハラスメント（厚生農協連合会）事件（津地判平九・一一・五）

（事件の概要）　厚生農協連合会（被告）が経営する病院に看護婦として勤務する原告女性二名が、平成四年五月頃より平成六年二月一日迄、男性上司A（准看護士副主任）から、セクシュアル・ハラスメントをされた

として、Aに対して不法行為に基づく損害賠償を請求した他、使用者である連合会に対しても、不法行為法上の使用者責任あるいは契約上の職場環境配慮義務違反の債務不履行を理由として損害賠償請求をした。

(判決)

判決はAの不法行為責任を認めたうえで、被告連合会の責任については、不法行為法上の使用者責任を否定し、契約上の職場環境配慮義務違反に基づく債務不履行責任を認定した。

①　被告連合会の使用者責任

Aは被告連合会の被用者であり、Aの本件行為が業務中に行われたことには争いがない。

しかし、本件の深夜勤務中の行為は、業務中、休憩室において行われたものとはいえ、原告らを起こしたり呼び掛けるための行為とは認められず、被告の個人的な行為であるから、業務を契機としてなされたものではなく業務との密接な関連性は認められない。また、Aの日常勤務中のひわいな言動は、やはりAの個人的な行為と認められる上、右深夜勤務中の行為と相まって不法行為となるものであると考えられるので、右言動のみについて被告連合会の使用者責任を認めることもできない。したがって、被用者であるAの不法行為に基づいて、被告連合会の使用責任を認めることはできない。

②　職場環境配慮義務と被告連合会の責任

(i)　使用者は被用者に対し、労働契約上の付随義務として信義則上職場環境配慮義務、すなわち被用者にとって働きやすい職場環境を保つように配慮すべき義務を負っており、被告連合会も原告ら被用者に対して同様の義務を負うものと解される。

(ii)　Aには従前から日常勤務中特にひわいな言動が認められたところ、被告連合会はAに対し何も注意しなかったこと、B主任は平成五年一二月の時点で原告らから、Aとの深夜勤をやりたくないと聞きながら、その理由を尋ねず、何ら対応等をとらなかったこと、平成六年一月二八日B主任は原告らからAの休憩室での行為を聞いたにもかかわらず、直ちに婦長らに伝えようとせず、Aに注意することもしなかったこと、その結果同年二月一日深夜、Aの原告に対する休憩室での行為が行われたことが認められる。(中略)

(iii)　そうすると、被告連合会は、平成六年二月一日以降被告Aの行為について対策をとったものの、それ以前には監督義務者らは何らの対応策をとらずにAの行為をみのがして、同日早朝のAの原告に対する行為を招いたと認められる。

(iv)　なお、被告連合会は、婦長・主任・副主任らの責任態勢を確立し、毎月定期の院内勉強会、職員の研修会等を行うなど、職員に対する指導監督を尽くした旨主張するが、右の次第で、職場環境配慮義務を尽くしたとは認められない。

したがって、被告連合会は原告らに対する職場環境配慮義務を怠ったものと認められ、その結果Aの休憩室での前記行為を招いたといえるから、原告らに対し債務不履行責任を負う。

右の裁判例は、男性上司Aの原告女性達に対する日常勤務中の「ひわいな言動」や深夜勤務中の休憩室でのわいせつ行為に関する使用者責任について、民法七一五条を根拠とする場合は、男性上司Aと原告女性達との上下関係・指揮命令関係が希薄であることから業務との密接な関連性が認められず、使用者の「事業の執行につき」行った行為ではないとしつつ、民法四一五条の債務不履行責任を根拠とする場合は、使用者が、Aの日常勤務中のひわいな言動に対し何ら対応せず、本件被害直前の休憩室での行為を原告から聞いていたにもかかわらず何らの対応をとらなかったことが、使用者として労働契約上の義務として負担する「職場環境配慮義務」を怠ったものと認定したものである（注8）。

民法四一五条による使用者責任の法的効果としては、理論的には「事前措置」としての規定整備義務・施設整備義務に伴った契約上の履行義務・損害賠償義務、「事後措置」としての被害拡大回避義務・被害回復義務に伴う契約上の履行義務・損害賠償義務等が問題とされようが、実際に、裁判例で問題となったものは、(2)(3)と同様に被害者に対する損害賠償（逸失利益・慰謝料）のみである。

このようにセクシュアル・ハラスメントに関する使用者責任に関する3つのアプローチは、成立要件についてみると、同僚などの職場の上下・支配従属関係がないか希薄な場合（例えば三重セクハラ事件では、男性上司のセクシュアル・ハラスメントについて民法七一五条による使用者責任が否定されている）や、加害者が不明の場合などで成立要件の差から使用者責任の成否に差がでてくることがあり、また理論的には法的効果についてかなりの差がでてくることになろう（とりわけ履行請求の有無――もっとも差止請求が広く認められるようになれば、契約責任と不法行為の差はほとんどなくなるであろう）。

このようにセクシュアル・ハラスメントの使用者責任について三つのアプローチにより差がでてくることが明らかとなったが、ではセクシュアル・ハラスメントに関する使用者責任の共通項――使用者の「セクシュアル・ハラスメント防止義務」――はどうなるのであろうか？　そこでこれらについて次にみてみよう。

（注1）　同法は、ストーカー行為等を規制するものとして相当の実効性が期待できるとの指摘もあるが（警察がストーカー行為者に「警告」や「注意」をした場合に八割以上の者が中止している）、一般私人の行動の自由を行政機関とは独立した裁判所の判断を前提とすることなく、罰則を背景とした行政機関の「命令」で拘束するという制度は近代市民社会の法原則からみて極めて異例のものであり、問題とされるべきであろう。

（注2）　「セクシュアル・ハラスメント」日本労働法学会誌九四号三〇頁以下（総合労働研究所、一九九九年）参照。

（注3）　大塚仁外編『大コンメンタール刑法』第二版第九巻［亀山］六〇頁（青林書院、二〇〇〇年）参照。

（注4）　なお、わが国の裁判例の運用について、巷間いわれているほど厳格なものではないとするものとして、「強姦罪の暴行脅迫の程度に関する判例等を見ますと、犯人の脅迫行為により精神的に抵抗する気力を失っている状態である被害者に対して、その状態に乗じて強いて姦淫する、すなわち強姦行為に及んだ場合、刑法一七七条前段の強姦罪が成立するという考え方がとられております。したがいまして、被害者が現実に抵抗しなければ強姦罪に当たらないという観点で運用はなされております。いいかえますと、精神的に抵抗できないような状態にあることが事実認定の問題として証拠上明らかになれば、具体的に被害者が抵抗しているか否かは強姦罪の成否に影響しないという解釈・運用がなされていると承知しております」と

する指摘がある（法務省刑事局公安課高部参事官の発言――男女共同参画審議会「女性に対する暴力部会（平成一〇年四月一七日第六回）」における議事録参照―― http://www.sorifu.go.jp/danjo/bouryoku/6.html ――）。

（注5）　例えば大塚仁『刑法各論㊤』二〇一頁（青林書院、昭和四三年）、阿部純二編『基本法コンメンタール改正刑法』二一七頁（日本評論社、平成七年）参照。

（注6）　前掲（注3）書、注釈刑法⑷一七八頁参照。

（注7）　例えば、いわゆる「過労自殺」についての電通事件最小二判平一二・三・二四労判七七九号一三頁参照。

（注8）　このように、会社には、「雇用契約に付随して原告がその意に反して退職することがないように職場環境を整える義務がある」とする判断は、エフピコ事件の一審判決（水戸地下妻支判平一一・六・一五）でも述べられており、退職勧奨、解雇等を従業員の意に反する行為、即ち使用者の職場環境整備義務違反として構成していく裁判例は今後増えていくものと思われる。

第六章　使用者の「セクシュアル・ハラスメント防止義務」

一　使用者の「セクシュアル・ハラスメント防止義務」の意義

1　「セクシュアル・ハラスメント防止義務」の定義

雇用契約においては、使用者と労働者は「労務の提供」と「報酬の支払い」という義務（民法六二三条）を相互に負うことになるが、労働者の義務である労務提供義務の具体的内容をみると、労働者は使用者の現実の指揮命令に従って労務提供を行うわけであり、ここから必然的に使用者の利益に配慮し誠実に労務を提供する義務が発生し（いわゆる「忠実義務」「誠実義務」と言われるものであり、例えば営業秘密保持義務等が含まれよう）、他方これに対応して使用者は労働者の労務提供を受領するに際して、労働者の利益に配慮して誠実に労務を受領する義務（いわゆる「配慮義務」）が発生し、このような義務の一内容として使用者は労働者の労務提供に関し、健康・安全を含む良好な職場環境の維持確保に配慮すべき義務（後述する「職場環境配慮義務」等が含まれよう）を負っていると言えよう。このように雇用契約においては、労働者が負う「労働の提供」義務には、必然的に「誠実義務」が含まれており、他方これに対応して、労務の提供には、使用者の受領行為が不可欠であり（労働者の労務提供行為は、使用者による具体的な業務命令なしには存在しえない！）、その際使用者には相手方（労働者）の利益に配慮して

誠実に労務を受領する義務が発生するのであり、とりわけ、労働者による労働提供行為が人間労働であることから、使用者には、労働者の労務提供に関し、労働者の健康、生命、身体の安全を確保すると共に良好な職場環境の維持確保に関する配慮が強く要請され、このようなものとして、「職場環境配慮（整備）義務（＝良好な職場環境を整備する義務）」が存することになる。この義務の一形態として、主として労務の履行過程における生命・身体の安全に着目した場合、いわゆる「安全配慮義務」（例えば、「労働者が、労務提供のため設置する場所、設備もしくは器具等を使用し又は使用者の指示のもとに労務を提供する過程において、労働者の生命及び身体を危険から保護するよう配慮すべき義務」とされる――川義事件最三小判昭五九・四・一〇判時一一一六号三三頁）が観念されることになろう。

「セクシュアル・ハラスメント防止義務」は、このような義務（＝「職場環境配慮義務」）の一形態をなすものであり、「労働者の労働条件・環境がセクシュアル・ハラスメントにより害されないように防止・配慮すべき義務」と定義することができよう。したがって「セクシュアル・ハラスメント防止義務」は、労働契約上使用者が労働者に負う「職場環境配慮義務」の一内容と位置づけられるものであり、同様の義務は、雇用契約に類似した従属労働ないし指揮命令関係にかかる契約（若しくは類似関係）である請負契約や国と公務員関係にも妥当するものであり、さらには法的には直接の契約関係にない場合でも、実際には雇用に類似した従属労働ないし指揮命令関係が存する派遣や下請けなどの場合にも妥当するものである（例えば、昨年（一九九九年）一二月から施行された改正派遣法四七条の二が派遣先事業主にも派遣労働者に対するセクシュアル・ハラスメント防止の配慮義務を課すこととしたのは、このような考え方の反映といえよう）。また教育の場における学校当局の学生・生徒に対する「セクシュアル・ハラスメント防止義務」は、学校当局が在学契約上負う「教育・研究環境配慮義務」の一内容を為す義務として、「学生（生徒）の教育・研究条件・環境が、セクシュアル・ハラスメントにより害されないよう防止・配慮すべき義務」と定義することができよう（私立学校における学校（学校法人側）と学生あるいはその両親（学生側））との間

には、在学契約があり、この契約に基づいて学校側は学生側に対して教育を行う義務を負い、学生側は授業料を支払う義務を負うことになり、学校側は教育を行う義務の一内容として教育・研究環境配慮義務を負うことになる。他方国立学校の場合の学校と学生との関係については、これを私立学校と同様の法律関係（契約関係）とみるか、それとも、特別権力関係あるいは非権力的であるが公法的な営造物利用関係と考えるかは議論の分かれるところであるが、学校側が「教育・研究環境配慮義務」を負うべきか否かについては、同様の法的処理がなされることになろう――以下には特に断らない限り、「職場環境配慮義務」に適用される法理は「教育・研究環境配慮義務」にも同様に適用されるものとして論じていく（注1）。

このように、「セクシュアル・ハラスメント防止義務」が使用者の「職場環境配慮義務」（若しくは学校の教育・研究環境配慮義務）の一形態であり、雇用類似の指揮命令関係の存するところに適用されるべきものであることが明らかとされたが、ではその法的根拠はどのようなものであろうか？

2　「セクシュアル・ハラスメント防止義務」の法的根拠

使用者が負う「職場環境配慮義務」の一内容を構成する「セクシュアル・ハラスメント防止義務」は既に述べた通り、雇用契約上使用者が労働者に対して負う「配慮義務」に内在するものであり、雇用契約と類似した従属労働若しくは指揮命令関係があるところに存在する義務である。もっともこのような義務は民法典に規定する雇用その他の契約において直接の明文規定があるわけでなく、セクシュアル・ハラスメントに関する裁判例や解釈によって近時形成されてきたものである（周知のように、「安全配慮義務」は夙に判例によって形成されてきていた義務である）。

ところで「セクシュアル・ハラスメント防止義務」を構成する「職場環境配慮義務」について、一般には、雇用契約上、使用者が労働者に対して信義則上負う付随的義務として理解されてきており、「使用者は被用者に対し、労働契約上の付随義務として信義則上職場環境配慮義務、即ち被用者にとって働きやすい職場環境を保つように

配慮すべき義務を負って」いる（三重セクシュアル・ハラスメント事件津地判平九・一一・五）とされている。(注2)

しかしながら、既に述べた通り「職場環境配慮義務」は、使用者が労働者に対して負う本来的義務内容と理解されるべきものである。即ち、労働者の義務である労務提供義務の具体的内容をみると、労働者は使用者の現実の指揮命令に従って労務提供を行うわけであり、ここから必然的に使用者の利益に配慮し誠実に労務を提供する義務が発生し（「忠実義務」「誠実義務」）、他方これに対応して使用者は、労働者の労務提供を受領する義務を負い、その際、労働者の利益に配慮して誠実に労務を受領する義務（「配慮義務」）が発生し、使用者は労働者の労務提供に関し、健康・安全を含む良好な職場環境の維持確保に配慮すべき義務（「安全配慮義務」「職場環境配慮義務」など）を負っていると言えよう。(注3) 何故ならば、労働者が労働提供をするに際して、使用者の協力行為、即ち受領行為が不可欠であり（労働者の労務提供行為は使用者等の具体的な業務命令なしには存在しえない！）、このような使用者の受領行為は、雇用契約に本質的なものとして使用者の義務内容を構成しているといえよう（その意味では民法典が規定する雇用契約において使用者の義務として「報酬の支払い」のみを規定しているのは、「欠缺」が存すると言えよう―後述）。このように雇用契約には、労使双方の相互協力義務が必然的に内在しており、それに対応する形で使用者の「職場環境配慮義務」が存するものであり、職場環境配慮義務の一内容をなす「セクシュアル・ハラスメント防止義務」は使用者が負う本来的債務としても、労務受領義務の一内容をなしているというべきものである（このように使用者の「配慮義務」、労働者の「誠実義務」「忠実義務」等は、民法典が定める雇用契約の規定としては明文の規定がなく、したがって雇用契約の文理解釈上導き出されたものではなく、雇用契約の本質から導き出されたものであり、その意味では民法典が定める雇用契約の文言には「欠缺」があり、その「欠缺補充」がなされたと言うべきであろう）。(注4)

他方、セクシュアル・ハラスメント防止義務を雇用契約上使用者が付随的に信義則上負う義務であると理解したとしても、その法的効果をみると本来的義務と構成した場合と変わりがあるわけではない。その例を安全配慮

義務にみてみよう。周知のように「安全配慮義務」は民法典に定める雇用契約に明文で規定されているものではなかったが、かねてより学説においては、ドイツ民法典の規定（「使用者は、労務供給の場所、設備又は器具を供すべき場合において（中略）労務者の生命及び健康に対して（中略）危険を生せしめないよう設置し管理することを要する」（六一八条一項））を参考にして、使用者の危険防止義務（＝設備、機械、器具、労務場等につき労務者の生命・健康の危険を守る義務）が唱えられ、労災事故の多発や安全衛生意識の高まりの中で労働安全衛生法が制定施行されたこと（昭和四七年）により、使用者の安全衛生上の諸義務の飛躍的な強化・増大に照応する形でより一般的な義務として発展させられ、昭和五〇年の最高裁判決（自衛隊車両整備工事件最三小判昭五〇・二・二五判時七六七号一一頁。なお、同判決は、直接的には公務員（自衛隊）に対する国の「安全配慮義務」について述べたものであり、「右のような安全配慮義務は、ある法律関係に基づいて特別な社会的接触の関係に入った当事者間において、当該法律関係の付随的義務としての当事者の一方又は双方が相手方に対して信義則上負う義務として一般的に認められるべきものであ」ると判示している）によって、労働契約関係における使用者の「安全配慮義務」の観念は判例法上確立されたのである（安全配慮義務も、このようにして雇用契約上の使用者の義務内容について、判例により民法典の「欠缺」が補充されたと言えよう）。

このような判例法理が確立していく中で、学説においては「安全配慮義務」の法的根拠・意義づけについて多様な考え方が展開されることになる。まず第一の考え方は、「安全配慮義務」が契約の明示若しくは契約の解釈から直接導かれる義務とするものであり、この考え方は、更に安全配慮義務には絶対的（若しくは結果債務的）安全配慮義務と通常（若しくは手段債務的）安全配慮義務があり、前者の場合には契約ないし契約的接触における危険性に注目して相手方の安全確保そのものを義務内容とした万全の事故防止措置が求められるが（したがって義務者は不可抗力ないしこれに準ずる事由の立証をしないと免責されない）、後者の場合には相当な防止措置を講ずれば足り、その義務違反は安全確保についての善管義務違反である（義務者は無過失の立証で免責される）とするものや、

安全配慮義務を「給付義務」と「保護義務」とに区別した上で、前者は本来的債務としての給付義務を含むものとして、雇用・労働関係にある被用者・労働者などに給付請求権等を認めようとする説などがある。第二の考え方は、「安全配慮義務」は契約上の信義則上認められる義務にとどまるとする考え方であり、判例は後者の立場に立っているものと言えよう（前掲自衛隊車輌整備工場事件）。

これらの立場の対立は、立法史や比較法的検討、法解釈方法論に起因するものであるが、とりわけ「安全配慮義務」を「付随義務」とみるか否か（職場環境配慮義務も同様）は、契約に基づく義務を給付義務のみに限定して考えるドイツ法の影響を強く受けたものである。しかしながら、わが国では契約に基づく義務には、「債務ノ本旨ニ従ヒタル履行」（民法四一五条）をすること全てが含まれるのであり、このような観点からは、安全配慮義務（職場環境配慮義務も同様）もまた契約に基づく債務そのものであり、ことさらに「付随義務」であることを強調する必要はないといえよう。仮にこれらの義務が信義則上認められる付随的義務（民法一条二項）であるとしても、契約の類型によっては「本来的義務」よりも「付随義務」が大きな意味を持つ場合があり、例えば医療契約は、民法上準委任（場合によっては請負）の規律に服すると考えられ（民法六三一条、六四三条、六五六条など）、この場合医療機関や医師は、契約上の本来的給付義務として診断・治療・手術等を行う義務を負うことになるが、それと共に付随義務として患者の生命・健康に配慮すべき義務を負っており、このような義務に違反して患者に損害を与えた場合、不法行為法上の損害賠償義務を負う他契約上の債務不履行責任を負うことになろう（＝「医療過誤」）。同様に雇用契約においても、人間労働の特質に着目した場合、安全配慮義務は本来的給付義務と同様に大きな意味を有しており、その意味では義務の一内容として安全措置等を講ずる義務も認めていくべきであろう。このように見てきた場合、学説が論じているように安全配慮義務についての法的根拠に基づく義務内容の差はそれほど存在しないと考えるべきであり、むしろ法的根拠の説明の違いということになり、実務的には実益のない議論と考えるべきものと思われる。

ところで安全配慮義務で論じられてきた法的根拠をめぐる議論は、その大半が「セクシュアル・ハラスメント防止義務」を構成する「職場環境配慮義務」についても共通する問題であり、「セクシュアル・ハラスメント」防止義務」は雇用契約上の使用者が負う本来的義務と構成していくべきものと理解されるべきであるが、仮に契約上の付随義務として信義則上認められる義務であるとしても、その義務内容は「付随的」なものにとどまるのではなく、契約が人間労働を対象としていること、継続的な信頼関係が要請される契約であることから、ここでの「付随的」な義務は雇用契約における本来的給付義務に劣らず大きな意味を有しているといわなければならない。要はどのような義務内容か問題なのであり、以下にそれをみてみよう。

3　「セクシュアル・ハラスメント防止義務」の実際的内容

「セクシュアル・ハラスメント防止義務」は、既に述べた通り使用者が主として雇用契約上負う職場環境配慮義務の一形態であり、使用者はそれを防止するために必要な措置を執るべき義務を負うことになり、職場においてセクシュアル・ハラスメントが発生した場合、それが使用者の責めに帰すべき事情、即ち、使用者が契約上の義務であるセクシュアル・ハラスメント防止義務を怠ったことによって発生したものである場合、使用者は職場環境配慮義務違反として債務不履行責任を負うことになる。この場合、セクシュアル・ハラスメント防止義務違反の法的構成においては、原告が主張立証すべき事項が実際の実務では重要となってくる。この問題は、職場環境配慮義務としてどのような義務を観念するかであり、安全配慮義務の内容をめぐって今日まで激しく争われてきたが、判例においては、安全配慮義務の具体的内容は、労働者の職種、地位、および安全配慮義務が問題となる具体的状況等によって異なると解され、安全配慮義務違反を理由に損害賠償を請求する訴訟においては、結局のところ、右の義務の内容を特定し、かつ義務違反に該当する事実を主張・立証する責任は原告（労働者）にあるとされることになる（自衛隊航空救難群芦屋分遣隊事件・最二小判昭五六・二・一六判時九九六号四七頁）。した

がって、使用者のセクシュアル・ハラスメント防止義務、即ち職場環境配慮義務違反を債務不履行と構成しても、実際上は不法行為構成と比して証明責任は余り軽減されないことになるが、資料をもちえない労働者が、義務の内容やその懈怠の事実を証明することは容易なことではない。このような観点から学説では、前述したように安全配慮義務を絶対的義務（若しくは結果債務的な義務）と通常の義務（若しくは手段的債務的な義務）に区別したうえで、安全配慮義務は絶対的若しくは結果債務的な義務と捉える立場がある。（注8）この考え方に立つと、使用者は凡そ雇用契約上、労働者に対して良好な職場環境の維持確保をなすために十全の措置を講ずる義務を負っており、労働者は、前述した抽象的な職場環境配慮義務の存在を主張し、これに対して使用者側は、事実上不可抗力ないしこれに準ずる事由の立証をしないと免責されないことになろう。

しかしながらこのような義務区分は、債務不履行一般に及ぶべきものであり、また雇用契約においては、使用者は安全配慮義務を含む良好な職場環境（それ自体抽象的）の確保そのものを請け負っているとまではいえず、その目標のために諸々の措置（手段）を講ずる債務を負担していると考えるべきものと思われる（改正均等法の「配慮義務」もこのような観点から再構成することが可能であろう）。したがって、原告は抽象的なものではなく、当該状況に適用した場合の具体的な職場環境配慮義務の内容を特定し、使用者がなすべきであった具体的な安全配慮義務違反を主張立証することになるが、具体的状況に応じ一応職場環境配慮義務の内容を特定したときは、その義務を尽くしたことの主張立証責任は使用者が負うとみていくのが証明責任の分配の問題としては妥当なものといえよう。例えば、改正均等法・通達・指針に規定された事業主の「配慮義務」の具体的項目の多くは、使用者の職場環境配慮義務の内容を構成するものと考えられ、少なくともこれら事項の違反が使用者側にある場合、契約上の義務違反が推定されることになろう。このように、原告（労働者）が使用者の職場環境配慮義務違反に該当する事実を主張・立証しなければならないとしても、使用者の職場環境配慮義務については、今日までの裁判の蓄積によって、セクシュアル・ハラスメントを防止するために相当程度に高度の予見義務若しくは回避義務が課さ

れるものとされており、更に改正均等法・人事院規則等の各法令等に規定されている使用者の「配慮義務」の内容を職場環境配慮義務として再構成することにより、主張立証における原告の負担はそれほど重いものとはならないものと考えられる。このことを前提として次に「職場環境義務」の具体的内容をこれまでの判例・学説で問題とされた事例を中心に検討していくことにしよう。

二　「セクシュアル・ハラスメント防止義務」の具体的内容

使用者は、雇用契約上従業員に対して良好な職場環境を整備すべき義務があり（＝職場環境整備義務）、このような義務内容の一つとして「セクシュアル・ハラスメント防止義務」を負っており、雇用類似の指揮命令関係の存するところに適用されるべきものであることが明らかとなった。そこで、次に「セクシュアル・ハラスメント防止義務」の具体的内容を検討するが、その際には、セクシュアル・ハラスメント発生の事前と事後に分けてみていくことが適切であろう。

1　事前措置義務

(1)　規定整備義務

セクシュアル・ハラスメントに対する事前措置義務としてまずセクシュアル・ハラスメント防止規定の整備があげられ、この義務には監督教育義務も含まれることになるが、具体的内容としては、「実体的」規定と「手続的」規定の整備が要請される。

(i)　「実体的」規定の整備　企業（大学等）は、排除すべきセクシュアル・ハラスメントの内容を規定した「実体的」規定を整備する必要があり、企業（大学等）の方針として、排除すべきセクシュアル・ハラスメントの

内容を規定し、制裁規定も整備すると共に、その方針を従業員等に周知徹底することが求められよう。その具体的内容としては、例えば均等法二一条に基づく指針が定める例（社内報やパンフレット等に職場におけるセクシュアル・ハラスメントに関する事項を記載し配布すること、服務上の規律を定めた文書に職場におけるセクシュアル・ハラスメントに関する事項を記載し配布又は掲示すること、就業規則に職場におけるセクシュアル・ハラスメントに関する事項を規定すること、職場におけるセクシュアル・ハラスメントに関する意識を啓発するための研修・講習等を、労働者に対して実施すること等）があげられよう。

(ii)　**「手続的」規定の整備**

セクシュアル・ハラスメント防止規定の整備義務としては(i)に加えて、「手続的」規定の整備が必要である。いくらセクシュアル・ハラスメントに対する防止方針を明確にし、具体的内容を明記し制裁規定を整備しても、現実にセクシュアル・ハラスメントが発生した際に、適切・迅速な対処ができなければ「絵に描いた餅」となるからである。具体的にはセクシュアル・ハラスメントに対する苦情・相談等の対処手続を整備することであり、例えば、同指針が定める例（相談・苦情に対する担当者をあらかじめ定めておくこと、苦情処理制度を設けること、人事部門との連携等により円滑な対応を図ること、あらかじめ作成したマニュアルに基づき対応すること等）が参考となろう。

使用者はまずこのようなセクシュアル・ハラスメント防止規定整備義務を負っており、このような義務を怠っている使用者は、均等法違反（もっとも「配慮義務」違反として行政指導にとどまる）になると共に、労働者に対しては職場環境配慮義務違反として是正義務を負い（この場合労働者は直接使用者に対して就業規則の制定等の事前措置義務の履行を要求することができよう）、更にこれらを怠ったことが原因でセクシュアル・ハラスメントが発生した場合は、使用者は特段のことがない限り原則として労働者に対し債務不履行責任を負うことになろう（反対に企業がこのような事前措置を尽くしていたとしても、それだけでは免責されるものではなく、後に述べる事後措置を尽くすことが必要とされることになろう）。

従来このような義務が直接問われた裁判例はないものの、三重セクシュアル・ハラスメント（厚生農協連合会）事件（津地判平九・一一・五）では、看護婦として勤務する原告女性二名が、男性上司A（准看護士副主任）から平成四年五月頃よりセクシュアル・ハラスメントを受けたとしてAの上司であるB主任に対し善処を申し入れていたにもかかわらず、B主任は「あいつは病気や」「何とかする」などと言って何ら適切な措置がとられなかったところ、平成六年二月一日にも同様の事件が起きたことから、連合会は平成六年二月、Aを制裁教戒処分に付するとともに、副主任の職を解いた他、Aと原告らが深夜勤務を組むことがないように勤務表を作成し、Aを他の病棟に配置した他、毎月定期の勉強会、職員研究会を実施するなど職員に対する指導観察を尽くすようにしたが、原告女性らはこの間の連合会の不適切な対応により精神的苦痛を受けたとして連合会の債務不履行責任を追及した。判決は、Aの行為が環境セクシュアル・ハラスメントに当たり不法行為に該当するとしたうえで、連合会の職場環境配慮義務違反の債務不履行責任を肯定し、「被告連合会は、平成六年二月一日以降被告Aの行為について対策をとったものの、それ以前には監督義務者らは何の対応策をとらずに被告Aの行為を見逃して、同日早朝の被告Aの原告らに対する行為を招いたと認められる。尚、被告連合会は、婦長・主任・副主任らの責任態勢を確立し、毎月定期の院内勉強会、職員の研修会等を行うなど、職員に対する指導監督を尽くした旨主張するが、右の次第で職場環境配慮義務を尽くしたとは認められない。したがって、被告連合会は原告らに対する職場環境配慮義務を怠ったものと認められ、その結果被告Aの休憩室での前記行為を招いたともいえるから、原告らに対し、債務不履行責任を負う」旨判示している。企業が負うセクシュアル・ハラスメント防止義務内容として、このような義務が当然含まれており、均等法改正により今後このような傾向は一層強まっていくことであろう。

(2)　**施設整備義務**

(ア)　使用者はセクシュアル・ハラスメントの防止に配慮した施設を整備すべき義務があり、この義務内容としてはプライバシーに配慮した従業員が安全に使用できる施設であることが要請され、具体的には例えば外部から

の進入や窃覗（のぞき穴、ビデオカメラ）防止等が図られたものであることが要請される。このような義務に関連する裁判例として、京都セクシュアル・ハラスメント（呉服販売会社）事件（京地判平九・四・一七）で、被告会社の男子社員Aがビデオ・カメラを使って、女子更衣室を隠し撮りして原告らを撮影していたが、それに気づいた被告代表取締役Bは、ビデオ・カメラの向きを逆さまにしてそれ以上撮影できないようしたものの、それ以上の措置をとらなかったため、再びAは女子更衣室の撮影を続けた。その後Bは、ビデオ・カメラを発見し、会社はAを懲戒解雇したが、これら一連の処置に不満を述べた原告に対し、被告会社の専務Cが原告の名誉を毀損する発言をし、それがために原告は退職を余儀なくされたとして、会社の職場環境配慮義務違反等の責任を追及したところ、判決は会社の職場環境配慮義務違反の事実を肯定し、「被告会社代表Bは女子更衣室でビデオ撮影されていることに気付いたのであるから、被告会社は何人がビデオ撮影したかなどの真相を解明する努力をして、再び同じようなことがないようにする義務があったというべきである。それにも関わらず、被告会社は、ビデオカメラの向きを逆さにしただけで、ビデオカメラが撤去されるとその後、何の措置も取らなかったため、再び女子更衣室でビデオ撮影される事態になったのであるから被告会社は、債務不履行により、平成七年六月頃に気付いた以降のビデオ撮影によって生じた原告の損害を賠償する責任を負う。」として、会社がビデオの隠し撮りに気付いた後の責任を認定している。もっとも右判決は厳密には使用者の施設整備義務違反それ自体ではなく、使用者の事後措置である被害回復・再発防止を問題としたものと言えよう（このことは、同判決は「なお、平成七年六月ころ以前に女子更衣室の壁に穴が開いていたことを認めるに足りる証拠はないから、被告会社は、同月ころに気付く以前のビデオ撮影については、責任を負わない（穴のあいたダンボール箱が置いてあるだけでは民法七一七条の責任を負わない）。」と述べていることからも明らかであろう）。

しかしながら使用者が負っている職場環境配慮義務の基本の一つは物的設備の整備であり、右判決はより踏み込んで、使用者の施設整備義務それ自体を問題とし、ビデオ撮影（隠し撮り）を被告会社が発見した時点で、女

子更衣室の構造がビデオの隠し撮りを容易に可能とするものか否か、利用者以外の第三者の侵入が容易なものか否か等施設保存状況についての判断がなされるべきものであったと言えよう。

(イ)　ちなみに安全配慮義務に関して前掲川義事件（最三小判昭五九・四・一〇）では、宿直勤務中の労働者Aが、反物を盗む目的で訪れた元社員に首を絞められたうえバットで殴り殺された事案につき、判決は、会社には「宿直勤務の場所を本件社屋内、就寝場所を同社屋一回商品陳列場と指示したのであるから、宿直勤務の場所である本件社屋内に、宿直勤務中に盗賊等が容易に侵入できないような物的設備を施し、かつ、万一盗賊が侵入した場合は盗賊から加えられるかもしれない危害を免れることができるような物的施設を設けるとともにこれら物的施設等を十分に整備することが困難であるときは、宿直員を増員するとか宿直員に対する安全教育を十分に行うなどし、もって右物的施設等と相まって労働者たるAの生命、身体等に危険が及ばないように配慮する義務があったものと解すべきである。（中略）上告会社の本件社屋には、昼夜高価な商品が多数かつ開放的に陳列、保管されていて、休日又は夜間には盗賊が侵入するおそれがあったのみならず、当時、上告会社では現に商品の紛失事故や盗難が発生したり、不振な電話がしばしばかかってきていたというのであり、しかも侵入した盗賊が宿直員に発見されたような場合には宿直員に危害を加えることも十分予見することができたにもかかわらず、上告会社では、盗賊侵入防止のためののぞき窓、インターホン、防犯チェーン等の物的設備や侵入した盗賊から危害を免れるために役立つ防犯ベル等の物的設備を施さず、また、盗難等の危険を考慮して休日又は夜間の宿直員を新入社員一人にしないで適宜増員するとか宿直員に対し十分な安全教育を施すなどの措置を講じていなかったというのであるから、上告会社には、Aに対する前記の安全配慮義務の不履行があったものといわなければならない」として物的施設の整備配慮義務違反により会社の債務不履行責任を認定している。

なお、バイオテック事件（東京地判平一一・四・二）では、被告甲からつきまとわれていた女性社員が、会社が入居しているビルのエレベーターで甲から傷害を受け、更に電車の中でも強迫される等したこと等から退職を余

儀なくされたとして、会社らに対し損害賠償を求めた事案で、女性社員は、傷害事件発生後会社は危害防止のための措置を執るべき義務が生じており、その具体的内容としては、店舗内に警報設備を備えること、原告に警報装置を常備することを挙げていたが、判決は「従業員が顧客から、暴行、傷害、強迫等の危害を加えられることが予見される場合、使用者は、それを防止するために必要な措置を執るべき義務（安全配慮義務）を負うと解するのが相当である。なお、どのような措置を執るべきかは、具体的状況に応じて判断するべきであ」り、「右傷害事件発生後は、その後の危害防止のために必要な措置を執るべき義務が生じていたと認めるのが相当である」として安全配慮義務の存在を肯定したものの、本件事案については、甲の行動が「電車の中にまで及び、原告が『痴漢です』と叫んでもひるまず、かえって暴言をエスカレートさせるなどしていたことからすると、被告会社が原告主張の措置を執ったとしても、被害を防ぐことは困難であったと考えられ」、「被告会社が原告主張の措置を執らなかったからといって、被告会社に安全配慮義務違反があったとは認められない」と述べて原告の請求を斥けている（当該事案についてみると、安全配慮義務としての物的施設整備義務と現実の損害との間に関係が認められない以上、やむを得ない結論と思われる）。

(ウ)　また改正均等法と同時に施行された労基法では女性に対する深夜業務の規制が解除されたが（平成一一年四月一日施行）、その際出された指針（平成一〇年労働省告示二一号、平成一〇年六月一一日女発第一七〇号）によると、事業主に対し女子労働者の通勤の際の送迎手段、防犯設備、女性の一人勤務の回避等の通勤及び業務遂行における安全確保の努力義務を課すと共に（指針の2の(1)）、労働安全衛生法二三条の規定に従って、仮眠室・睡眠室・便所・休養室等を男女別に区別して設置する等の整備を義務づけられた（強行規定）。これらは、セクシュアル・ハラスメント防止のための物的施設整備義務を確認するものと位置づけることができ、使用者はこれらの設置義務を怠った場合、職場環境配慮義務違反とされることになろう（労安衛法違反は罰則の制裁もある）。

セクシュアル・ハラスメント防止義務としての事前措置義務は使用者の帰責事由や予見可能性との関連でその

内容・程度が問題とされることになるが、少なくとも改正均等法・人事院規則等に規定された規定整備義務・職場環境配慮義務の根幹をなす物的施設整備義務は、これらに違反した場合使用者の義務違反が推定され、使用者は契約責任を問われることになろう。

2　セクシュアル・ハラスメント行為防止義務

使用者（大学当局など）が契約上負う「セクシュアル・ハラスメント防止義務」は、従業員らの行うセクシュアル・ハラスメント行為そのものも含まれ、これらの者の行為そのものが義務違反を構成することになるのだろうか？　この問題は、「履行補助者」によるセクシュアル・ハラスメント行為と、それ以外の者によるセクシュアル・ハラスメント行為に分けて検討する必要がある。何故ならば前述した通りセクシュアル・ハラスメント防止義務は、使用者が信義則上労働者に対して負う職場環境配慮義務の一形態としての契約上の義務であり、この義務を怠ったことに帰責事由があるかぎり債務不履行責任を負うことになるが、この義務を使用者のいわば手足となって履行する「履行義務者」がセクシュアル・ハラスメントを行った場合と、それ以外の者の行為とでは違いが出てくるからである。

(1)　「履行補助者」によるセクシュアル・ハラスメント行為

使用者の雇用契約上負う職場環境配慮義務は、使用者のみならず、使用者の手足として職場環境配慮義務の履行の実現を果たす役割を担っているいわゆる「履行補助者」によっても履行されなければならず、履行補助者の右義務違反行為については、これを使用者自身の義務違反行為とみて責任を負うものと解される。雇用契約において、労働者の本来的給付義務である労務の提供は使用者の指揮命令に従ったものでなければならないところ、企業において現実の指揮命令は使用者の「履行補助者（経営者、管理監督者など）」によってなされることが通常であり、したがって使用者が負う本来的債務の履行補助者は、同時に付随義務である職場環境配慮義務の履行を

もなす義務を負っているのである。このように履行補助者は、セクシュアル・ハラスメント防止義務についても使用者と同様の義務を負っており、これらの者が履行補助者として（自らの地位・権限を濫用して）セクシュアル・ハラスメントを行い、労働者の良好な職場環境を侵害した場合、当該個人が不法行為責任を負うだけでなく、使用者もまた職場環境配慮義務違反としての契約責任（若しくは不法行為責任）を負うことになる。この点につき、性的な行為は個人的な行為であり、使用者の配慮義務違反が成立すると解することは困難とする考え方があるが、妥当なものとは思われない（注9）。

問題はセクシュアル・ハラスメントが「個人的な行為」か否かではなく、履行補助者がセクシュアル・ハラスメントという手段によって、使用者が負う職場環境配慮義務違反行為をしたか否かなのである。職場環境配慮義務を負っている使用者自らが、自らの地位・権限を濫用してセクシュアル・ハラスメント行為を行った場合、使用者には不法行為責任のみならず、契約上負う職場環境配慮義務違反として債務不履行責任を負うことは争いがない。これと同様に、職場環境配慮義務も履行補助者もまた、自らの地位・権限を濫用してセクシュアル・ハラスメントを行った場合には、自らが不法行為責任を負うのみならず、使用者は雇用契約上の債務不履行責任を負うことがあると言うべきである。したがって、使用者の職場環境配慮義務の履行補助者として職務に従事する者（その多くは管理監督権限を有する者であろう）が、その履行過程において、その履行行為と密接に関連してセクシュアル・ハラスメント行為を行った場合、使用者の職場環境配慮義務違反を構成することになろう。例えば、管理監督権限を有する上司が自らの地位・権限を乱用して、直属部下に対して職場内で性的関係を迫った場合など（改正均等法が定める「対価」型、「環境」型セクシュアル・ハラスメント）、従業員の職場環境を著しく侵害したものとして、使用者は、職場環境配慮義務違反としての責任を負うことになろう。

このような観点でみた場合、従来セクシュアル・ハラスメントとして不法行為上の使用者責任が問題とされてきた裁判例の中でも、代表者若しくはそれに準ずる者（社長・会長）や管理監督的立場にある者（営業所長、支店

長など）が、職務に関連して行ったセクシュアル・ハラスメント行為は、使用者の契約上負う職場環境配慮義務違反をも構成することになろう。例えば会社の代表者によるセクシュアル・ハラスメントの事案である金沢セクシュアル・ハラスメント事件（名古屋高金沢支判平八・一〇・三〇）では、会社社長宅で炊事等の家政婦的仕事に従事していた女性社員（原告）に対する社長のセクシュアル・ハラスメント行為について、判決は「被告会社は、本店所在地でもあり、種々電話連絡等もある代表取締役宅の家政を一手に委ねるために原告を採用したものであり、社長が原告から食事等の家政の提供を受けることは、妻の家出後であること、社長自らがそれを受けて昼夜を問わぬ被告会社の役務を現実に担っていた等の特殊な事情を考慮すれば、社長の職務とは別の個人的利益とは認めることはできず、むしろ職務行為ないしこれと牽連する行為と認めるのが相当である」として会社の不法行為法上の使用者責任を認め（民法四四条一項）ているが、契約上の職場環境配慮義務に違反するものとして債務不履行責任をも構成するものであった。同様のことは、代表者と同視しうる者のセクシュアル・ハラスメント行為についても言えるのであり、例えば東京セクシュアル・ハラスメント（広告代理店）事件（東京地判平八・一二・二五）では、女性社員が会社の会長から受けたセクシュアル・ハラスメントについて、判決は「会長は、勤務時間中、被告会社内部において、原告に対し、肉体関係や交際を求める話しをし、原告への見舞いは会長の勤務時間中に行われ、被告会社の業務に関する会話がなされていた他、会長の一連の行為は、被告会社の会長ないし原告の上司としての地位を利用して行われていたものであるから、右一連の言動は、被告会社の職務との密接な関連性が認められ、事業の執行につき行われたものと認められ、被告会社は、民法七一五条の使用者責任を免れない」と判示している。

更に会社の管理監督的立場にある者によるセクシュアル・ハラスメントの事案である福岡セクシュアル・ハラスメント事件（福岡地判平四・四・一六）で、女性編集長が編集者から男性関係等に関する悪評をふりまかれる等され退職を余儀なくされたことについて、判決は、「編集長が、被告会社の職場又は被告会社の社外ではあるが

職務に関連する場において、原告又は職場の関係者に対し、原告の個人的な性生活や性向を窺わせる事項について発言を行い、その結果、原告を職場に居づらくさせる状況を作り出し、しかも、右状況の出現について意図していたかまたは少なくとも予見していた場合には、それは原告の人格を損なってその感情を害し、原告にとって働きやすい職場環境の中で働く利益を害するものであり、同被告は原告に対し民法七〇九条の不法行為責任を負」い、「編集長の右一連の行為は、原告職場の上司としての立場からの職務の一環またはこれに関連するものとしてされたもので、その対象者も、原告本人のほかは、同被告の上司、部下にあたる社員やアルバイト学生または被告会社の取引先の社員であるから、右一連の行為は、被告会社の「事業の執行に付き」行われたものと認められ、被告会社は編集長の使用者として不法行為責任を負うことを免れない」として不法行為法上の使用者責任を認めており、また横浜セクシュアル・ハラスメント事件（東京高判平九・一一・二〇）では、女子社員にセクシュアル・ハラスメントをした営業所長Cの行為について、判決は「営業所長Cの性的行為はいずれも勤務時間中に、部下と二人きりの際敢えて行った行為であって、原告の性的自由及び人格権を侵害する一連の不法行為を構成し」、「原告の上司としての地位を利用して行われたものというべきであり、Cの右不法行為は、被告会社の事業の執行行為を契機とし、これと密接な関連を有する行為というべきであり、被告会社は民法七一五条に基づき、Cの使用者として損害賠償責任を負うというべきである」旨判示している。

これらの事案はいずれも、会社の代表者・管理監督者等の不法行為について、会社の不法行為法の使用者責任を認定した事案であるが、同時に会社の雇用契約上負う職場環境配慮義務が問題とされるべき事案でもあった。既に述べたように会社は雇用契約従業員に対して職場環境配慮義務を負っており、これらの者（会社代表者・管理監督的立場の者）は、会社の手足として、会社が契約上負う右義務の履行の実現を果たすいわゆる履行補助者の立場にあり、これらの者が自らの帰責事由（しかも故意）によって、債務の本旨にしたがった履行をしなかったものであり、会社が契約上負担する職場環境配慮義務違反をも構成しているのである（もっとも実際の訴訟においては、

セクシュアル・ハラスメントに関する使用者責任を追及する場合、前述した通り立証責任については契約責任を追及しても不法行為責任を追及しても――時効の問題は別として――それほどの違いはでてこないといえよう）。

(2)　その他の者によるセクシュアル・ハラスメント行為

使用者の「履行補助者（管理監督権者など）」以外の従業員や顧客等の第三者によるセクシュアル・ハラスメントが行われた場合、これらの者は使用者が契約上負う信義則上の義務である職場環境義務の履行補助者としての立場にないことから、原則として使用者が職場環境配慮義務違反の債務不履行責任を負うことはないと言わざるを得ない。従ってこれらの者がセクシュアル・ハラスメントを行ったとしても、個人としての不法行為責任を問われる他、これらの者の行為が「其事業ノ執行ニ付キ」なされたものである場合は、使用者は不法行為法上の使用者責任を問われることになるであろう（もっともこのような場合は、不法行為法上の使用者責任も構成しないことが多いであろう）。

このような裁判例として、例えば三重セクシュアル・ハラスメント事件（津地判平九・一一・五）では、男性上司A（准看護士副主任）による看護婦に対する度重なるセクシュアル・ハラスメントに関し、判決は「被告Aの前記行為は、原告らに対し、いわゆる環境型セクシュアル・ハラスメントに当たり、不法行為に該当すると認められ」と認定しながら、被告連合会の使用者責任については、「本件の深夜勤務中の行為は、業務中、休憩室において行われたものとはいえ、前記のとおり原告らを起こしたり呼びかけるための行為とは認められず、被告Aの個人的な行為であるから業務を契機としてなされたものではなく業務との密接な関連性は認められない。また、被告Aの日常勤務中のひわいな言動はやはり被告Aの個人的な行為と認められる上、右深夜務中の行為と相まって不法行為となるものであると考えられるので、右言動のみについて被告連合会の使用者責任を認めることもできない」として否定した。また判決は使用者の職場環境配慮義務違反については、「被告Aには従前から日常勤務中特にひわいな言動が認められたところ、被告連合会は被告Aに対し何の注意をしなかったこと、主任は平成五

年一二月の時点で原告から被告Aとの深夜勤をやりたくないと聞きながら、その理由を尋ねず、何ら対応策をとらなかったこと、平成六年一月二八日主任は原告から被告Aの休憩室での前記行為を聞いたにもかかわらず、直ちに婦長らに伝えようともせず、被告Aに注意することもしなかったこと、その結果同年二月一日深夜被告Aの原告に対する休憩室での前記行為が行われたことが認められ」「そうすると、被告連合会は、平成六年二月一日以降被告Aの行為について対策をとったものの、それ以前には監督義務者らは何らの対応策をとらずにAの行為をみのがして、同日早朝の被告Aの原告に対する行為を招いたと認められる。」「したがって、被告連合会は原告らに対する職場環境配慮義務を怠ったものと認められ、その結果被告Aの休憩室での前記行為を招いたといえるから、原告らに対し債務不履行責任を負う」旨述べている。右判決は「履行補助者」以外の従事者によるセクシュアル・ハラスメントについて、使用者の職場環境配慮義務違反を、従業員のセクシュアル・ハラスメント行為そのものではなく、「監督義務者らは何らの対応策をとらずに被告Aの行為をみのがして」更なるセクシュアル・ハラスメント行為を招来した点として把握しているのである。履行補助者以外の行為者のセクシュアル・ハラスメントについて使用者の職場環境配慮義務の範囲を明示した判決として注目されよう。

また従業員以外の第三者によるセクシュアル・ハラスメントについては、バイオテック事件（東京地判平一一・四・二）で、発毛・育毛会社の女性社員（支店の責任者）が、会社の顧客であったIから平成七年三月ころよりストーカー行為を受け、八年四月上旬には支店の入っているビル内で障害を受け（Iは逮捕）、その後も嫌がらせや強迫行為を受け続けていたにもかかわらず、会社は原告の安全に配慮せず退職を余儀なくされた等として訴えたところ、判決は、Iによるストーカーの点について「従業員が顧客から暴行、障害、強迫等の危害を加えられることが予見される場合、使用者は、それを防止するために必要な措置を執るべき義務（安全配慮義務）を負うと解すのが相当である。なお、どのような措置を執るべきかは、具体的状況に応じて判断するべきであ」り、本件については、「平成八年四月上旬の傷害事件発生前は、Iが原告に危害を及ぼすことを被告会社が予見しうる状況

にあったとまでは認めがたいから、被告会社に何らかの措置を執るべき義務が生じていたと認めることはできない（なお、付きまとっていたという事実のみから、被告会社に原告主張の措置を執るべき義務が生じていたと認めることは困難である）。他方、右傷害事件発生後は、その後の危害防止のために必要な措置を執るべき義務が生じていたと認めるのが相当である」旨述べて、傷害事件発生後の顧客に対する危害防止義務を認めている（顧客によるセクシュアル・ハラスメント行為そのものを使用者の職場環境配慮義務違反としてはいない）。

このように使用者のセクシュアル・ハラスメント行為防止義務は、「履行補助者」については、自らの地位・権限を濫用するものであるかぎり、使用者の債務不履行をも構成するものと言えよう（これに対して、履行補助者以外の従業員や顧客のセクシュアル・ハラスメント行為はそれ自体が不法行為法上の使用者責任を構成することはあり得るものの、原則として使用者の職場環境配慮義務違反を構成することはないと言わざるを得ない）。

3　事後措置義務

セクシュアル・ハラスメントが発生した場合に使用者に要請されるのは誠実かつ適切な事後措置であり、その具体的内容としては、事実調査・被害拡大回避・回復措置等が要請されることになろう。

(1)　調査義務

職場等においてセクシュアル・ハラスメントが発生した場合、使用者には迅速かつ適切な事実調査が要請される。使用者のセクシュアル・ハラスメント防止義務が労働者の利益を害さない義務（＝相手方保護義務）である以上当然のことであり、セクシュアル・ハラスメントが使用者自ら認知したものであれ、従業員からの申立てによるものであれ、セクシュアル・ハラスメント被害の拡大を阻止し被害回復を図るためには、使用者はまず迅速かつ適切な調査義務を負うことになる。

(i)　迅速な調査義務

使用者はセクシュアル・ハラスメントの発生若しくはそのおそれがある場合、かかる

行為の発生並びに被害の拡大を阻止する義務を負っており、まず迅速な調査が要請されており、このような義務を怠ったものとして次の裁判例をあげることができよう。前述した京都セクシュアル・ハラスメント事件（京都地判平九・四・一七）で、男性社員がビデオカメラを使って女子更衣室を隠し取りしていたことについて、判決は「被告会社は、女子更衣室でビデオ撮影されていることに気付いたのであるから、被告会社は何人がビデオ撮影したかなどの真相を解明する努力をして、再び同じようなことがないようにする義務があったというべきである。それにもかかわらず、被告会社は、ビデオカメラの向きを逆さにしただけで、ビデオカメラが撤去されるとその後、何の措置も取らなかったため、再び女子更衣室でビデオ撮影される事態になったのであるから、被告会社は、債務不履行により、平成七年六月頃に気付いた以降のビデオ撮影によって生じた原告の損害を賠償する責任を負う」旨述べている。また三重セクシュアル・ハラスメント事件（津地判平九・一一・五）でも、看護婦が男性上司A（副主任）から日常的にセクシュアル・ハラスメントを受けているとしてA副主任の上司B主任に善処を申し入れていたにもかかわらず、連合会が何らの措置をとらなかったことについて、判決は「Aには従前から日常勤務中特にひわいな言動が認められたところ、被告連合会はAに対し何も注意しなかったこと、B主任は平成五年一二月の時点で原告からAとの深夜勤をやりたくないと聞きながら、その理由を尋ねず、何ら対応等をとらなかったこと、平成六年一月二八日B主任は原告らからAの休憩室での行為を聞いたにもかかわらず、直ちに婦長らに伝えようとせず、Aに注意することもしなかったこと、その結果同年二月一日深夜、Aの原告に対する休憩室での行為が行われたことが認められる。そうすると、被告連合会は、平成六年二月一日以降被告Aの行為について対策をとったものの、それ以前には監督義務者らは何らの対応策をとらずにAの行為を見逃して、同日早朝のAの原告に対する行為を招いたと認められる」「したがって、被告連合会は原告らに対する職場環境配慮義務を怠ったものと認められ、その結果Aの休憩室での前記行為を招いたといえるから、原告らに対し債務不履行責任を負う」旨述べており、これらの裁判例は、事後措置としての迅速な調査を怠った事例とみることができよ

う。

(ii) **適切な調査義務**　使用者がセクシュアル・ハラスメントの発生若しくはそのおそれがある場合に行う調査は、迅速であると共に適切なものでなければならず、事実調査の公平さが確保されなければならない。セクシュアル・ハラスメントの被害回復・再発防止にとって、適切・迅速な事実調査が確保されなければならず、そのためには公正かつ公平な事実調査に関するルールが必要であり、具体的には①調査担当者（機関）の公平性の確保、②調査手続きの公平性の確保が必要とされよう。

① 調査担当者（機関）の公平性確保　セクシュアル・ハラスメントが発生しその調査をするに際して、調査担当者が身びいき（とりわけ加害者に対し）をしたり、会社の体面を気にして十分な調査をしなかったりすることがあってはならず、このような事態になることを回避し適切な事実調査を担保するためには、調査担当者（機関）の公平性確保は不可欠な要請であり、そのためには、少なくとも調査担当者から「加害者」とされる者の利害関係人や所属部署のものが除外される必要があり、更には、公平性を確保するために弁護士等の部外の専門家等の第三者を入れるべきであろう。

② 調査手続の公平性確保　使用者がセクシュアル・ハラスメントの発生若しくはそのおそれがある場合に行う調査手続は、迅速であると共に適切なものでなければならず、その具体的内容としては、(a)当事者双方の言い分を確認したうえで、(b)当事者双方の言い分が食い違った場合には、当事者以外の第三者（職場の同僚、取引先など）の調査可能性の有無を確認する等し、これらの当事者間の発言内容に対する適切な判断をすることが要求されよう（具体的には、セクシュアル・ハラスメントがしばしば「密室」で行われることから、当事者双方の言い分が食い違うのが通常であることを前提として、当事者の日常態度——例えば「加害者」が「被害者」以外の女性にもセクシュアル・ハラスメントをしていなかったか？——や、調査の際の当事者の発言内容——当事者の発言が一貫した発言か？発言に矛盾がないか？　抽象的か具体的か——等）。また調査手続に際しては、職場や教育現場におけるセクシュア

ル・ハラスメントが上下関係を利用・乱用して行われ、しばしば加害者側が「同意があった」とか「そのような事実はなかった」と「抗弁」することがあり、このような場合には加害者側にその根拠を示させるだけでなく（＝加害者側の「説明責任」！　例えば「アリバイ」など）、調査に協力することを義務づけるべきである（なお、労働者の調査協力義務については(iii)参照）。

このような義務が問題となった裁判例として、まず(a)についてみると、例えば福岡セクシュアル・ハラスメント事件（福岡地判平四・四・一六）の判決は、「専務らは、原告と編集長との間の確執の存在を十分に理解し、これが職場環境に悪影響を及ぼしていることを熟知していながら、これをあくまで個人間の問題としてとらえ、同年三月に原告について昇級措置を行った以外は、両者の話し合いによる解決を指示するに止まった。（中略）このように、専務らは、早期に事実関係を確認する等して問題の性質に見合った他の適切な職場環境調整の方途を探り、いずれかの退職という最悪の事態の発生を極力回避する方向で努力することに十分でないところがあった」と判示しており、また沼津セクシュアル・ハラスメント事件（静岡地判津地判平一一・二・二六）の判決は、「Y会社は、原告やS支店長に機会を与えてその言い分を聴取するなどして原告とS支店長とが特別な関係にあるかどうかを慎重に調査し、人間関係がぎくしゃくすることを防止するなどの職場環境を調整すべき義務があったのに、十分な調査を怠り、上司らの報告のみで判断して適切な措置を執らなかった」旨判示している。これらの事案は、いずれも使用者が当事者双方の言い分を聞かなかったり、一方の言い分のみを聞いて「個人的問題」として解決を図ったりしており、適切な事実調査を怠ったことが明白な事案であったが、このように当事者双方の言い分を聴取することを怠ることは、使用者の「セクシュアル・ハラスメント防止義務」違反の重要な要素となるのである。

次に(b)については、東京セクシュアル・ハラスメント（M商事）事件（平塚地判平一一・三・一二）で、女性社員が上司Aからセクハラを受け、両者間に示談が成立した後上司Aと再び社内でトラブルを起こしたところ、会

社代表者が加害者であるAの弁解を軽信し、両者が個人的争いを蒸し返して社内秩序を乱したものと解して原告を解雇した事案について、判決は「被告代表者は、セクシュアル・ハラスメント問題の本質を見抜くことができず、その加害者であるAの弁解を軽信し、原告とAとの間の問題は個人的な問題であるにすぎず、それが両者の間で私的ないさかいに発展したにすぎないととらえたために、両者が個人的な争いを蒸し返して社内秩序を乱したものと判断し、原告に対し、本来なら懲戒解雇であるが、将来を考えてAと一緒に同年四月末日限り依願退職の形で辞めてもらいたいと告げ、結局、本件解雇をするに至ったものである」として被告代表者の不法行為責任を認めて会社に慰謝料支払いを命じている。

このように使用者がセクシュアル・ハラスメントについて迅速かつ適切な調査を行うことは職場環境配慮義務の内容を構成するものであるが、使用者が行うべき調査の範囲（特に当事者双方の言い分が食い違った場合）について、横浜セクシュアル・ハラスメント事件（東京高判平九・一一・二〇）の判決は、「被告上司の不法行為に関し、そもそも原告と被告上司の供述が大きく食い違っていたため、右不法行為に係る事実の確定は使用者たる被告会社にとって極めて困難であったというべきであるし、原告と被告上司との間において右両名しかいない場所で起きた事実に関しては、さしあたって右両名から事情を聞く以外には、事実を確定すべき手段を持っていなかったとみるべきである」としているが、右判断は使用者の事実調査の範囲につき、少なくとも当事者双方の言い分が食い違った場合に、当事者の日頃の言動第三者に対する調査可能性等に言及していない点で不十分な判断と言えよう。

この点については例えば兵庫セクシュアル・ハラスメント（国立病院）事件（神戸地判平九・七・二九）では、洗濯長Aが国立病院の洗濯係である原告女性の意思を無視して性的嫌がらせ行為を繰り返し、原告が明確に拒否の姿勢を示した以降は職場の統括者である地位を利用して原告の職場環境を悪化させたとして、国の不法行為法上の使用者責任が問われた事案につき、国側は、被告Aが病院の調査に対してセクシュアル・ハラスメントの事実

を強く否定しており、原告の訴えのみに基づいて懲戒処分等の強力な措置をとることが困難であった等として使用者としての選任・監督上相当の注意をなしたとして免責の主張（民法七一五条一項但書）をしたのに対し、判決は、「原告ないし原告の夫が再三に亘り、性的嫌がらせ及びこれに引き続く原告個人に対するいじめの存在を訴えこれに対する処置を求めていたのに対し、性的嫌がらせについては事実の確定が困難であるとして特別の措置をとらず、いじめの問題についても原告個人に向けられた不利益として直接対処せず、むしろ、洗濯場の業務全体の改善の問題としてとらえた結果、（中略）被告Aの原告に対する態度には顕著な変化がみられず、原告をとりまく環境は平成六年一一月までの間特段の改善がなかったといわざるを得ない。そうすると、訴外病院が行った対応策によって、被告Aの原告に対する職場でのいじめ行為について、被告国が被告Aの選任・監督について相当の注意をしたとまでは認められない」と判示している点が使用者の注意義務の範囲を検討する上で参考となろう。

このようにセクシュアル・ハラスメントに対する迅速かつ適切な調査義務は使用者の職場環境配慮義務の内容をなしているのである。使用者の迅速かつ適切な調査について、改正均等法二一条は事業者の「配慮義務」の一内容として指針3―(3)で、「事業主は、職場におけるセクシュアル・ハラスメントが生じた場合において、その事案に係る事実関係を迅速かつ正確に確認することについて配慮をしなければならない。また、事業主は、その事案に適正に対処することについて配慮をしなければならない。（事実関係を迅速かつ正確に確認することについて配慮をしていると認められる例）①相談・苦情に対応する担当者が事実関係の確認を行うこと。②人事部門が直接事実関係の確認を行うこと。③相談・苦情に対応する担当者と連携を図りつつ、専門の委員会が事実関係の確認を行うこと」と規定しており、これらは使用者の職場環境配慮義務の一内容としての調査義務を確認する規定と言えよう。

(iii) 調査協力義務

ところで使用者が当該セクシュアル・ハラスメントの有無等について調査をするに際し

て当事者双方の言い分が著しく食い違った場合（ほとんどがこのような場合である）、第三者（従業員）に対してどの程度の協力を求めることができるのだろうか？　あるいはどの程度の協力を求めなかった場合調査義務違反として債務不履行責任を負うことになるのだろうか？　この問題を検討するに際しては、セクシュアル・ハラスメントに関する労働者（当事者及び第三者）の調査協力義務と使用者の調査義務とを分けて論ずる必要がある。

前者については、使用者は職場規律違反の調査について従業員に対してどのような場合に協力を求めることができるかという形で裁判で問題とされ、裁判例においては、労働者が使用者の行う他の労働者の企業秩序違反事件の調査について協力義務を負うのは、①当該労働者の職責に照らし、その職務内容となっていると認められる場合、または、②調査対象である違反行為の性質・内容、右違反行為見聞の機会と職務執行との関連性、より適切な調査方法の有無等諸般の事情から総合的に判断して、労働契約上の基本的義務である労務提供義務を履行するうえで必要かつ合理的であると認められる場合に限られると、比較的厳格な解釈をしている（富士重工業事件、最三小判昭五二・一二・一三判時八七三号一二頁）。同事件は、原告の同僚が就業時間中上司に無断で他の従業員に対し原水爆禁止の署名を集めたり、資金調達のために販売するハンカチの作成を依頼したりするなど、就業規則に違反する行為をしたとして調査が行われた際、会社の事情聴取に対し原告がほとんど答えなかったため譴責処分を受けたので、原告が調査協力義務が不存在であるとして争い、譴責処分の付着しない労働契約上の権利を有することの確認を求めたところ、判決は原告の請求を認め「そもそも、企業秩序は企業の存立と事業の円滑な運営の維持のために必要不可欠なものであり、企業は、この企業秩序を維持確保するためこれに必要な諸事項を規則をもって一般的に定め、あるいは具体的に労働者に指示命令することができ、また、企業秩序に違反する行為があった場合には、その違反行為の内容、態様、程度等を明らかにして、乱された企業秩序の回復に必要な業務上の指示、命令を発し、または違反者に対し制裁として懲戒処分を行うため事実関係の調査をすることができることは、当然のことといわなければならない。しかしながら、企業が右のように企業秩序違反事件について調査

をすることができるということから直ちに、労働者がこれに対応して、いつ、いかなる場合にも、当然に企業の行う右調査に協力すべき義務を負っていると解することはできない。けだし、労働者は、労働契約を締結している企業に雇用されることによって、企業に対し労務提供義務を負うとともに、これに付随して企業秩序遵守義務その他の義務を負うが、企業の一般的な支配に服するものということができないからである。そして右の観点に立って考えれば、当該労働者が他の労働者に対する指導、監督ないし企業秩序の維持などを職責とする者であって、右調査に協力することがその職務の内容となっている場合には、右調査に協力することは労働契約上の基本的義務である労務提供義務の履行そのものであるから、右調査に協力すべき義務を負うものといわなければならないが、右以外の場合には、調査対象である違反行為の性質、内容、当該労働者の右違反行為見聞の機会と職務執行との関連性、より適切な調査方法の有無等諸般の事情から総合的に判断して、右調査に協力することが労務提供義務を履行する上で必要かつ合理的であると認められない限り、右調査協力義務を負うことはない」と述べて労働者が契約上負う調査協力義務と企業が職場秩序維持のために用いる権限との範囲を画しており、妥当なものといえよう。

他方後者、即ち使用者がセクシュアル・ハラスメント防止義務として負う調査義務は前者とは性質を異にするものであり、使用者が契約上負う誠実義務の一つであり、少なくとも前記①②の範囲では、使用者は労働者に対し調査協力を求めることができるのであり、使用者がこのような協力要請を怠った場合は、セクシュアル・ハラスメント防止義務としての調査義務違反とみなされることになろう。

(2)　被害拡大回避義務（＝解雇・退職回避義務など）

セクシュアル・ハラスメントが発生した場合、使用者はセクシュアル・ハラスメントに対する無理解から、セクシュアル・ハラスメントの「加害者」を懲戒や配転等にするだけでなく、セクシュアル・ハラスメントの申立てをした「被害者」に対しても、「協調性に欠ける」等と称して退職勧奨や解雇等の不利益取扱をすることがしば

しばある（いわば「ケンカ両成敗」！）。このような行為は、法的にみた場合、セクシュアル・ハラスメントを原因とした被害者の人的利益、職場環境に対する被害を拡大するものであり、使用者はこのような被害拡大を回避する義務を負っているといえよう。このようにセクシュアル・ハラスメントを受けた「被害者」は、セクシュアル・ハラスメントにより雇用上種々の不利益を受けるだけでなく（改正均等法二一条に規定するいわゆる「対価型」「環境型」セクシュアル・ハラスメント）、その後も雇用上種々の不利益を受けることがあり（「二次被害」！）、使用者はこのような被害を回避する義務を負っていると言わねばならず、改正均等法二一条を受けた指針4－(2)が、「事業主は、職場におけるセクシュアル・ハラスメントに関して、女性労働者が相談をし、又は苦情を申し出たこと等を理由として、当該女性労働者が不利益な取扱を受けないよう特に留意するとともに、その旨を女性労働者に対して周知する必要がある」としているのは、このような使用者が負うべき当然の義務を定めたものと言えよう。ところで、このようなセクシュアル・ハラスメントの被害を訴えたことによる不利益取扱の典型は、次に述べる通り、それを原因とした解雇・退職勧奨であるが、それにとどまらずセクシュアル・ハラスメントのエスカレート・再発等、雇用環境にもたらされるさまざまな職場環境の悪化要因が含まれることになる。

(i)　**解雇回避義務**　セクシュアル・ハラスメントの被害者らがセクシュアル・ハラスメントの事実を訴えたことを理由として解雇された場合、当該解雇は合理的な理由のないものとして無効とされるだけではなく、使用者に不法行為責任が認められることになろう。

①　**解雇無効**　使用者の行う解雇は今日においては労働権・生存権の思想、企業の公益性・社会性などから権利の乱用にわたるものは許されないとされており（＝権利乱用説）、判例においても「使用者の解雇権の行使も、それが客観的に合理的な理由を欠き社会通念上相当として是認することができない場合には、権限の乱用として無効になる」（日本食塩事件、最二小判昭五〇・四・二五判時七七四号三頁など）と解されており、使用者がセクシュアル・ハラスメントに起因して一方的に「被害者」を解雇することは「合理的な理由を欠き」解雇は無効とされ

ることになる。このような裁判例として、例えば、徳島中央タクシー外事件（仮処分、徳島地判平八・一〇・一五）では、上司である部長から同僚の女性社員Aがセクシュアル・ハラスメントをうけたとして、女性社員BはAと共に会社に抗議をしたところ、部長から虚偽の報告を受けた会社社長は、女性社員らに非があると信じて「やめてしまえ」と怒号して職場から排除し就業できなくなったとして違法解雇を理由に地位保全等を求めた事案について、判決は、「債権者らに対する本件解雇は、いずれも債務者会社社長が、会社の就業規則も検討しないまま独断専行したものと言わざるを得ないもので、債務者会社の就業規則に定められた解雇事由のいずれにも該当しない不当な理由によるものであるから、無効であると言わざるを得ない」旨判示して解雇の意思表示を無効としている。同じく、右事件の仮処分事件を支援した労働組合委員長が、「セクハラに抗議した女性三人を解雇」等と題するビラを配布したこと等を理由に解雇されたとして会社に対して解雇無効・慰謝料等の請求をした事件（徳島地判平一〇・一〇・一六）について、判決は「原告のビラ配布行為は正当な組合活動であって、社会通念上解雇を相当とする場合には当たらないというべきであ」り、本件解雇は、「解雇事由の不存在により無効（場合によっては解雇権濫用による無効を含む）というべきである」として解雇無効を認定している（但し、解雇に至った慰謝料請求については、解雇処分の無効確認や未払賃金支払いにより十分慰謝されているとして認めなかった）。このようにセクシュアル・ハラスメントに起因して、使用者が被害者を解雇する行為は、被害を拡大する典型的な行為であり、かかる行為は「合理的理由」のない解雇として当然に違法無効とされるべきことになる。

②　解雇無効→損害賠償

ところで解雇が違法とされた場合、わが国では〈違法解雇→無効〉とされて職場復帰が認められることになるが（もっとも就労請求権はわが国では一般には認められていない）、解雇が違法とされる場合はそれに限られるものではなく、違法解雇それ自体及びそれに至る行為全体をも不法行為若しくは債務不履行として損害賠償（逸失利益、慰謝料請求）を求めることが可能な場合があり、とりわけ、わが国の雇用環境の中では、〈違法解雇→無効〉とされても再び職場復帰することは困難が伴うことが多く解決金を得て事実上退職す

ることが多いことから、近年端的に〈違法解雇→不法行為若しくは債務不履行→損害賠償〉の訴えを求めるケースが増加しつつある。この場合は、解雇された当事者は違法解雇の効力（→無効）を争うだけではなく（争わないこともあるが）、解雇そのもの若しくはそれに至る使用者の行為を不法行為若しくは債務不履行として損害賠償を求めることになる。

このように解雇の効力のみならず、解雇若しくはそれに至る行為全体を不法行為（若しくは債務不履行）とすることが争われた裁判例として、例えば、東京セクシュアル・ハラスメント（チラシ広告）事件（東京地判平九・二・二八）では、会社社長からセクシュアル・ハラスメントをされ、これを拒否したところ解雇された女性社員が、解雇を不法行為として会社に対し慰謝料請求をした事案について、判決は「右解雇は普通解雇を前提としても解雇権の濫用にあたる違法なものであると認められる。そして、原告は、被告代表者の違法な解雇により、結果的に被告会社で勤務を続けることができなくなったのであるから、被告代表者の右行為は不法行為を構成するものと認められ、慰謝料損害については、前記認定の解雇の理由と原告の従前の勤務態度、原告は違法な解雇であっても結果的にこれを受け入れて被告会社で勤務を続けることができなくなったこと（中略）原告の一カ月分の賃金が二七万であったこと（中略）その他一切の事情を斟酌すると五〇万円をもって相当と認められる」旨判示して違法解雇について会社の不法行為責任を認定している。同じく沼津セクシュアル・ハラスメント（F建設工業）事件（静岡地沼津支判平一一・二・二六）では、土建会社の女性社員が上司A、Bからセクシュアル・ハラスメントを受け、これを拒否するとS支店長と個人的に交際しているとのうわさを流されて人員整理を理由に解雇されたが、女性社員が地位保全の仮処分を得たところ、会社は解雇を撤回して職場復帰させたものの女性社員はほとんど仕事のない状態におかれ賞与も支給されなかったとして、女性社員は会社に対し職場環境を配慮すべき義務を怠りこれに抗議した女性社員を制裁するため違法な解雇をしたとして損害賠償を請求したところ（本件では、原告は一応職場復帰しており解雇無効を主張する実益がない）、判決は、「被告会社は、原告やS支店長に機会を与えてそ

の言い分を聴取するなどして原告とS支店長とが特別な関係にあるかどうかを慎重に調査し、人間関係がぎくしゃくすることを防止するなどの職場環境を調整すべき義務があったのに、十分な調査を怠り、被告Aらの報告のみで判断して適切な措置を執らず、しかも、本件解雇撤回後も、被告Bの下で勤務させ、仕事の内容を制限するなどしたものであり、職場環境を調整する配慮を怠ったものであり、この点に不法行為があると言うべきである。さらに、被告会社は、解雇権を濫用して原告を解雇したもので、この点についても、不法行為責任を負う」と認定してセクシュアル・ハラスメント後の解雇に至る使用者の行為を職場環境配慮義務とし、更に解雇の意思表示を違法としていずれも使用者の不法行為責任を認めている。

更に東京セクシュアル・ハラスメント（M商事）事件（東京地判平一一・三・一二）でも、女性社員が上司からセクシュアル・ハラスメントを受けたとして会社に訴え、いったんは両者間に示談が成立したものの、再び上司との間でトラブルを起こしたことを理由として会社から退職勧奨をされて就業を拒否されたことについて、判決は右退職勧奨を解雇と認定したうえ、「原告の前記行為は、被告の就業規則の定める懲戒解雇事由又は解雇事由に形式的に該当するとしても、原告が前記行為に及んだ原因、行為の態様、被告の事務を阻害した程度に照らすと、解雇されてもやむを得ないものということはできないから、本件解雇は、正当な理由を欠くものであり、解雇権を濫用した無効のものといわざるを得」ず、したがって「被告代表者が右判断に基づいて原告を辞めさせる正当な理由があると考えて本件解雇をしたことには、過失があるというべきであ」り、「被告において勤務を継続することを事実上不能にされ、労働契約の継続を断念させられたことが認められるから、原告は、被告代表者の右行為により被告から受けられたはずの給与を受けることができなくなり、賃金請求権を喪失させられたものというべきである」として、解雇に至る一連の使用者の行為を不法行為と認定し六ヵ月分の給与相当額並びに三ヵ月分の賞与相当額の逸失利益と不当解雇による慰謝料（二〇万円）を認め更に、被告会社が、個人的ないさかいにすぎないとして解雇に及んだことによる慰謝料も認めた。

このように裁判例においてはセクシュアル・ハラスメントに起因する解雇について、違法（不当）解雇に対するサンクション（制裁）として、解雇の意思表示の無効のみならず、違法解雇を不法行為として損害賠償（慰謝料・逸失利益）を認めるだけでなく、セクシュアル・ハラスメントから解雇に至る使用者の一連の行為全体を不法行為と認定しており、このような傾向は今後も強められるであろう。ところで使用者は契約上職場環境配慮義務の一内容として被害拡大回避義務を負っており、その典型の一つである解雇を回避することも当然その内容に含まれていると解すべきであり、そのような立場からは、解雇及びそれに至る使用者の一連の行為は、使用者が契約上負う職場環境配慮義務違反の行為として契約責任に基づく債務不履行として構成しているべきものと思われる。

(ii) 退職回避義務

① 退職無効

(ア) 雇用契約は継続的な人的関係が基本とされていることから、使用者が負う職場環境配慮義務の中には、労働者がその意に反して退職することのないように配慮すべき義務内容が含まれることになり、具体的には、使用者が労働者との信頼関係を著しく傷つける言動を行うなどして労働者が退職を余儀なくされた場合などに、かかる義務違反を構成することになろう。ところで労働契約関係が労使の意思によって終了する場合としては、①に述べた使用者による一方的意思表示である「解雇」と、②に述べる労働者の一方的意思による「（任意）退職」若しくは、労使双方の意思の合致による「合意解約（労働者が退職届を提出し使用者がこれを受領した場合、あるいは労働者が解雇を承認した場合も含まれる）」とがある。「退職」は労働者の一方的意思表示に基づき労働契約の効力を将来に向かって消滅させる単独行為であり（労働者は期間の定めのある場合を除いて二週間前に解約の申入れをすることによりいつでも退職できる――民法六二七条一項）、「合意解約」は労使の合意によって労働契約を将来に向かって終了せしめるものであるが、法形式的に「退職」「合意解約」の形態をとっていても、労働者の意思表示（退職・合意契約）が使用者による退職勧奨・説得・強制等何らかの働きにより退職を余儀なくされ、かかる行為が社会的に是認できないものと判断される場合には、わが国の裁判例においては、以下に述べる通りこ

れらの意思表示を無効としたり、実質的に「解雇」の効力を認める等の法的処理により、「退職」を余儀なくされた労働者の救済を図ってきた。

第一のアプローチは退職や合意解約の意思表示が錯誤、強迫、偽計等によるものとして無効とするものであり、裁判例としては例えば錯誤による例である丸中製糸事件（長野地諏訪支判昭五九・三・二六労旬一〇九八号）では、被告会社の従業員であった原告らは、会社側から新会社設立時における原告らの再雇用および退職金の全額支払いの確約を受けて、会社解散にともない退職することになり、退職届を提出したが、その後新会社の設立は実現不能となり退職金全額の支払いもなされなかったため、原告らは雇用契約の存在確認等を求める訴訟を提起したところ、被告会社は退社届の提出により雇用契約は合意解約されたと主張した。これに対し判決は原告らの主張を認め、「右の事実によれば、そもそも原告らが退職の意思表示をする際、新会社を設立し再雇用を図ることは不可能な状態にあったものと解すのが相当であり、また退職金も被告会社においては全額を支払う意思はなかったもので、したがってこれらを信じてなされた右各原告らの意思表示は動機に錯誤があったものと解される。そして前記認定のとおり右動機は被告会社に対し表示され、したがって意思表示の内容となっていたものであるところ、右錯誤がなければ原告は退職の意思表示をしなかったであろうと考えられ、また意思表示をしないことが一般の通念に照らし至当と解されるから、結局右意思表示には要素の錯誤があったものとして、無効と解されるべきである」と判示している。

また退職の意思表示が会社の強迫による場合は無効とされており、例えば昭和自動車事件（福岡地判昭五二・二・四判時八八〇号九三頁）では、原告はバス会社を営む被告会社の運転手として、会社内で反目対立する運転手グループの一方グループの指導的地位にあったが、他グループに好意的な操車係の不正行為を摘示した嘆願書を作り署名を集めて社長に直訴するという行動に及んだところ、会社が右事実を調査した結果署名者達は言われるままに署名したと皆逃げてしまった結果、原告は会社からとがめられ、営業所長から、「秩序紊乱のかどで懲戒解

雇処分になるところだが、それでは退職金もなく再就職も困難だろうから任意退職にしてやる」といわれ退職願を提出した。原告は、退職願が受理されたのちその提出は詐欺または強迫にもとづくものであるとして右退職願を撤回し、従業員としての地位確認を求めたところ、判決は原告の主張を認め「一般に労働者において何らかの懲戒事由がある場合、（会社側が）この者に対して懲戒解雇処分もあるべき旨を告げ、そうなった場合の利害得失を説いて同人から退職願を提出させ、依願退職のかたちで雇用契約を解除することはよく見かけることである。このような場合に右懲戒事由が本来懲戒解雇不相当のときにおいては、右示唆が強迫行為（民法九六条）に該当する場合もあり得ると言うべきである」「もっとも真実懲戒解雇相当の行為が労働者にあった場合に、使用者がかかる依願退職をさせることは、いわゆる温情に基づく措置であるとみられ、違法性なしと判断すべき場合が多いであろう。しかし、そうでない場合に、使用者側が懲戒解雇の不利益をもって労働者を脅し、万一にもそのような事態になるのをさけるためには、この際退職願を提出して円満退職の方法で雇傭関係を解消し、退職金を貰って再就職を計るほうがまだましであると決意せざるを得ないような状況の下にこれを追い込んで、退職届を提出させたとすれば、労働者の右退職願の提出行為は、違法な害悪告知の結果であって、強迫による意思表示であり取消し得べきものというほかはない」旨判示して、退職の意思表示を無効としている。

更に、退職勧奨が不当労働行為等の強行法規違反を構成する場合は、強迫や詐欺に該当しなくとも退職の意思表示は無効とされており、例えば中村産業事件（福岡地飯塚支判昭五七・三・二五労判三九〇号）では、プロパンガス等の運送等を営む被申請人会社に運転手として雇用されていた申請人は、組合結成以来の中心人物であったが、会社側の執拗な組合敵視政策のもとで動揺して組合分会を解散させ、さらに同社事務員Nの退職問題を口実にその責任を追及されるなかで退職届を提出するに及んだ。しかし、後に退職の意思表示を取り消して地位保全の仮処分を申請したところ、判決は、「本件退職に至る全体的経緯を総合すると、被申請人は偶発的なN女退職問題を巧みにとらえて、従前から業務部長の働きかけに動揺し、精神的にも相当疲弊していたと思われる同申請人を

退職させるべく、これを利用したものと認められ、そして、またこれが組合活動の中心的存在であった同申請人を会社から排除しようとした被申請人の意図に基づくものと認めるのが相当である」「本件においては同申請人と被申請人間に退職についての合意が存するとしても、右合意は被申請人が不当労働行為意思のもとにN女問題をとらえて、申請人に退職を求め、その退職届（雇用契約関係解約の承諾）をひき出したもので、右被申請人の行為が、たとえ取消事由としての強迫若しくは詐欺に該当する程度のものとまではいえないものであっても、同申請人の意思決定に不当な影響を与え、その真意に反した承諾をなさしめたもので、このような方法で雇用契約関係を終了せしめる行為は、労働組合法七条の解釈適用については事実上解雇に等しい不利益取扱いとして不法労働行為に該当し、無効といわざるを得ない」旨判示している。

(イ)　このように使用者側からの「積極的」な働きかけにより退職を余儀なくされた場合、まず退職の意思表示自体の瑕疵を問題とするアプローチがあるが、第二のアプローチとしては、このような一連の働きかけのプロセス全体を問題として解雇の意思表示と同視する裁判例がある。そのようなものとしては、例えば名村造船所事件（大阪高判昭二七・七・三一労裁集三巻四号三六四頁、最三小判昭二九・一二・二四労裁集）では、被告会社会長が、発動機の始動作業の不首尾を原告のみの責任として朝礼の席上原告を列前に呼び出して痛罵したため、原告はその場にいたたまれず退去し翌日より出勤しなくなった。そこで原告は「会社都合による解雇」であるとして退職金を請求したが、会社側は「自己都合により退職」したもので退職金の請求権がないとして争ったところ、判決は「被告会社の取締役会長が原告を列前に呼出して叱責し『技手とか職員とかいってよくまともに歩いているな』或いは『そのような無責任な者は職長でも技手でもない』等と原告を痛罵したので、原告は甚だしく名誉信用を毀損せられたものとしてその場にいたたまれず、即刻退去して自宅に引きこもり翌日より被告会社に出勤し得なかった」ものであり、「何人にても通常かかる場合に当っては、著しく名誉信用を失墜させられ人格を毀損せられてその勤務を継続し得ないこと当然であって、原告をして再び出勤し得ずして退職するの已むなきに至らしめた

ものというべく、結局被告会社がその都合により昭和二十三年一月を以て原告を解雇した場合と認定するを相当とする」として「会社都合による解雇」として原告の退職金請求を認めた。

またクレジット債権管理組合事件（福岡地判平三・二・一三労判五八二号二五頁）では、原告らが、使用者から他の従業員の面前で名指しで元取締役の不正行為（横領）に加担していたと公言され、更に右不正行為への加担を前提とする自宅待機命令、出勤停止処分、東京事務所への出向命令という一連の行為によって退職せざるをえない状況に追いこまれたとして、組合に対し不法行為に基づく慰謝料の支払いと業務上の都合による解雇に相当する退職金の支払いを求めたところ、判決はまず原告らが退職を余儀なくされた被告組合の一連の行為について、「被告代表者が多人数の面前で、原告らだけをそれぞれ直接名指しし、断定的な表現で、『お前やっただろう。』等と言った行為は、さしたる根拠もないのに憶測に基づき原告らの社会的評価を低下させ、その名誉を毀損した違法な行為で不法行為を構成することは明らかであ」り、したがって、「原告らに対する出勤停止処分および東京地区事務所へ出所を命じる旨の各業務命令も（中略）業務命令権を濫用していた違法なものというべきであ」り、「以上によれば、被告会社は、民法上の組合たる被告会社の業務執行者であるところ、被告会社代表取締役は、本件自宅待機命令、本件業務命令及びその後の各業務命令を発し、原告らの退職を余儀なくさせたものであり、右について少なくとも過失があったというべきであるから、原告らの損害を賠償すべきであ」るとして不法行為に基づく慰謝料請求を認めた。更に判決は原告らの退職の法的効果についても「原告らが、被告組合の業務執行者である被告会社の本件自宅待機命令等の一連の違法な業務命令によって退職を余儀なくされたのであることは、既に認定したところ、右によれば、原告らの退職は、自己都合による退職とはいえず、被告組合にはやむを得ない業務上の都合による解雇と同視すべき帰責原因があるというべきである」として「合意解約」でなく「業務上の都合による解雇」に相当するとして退職金の支払いを命じた。

② **退職無効→損害賠償**　(ア)　このように労働者の退職が使用者による退職勧奨・説得・強制等何らかの働

きかけに起因し、しかもそれが違法性を帯びている場合に、裁判例では意思表示の無効という民法理論に則って退職の効力自体を否定したり（第一のアプローチ）、解雇と同様の法的効果を付与する（第二のアプローチ）法的処理がなされてきたが、その中でも、とりわけ使用者が労働者に対してさまざまな働きかけをして退職に至らせる一連の行為の違法性を問題とする裁判例の登場（前掲クレジット債権管理組合事件）は注目に値しよう。同事件の判決は、労働者の退職を余儀なくさせた会社の一連の行為を違法行為として不法行為法上の処理を行っているが、このような考えは、やがて、使用者が負う雇用契約上の義務である職場環境配慮義務違反による契約責任へ結びつくものであった。即ち、既に述べた通り、使用者は雇用契約上、信義則上の義務として労働者に対して良好な職場環境を提供すべき義務を負っているが、この義務は労働者の労務提供そのものに限らず雇用契約の存続にも及ぶものであり、具体的には、使用者は労働がその意に反して退職することがないよう職場環境を整備する義務を負い、また、労働者の人格権を侵害する違法・不当な目的・態様での人事権を行わない義務を負っているということになる。これらの義務は、継続的契約関係であるとともに生身の人間を一方の当事者とする労働契約に付随する信義則上の義務であり、これに違反する使用者の行為は、不法行為であると同時に債務不履行を構成するというべきだからである。かくして使用者は、職場環境配慮義務の一形態であるセクシュアル・ハラスメント防止義務に違反する行為（例えば調査義務違反）によって従業員を退職の余儀なくさせた場合は、右義務違反及び退職に伴う損害賠償義務が発生することになろう（近時このような問題について、特にイギリス法を中心に「みなし解雇（constructive dismissal）」として法的処理をすべきであると論じられるようになってきている[注10]）。

このような立場から従業員が会社におけるセクシュアル・ハラスメントに起因して退職を余儀なくされた場合についても同様の裁判法理の進展があった。まずわが国のセクシュアル・ハラスメント裁判の嚆矢となった福岡セクシュアル・ハラスメント事件（福岡地判平四・四・一六）では、編集長が会社内外の関係者に対し、対立関係にある部下の女子社員の異性関係等について非難の発言等を取り返して右女子社員が退職を余儀なくされたとい

う事案について、判決は、「使用者は、被用者の労務遂行に関連して、被用者の人格的尊厳を侵しその労務提供に重大な支障を来す事由が発生することを防ぎ、又はこれに適切に対処して、職場が被用者にとって働きやすい環境を保つように配慮する注意義務を負い、被用者を選任、監督する立場にある者が右注意義務を怠った場合には、右の者に不法行為責任が成立し、使用者も民法七一五条により不法行為責任を負うことがあ」る旨判示して、使用者の不法行為責任を認めた（同旨、東京セクシュアル・ハラスメント事件（広告代理店）事件、旭川セクシュアル・ハラスメント事件、和歌山セクシュアル・ハラスメント事件、東京セクシュアル・ハラスメント（M商事）事件など）。

このような中で、セクシュアル・ハラスメントに起因して退職を余儀なくされた事案について、使用者の契約上負う職場環境配慮義務違反として債務不履行責任として構成する裁判例が登場してくることになる。このような義務が問題となった例としては前述した京都セクシュアル・ハラスメント（京地判平九・四・一七）事件があり、同事件ではセクシュアル・ハラスメントに起因して、使用者からの退職勧奨ともあいまって原告が退職を余儀なくされたことについて、判決は「被告会社は、雇用契約に付随して原告がその意に反して退職することがないように職場環境を整える義務があるというべきである。（会社の常務の）本件発言によって、社員が原告との関わり合いを避けるような態度を取るようになり、人間関係がぎくしゃくするようになったので、原告が被告会社に居づらい環境になっていたのであるから、被告会社は原告が退職以外に選択の余地のない状況に追い込まれることのないように本件発言に関する謝罪や、被告会社で勤務を続けるか否か考えてくること、今日は今すぐ帰ってもよい旨の原告に対して退職を示唆するような発言を撤回させるなどの措置を取るべき義務があったというべきである。それにもかかわらず、被告会社が何の措置もとらなかったため、原告は被告会社に居づらくなって退職しているから、被告会社は原告の退職による損害を賠償する責任を負う」旨判示し、会社には雇用契約に付随して、従業員がその意に反して退職することがないように「職場環境整備義務」があり、会社はそれを怠って原告を退職の余儀なくさせたとして、逸失利益（一八〇日を限度として原告の退職と相当因果関係があるとした）並びに慰謝料

の支払いを命じている。このように、セクシュアル・ハラスメントに起因する退職強要について使用者が負う職場環境配慮義務違反として構成していくことは、雇用契約における労使双方の権利義務関係を正面から論じ、その内容を構成していくものとして是認されるべきものであり、セクシュアル・ハラスメントに起因した退職について、今後の判例法理の発展が期待される。

なお、同様の法理を、リストラに伴う「退職強要」事件について適用したものとして「エフピコ事件」一審判決（水戸地下妻地判平一一・六・一五労判七六三号七頁）がある。同事件は、会社のリストラに伴う配転を拒否したところ転職を強いられたとして、食品トレーメーカー「エフピコ」の元従業員六名が会社に対し債務不履行又は不法行為に基づき逸失利益、慰謝料、会社都合退職金の支払いを請求したというものであるが、一審判決は「労働契約関係において、使用者は労働者に対し、労働者がその意に反して退職することがないように職場環境を整備する義務をを負い、また、労働者の人格権を侵害する等違法・不当な目的・態様での人事権の行使を行わない義務を負っているものと解すべきであ」り、「会社の原告らに対する一連の処遇は、転勤に応じないことを予測し、原告らに自己都合退職に追い込むことを意図してなされたものと推認されても仕方がないのであり、少なくとも、使用者としての前記配慮義務に反するものであって、その結果として原告らが有する意に反して退職させられない権利を侵害したものであるから、債務不履行ないし不法行為を構成するものと言うべきである。」として、原告らに対し逸失利益（六ヵ月分の賃金相当額）、慰謝料、会社都合退職金の支払いを認めている。（注11）

(イ)　ちなみに二〇〇一年四月から変更される雇用保険制度の中で、失業手当は給付日数が原則として減少し、離職理由により給付日数に差を付けることにされているが、その中でも倒産・解雇等により、再就職の準備をする時間的余裕なく離職を余儀なくされたとして失業手当が上乗せされる「特定受給資格者」があげられている（雇用保険法二三条三項）。この「特定受給資格者」の類型としては、「上司、同僚等から故意の排斥又は著しい冷遇若しくは嫌がらせを受けたことによって退職した場合」があげられ、その解釈事項に「排斥、冷遇又は嫌がら

せに『故意』があると認められる場合を対象とし、職務態度等に対する叱責はこれに該当しない。事業主から特定の労働者に対する離職の働きかけと同視し得るような配置転換又は給与体系の変更が行われた場合には、他の事実確認をまたずに排斥、冷遇又は嫌がらせの『故意』があるものとみなす。事業主がセクハラの事実を把握していたにもかかわらず措置を講じなかった場合も、これに該当する。このため、当該労働者が事業主（又は人事担当者）、雇用均等室等の公的機関に相談を行っていたにもかかわらず事業主において対策を講じなかったため離職した場合には、事業主による故意の排斥による離職として扱う」として、セクシュアル・ハラスメントにより退職を余儀なくされた場合が含まれている。このような支給基準も、使用者の退職回避義務の反映といえよう。

(iii)　因果関係の存在

セクシュアル・ハラスメントに起因して「被害者」が解雇若しくは退職を余儀なくされるについては、「セクシュアル・ハラスメント」と「解雇（若しくは退職）」との間に相当因果関係の存在が必要である。このような意味から、例えば奈良セクシュアル・ハラスメント事件（奈良地判平七・九・六）で、社団法人に勤務する女性職員が上司である理事長から再三に亘ってセクシュアル・ハラスメントを受け、これを拒否したところ、原告は理事長から個人的な写真の整理やそれまで命じられたことがなかった課題を命ぜられて退職を余儀なくされたとして、原告の退職と被告の右不法行為との間には相当因果関係があるとして訴えたところ、判決は理事長によるセクシュアル・ハラスメントの事実を認めて社団法人の不法行為責任を認定したものの、それに起因する退職の点については、「原告は、被告の右不法行為後の対応をとらえて、個人的な写真の整理をさせたり作文の提出を指示したりしたこと自体が新たな不法行為を構成し、その退職との間に因果関係があると主張するが、写真の整理自体は（別の職員である）山田から命じられたものであって、そこに被告による報復的色彩を看取することはできないし、原告に対する作文の提出指示も、その研修の一環としてされたものと理解することができ」、「前認定の不法行為後の被告の対応を原告に向けられた新たな不法行為とみることはできないし、被告のこれらの行為によって原告が退職を余儀なくされたということもできない」と判示して、原告の主張を認めな

かった。

また金沢セクシュアル・ハラスメント事件（名古屋高金沢支判平八・一〇・三〇）でも、会社代表者の自宅で家政婦として会社に雇われていた女性社員が代表者から体を触られたりしたほか、強姦されそうになったこともあり、その後も性交を求められる等したため、これらの行動はセクハラであると抗議したところ、その後種々の嫌がらせを受けるようになり解雇されたとし、会社代表者の一連の行為は全体としてセクシュアル・ハラスメントに該当する違法行為であると主張したところ、判決は会社代表者のセクシュアル・ハラスメントの事実を認めて会社の不法行為責任を認定したものの、解雇については「会社は、九月一四日に第一審原告を解雇したものと認められるところ、最も雇い主との人的な信頼関係が要求される家政婦の職務内容、元はと言えば第一審被告社長の違法な言動が原因しているとはいえ、第一審被告社長のした指示が、すべてセクシュアル・ハラスメントであるとして、口頭及び文書で執拗に抗議する態度からして、九月上旬時点で、両者の信頼関係は完全に損なわれるに至っていること及び第一審原告の家政婦としての能力に疑問の点があることからすれば、同月一四日付でした第一審被告会社の第一審原告に対する普通解雇の意思表示が、使用者に認められた解雇の権利を濫用した違法なものとは認めることはできない。」「そうすると、第一審原告が就職後、解雇に至るまでの一連の第一審被告社長の言動が、全体としてセクシュアル・ハラスメントに該当する違法な行為であるとの第一審原告の主張は採用することができない」として、解雇についてはセクシュアル・ハラスメントに起因するものとは認められないとして不法行為責任を認めなかった。セクシュアル・ハラスメントに起因して、労働者が退職若しくは解雇に至ることがあったとしても、法的には相当因果関係の存在が必要とされるとするものであり、これらの裁判の事実認定の当否は別として、このような考えは是認されるものであろう。

(vi) 自宅待機、配転、プライバシーの保護

改正均等法二一条に基づく指針は、事業主が雇用管理上配慮すべき事項として「事案の内容や状況に応じ、配置転換等の雇用管理上の措置を講ずること」と規定（3—(3)）、そ

の具体的な内容として「当事者を引き離すための配置転換のほか、当事者間の関係の改善に向けての援助、被害者の労働条件上の不利益の回復等が考えられるものであること」が述べられている。このようにセクシュアル・ハラスメントが発生し、事実調査、被害回復措置等の検討期間中、使用者は被害拡大回避義務として、例えば加害者に対して自宅待機・配転を命ずることが考えられる。もちろん言うまでもないが、この場合の対象者はもっぱら「加害者」側であり、「被害者」を対象とすることは被害者からの申し出等特段の事情がない限り許されないと言えよう（同指針4―⑵「事業主は、職場におけるセクシュアル・ハラスメントに関して、女性労働者が相談をし、又は苦情を申し出たこと等を理由として、当該女性労働者が不利益な取扱いを受けないよう特に留意するとともに、その旨を女性労働者に対して周知する必要がある。」としているのはこのような趣旨を確認するものと言えよう）。このようなことが問題となった裁判例としては、懲戒処分の前置措置として処分の可否につき調査または審議決定するまでの間自宅待機を命ずるなどして就業を禁止する出勤停止処分の効力等が争われた京阪神急行電鉄事件（大阪地判昭三七・四・二〇労民集一三巻二号）では、電鉄会社の改出札業務に従事する者達の金銭着服の不法行為が判明したところ、これらの者に対する懲戒処分にあたって、会社側は処分決定日までの間、証拠湮滅・不正行為再発防止を目的に就業制限をしたうえ（その間の賃金を支払わなかった）懲戒解雇した事案について、判決は、懲戒解雇を相当としたうえで、解雇までの就業制限については「就業制限とは懲戒に該当する疑いのある行為をなした従業員に対し、懲戒につき決定がなされるまでの期間、事情調査の為の証拠湮滅、懲戒該当行為の再発並びに事故の発生を防止する目的で使用者の命じる出勤停止で、懲戒未確定期間中の暫定処置であって、本来の性質は懲戒そのものではないことが窺われ」「何ら強行規定に違反するものではない」として就業制限それ自体の合理性は認めつつ、賃金支払については、「使用者が労働者の就労を拒否し、なお賃金債務を免れうる場合は、その就労拒否が使用者の責に帰すべからざる事由に基づくときに限定され」るのであり、本件では、協約（覚書）の挙げる事故発生、不正行為再発、証拠湮滅等のおそれが常に具体的に発生するものとは考えられず、「就業制限を以て使用

者のやむを得ない処置であり、その責に帰すべからざるものとして賃金債務を免れるものとすることはできない」と判示し賃金支払を命じている。

またネッスル静岡出張所事件（静岡地判平二・三・二三労判五六七号四七頁）では、セールス担当社員が女子派遣社員との不倫を理由に二年間にわたる自宅待機命令を受けたのち、岡崎市にある東海営業所への転勤命令を受けた。そこで社員は会社に対し右自宅待機命令を違法として慰謝料の支払いと転勤命令無効確認を請求したところ、判決は「原告が、被告会社に派遣されていたデモンストレーターと、仕事上の関わりから不倫な関係を結び、そのことが原因で、原告の行為を非難する葉書が被告の取引先に出まわって、顧客の被告に対する信頼・信用を甚だしく損なうような事態が生じたため、被告会社は、原告にそのままセールス活動を続けさせることは好ましくないと考え、人事管理上の配慮から、原告に対する右事件に関する処置を決定するまでの間、原告を自宅待機させることとしたこと、本件自宅待機命令の発令期間中、原告には、出勤時と同様に、給料及びボーナスが支払われていたこと、被告は、本件自宅待機命令について、原告が、自宅内でテレビを見たり、本を読んだり、昼寝をするなどのことは差し支えないが、午前九時から午後五時までの勤務時間において、被告の許可なく自宅から出ることは、右命令に違反することになり、処分の対象となると理解していたことが認められ」、「被告は、本件自宅待機命令の発令期間中の、原告に対して給料及びボーナスを支払っていたので、原告がこれにより、経済的に格別の不利益を受けていないこと、原告は、被告の製品を顧客にセールスするセールスマンであるが、右セールスの技量は、その職種の性質上職場を一時的に離れることになっても著しく低下するとまではいえないこと、本件自宅待機命令は、当初、原告に対する適切な対応処置を決めるまでの暫定的なものとして発せられたものであること、本件自宅待機命令は、勤務時間内における自宅待機を命ずるだけで、それ以上に原告に対して過酷な制約を課するものではないことなどを考慮すれば、被告が、原告に対し、業務上の必要から、自宅待機を命ずることも、雇用契約上の労務指揮権に基づく業務命令をして許されるというべきであ」り、「本件自宅待機命令は、昭

和六〇年五月九日に本件転勤命令が通告されるまで約二年間にわたって続いた」が「取引先が、原告の男女関係のトラブルが原因で葉書が配布された事件につき、原告に対して（中略）厳しい見方をしているように、原告の行為は不倫という社会的非難を免れない行為であり、かつ、被告にとって到底看過できない行為であるのにかかわらず、原告は、（中略）現在に至るまで何ら反省の気持ちを持ち合わせていないのみならず、これが正当である旨の主張を固執する態度をとったため、このままの状態で、原告を業務上の必要から取引先へ訪問させあるいは静岡出張所の事務所などにおいて顧客又はデモンストレーターの女性などと応対させるとすれば、被告の男女間の倫理についての見識が疑われ、被告の対外的信用を一層損なう結果にもなりかねなかったのであるから、原告に対し長期間自宅待機を命ずる業務上の必要性があったというべきである」として、二年間の自宅待機命令を適法なものとし、更に前記自宅待機明け後の転勤命令についても適法とした。右判決（特にネッスル事件）の結論の妥当性はさておき、セクシュアル・ハラスメントに関連して「加害者」に自宅待機・配転等をなす場合の参考となる裁判例といえよう。

なお、右指針は、事業主は、職場におけるセクシュアル・ハラスメントにかかる女性労働者等の情報が当該女性労働者等のプライバシーに属するものであることから、その保護に特に留意するとともに、その旨を女性労働者等に対して周知する必要がある（4(1)旨述べているが、右プライバシー保護は、「被害者」のみならず、「加害者」に対しても同様といえよう。通達が、「指針4(1)は、職場におけるセクシュアル・ハラスメントに係る事案は被害者及び関係者の個人のプライバシーに関わる部分があるので、その保護には特に留意し、その旨を周知しておく必要があることを明らかにしたものであること」としているのはこのような趣旨を述べたものと言えよう。

(3) 再発防止義務

(i) 再発防止義務

使用者はセクシュアル・ハラスメント被害の再発防止措置を講ずる義務を負っており、このような義務が問題となった裁判例として、例えば京都セクシュアル・ハラスメント事件（京都地判平九・三・

二七）では、会社代表者が女子更衣室での隠し撮りのビデオカメラを発見していながら十分な対応をしなかった点について、判決は「被告会社は、被告会社の女子更衣室でビデオ撮影されていることに気付いたのであるから、被告会社は、何人がビデオ撮影したかなどの真相を解明する努力をして、再び同じようなことがないようにする義務があったというべきである。それにもかかわらず、（中略）被告会社は、ビデオカメラが撤去されると、その後、何の措置もとらなかったため、再び女子更衣室でビデオ撮影される事態になったのであるから、被告会社は、債務不履行により、平成七年六月頃に気付いた以降のビデオ撮影によって生じた原告の損害を賠償する責任を負う」旨判示している。また三重セクシュアル・ハラスメント事件でも、看護婦から男性上司Aのセクシュアル・ハラスメント被害の申告を受けながら管理者が何ら対応等を講じなかった点について、「被告連合会は、平成六年二月一日以降被告Aの行為ついて対策をとったものの、それ以前には監督義務者らは何らの対応策をとらずに被告Aの行為を見逃して、同日早朝の被告Aの原告に対する行為を招いたと認められる」「なお、被告連合会は、婦長・主任・副主任らの責任態勢を確立し、毎月定期の院内勉強会、職員の研修会等を行うなど、職員に対する指導監督を尽くした旨主張するが、右の次第で職場環境配慮義務を尽くしたとは認められ」ず、「したがって、被告連合会は原告らに対する職場環境配慮義務を怠ったものと認められ、その結果被告の休憩室での前記行為を招いたといえるから、原告らに対し債務不履行責任を負う」旨判示している。このようにセクシュアル・ハラスメントに対する迅速かつ適切な被害再発防止措置を講ずることが使用者の環境配慮義務の内容を構成しているのである。

均等法の指針が「事業主は、職場におけるセクシュアル・ハラスメントが現実に生じている場合だけでなく、その発生のおそれがある場合や、職場におけるセクシュアル・ハラスメントに該当するか否か微妙な場合であっても、相談・苦情に対応することが必要である」と述べ、人事院規則が苦情・相談に対応するにあたり「事態を悪化させないために、迅速な対応を心がけること」としているのはこのような使用者の当然の義務を確認するも

のである。特にセクシュアル・ハラスメントは、それを放置することにより一層行為がエスカレートしたり再発し、それによって従業員のストレスが拡大し被害を一層拡大することが多く、このような観点からみたとき、従業員のストレス拡大の回避義務が近年強調されるようになってきたことは注目されよう。例えば電通過労死事件（最二小判平一二・三・二四労判七七九号一三頁）では、会社の元社員が入社直後から深夜早朝に及ぶ長時間労働を強いられたためうつ病に陥り、その結果一年五ヵ月後に自殺したことから、元社員の父母が会社に対して損害賠償を求めたところ、判決は「使用者は、その雇用する労働者に従事させる業務を定めてこれを管理するに際し、業務の遂行に伴う疲労や心理的負荷等が過度に蓄積して労働者の心身の健康を損なうことがないよう注意する義務を負うと解するのが相当であ」ると述べて会社の責任を肯定している（同判決はいわゆる「過失相殺」についても重要な判断をしている）。

このように従業員が職務遂行に関連して負うストレスについて、近年リストラなど仕事に関わるストレスに起因して自殺に追い込まれたりさまざまな精神障害を生起するケースが増加し、これらの問題が労働者の雇用管理に深刻な影響を与えるようになってきていることから、今日各企業では、このような労働者が負うストレス予防としてのメンタル・ヘルスケアに対するさまざまな取り組み（ＥＡＰ＝Employee Assistant Program）が開始されるようになってきている。この問題については労働省も九九年九月に精神障害等の労災認定基準を緩和する「新基準」を発表し（検討会報告）、従来、過労自殺についてはうつ病などによる心神喪失状態に限定して労災認定をしてきていたが、新基準では、心神喪失状態でなくとも、業務に起因して「正常な認識や判断力が著しく阻害される状態」での自殺も対象にするよう規定しているが、その中でストレス強度を三段階に分けて表示し、職務上の出来事について個々のストレスの強度を判定する評価表を作成し、これをもとに客観的な判断を行うよう求めている。

特にその中でも職場においてセクシュアル・ハラスメントを受けたことは、ストレス（心理的負荷）強度Ⅱとさ

れ（ストレス強度Ⅰは、「日常的に経験する心理的負荷で一般的に問題とされない心理的負荷」であり、ストレス強度Ⅲは「人生のまれに経験することもある強い心理的負荷」とされ、ストレス強度Ⅱはこの中間と位置づけられている）、労災認定の一指標とされると共に、企業のメンタル・ヘルスケア・プログラムの一環として位置づけられるようになってきていることは注目されよう。今日では、このように、職場において引き起こされるセクシュアル・ハラスメントが、従業員に過度のストレスをかけるものであることが行政当局によっても認定されるようになってきており、使用者が負う「セクシュアル・ハラスメント防止義務」の内容として、セクシュアル・ハラスメントのエスカレート、再発防止義務を負っていることを確認するものと言えよう。(注12)

(ii)　**差止請求**　では、これに加えて、セクシュアル・ハラスメントが継続している場合や、更に被害が拡大する可能性がある場合に、かかる行為を除去して将来に向かって終了させることは可能であろうか？――単に過去にあったセクシュアル・ハラスメントだけでなく、現にセクシュアル・ハラスメントが継続し、将来も継続される可能性が高い場合や、更に被害が拡大する（退職強制や解雇など）可能性が高い場合などには、既に発生した損害の回復のみでは被害者の救済は十分ではなく、かかるセクシュアル・ハラスメント行為の継続若しくは被害拡大を将来に向かって断絶する必要性が生じてくることになろう。このような違法な侵害行為の予防・停止・排除を求める権利――「差止請求権」――は、わが国では既に北方ジャーナル事件（最大判昭六一・六・一一判時一一九四号三頁）において、人格権である名誉権侵害行為について「実体法上の差止請求権の存否について考えるに、人の品性、徳行、名声、信用等の人格的価値について社会から受ける客観的評価である名誉を違法に侵害された者は、損害賠償（民法七一〇条）又は名誉回復のための処分（同法七二三条）を求めることができるほか、人格権としての名誉権に基づき、加害者に対し、現に行われている侵害行為を排除し、又は将来生ずべき侵害を予防するため、侵害行為の差止めを求めることができるものと解するのが相当である。けだし、名誉は生命、身体と共に極めて重大な保護法益であり、人格権としての名誉権は、物権の場合と同様に排他性を有する権利というべき

であるからである」として承認されている。

更に例えば一力一家組事務所事件（静岡地浜松支決昭六二・一〇・九判時一二五四号四五頁）では、「何人にも生命、身体、財産等を侵害されることなく平穏な日常生活を営む自由ないし権利があり、この権利等は、人間の尊厳を守るための基本的かつ重要不可欠な保護法益であって、物権の場合と同様に排他性を有する固有の権利であるというべきであるから、これらの人間としての固有の権利である人格権が受忍限度を越えて違法に侵害されたり、又は侵害されるおそれがある場合には、その被害者は、加害者の当該行為が外形的には権利行使の範囲内の者であっても、加害者に対し、人格権に基づいて、現に行われている侵害を排除し又は将来の侵害を予防するため、その行為の差止、又はその原因の排除を請求することができると解するのが相当であり、特に、当該侵害行為の差止等が緊急を必要とするような場合には、仮処分によってその目的を遂げることも許されるものと解せられる」として「平穏な日常生活を営む自由ないし権利」を根拠として差止請求を認めている。このような観点からは、セクシュアル・ハラスメントが継続して性的自由の侵害が継続している場合やその被害拡大の蓋然性が高い場合には、差止請求が認められるべきであろう（性的自由は、生命・身体と同様に「人間の尊厳を守るための基本的かつ重要不可欠な保護法益」である）。

ところで職場における差止請求が問題となった事案として西谷商事事件（東京地決平一一・一一・一二労判七八一号七二頁）では、会社に勤務する女性従業員が、上司等らから暴言をあびせられ罵倒されたり、退職を強要されたり追尾するなどの監視をされているとしてこれらの行為の差止めを求めたところ、決定は前記北方ジャーナル事件の最高裁判決を引用しつつ、「人に向かって暴言をあびせ罵倒し、人を威嚇し若しくは追尾するなどして監視するという行為は、それによってその人が恒常的に精神的苦痛を受け続けて精神的に疲弊するに至り、身体や精神に何らかの障害が発症した場合又はいずれ身体や精神に何らかの障害が発症することが予想される場合には、人の生命又は身体という人格的利益を侵害し又は侵害するおそれがあるものということができ」又「人に暴

行を加えるという行為は人の生命又は身体という人格的利益を侵害するものということができる」としている（もっとも同事件で、決定は「債権者の主張に係る債務者らの侵害行為の内容や態様、頻度や回数などに照らせば、仮に債権者の退職強要が事実であると認められ、また、右の債権者の主張に係る債権者らの侵害行為が全て事実であると認められたとしても、右の債権者の主張に係る債務者らの行為だけでは、今後も右の債権者の主張に係る債務者らの行為が反復継続されればいずれ債権者の身体や精神に何らかの障害が発症することが予想されることを認めるには足りないというべきである」旨述べて、債権者の差止請求を却下している）。右のような裁判例からみても、少なくともセクシュアル・ハラスメントが性関係の強要を伴う性的自由を侵害するものである場合には差止請求が認められることになろう。

(4)　被害回復義務

会社は適切な事実調査をしたうえセクシュアル・ハラスメントの事実が確認された場合はその被害回復措置をとるべき義務があり、その具体的内容としては、①被害者への謝罪、損害賠償措置（慰謝料の支払いなど）、差止請求など、②責任の明確化（加害者本人、監督者等の処罰など）等が含まれることになろう。

(i)　損害賠償措置

使用者が「セクシュアル・ハラスメント防止義務」に違反した場合の法的効果としては、前述した通り被害者の受けた精神的・身体的苦痛に対する謝罪、慰謝料支払義務がある他、被害者がそれによって退職、解雇等の雇用上の不利益を受けた場合には、現状回復（解雇無効、職場復帰など）の他、財産的損害に対する逸失利益・慰謝料の支払義務を負担することになる（ⅱ参照）。近年セクシュアル・ハラスメントに起因する慰謝料、逸失利益額は増加の傾向をみせており（本書巻頭収録の裁判例一覧「判決欄」参照）、セクシュアル・ハラスメントに対する人々の認識の深まりと広がりを反映するものと言えよう（もっとも慰謝料・逸失利益の適切な基準は、時代や社会の人々の意識を反映せざるを得ないものであろう）。

(ii)　責任の明確化

セクシュアル・ハラスメントの「被害者」が使用者に対して、セクシュアル・ハラスメント被害回復措置として、①のみならず、「加害者」本人の配転・解雇等の処罰、監督者等の処罰を求めることは

可能であろうか？　あるいはそのような使用者に対する積極的作為を求めることはできないとしても、使用者はこのような「加害者」を懲戒処分等に付する義務を負っており、このような義務を怠った場合は、被害者に対して債務不履行責任を負うことになるのだろうか？　就業規則や労働契約等で労使間に特段の規定がある場合は別として、一般に使用者はそのような義務を負っておらず、したがって答えはいずれも否と言わざるを得ないであろう。一般的には従業員の具体的な配置等は使用者の業務指揮権に属するものであり、そのような場合は、使用者の義務は、被害者に対する損害賠償義務を負うにとどまり、被害者が使用者に対して加害者本人の配転・解雇等の業務指揮権の発動を具体的に求めることはできないといえよう。また「加害者」に対する制裁等は、当該企業における制裁規定等に則って行われるべきものであり、一般に使用者が、セクシュアル・ハラスメントの加害者を制裁する義務があるとは言えないのである。もっとも、使用者はセクシュアル・ハラスメント防止義務を負っており、その内容としては、加害行為の除去のみならず再発防止も含まれており、その意味では、例えば被害者を加害者と同一業務に従事させたり、加害者の指揮命令下におくことは明らかにセクシュアル・ハラスメント防止義務に違反するものといえよう（例えば沼津セクシュアル・ハラスメント事件、三重セクシュアル・ハラスメント事件など）。なお、均等法二一条に基づく指針3―⑶で、事業者が職場におけるセクシュアル・ハラスメントが生じた場合における事業の迅速かつ適切な対応例として、「就業規則に基づく措置を講ずること」を事案に適正に対処することについて配慮していると認められる例として挙げ、通達では更にその具体例として「懲戒規定により加害者に一定の制裁（口頭注意、配転、降格、解雇等）を課すこと等が考えられる」としている。

またセクシュアル・ハラスメントにより「加害者」に対する懲戒処分が問題とされたコンピューター・メンテナンス・サービス事件（東京地判平一〇・一二・七労判七五一号一八頁）では、コンピューター管理業務の会社から派遣された男性社員が派遣先会社の女性従業員Aに対し、職場内で強制わいせつ的行為を繰り返したため派遣を拒否されるに至ったとして、派遣先会社が就業規則の規定に従って、原告を懲戒解雇したところ、原告は、懲戒

権の濫用にあたると主張した事件で、判決は「原告のAに対する一連の行為は、Aが不快感を示していたにもかかわらずなされたもので、その態様の執拗かつ悪質であり、Aに相当程度の苦痛と恐怖を与えたものである。その結果、ついにAは上司に訴えるところまで追いつめられたのであり、被告の顧客であるタツミ商店が、巽社長自ら被告会社に赴いて苦情を言わなければならない程度にまで至っていたのであるから、原告の行為がタツミ商店においてその職場内の風紀秩序を著しく乱し、ひいては被告の名誉・信用を著しく傷つけたことは否定できない」として懲戒処分を有効と判断したものがある。妥当な判断と言えよう。セクシュアル・ハラスメントに関する使用者の対応については、就業規則・労働契約で対処方法を明確にしておくことが必要であろう。

三　名誉毀損、過失相殺など

1　名誉毀損

(1)　名誉毀損と不法行為

セクシュアル・ハラスメントの訴えを被害者がする中で逆にしばしば加害者から名誉毀損（民事上、刑事上）で訴えられることがある。言うまでもなく、名誉の侵害は、特定人に対する社会的評価を低下させる行為として不法行為責任を生じさせるが、第三者に全く知られえない状況のものでの行為は名誉の侵害とならず（もっとも精神的自由の侵害となる可能性はある）、また、真実を述べる行為は通常違法性がなく不法行為が成立しないものとされている——この場合、「その行為が公共の利害に関する事実に係り、もっぱら公益を図る目的に出た場合」にはもちろん、そうでない場合でも通常不法行為は成立しないと解されている（最一小判昭四一・六・二三）。なお、同事件は新聞社が国会議員候補者につき、殺人の前科のあることを紙上に掲載したところ、候補者から名誉毀損で

訴えられた事案であるが、同判決は、「民事上の不法行為たる名誉毀損については、その行為が公共の利害に関する事実に係りもっぱら公益を図る目的に出た場合には、摘示された事実が真実であることが証明されたときは、右行為には違法性がなく、不法行為は成立しないものと解すのが相当であり、もし、右事実が真実であることが証明されなくても、その行為者においてその事実を真実と信ずるについて相当の理由があるときには、右行為には故意もしくは過失がなく、結局、不法行為は成立しないものと解するのが相当である（このことは、刑法二三〇条の二の規定の趣旨からも十分窺うことができる）」旨判示している。

なお名誉毀損が同様にプライバシー侵害（＝自己の私生活が他人によってみだりに公開されること）を構成する場合については、前科照会事件（最三小昭五六・四・一四）で、政令指定都市の区長が、弁護士法二三条の二に基づく照会に応じて前科及び犯罪経歴を報告したことが過失による公権力の違法な行為に当たるとして国賠訴訟を起こされた事案について、判決は「前科及び犯罪経歴は人の名誉、信用に直接かかわる事項であり、前科等のある者もこれをみだりに公開されないという法律上の保護に値する利益を有するのであって、市町村長が、本来選挙資格の調査のために作成保管する犯罪人名簿に記載されている前科等をみだりに漏えいしてはならないことはいうまでもないところであ」り、「市区町村長が漫然と弁護士会の照会に応じ、犯罪の種類、軽重を問わず、前科等のすべてを報告することは、公権力の違法な行使に当たると解すのが相当である」と述べている（同判決では伊藤補足意見が、「他人に知られたくない個人の情報は、それがたとえ真実に合致するものであっても、そのもののプライバシーとして法律上の保護を受け、これをみだりに公開することは許されず、違法に他人のプライバシーを侵害することは不法行為を構成するものといわなければならない」と述べている）。

(2)　セクシュアル・ハラスメントと名誉毀損

(ア)　ところで一般にセクシュアル・ハラスメント訴訟では加害者のセクシュアル・ハラスメント行為の「事実」の成否が加害者に対する名誉毀損の成否と表裏をなしており、例えば、セントラル靴事件（東地判平六・四・

一二）では、女性社員が会社の専務からわいせつ等のセクシュアル・ハラスメントを受けたとして、右事実を記載した内容証明を被告会社代表者に送付して慰謝料の支払いを求めたが、専務は右行為を否定したことから、会社と専務を訴えたところ、逆に専務は女性社員を名誉毀損で訴えた。判決は、専務によるセクシュアル・ハラスメントの事実を否定したうえで、女性社員による名誉毀損の成立を認めて「原告は、被告専務によるセクシュアル・ハラスメントの内容を記載した内容証明郵便を被告らに送付し（中略）その結果、右内容証明郵便に記載された内容は、被告専務の兄である被告会社代表者の知るところとなったことが認められ」、「右事実によると、被告専務は、原告の右内容証明郵便の送付により精神的に苦痛を受けたものと推認されるところ、先に説示したとおり、被告専務が原告に対しわいせつ行為等の不法行為をしたとの事実を認定することはできないから、右送付行為は、正当な権利行使とは認められず違法性を有するというべきである。原告は、事実の流布の範囲が限られていることを問題にしているが、右書面の記載内容に鑑みると、被告専務の名誉感情が著しく侵害されたことは明らかであるから、右送付行為が違法であるとの結論に変わりはないというべきである。また、先に説示したところから明らかなように、原告は、自己の主張を裏づける証拠がはなはだ不十分であるにもかかわらず、右書面を送付したものであるから、原告には少なくとも過失があるといわなければならない。したがって、不法行為が成立するのであり、右行為の態様、内容、右相当因果関係のある流布の範囲その他本件に顕れた諸般の事情を考慮すると、被告専務の精神的苦痛に対する慰藉料としては三〇万円が相当である」旨判示している。

また神奈川県立外国語短大事件（東京高判平一一・六・八）では、男性教員が、女子教員の県教育長宛に出した書面や教授会における発言の中で指摘されたセクシュアル・ハラスメントの事実はなく、これにより名誉を毀損されたとして女性教員を訴えた事件で、判決はセクシュアル・ハラスメントの事実が真実であると認めることができないとして、「本件書簡は個人宛の単なる私信ではなく、本件書簡に公然性がないということは到底でき」ず、「前記認定の控訴人のセクシュアル・ハラスメントに関する記載は、『職員歓送迎会の場で、女子職員二人の乳房

をむんずとつかんだ』ことなどを具体的に明確に適示し、控訴人においてはセクハラが常態になっていることを指摘するものであって（さらに、これは控訴人の女性蔑視思想に基づくもので、同人は本件外語短大で教える資格がないことを証明するものであると結論づけている）、当時外語短大の教授の地位にあった控訴人の社会的評価を低下させるものであることは明らかであ」るが、「本件書簡において指摘する控訴人のセクハラの事実については、これを真実であると認めることはできない（なお、仮に当事者間のやりとりである「キスさせろ」と強要したとの記載部分を除外したとしても、摘示事実の主要部分について真実性の証明がないことに変わりはない。）。他に被控訴人において右記載事実が存在すると信ずる相当の理由があったことを認めるに足りる証拠はない」、「以上によれば、被控訴人は木下教育長宛に送付した本件書簡のセクハラに関する記事により控訴人の社会的評価を低下させ、名誉を毀損したものというべきであ」るとして、右名誉毀損の不法行為によって控訴人が被った精神的損害に対する慰謝料の支払いを命じている（他に教授会の席上での発言についても名誉毀損が認められている）。

(イ)　このようにセクシュアル・ハラスメントの事実が否定された事案については名誉毀損が認められているが、逆にセクシュアル・ハラスメントの事実が肯定された事案では名誉毀損は認められていない。例えば、京都大学セクシュアル・ハラスメント事件（京都地判平九・三・二七）では、京都大学の女性教員が日刊紙に、「レイプに始まるすさまじいまでのセクハラ」と題する寄稿をして、同大学元教授による研究室の秘書AないしDに対するセクシュアル・ハラスメントの事実を告発したところ、同教授は投稿内容は事実無根として女性教員を名誉毀損で訴えた。判決は同教授によるセクシュアル・ハラスメントの事実を認めたうえ名誉毀損についても、「本件手記の事実記載部分は、原告が女性の意に反して性的関係を強要したという事実が真実であるかのように読み手に伝わる内容を有しているから、原告の社会的評価を著しく低下させるに足りるものであるというべきであり、これを前提とした評価部分も同様である。（中略）『レイプに始まるすさまじいまでのセクハラ』『一人の女性の、レイプに始まるすさまじいまでのセクハラの証言であった』という部分については真実であるとの証明がなされた

というべきである。（中略）してみると、実在性の裏付け及び証言の自発性の確認ができなかったC子（センターに提出した陳述書も署名押印がなかった。）はともかく、A子事件、B子事件、D子事件（甲原教授らの面談調査にD子が応じなかったけれども、第三者であるセンター事務長らによる確認がとれている）については、質問書や中立書の存在等の含め、戌田助手の説明に依拠してこれらの事実を真実であると信ずるについては相当の理由があったものということができる（とくにA子事件は真実であると認められる）」。として同教授の請求を棄却した。判決の論理は現在の学説・判例の流れに沿ったものであり、セクシュアル・ハラスメントにおける名誉毀損行為を検討するに際して参考となろう。

2　不当訴訟

ではセクシュアル・ハラスメント訴訟を提起したところ、結果としてセクシュアル・ハラスメントの「事実」が存しなかったとして敗訴した場合、訴訟行為そのものが、名誉毀損若しくは不当訴訟として不法行為となるのであろうか？　一般に訴えの提起自体は、「法的紛争の当事者が当該紛争の終局的解決を裁判所に求めうることは、法治国家の根幹にかかわる重要な事柄であるから、裁判を受ける権利は最大限尊重されなければならず、不法行為の成否を判断するにあたっては、いやしくも裁判制度の利用を不当に制限する結果とならないよう慎重な配慮が必要とされることは当然のことである。したがって、法的紛争の解決を求めて訴えを提起することは、原則として正当な行為であり、提訴者が敗訴の確定判決を受けたことのみによって、直ちに当該訴えの提起をもって違法ということができないというべきである」とされ、但し「民事訴訟を提起した者が敗訴の確定判決を受けた場合において、右訴えの提起が相手方に対する違法な行為といえるのは、当該訴訟において提訴者の主張した権利又は法律関係が事実的、法律的根拠を欠くものであるうえ、提訴者が、そのことを知りながら又は通常人であれば容易にそのことを知りえたといえるのにあえて訴えを提起したなど、訴えの提起が裁判制度の趣旨目的に照ら

して著しく相当性を欠くと認められるときに限られるものと解するのが相当である」とされている（最三小判昭六三・一・二六判時一二八一号九一頁）。

セクシュアル・ハラスメントの訴訟提起自体の不法行為性が問題とされたのは例として京都セクシュアル・ハラスメント（A寺院）事件（京都地判平一〇・三・二〇）では、宗教法人A寺で清掃炊事等の職務についていた原告女性が同寺の代表役員（事務長）Bから、卑猥なざれ歌を記した書面を交付されたり、背後から突如抱きつかれたり太股を撫でられたり筆ならしと称して筆先で腕等を撫でらる等のセクシュアル・ハラスメントを受けたとして、記者会見をしたうえA寺と代表役員Bに対し不法行為に基づく訴訟提起をしたところ、被告らは、セクシュアル・ハラスメントの事実が存在しないのに原告は訴訟を提起しかつ記者会見をし、各新聞紙上に「被告A寺セクハラ騒動、元女性職員が提訴」「職務中にセクハラ主婦が僧侶を訴え、京都の被告A寺」「事務長がセクハラ、被害A寺、元職員の女性提訴」等の見出しで訴提起の記事が掲載され、被告らの社会的名誉を著しく毀損したとして反訴請求をした。判決は被告Bのセクシュアル・ハラスメントの事実を否定して原告の請求を斥けたが、被告の反訴についても、前掲最高裁判例を引用したうえ、「本件では、被告Bの不法行為が認定できないことは既に述べた通りであるが、被告Bにおいて、社会的にみて許容される範囲を逸脱しているものではないとはいえ、筆先で原告ら女性職員の肘から手首あたりを触ったりするなどしたことは、前記認定のとおりであり、本訴請求の訴えの提起が裁判制度の趣旨目的に照らして著しく相当性を欠くとは認められない。また、記者会見の点についても（中略）本訴請求について訴えを提起したという内容の記者会見をしたというものであり、訴えの提起が違法とは言えない以上、記者会見をしたことが違法となるものではない」旨判示している。右事案について言えば、セクシュアル・ハラスメントの事実認定についての当否は別とすれば、不当訴訟についての判断は妥当なものと言えよう。

3　過失相殺

(ア)　セクシュアル・ハラスメントにおいて被害者側の「落ち度」は法的に問題とされることはないのであろうか？　セクシュアル・ハラスメント被害の発生又は損害の拡大についても、「被害者ニ過失アリタルトキハ裁判所ハ、損害賠償ノ額ヲ定ムルニ付キ之ヲ斟酌スルコト」ができることとされており（民法七二二条二項）、民法はいわゆる過失相殺の制度を用意しているが、これは被害者側にも非難されるべき点がある場合には、生じた損害全額を加害者に転嫁させることは衡平でないことから、その一部を被害者自身にも分担させるという趣旨にでるものである（もっとも契約不履行の場合には、「裁判所ハ損害賠償ノ責任及ビ其金額ヲ定ムルニ付キ之ヲ斟酌ス」とされており、異なった規定となっているが不法行為と契約不履行とで差別的取扱をする合理性はないことから、過失相殺の要件が存在する場合、損害賠償額の減額のみならず全免もありえ、それらは個々のケースごとに判断されることになろう）。

セクシュアル・ハラスメントについて「過失相殺」が問題とされ、損害額が減額された事案としては福岡セクシュアル・ハラスメント事件（福岡地判平四・四・一六）があり、判決は、原告女性が会社幹部A（編集長）らから受けたセクシュアル・ハラスメントの違法性を認めたものの、その間における原告女性の「攻撃的な行動」について、「原告も、被告Aから退職要求を受けた後、立腹して、被告A等に原告及び原告との交際があるとされた関係者に謝罪することを求め、また、ことごとに対決姿勢を堅持し、被告Aと冷静に協議していく姿勢に欠けるところがあったこと、更には、相互の能力をかれこれ対比して、被告会社内における編集業務における主導的地位をめぐって係争する姿勢を保持するなど、被告Aに対するライバル意識を強く持ち、アルバイト学生や被告会社関係者を巻き込むなどして自ら派閥的な行動をとり、時には逆に被告Aに対して攻撃的な行動にでるに及んだことなどが、両者の対立を激化させる一端となったことも認められ、また、原告の異性関係についてその一部は原告自ら他人に話したことも認められる。これらの事情や、その他前認定に現れた諸般の事情を考慮すれば、

原告の精神的損害に対する慰謝料の額は、一五〇万円をもって相当と認める」と判示している。

また金沢セクシュアル・ハラスメント事件（名古屋高金沢支判平八・一〇・三〇）でも、判決は、家政婦として会社に雇われていた女性社員に対する会社社長Aのセクシュアル・ハラスメントの違法性を認定しながら、慰謝料額の算定について、「第一審原告は、就職当初から飲酒の上とはいえ、塗師とともに第一審被告Aとのきわめて卑猥な会話の中で容易に性的対象になると誤解させる余地もある会話をし、さらには第一審被告Aの下心を早期に、容易にわかった筈であり、かつ他にいくらも方法があったにもかかわらず、夜間第一審被告Aが留守であったとはいうものの、降雪を理由に一度ならず第一審被告A宅に宿泊し、入浴するなど、自ら第一審被告Aの違法行為を招いた責めなしとはいえない本件では、第一審被告Aにおいて反省もなく、終始違法行為を否定している事情を参酌しても、第一審被告Aの本件各不法行為による第一審原告の精神的苦痛を慰謝するには、第一審被告らは、第一審原告に対し、一二〇万円を支払うべきものと判断するのが相当である」旨判示している。

更に東京セクシュアル・ハラスメント（派遣社員）事件（東京地判平九・一・三一）では、判決は、女性派遣社員が派遣先会社の男性社員から会社の歓送迎会で酩酊してホテルに連れ込まれて強制わいせつ等のセクシュアル・ハラスメント行為を受けた事実を認定しつつ、原告の損害について、「原告は、酩酊の上、被告と同乗したタクシーの車内で『帰りたくない』と言ったり、降車後連れ立って歩き、最終的にホテルに投宿したものであり、右経過の中で、被告において、前記発言を含め原告が性交渉を求めていると誤解するような言動が原告にあったと考えられ、これが被告の不法行為の誘因になった面があることは否定できない。しかしながら、原告の言動は、前認定のとおり、明らかに酩酊状態の中でのものであり、被告においてもこれを認識しうる状況であったといえるのであるから、酩酊に至ったのが自己の責任である（飲酒を無理強いされた事実は認められない）ことを考慮しても、右原告の言動を原告の落ち度（過失）として重要視するのは相当ではない。その他、前認定の事実を総合考慮すると、原告の損害については、その約四分の一を相殺すべきものと認める」としたものがある。

(イ)　しかしながら、セクシュアル・ハラスメント訴訟において過失相殺の判断は慎重であるべきであろう。何故なら、職場や教育環境におけるセクシュアル・ハラスメントの大半は支配従属関係を利用・乱用して引き起こされるものであり、これに対する被害者の態様は多様なものとならざるを得ず（はげしく抵抗することもあれば、逆に迎合することもあろう）、これらの被害者の行動を直ちに「落ち度」とするべきではないからである。このような観点からみると、東北大学セクシュアル・ハラスメント事件（仙台高判平一一・七・七）で、被告助教授がセクシュアル・ハラスメントがあったとしても、大学院生の言動から同女が自己に対して恋愛感情を抱いているものと誤信したことによるもので、助教授がそう誤信したことについては大学院生にも責任があり、慰謝料額の算定において減額事由になると主張したことに対して、判決は、「被控訴人が博士課程に進学した平成七年四月まで被控訴人が自己の指導に当たってくれた控訴人に恩義を感じ、かつ師弟間における信頼関係の形成を望んでいたことが明らかではあるものの、それ以上の感情や態度をもって接していたとまでは認められないし、被控訴人が博士課程に進学後もこの基本的姿勢には変わりがなかったものであるところ、控訴人において、被控訴人が不安神経症に罹患していることを知ってからは、これを奇貨とし、被控訴人をして控訴人の意思に逆らえないように仕向けた挙げ句、肉体関係を結ばせるに至っているのであって、被控訴人が控訴人に対して恋愛感情を抱いているものと誤信したものとは到底認められず、控訴人の右主張はその前提を欠き、採用できない」と主張を斥けているのは妥当な判断である。

また東京セクシュアル・ハラスメント（M商事）事件（東京地判平一一・三・一二）では、女性社員が上司Aからセクハラを受け、両者間に示談が成立した後上司Aと社内でトラブルを起こしたことに関し、会社代表者が、「個人的な争い」で社内秩序を乱したとして解雇したことを理由として会社を訴えたところ、会社側は、被告代表者が原告に対し依願退職の形でやめるよう求めたのは、原告女性社員が上司Aと営業時間内にセクハラ問題で大声で口論する等、時所をわきまえず被告の労務を阻害し、秩序を乱した等主張したものの、判決は、「被告代表

者は、セクシュアル・ハラスメント問題の本質を見抜くことができず、その加害者であるAの弁解を軽信し、原告とAの間の問題は個人的な問題であるにすぎず、それが両者の間で私的ないさかいに発展したにすぎないととらえたために、両者が個人的な争いを蒸し返して社内秩序を乱したものと判断し、原告に対し、本来なら懲戒解雇であるが、将来を考えてAと一緒に同年四月限り依願退職の形で辞めてもらいたいと告げ、結局、本件解雇をするに至ったものであるから、被告代表者が右判断に基づいて原告を辞めさせる正当な理由があると考えて本件解雇をしたことには過失があるというべきである。」旨判示して被告会社の不法行為責任を認めている。このようにセクシュアル・ハラスメントに起因する「加害者」と「被害者」とのトラブルについては何よりもセクシュアル・ハラスメントの本質に思いを致すことが必要であり、「過失相殺」の判断は慎重になすべきである。

4　期間制限（時効）

セクシュアル・ハラスメントの「被害者」が「加害者」や会社に対してする損害賠償請求権行使には期間制限があり、不法行為に基づく場合は「損害及ビ加害者ヲ知リタル時ヨリ三年間」(民法七二四条前段)、債務不履行に基づく場合は「権利ヲ行使スルコトヲ得ルトキヨリ」一〇年間（一六六条、一六七条）権利行使をしない場合は時効により消滅することになる。ところでこの消滅時効進行の起算点については、特に不法行為に基づく損害賠償の時効の起算点として「損害及ビ加害者ヲ知リタル時」について「加害者を知るとは、被害者らにおいて、使用者並びに使用者と不法行為者との間に使用関係がある事実に加えて、一般人が当該不法行為が使用者の事業の執行に付なされたものであると判断するに足りる事実をも認識することをいう」(最一小判昭四四・一一・二七)とされ、一般に通常人ならば不法行為成立の蓋然性を認識するであろうような事実を認識することとされていると言えよう。また時効の主張は信則誠実の原則に則ったものでなければならないと言えよう(例えば、加害者が被害者との和解交渉の過程で、被害者に「加害者には賠償の誠意がある」との信頼を抱かせたため、被害者が一〇年経過前の訴

訟提起をしなかったと認められる場合には、「義務ノ履行ハ信義ニ従ヒ誠実ニ之ヲ為スコトヲ要ス」とする一条二項の適用によって、加害者の賠償義務否定の主張はしりぞけられるべきであろう——但し最一小判平一・一二・二一の判決は結論が反対）。

セクシュアル・ハラスメント訴訟においてこのような時効が問題となった事例としては、創価学会名誉会長セクシュアル・ハラスメント事件（東京地判平一〇・五・二六）で、創価学会の元女性会員Aが入信中（平成四年に退会）名誉会長から（昭和四八年から平成三年迄の間に）三度に亘る強姦を含むセクシュアル・ハラスメントを長期に亘って受けたとして不法行為に基づく損害賠償を求めたところ、名誉会長は右事実を否認すると共に、三度の強姦については時効（三年）を援用し、昭和四八年の強姦については除斥期間（二〇年）の経過により請求権自体消滅していると主張した。これに対し、原告は①創価学会という宗教団体の内部にいる限り、「宗教団体による呪縛」を受けており、損害賠償請求をすることは不可能であった、②強姦による被害は、その行為時に終了するものでなく、時間の経過とともに被害者の精神・身体に深く生じるものであるから、不法行為はその後も継続するものとみるべきであって平成八年二月までは時効が進行しない、③消滅時効を援用することは信義則違反・権利濫用である旨反論した。判決は被告主張を採用して、①については、「原告Aは強姦行為が違法であるという客観的事実自体は十分認識していながら、右の時期に至るまではこれを第三者に表明することができなかったに過ぎないということになり」「平成八年二月まで『宗教団体による呪縛』が続いたとする原告らの主張は、結局は、単に勇気が持てないとする極めて一般的な心理状態を宗教的に粉飾して言い換えたものに過ぎないのであって、何ら消滅時効の進行を妨げるべき提訴障害事由となるものではないというべきである」とし、②については「右民法七二四条前段にいう『損害』を知るというのは、損害が現実に発生したことを知ることであり、その損害の程度や数額を具体的に知ることまでは必要ないのであって、損害の全部を知らなくても、不法行為に基づく損害の発生を知った以上、その損害と牽連一体をなす損害であってその当時において発生を予見することが可能で

あったものは全て被害者においてその認識があったものとして、全部の損害について消滅時効が進行する（最高裁昭和四二年七月一八日判決〔民集二一巻六号一五五九頁〕参照）というべきところ、原告らが主張する、被害者の精神・肉体において深化し、時間の経過とともに却って深刻化するという強姦被害は、右の通り、結局は、精神的・肉体的損害が癒されないまま継続している状態を述べるに過ぎないものというべきであり、各強姦行為がなされたという当時において発生した損害と牽連一体をなしその当時において発生の予見が可能であった損害の域を出るものではないというべきである」とし、③については、「原告らは、絶対の地位を有するという被告に対し、原告Aが、平成四年五月八日には、原稿用紙二一枚に認めた私信を速達で郵送して三度にもわたる強姦行為等に関して抗議をし、これに対し同月一四日に北海道創価学会に呼び出されて役員の辞任を要求され、翌一五日には役員を解任されながら、同月一八日には、再び被告に対し書留速達郵便を「私は絶対に貴殿を許さない」と記して送ったなどと主張しているのも前記のとおりであ」り、「そうすると、原告Aは、遅くとも右平成四年五月の時点では、本訴提起に踏み切ることが可能であったはずのものというべきであり、それ以降、原告Aによる本訴の提起を不可能ならしめる程度の特段の事情が存在したことについては何ら主張がない。したがって、原告ら主張にかかる前記信義則違反又は権利濫用を基礎付ける事実を前提にしたとしても、右平成四年五月から消滅時効は進行を開始し、以降三年を経過した同七年五月には、消滅時効が完成するものというべきであ」ると判示して原告の主張を斥けている。

他方、仙台セクシュアル・ハラスメント（ピアノ教授）事件（仙台地判平一一・七・二九）では、原告女性は一〇歳頃からピアノの個人レッスンを受けていたピアノ講師に、中学三年の頃から大学卒業までの長期間に亘ってわいせつ行為等のセクシュアル・ハラスメントを受けたとして不法行為に基づき損害賠償をしたところ、被告はセクシュアル・ハラスメントの事実を争うと共に消滅時効の主張をした。判決はセクシュアル・ハラスメントの事実を認めるとともに消滅時効の成否について「確かに、原告においては、大学二年の平成七年頃に、摂食障害に

陥り、その頃、被告との関係について、おかしいのではないかとの疑問を抱きつつ、学生相談室に相談に赴くなどしていたことが認められる。しかし、同時に、これは、原告と被告との関係そのものについて、漠然とおかしいのではないかとの認識を有するに至ったというに止まり、それ以上に、原告が、被告の加害行為と原告に生じた身体的、精神的な症状について、これが、被告が原告に対して行ってきた一連の性的行為に起因すると明確に認識していた状態にあったとまでは認め難く、ましてや、加害者である被告に対し、損倍賠償請求が事実上可能な程度にこれを認識していたものとは到底認め難」く、「他方、（中略）原告の不眠、摂食障害、めまいといった症状や行動が、被告が原告に対して一五歳の頃から行ってきた一連の性的行為を原因として形成されてきたものであるとの事実を、原告が、明確に認識するに至ったのは、医師による診療を受け始めた平成九年四月であると認めるのが相当である。そして、右の認定によれば、被告の消滅時効の主張は理由がないものというべきである」旨判示している。セクシュアル・ハラスメントに起因する損害は、いわゆるＰＴＳＤ（外傷後ストレス障害 Post Traumatic Stress Disorder）[注13]とも関連して、賠償請求が現実になされうる状態になった時期の確定は困難なことが多く、これらの裁判例は消滅時効に対する判断として参考になろう。

（注1）　公立学校における生徒との在学関係を私法上の契約関係とした裁判例として、例えば、長野地判昭和五四・一〇・九判時九五六号一〇四頁があり、私立学校の在学関係と異なるものではないとした裁判例として、福岡地甘木支判昭和六二・九・二五判時一二六七号一三〇頁などがある。また学校における安全配慮義務が問題となった例として、例えば山形地判昭和五二・三・三〇判時八七三号八三頁（高校クラブ活動の一環として体操部に所属していた生徒が、先輩の勧めで吊り輪の二回宙返りを試みて失敗し、マット上に首から落下して首からしたの神経麻痺により寝たきりの生活となった事案につき、「履行補助者」としての体操部指導担当教諭の過失を認め、学校設置者に債務不履行責任を認めた――「安全保持義務」という）など多数ある。

（注2）　中窪裕也「労働契約の意義と構造」日本労働法学会編『講座21世紀の労働法第四巻』（有斐閣、二〇〇〇年）一六頁参照。

（注3）　労働契約の本来的義務と付随的義務について再構成を試みているものとして外尾健一「労働契約の基本概念」日本労働法学会誌九六号（総合労働研究所、二〇〇〇年）一七頁参照。

（注4）　法解釈方法論としての「欠缺補充」については広中俊雄『民法綱要第一巻総論上』（創文社、一九八九年）六六頁参照。

（注5）　学説の展開状況については淡路剛久「日本民法の展開⑶判例の法形成――安全配慮義務」広中俊雄・星野英一編『民法典の百年Ⅰ』（有斐閣、一九九八年）四四七頁以下参照。

（注6）　國井和郎「裁判例からみた安全配慮義務――契約責任論の体系的素描」下森定編『安全配慮義務法理の形成と展開』（日本評論社、一九八八年）三頁、下森定「国の安全配慮義務」下森編前掲書二三三頁など。

（注7）　北川善太郎『注釈民法⑽』（有斐閣、一九八七年）三六八頁以下、平井宜雄『債権総論（第二版）』（弘文堂、一九九四年）五六頁以下参照。

（注8）　岡村親宣「使用者・事業主の民事責任」日本労働法学会編『現代労働法講座12巻』（総合労働研究所、一九八五年、三〇四頁）

（注9）　山崎文夫「セクシュアル・ハラスメントの法理」（総合労働研究所、二〇〇〇年）二〇一頁。なお、自衛隊員の交通事故につき、道路交通法その他の法令に基づいて当然負うものとされる通常の注意義務は国の安全配慮義務の内容には含まれないとした裁判例として、最二小判昭五八・五・二七判時一〇七九号四一頁参照。しかしながら同判決は、交通事故事件につき国の安全配慮義務が適用される範囲を、車輌の整備など物的安全性の確保がなかった場合、運転者としての任に適する技能を有しないなど適切な運転者の選任がなかった場合、運転上特に必要な安全上の注意を与えないなど運転上適切な指図がなかった場合に限定したものであり、その結論の当否は別として、セクシュアル・ハラスメントに関する使用者の職場環境配慮義務とは事案を異にすると言えよう。

（注10）　小宮文人『英米解雇法制の研究』（信山社、一九九二年）参照。

（注11）　エフピコ事件の二審判決（東京高判平一二・五・二四労経速一七三五号三頁）は、「被控訴人らは、控訴人が前記のような業務上の必要に基づいて行った本社工場への転勤要請を拒否して、各人の意思に基づいて控訴人を退職するに至ったものであって、被控訴人小川ら三名はもとより、被控訴人鈴木ら三名も、自己都合により退社したものと認めるほかはなく、その退職を会社都合によるものと認めることができないし、退職に至るまでの過程で、被控訴人ら主張のような人事権の違法ないし不当な行使があったと認めることはできず、控訴人による報復や嫌がらせ行為があったとの事実も認めることがで

きない。したがって、被控訴人らの退職について、控訴人に債務不履行ないし不法行為責任があるとの被控訴人らの主張は、その前提となる事実が認められない以上、その余の点について判断するまでもなく、理由のないことが明らかである」旨述べて原告の請求を棄却している。なお、判例解説として、鴨田哲郎「退職強要＝職場環境整備義務違反」労働者の権利二三二号二八頁（一九九九年）、小宮文人「使用者による労働者の追い出し行為と職場環境整備義務違反」労旬一四六四号二四頁（一九九九年）、本久洋一「労働判例研究」法律時報七二巻七号（二〇〇〇年）参照。

（注12）労働省は、一九九九年九月一四日、精神疾患等、自殺の労災認定について、労働基準局長基発第五四四号「心理的負荷による精神障害等に係る業務上外の判断指針について」、同基発第五四五号「精神障害等による自殺の取扱いについて」及び、労働基準局補償課長事務連絡内九号「心理的負荷による精神障害等に係る業務上外の判断指針の運用に関しての留意点等について」等の通達を発した。国家公務員の公務災害補償を管掌する人事院は同年七月一六日、職補―一三七「精神障害等の公務上の災害の認定について」を発しており、地方公務員については、地方公務災害補償基金が同年九月一四日、地基補内一七三号「精神疾患に起因する自殺の公務起因性判断のための調査事項について」を発し、これで精神疾患等、自殺に関する労災認定、公務災害認定の基準が出そろったことになる。今後、それぞれの認定基準の内容について詳細な検討がなされるとともに、実際の運用実態を把握していくことが必要となろう。玉木一成「過労自殺の労災認定基準と新指針」労働法律旬報一四六七号六頁参照。

（注13）APA, Quick Reference to the Diagnostic Criteria from DSM- Ⅳ（1994.5）、高橋三郎外訳「ＤＳＭ・Ⅳ精神疾患の分類と診断の手引き」（医学書院一九九五）参照。

［エピローグ］

二〇〇〇年七月七日午後一時一〇分――仙台高裁一〇一号法廷は傍聴席がほぼ満席。裁判長が入廷し、判決主文が朗読される――「本件、控訴を棄却する。控訴人（被告）は被控訴人（原告）に対し、九〇〇万円を支払え」（以下省略）――この瞬間、傍聴席を埋めていた原告の支援者から期せずして歓声がもれ、やがて大きな拍手が起こった。九八年三月に裁判を提起して以来二年余に亘って争われてきた東北大セクシュアル・ハラスメント訴訟で原告側が「完全勝利」をした瞬間である（事件の詳細は第二章参照）――この後被告側は九〇〇万円全額を支払い上告を断念して二審判決は確定した。二審判決は、事実認定について一審の判断を追認したうえで、新たに控訴審で争点となったいくつかの点について注目すべき判断をしている。被告側は控訴審で新たに、⑴原告が、平成六年一〇月以降平成七年八月頃までの被告によるセクハラ行為を、（その後三年近く経過した）平成九年四月になって（大学当局に）訴え出ていることは不可解である（セクハラが存在しなかった証左である）、⑵原告が被告からセクハラ被害を受けたと主張している時期に論文執筆等で成果をあげているのは不可解である、⑶（仮にセクハラがあったとしても）被告がそのような行為にでたのは、原告の言動から、原告が被告に対して恋愛感情を持っていると誤解したためであり、このような被告の誤信については原告にも責任があり、慰謝料算定にあたり減額事由となる旨主張した。この主張に対して二審判決は、次のように述べてことごとく被告の主張を斥けた。

⑴につき、

「被控訴人と控訴人との関係は、平成六年一〇月中旬以降、次第に教育上の支配従属関係が強化されていったものであり、それといわば比例するような形で控訴人の被控訴人に対する性的行動がエスカレートして

いったもので、このような状況のもとで、平成七月五月ころから不安神経症に罹患し、その症状に改善の見られなかった被控訴人が、控訴人の行為の真の意味を自覚し、適切な対応措置を講ずることができずに、控訴人による前記認定の諸行為をいわばなす術もないままに受け続けざるを得ないでいたものである。そして、同年八月交際相手と別れることを余儀なくされ、控訴人と三回目の肉体関係を持ったことで、惨めな気分に陥っていた被控訴人に対し、控訴人が非情な言葉をはいたことなどがきっかけとなって、被控訴人は、次第に右行為の真の意味と自らの立場を認識し始め、以降、控訴人の要求を拒んだり、第三者に事故の被害を訴えることができるようになり、平成九年四月、組合を通じて井原科長宛にセクハラ被害を理由とする控訴人の懲戒要求をするに至ったものと理解することができ」る。

(2)につき、

「この時期は、控訴人にとって、自己の研究者としての将来を左右しかねない論文作成や研究発表を控えていたので、被控訴人としては、これらの作業や評価につき影響力をもつ控訴人の意思に逆らえなかったし、これに加えて、被控訴人は不安神経症に罹患しており、控訴人の行為に対し適切な対応措置をとり難い心的状態にあったことが認められるのであるから、控訴人の指摘する事情を考慮してみても、被控訴人の主張を一概に不可解と論難するのは当たらない（なお、被控訴人がその業績を上げ教官に採用されるため控訴人を利用し、後になって控訴人を陥れたといった事情は認められない）」。

(3)につき、

「被控訴人が博士課程に進学した平成七年四月まで被控訴人が自己の指導に当たってくれた控訴人に恩義を感じ、かつ師弟間における信頼関係の形成を望んでいたことが明らかであるものの、それ以上の感情や態度をもって接していたとまでは認められないし、被控訴人が博士課程に進学後もこの基本的姿勢には変わりがなかったものであるところ、控訴人において、被控訴人が不安神経症に罹患していることを知ってからは、これを奇貨とし、被控訴人をして控訴人の意思に逆らえないように仕向けた挙げ句、肉体関係を結ばせるま

でに至っているのであって、被控訴人が控訴人に対して恋愛感情を抱いているものと誤信したものとは到底認められず、控訴人の右主張はその前提を欠き、採用できない」。

ここでは特にセクシュアル・ハラスメントの事実認定に際して、当該行為が「相手方の意に反する行為」か否かについて、被害者側の「適切な対応措置」の可能性の有無を判断要素としていることが注目されよう――読者は横山ノックセクハラ事件において、高名な評論家達が新聞紙上で「何故(被告者の女子大生が)すぐ騒ぐとか、平手打ちをするなどしなかったのか？」と述べていたのを思い起こすことであろう。この判決は、職場や大学等の支配従属関係の存在するところで引き起こされるセクシュアル・ハラスメントについて、深い洞察に基づいた判断をしていると言えよう――それ故に、この判決文を読んだ原告本人は「この判決を読んでみて当時の自分に何が起こっていたのかをより客観的に知ることができた。本人であるにもかかわらず私自身、溜飲が下がるような、本当に洞察に富んだ内容です」と言っている。それは同時に、ここ一〇年間のセクシュアル・ハラスメントに関する世論、裁判例の蓄積の成果でもあろう。我々は二〇世紀の最後であり、かつ二一世紀への橋渡しとなる年にセクシュアル・ハラスメントにおける重要な判決を手にしたと言えよう。二一世紀が、職場、大学等のあらゆる場からセクシュアル・ハラスメント被害がなくなることを願ってやまない。

おわりに

「セクシュアル・ハラスメント」という言葉がわが国に「上陸」して一〇年――この言葉は、いまや毎日の新聞記事でも見かけない日がないくらい私達の日常生活にとけ込んだ感がある。しかしながら現実には、「なぜセクシュアル・ハラスメントが問題とされなければならないのか?」「どのような行為がセクシュアル・ハラスメントか?」――といった事柄については、人々の認識はさまざまである（その具体例については、序章「10の神話」に述べられている）。そしてまた、このようなことが職場や大学等で起こった場合、誰がどのような法的責任を負うべきなのか？　企業や大学はどのような対策を考えるべきなのか？　といった点についての認識も未だ不十分であるように思われる（第二部参照）。

本書の執筆は、私がたまたま担当していた東北大学セクシュアル・ハラスメント事件（私は同事件の原告代理人でもあった）を契機とし、前記のような理由からこの問題を今日の状況においてまとめておく必要を感じたことによる。私にとっては、本書執筆の動機はこのように「偶然」によるものであったが、今日セクシュアル・ハラスメントが我々の社会――とりわけ職場や大学等――に深刻な被害を及ぼし、職場や大学等における、職場環境や研究・教育環境を侵害していることは、決して「偶然」の出来事ではないのである（第一部参照）。

これらの問題の原因を解明し、セクシュアル・ハラスメントのない社会を実現していくことは、現代社会に生きる我々の任務の一つと言っても過言ではないであろう。本書は「まえがき」にも書いた通り、セクシュアル・ハラスメントの解決・克服をめざした、なによりも実践の書である。本書がこれらの課題にいささかでも寄与できれば望外の幸せである。

本書執筆にあたっては多くの人々の協力を得た。とりわけ小島妙子弁護士、角田由紀子弁護士、門間久美子弁

護士をはじめ東北大学セクシュアル・ハラスメント事件をともに担当した弁護団の方々には多大な御協力を得た。伊藤博義（東北文化学園大学）、水町勇一郎（東北大学）、今野順夫（福島大学）の諸先生をはじめとする東北大学労働法研究会のメンバー並びに広中俊雄先生（東北大学名誉教授）が主宰されておられる研究会の中村哲也（新潟大学）、藤岡康宏（早稲田大学）、岡孝（学習院大学）の諸先生方からは貴重な学問上の示唆を受けた。また、高木紘一（山形大学）、林弘子（福岡大学）、山田省三（中央大学）、島田陽一（早稲田大学）、棚村政行（同）の諸先生には格別に貴重なアドバイスを受けた――これらの方々には心より感謝したい。信山社の村岡侖衛氏には、本書執筆の企画から今日まで辛抱強く御協力をいただき感謝の言葉もない。

最後に、私は外尾健一先生（東北大学名誉教授）から労働法の手ほどきを受けて今日に至っているが、先生から受けた学恩には言葉では言い尽くせないものがある――先生は「学恩には業績をもって答えよ」というモットーを自らに課され、今日、精力的に労働法研究をなされておられる。私にとっては、このような書物を「業績」とするのは恐れ多いことではあるが、なお一層の精進をお誓いして本書を先生に捧げることをお許しいただきたい。

二一世紀をやがて迎える年にあたって

著　者

セクシュアル・ハラスメントに関する主な文献・論文

＊ 外国語文献・論文については邦語のみを掲げた。なお、詳しくは本文中の注を参照されたい。

1 日本に関するもの

〈主な文献〉

・秋田セクシュアル・ハラスメント裁判Aさんを支える会編『セクハラ神話はもういらない――秋田セクシュアルハラスメント裁判・女たちのチャレンジ』教育史料出版会、二〇〇〇年
・朝倉むつ子『均等法の新世界』有斐閣、一九九九年
・井上俊・上野千鶴子・大澤真幸・見田宗介・吉見俊義『現代社会学11』岩波書店、一九九五年
・岩村正彦『労災補償と損害賠償』東大出版会、一九八四年
・上野千鶴子編『キャンパス性差別事情――ストップ・ザ・アカハラ』三省堂、一九九七年
・江原由美子・金井淑子編『フェミニズム』新曜社、一九九七年
・江原由美子・長谷川公一・山田昌弘・元木志保美・安川一・伊藤るり『ジェンダーの社会学』新曜社、一九八九年
・奥山明良『職場のセクシュアル・ハラスメント』有斐閣、一九九九年
・小野和子編著『京大・矢野事件――キャンパス・セクハラ裁判の問うたもの』インパクト出版、一九九八年
・川橋幸子『わかりやすい男女共同参画政策と女性のエンパワーメント』労働教育センター、一九九八年
・鐘ケ江晴彦・広瀬裕子編著『セクシュアル・ハラスメントはなぜ問題か』明石書房、一九九四年
・金子雅臣『セクハラ事件の主役たち』築地書房、一九九二年
・金子雅臣『事例・判例でみるセクハラ対策』築地書房、一九九九年
・キャンパス・セクシュアル・ハラスメント・全国ネットワーク編『キャンパス・セクシュアル・ハラスメント・ガイドラインの手引き』ひだまり出版、一九九九年
・小西聖子『インパクト・オブ・トラウマ――被害者相談の現場から』朝日新聞社一九九九年

・産業労働総合研究所編『人事スタッフのための職場セクハラ防止マニュアル』経営書院、一九九八年
・下森定編『安全配慮義務法理の形成と展開』日本評論社、一九八八年
・職場のセクシュアル・ハラスメントを考えるネットワーク編『証言セクシュアル・ハラスメント』ピースネット企画、一九八九年
・職場での性的嫌がらせと闘う裁判を支援する会編『職場の「常識」が変わる——福岡セクシュアル・ハラスメント裁判』インパクト出版会、一九九二年
・人事院セクシュアル・ハラスメント研究会編『公務職場におけるセクシュアル・ハラスメント防止対策の手引き』公務研修協議会、一九九八年
・新谷一幸『セクシュアル・ハラスメントと人権——キャンパス・セク・ハラの見方・考え方』部落問題研究所、二〇〇〇年
・杉井静子『セクシュアル・ハラスメント処方箋——職場の新しい男女関係』アドア出版、一九九〇年
・杉田聡『男権主義的セクシュアリティ——ポルノ・買売春擁護論批判』青木書店、一九九九年
・総理府男女共同参画室編『男女共同参画白書』(平成九年版から一二年版)総理府、一九九七〜二〇〇〇年
・角田由紀子『性の法律学』有斐閣、一九九一年
・東京女性財団編(大谷恭子、弁田和恵、樹村みのり、池上花英著)『セクシュアル・ハラスメントのない世界へ』有斐閣、二〇〇〇年
・東京都労働経済局『セクシュアル・ハラスメント防止のために——職場におけるセクシュアル・ハラスメント防止マニュアル』東京都労働経済局、一九九四年
・東京都労働経済局『職場におけるセクシュアル・ハラスメント防止マニュアル——セクシュアル・ハラスメントの防止に向けて』東京都労働経済局、一九九八年
・西沢哲『トラウマの臨床心理学』金剛出版一九九九年
・日経連広報部編『セクシュアル・ハラスメント』日経連広報部、一九九〇年
・日経連出版部編『セクハラ防止ガイドブック』日経連出版部、一九九九年

・㈶二一世紀職業財団編『職場のセクシュアル・ハラスメント防止のために』財団法人二一世紀職業財団、一九九九年
・福島瑞穂・金子雅臣・中下裕子・池田理知子・鈴木まり子『セクシュアルハラスメント〔新版〕』有斐閣、一九九八年
・宮淑子『セクシュアル・ハラスメント――女たちの告発』教育史料出版会、一九八九年
・宮田加久子・角田由紀子・渋谷秀樹・萩原玉味・上野千鶴子・京藤哲久・加藤秀一『セクシュアル・ハラスメント――キャンパスから職場まで』信山社、二〇〇〇年
・山崎文夫『セクシュアル・ハラスメントの法理』総合労働研究所、二〇〇〇年
・山田卓生・淡路剛久・國井和郎・藤岡康宏編『新・現代損害賠償法講座』（一、二、四、六巻）日本評論社、一九九七～九八年
・山田秀雄・田中早苗『企業のセクハラ対策最前線』ジャパン・ミックス、一九九七年
・労働省女性局編『職場におけるセクシュアル・ハラスメント防止マニュアル』二一世紀職業財団、一九九八年
・渡辺和子・女性教育ネットワーク編著『キャンパス・セクシュアル・ハラスメント――調査・分析・対策』啓文社、一九九七年

〈主な論文〉

・朝倉むつ子「『市民社会』とジェンダー・労働法の分野から」法の科学二八号六三頁以下
・石井妙子「セクシュアルハラスメントと企業の法的責任・防止義務」労働判例七五二号七頁以下
・石田眞「セクシュアル・ハラスメントによる退職と損害賠償――京都セクシュアル・ハラスメント（呉服販売会社）事件・京都地裁判決（平九・四・一七）の研究」労働法律旬報一四四一号二〇頁以下
・入江信子「『環境型』セクシュアル・ハラスメント――福岡セクシャル・ハラスメント」ジュリスト平成四年度重要判例解説二二三頁以下
・江原由美子「研究室のなかの性差別」論座二〇〇〇年二月号六二頁以下
・江原由美子＋栗原彬（対訳）「セクシュアル・ハラスメントの権力作用」現代思想二〇〇〇年二月号四〇頁以下
・大脇雅子「セクシャル・ハラスメント」日本労働法学会誌八〇号一二三頁以下

・奥山明良「セクシュアル・ハラスメント――福岡セクハラ事件」ジュリスト別冊労働判例百選（第六版）六〇頁以下
・奥山明良「オーナー経営者によるセクシュアル・ハラスメントと不法行為の成否――金沢セクシュアル・ハラスメント事件（金沢地裁輪島支部平六・五・二六判決）」労働判例六五六号六頁以下
・奥山明良「『セクシュアル・ハラスメント』をめぐる法的枠組み――その法概念と法的責任を中心に」日本労働研究雑誌四七八号二頁以下
・香川孝三「いわゆる『セクシュアル・ハラスメント』の不法行為該当性」法学教室一四五号一四〇頁以下
・金子雅臣「セクシュアル・ハラスメント『指針』の問題点と今後の課題」労働法律旬報一四三一号二六頁以下
・木下潮音「セクシュアル・ハラスメントに対する使用者の責任」自由と正義一九九八年六月号一一三頁以下
・小西康之「環境型セクシュアル・ハラスメントにおける使用者責任と職場環境配慮義務――三重セクシュアル・ハラスメント（厚生農協連合会）事件」ジュリスト一一五〇号一二五頁以下
・笹沼朋子「職場における性的自由ないし性的自己決定権に対する侵害行為の違法性――金沢セクシュアル・ハラスメント事件・名古屋高裁金沢支部判決（平八・一〇・三〇）の研究」労働法律旬報一四一四号一六頁以下
・高木紘一「労働と法――セクシュアル・ハラスメントの防止と使用者責任」労働法律旬報一四六七号四頁
・富田契子「セクシュアルハラスメントの実態と防止のための配慮義務」日本労働研究雑誌四七八号一六頁以下
・名古道功「セク・ハラの法理論――珠洲セク・ハラ事件を素材にして」金沢法学三九巻二号五五頁以下
・名古道功「従業員のセクシュアル・ハラスメントと使用者の責任」民商法雑誌一一九巻四・五号三一五頁以下
・野間賢「セクシュアル・ハラスメントと使用者の職場環境配慮義務」日本労働法学会誌九一号一二六頁以下
・林弘子「職場におけるセクシュアル・ハラスメントへの法的対応」ジュリスト九五六号四二頁以下
・林弘子「セクシュアル・ハラスメントと人員整理を理由とする解雇――沼津セクハラ（F鉄道工業）事件」労働判例七六四号七頁
・外尾健一「労働契約の基本概念」日本労働法学会誌九六号七頁以下
・松本克美「セクシュアル・ハラスメントに対する慰藉料請求」ジュリスト九八五号一一二頁以下
・松本克美「『教育上の支配従属関係』を背景としたセクシュアル・ハラスメント」法律時報七一巻一一号

・水島郁子「セクシュアル・ハラスメント使用者の環境整備義務――京都セクシュアル・ハラスメント事件」法律時報七〇巻七号九三頁以下
・水谷英夫「日本におけるセクシュアル・ハラスメントの現状と判例の動向」法律のひろば九八年五月号八頁以下
・水谷英夫「日本におけるセクシュアル・ハラスメント裁判例の検討」日本労働法学会誌九四号七二頁以下
・水谷英夫「企業の『セクシュアル・ハラスメント防止義務』――M商事事件・東京地裁判決、F鉄道工業事件・静岡地裁沼津支部判決の二判決を契機に」労働法律旬報一四八一号二四頁以下
・山川隆一「セクシュアル・ハラスメントと不法行為――福岡地裁平成四年四月一六日判決を契機として」ジュリスト一〇〇五四八頁以下
・山川隆一「終業後に職場外でなされたセクシュアル・ハラスメントと使用者の責任――大阪セクシュアル・ハラスメント（S運送会社）事件」ジュリスト一一七二号一三三頁以下
・山川隆一「セクシュアル・ハラスメントと使用者の責任」（花見忠先生古稀記念論集刊行委員会編『労働関係の国際的潮流』信山社、二〇〇〇年）三頁以下
・山崎文夫「セクハラ被害者の対抗行為と解雇――建設会社社長セクハラ事件・金沢地裁輪島支部判決（平六・五・二六）の研究」労働法律旬報一三四四号四二頁以下
・山崎文夫「セクシュアル・ハラスメント防止の配慮義務と新指針」労働法律旬報一四三九号四八頁以下
・山田省三『セクシュアル・ハラスメント』事件福岡地裁判決の法的評価」労働法律旬報一二九一号六頁以下
・山田省三「セクシュアル・ハラスメントの定義とその法的処理――労働省『女子雇用管理とコミュニケーション・ギャップに関する研究会』報告書を読んで」労働法律旬報一三二六号二七頁以下
・山田省三「職場におけるセクシュアル・ハラスメントをめぐる裁判例の分析㈠㈡」法学新報一〇五巻一二号四一頁、一〇六巻一・二号八七頁以下
・横山美夏「セクシュアル・ハラスメントと使用者の責任」ジュリスト一〇〇七号一五三頁以下
・李艇「大学教授の研究補助員に対するセクシュアル・ハラスメント――秋田県立農業短期大学事件・仙台高裁秋田支部判決（平一〇・一二・一〇）の研究」労働法律旬報一四六三号五四頁以下

2 アメリカに関するもの

〈主な文献〉

- ・A・リッチ（邦訳）『女から生まれる（アドリエンヌ・リッチ女性論）』晶文社、一九九〇年
- ・アニタ・ヒル（邦訳）『権力に挑む――セクハラ被害と語る勇気』信山社、二〇〇〇年
- ・アメリカ精神医学会（邦訳『DSM・Ⅳ精神疾患の分類と理論の手引』医学書院、一九九五年
- ・アメリカ自由人権協会（邦訳）『アメリカ・女性の権利――女性は裁判でどうたたかうか』教育史料出版会、一九九七年
- ・柏木宏『セクシュアル・ハラスメント――米国の法律と現状』日本太平洋資料ネットワーク、一九九〇年
- ・柏木宏『アメリカにおけるセクシュアル・ハラスメント――訴訟・救済システム――米国三菱の和解まで』解放出版社、一九九九年
- ・カルース・キャッシー編（邦訳）『トラウマの探究――証言の不可能性と可能性』作品社、二〇〇〇年
- ・キャサリン・A・マッキノン（邦訳）『フェミニズムと表現の自由』明石書店、一九九三年
- ・キャサリン・A・マッキノン『ポルノグラフィ』明石書店、一九九五年
- ・キャサリン・A・マッキノン（邦訳）『セクシュアル・ハラスメント・オブ・ワーキング・ウィメン』こうち書房、一九九九年
- ・クレア・S・トーマス（邦訳）『アメリカ性差別禁止法』木鐸社、一九九七年
- ・ジュディス・L・ハーマン『心的外傷と回復』みすず書房、一九九六年
- ・J・ルーベンフェルド（邦訳）『プライバシーの権利』敬文堂、一九九七年
- ・スーザン・エストリッチ（邦訳）『リアル・レイプ』JICC出版局、一九九〇年
- ・スパークス・ビートライス編（邦訳）『少女が大人の女に変わるとき――ナンシーの「性」のトラウマ』講談社、二〇〇〇年
- ・S・ブラウンミラー（邦訳）『レイプ・踏みにじられた意思』草書房、二〇〇〇年
- ・中窪裕也『アメリカ労働法』弘文堂、一九九五年
- ・ニジョーレ・V・ベノクレイティス＝ジー・R・フィーギン（邦訳）『セクシュアル・ハラスメントの社会学』法律文化

社、一九九〇年
・㈳日本在外企業協会『セクシュアル・ハラスメント対策ハンドブック――アメリカの企業社会と職場における問題に備える』㈳日本在外企業協会、一九九七年
・マック・A・プレイヤー（邦訳）『アメリカ雇用差別禁止法』木鐸社、一九九七年
・L・キャノウィッツ（邦訳）『イコール・ライツ』有斐閣、一九八五年
・レビン小林久子『アメリカのADR事情・調停ガイドブック』信山社、一九九九年
・ロナルド・ドゥオーキン（邦訳）『ライフズ・ドミニオン』信山社、一九九八年

〈主な論文〉
・池添弘邦「環境型セクシュアル・ハラスメントの違法性判断基準――外国労働判例研究会・アメリカ」労働法律旬報一三七一号三〇頁以下
・奥山明良「アメリカにおける雇用差別とその救済㈠～㈢」成城法学四号一頁以下、同五号一四五頁以下、同六号二九頁以下
・奥山明良「アメリカにみる労働環境と性差別――性的いやがらせ（Sexual Harassment）と公民権法第七編（The Title Ⅶ）」判タ五二三号二二頁以下
・奥山明良「アメリカの働く女性と性的いやがらせ（Sexual Harassment）――ヴィンソン事件を中心に」成城法学二三号七頁以下
・奥山明良「セクシュアル・ハラスメントと違法性の判断基準――アメリカにおける最近の状況を中心に」ジュリスト九五六号五四頁以下
・釜田泰介「『性的いやがらせ行為』と公民権法第七編――ヴィンソン判決の意義」法学教室一九八六年一二月号八八頁以下
・笹沼朋子「同性間セクシュアル・ハラスメント――外国労働判例研究会・アメリカ」労働法律旬報一四四七号三八頁以下

・田中豊「セクシュアル・ハラスメントと使用者責任――FARAGHER v. CITY OF BOCA RATON 米国連邦最高裁判所一九九八年六月二六日判決（118 S. Ct. 2275）」法律のひろば一九九九年三月号五八頁以下
・中窪裕也「アメリカにおけるセクシュアル・ハラスメント法理の新展開――使用者の責任に関する連邦最高裁判決の意義」ジュリスト一一四七号一二頁以下
・林弘子「アメリカにおけるセクシュアル・ハラスメント法理の再検討～最近の連邦最高裁判決を中心に」日本労働法学会誌九四号四三頁以下
・樋口範雄「アメリカ新判例を読む――日本法へのインプリケーション――セクシュアル・ハラスメントと学校の責任」ジュリスト一一七一号一二七頁以下
・藤本茂「アメリカ公民権法第七編と男女雇用機会の平等」労働法律旬報一〇七八号三九頁以下
・水谷英夫「雇用における『性的いやがらせ』――アメリカの事例を中心として」法学五〇巻六号一〇二頁以下
・山川隆一「監督者による環境型セクシュアル・ハラスメントと使用者の責任――外国労働判例研究会・アメリカ」労働法律旬報一四五七号四九頁以下

3　EU、国連に関するもの

〈主な文献〉

・アリアン・ラインハルト著（邦訳）『セクシュアル・ハラスメント――欧米企業の実践実例：ＩＬＯ調査』日科技連出版社、二〇〇〇年
・国際女性の地位協会編『国際女性』（88年版～99年版）尚学社、一九八八～一九九九年
・諸外国の男女機会均等の進展状況に関する調査研究会監修『欧米における男女機会均等法制』女性職業財団、一九八九年
・ジャン・ジャックマン（邦訳）『職場におけるセクシュアル・ハラスメント：法的手段（労働法）』女性職業財団、一九九二年
・ジョルジュ・ヴィガレロ（邦訳）『強姦の歴史』作品社、一九九九年

・『職場における男女の尊厳を保護するために――ECのセクシュアル・ハラスメント関係資料』女性職業財団、一九九二年
・浜口桂一郎『EU労働法の形成――欧州社会モデルに未来はあるか?』日本労働研究機構、一九九八年
・山崎文夫『セクシュアル・ハラスメントの法理』総合労働研究所、二〇〇〇年
・ラディカ・クワラスワミ（邦訳）『女子に対する暴力――その原因と結果』（予備報告書、報告書）㈶女性のためのアジア平和国民基金、一九九五〜九八年

〈主な論文〉

・大山礼子「海外法律情報・フランス――セクシャル・ハラスメント事情」ジュリスト一〇〇三号七七頁
・山崎文夫「セクシュアル・ハラスメントと誘惑の限界・フランス」労働法律旬報一四八一号三頁以下
・斎藤純子「ドイツ――第二次同権法の制定」日本労働研究雑誌一九九四年一一月七四頁以下
・斎藤純子「海外法律情報・ドイツ――第二次同権法の施行」ジュリスト一〇五六号一二〇頁
・山田省三「イギリス労働法におけるセクシャル・ハラスメントの法理㈠㈡」中央学院大学法学論義三巻一号九一頁以下、同二号一〇一頁以下
・奥山明良「諸外国におけるセクシュアル・ハラスメントの法規制――EU諸国における法規制の現状を中心に」法律のひろば一九九八年五月四四頁以下
・奥山明良「EU諸国におけるセクシュアル・ハラスメントの法規制」ジュリスト一一四七号一七頁以下
・中村哲也「人格の商品化とドイツ不法行為法」法政理論三三巻二〇号一頁以下

福岡地飯塚支判 昭57・3・25（中村産業事件）……445
宮崎地判 昭57・11・19（日南消防署事件）……241
東京地判 昭58・3・1……355
長野地諏訪支判 昭59・3・26（丸中製糸事件）……444
東京地判 昭59・4・26（大久保製壜事件）……362
東京高判 昭60・11・20……371
大阪地判 昭61・2・20（中央観光バス事件）……362
東京高判 昭61・8・6……256
東京地判 昭62・4・15（偽医師事件）……355
福岡地甘木支判 昭62・9・25…256, 474
静岡地浜松支決 昭62・10・9（一力一家組事務所事件）……234, 459
横浜地判 平元・8・30……30, 372
福岡高判 平元・2・27……175
横浜地判 平元・8・30……372
旭川地判 平元・12・27（繁機工設備事件）……363
静岡地判 平2・3・23（ネッスル静岡出張所事件）……232, 362, 454
大阪地判 平2・8・10（大阪府立池田高校事件）……239, 364
福岡地判 平3・2・13（クレジット債権管理組合事件）……447
浦和地判 平3・12・13……256
東京地判 平4・8・27（日ソ図書事件）……270
名古屋地判 平4・12・16……371
東京地判 平4・12・22……175
大阪地判 平5・3・25……350
東京地判 平5・12・16（ケイエム観光事件）……361
東京地判 平6・9・6……256
東京高判 平9・11・20……175
水戸地下妻支判 平11・6・15（エフピコ事件）……410, 450
東京地決 平11・11・12（西谷商事事件）……459
東京高判 平12・5・24（エフピコ事件二審判決）……475

判例索引

最３小判　昭24・５・10…………342, 348
最３小判　昭24・９・６…………148, 273
最３小判　昭30・４・19……………………246
最２小判　昭37・12・14……………………379
最３小判　昭40・11・30……………………379
最１小判　昭41・６・23……………………462
最３小判　昭42・７・18……………………473
最２小判　昭44・９・26……………………370
最１小判　昭44・11・27……………………471
最３小判　昭46・６・22……………………379
最３小判　昭50・２・25（自衛隊車両整備工場事件）……………………373, 415
最２小判　昭50・４・25（日本食塩事件）……………………………………439
最３小　昭52・12・13（富士重工業事件）…………………………………228, 437
最１小決　昭53・７・12（春木事件）……………………………………350, 351
最２小判　昭53・10・20……………………246
最２小判　昭54・３・30……………………369
最２小判　昭56・２・16（自衛隊航空救難群芦屋分遣隊事件）……………417
最３小判　昭56・４・14（前科照会事件）……………………………………463
最２小判　昭58・５・27……………………475
最３小判　昭59・４・10（川義事件）……………………………373, 412, 423
最大判　昭61・６・11（北方ジャーナル事件）……………………………233, 458
最３小判　昭63・１・26……………………467
最１小判　平１・12・21……………………472
最２小判　平12・３・24（電通過労死事件）…………………………………410, 457

大阪高判　昭27・７・31（名村造船所事件）……………………………………446
東京地判　昭31・８・22（国際興業事件）……………………………………363
東京高判　昭31・９・17……………………355
仙台高判　昭32・４・１……………………354
東京高判　昭33・10・31……………………354
広島高判　昭33・12・24……………………354
大阪地堺支判　昭36・４・12（岸和田市小学校事件）…………………………349
大阪地判　昭37・４・20（京阪神急行電鉄事件）………………………………453
広島地三次支判　昭40・１・７………354
松江地益田支判　昭44・11・18（石見交通事件）………………………………363
長野地判　昭45・３・24（長野電鉄事件）……………………………………360
東京地判　昭45・７・27（イースタン観光事件）………………………………361
仙台高判　昭49・12・10……………………348
仙台地判　昭50・２・26……………………371
鹿児島地判　昭50・２・28（犬田布中学校事件）………………………………240
福岡地判　昭52・２・４（昭和自動車事件）…………………………………444
山形地判　昭52・３・30…………256, 474
東京高判　昭52・８・25……………………368
広島高判　昭53・11・20……………………348
東京地判　昭53・11・27……………………256
東京地判　昭53・12・７……………………175
長野地判　昭54・10・９……………………474
新潟地判　昭55・１・28（糸魚川高校事件）…………………………………238
大阪地判　昭55・２・13（大阪女学院事件）…………………………………363
福岡高判　昭55・４・16……………………371
名古屋地判　昭55・７・28………………175
名古屋地判　昭55・７・28………………355
東京高判　昭56・１・27……………………355
東京高判　昭56・４・27……………………256

マ 行

ヤ 行

ラ 行

ワ 行

タ 行

ナ 行

ハ 行

事項・人名索引

ア 行

カ 行

サ 行

著者紹介

水谷 英夫（みずたに ひでお）

弁護士（仙台弁護士会所属）
主要著書：『夫婦法の世界』（共編，信山社，1997年）
『ライフズ・ドミニオン』（共訳，信山社，1998年）

セクシュアル・ハラスメントの実態と法理

タブーから権利へ

初版第1刷　2001年3月20日発行

著　者
水谷英夫

発行者
袖 山　貴＝村岡侖衛

発行所
信山社出版株式会社
113-0033　東京都文京区本郷6-2-9-102
TEL 03-3818-1019　FAX 03-3818-0344

印刷・松澤印刷株式会社　製本・渋谷文泉閣

ISBN 4-7972-5236-7　C3032